*El arte de la
cocina mexicana*

Diana Kennedy

El arte de la cocina mexicana

Cocina tradicional para aficionados

Título original: *The Art of Mexican Cooking*
Traducción: Célida Urrea y Claudia Martínez Urrea

Diseño de portada: Vivian Cecilia González
Fotografía de portada: Eduardo García Rangel
Fotografías de interiores: Michael Calderwood
Ilustraciones de interiores: Susana Martínez-Ostos

© 1989, 2009, Diana Kennedy
Publicado originalmente en inglés por Bantam Books, Nueva York, Estados Unidos.
Edición en español mediante acuerdo con LESCHER & LESCHER, LTD.,
Nueva York, Estados Unidos.

Derechos exclusivos mundiales en español

© 2009, Editorial Planeta Mexicana, S.A. de C.V.
Bajo el sello editorial DIANA
Avenida Presidente Masarik núm. 111, 2o. piso
Colonia Chapultepec Morales
C.P. 11570 México, D.F.
www.editorialplaneta.com.mx

Primera edición: julio de 1994, por Editorial Diana, S.A. de C.V.
Octava reimpresión: julio de 2004
Primera edición en esta presentación: julio de 2009
ISBN: 978-607-07-0218-1

Ninguna parte de esta publicación, incluido el diseño de la portada, puede ser reproducida, almacenada o transmitida en manera alguna ni por ningún medio, sin permiso previo del editor.

Impreso en los talleres de Litográfica Ingramex, S.A. de C.V.
Centeno núm. 162, colonia Granjas Esmeralda, México, D.F.
Impreso y hecho en México – *Printed and made in Mexico*

Para todos mis amigos mexicanos, tanto cocineros como quienes gustan de la buena comida.

Contenido

Agradecimientos	8
Prólogo a la edición en español	10
Introducción	12
I El maíz	
Tortillas y recetas a base de tortillas	16
Antojitos de masa de maíz	44
Tamales	57
II Sopas y caldos	82
III Pastas y arroces	100
IV Verduras, legumbres, ensaladas y frijoles	114
V Pescados y mariscos	150
VI Aves	168
VII Cerdo	192
VIII Res	218
IX Platillos de huevo y queso	244
X Salsas, chiles y verduras en escabeche	256
XI Pan, pan dulce y tortillas de harina	278
XII Postres, helados y dulces	294
XIII Condimentos y otros ingredientes comúnmente utilizados	318
XIV Los chiles y cómo prepararlos	342
Equipo para cocinar	360
Conversiones métricas	366
Bibliografía	370
Descripción de algunas fotografías a color	372
Índice	376

Agradecimientos

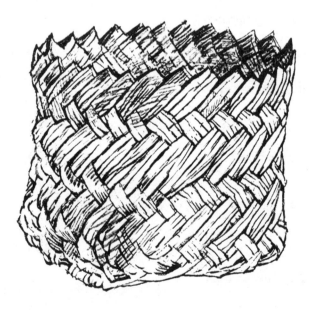

Ninguno de mis libros habría llegado a existir sin la ayuda de muchos de mis amigos mexicanos —amas de casa, cocineras, maestros, restauranteros, investigadores, etcétera—, cada uno de los cuales ha contribuido durante años a mi educación culinaria de una manera o de otra. Les doy las gracias a todos ellos; y para nombrar unos pocos: Hortensia Cabrera de Fagoaga, Livier Ruiz de Suárez, María Dolores Torres Yzábal, Margarita Martínez de Porter.

Mi profunda gratitud a mi muy valiosa editora y amiga, Frances McCullough, quien en cinco ocasiones ha sostenido mi mano durante los dolores que provoca el alumbramiento de un libro; también a todo el equipo inglés (que por azar resultó ser inglés) de Michael Calderwood, el fotógrafo, y a la artista Susana Martínez-Ostos. Un especial agradecimiento a Janet Long-Solis, cuya tesis doctoral, así como el libro que le siguió, *Capsicum y cultura: la historia del chilli* (y otros recientes sobre el tema), me ilustraron acerca de las complejidades de la cultura e historia de esa planta tan fascinante.

Me gustaría incluir aquí una cita de Poppy Cannon (de su introducción a *Aromas and Flavours* de Alice B. Toklas):

"Poco a poco empecé a comprender que puede tener valor el ejecutar bien las composiciones de otros... que una interpretación exquisita puede a su manera ser tan creativa, tan imaginativa, como una invención."

Gracias a las traductoras Célida Urrea (†) y su hija Claudia Martínez, y a mi gran amiga María Dolores Torres Yzábal por su revisión de la primera edición y su prólogo.

Quisiera agradecer a mi editora Dorinda Bravo por su paciencia y porque siempre estuvo lista para ayudarme.

Y finalmente a todos los involucrados en la producción de esta reimpresión: María Elena Ramírez, Alejandro López y Martha Castro.

Prólogo
a la edición en español

Como mexicana, amante de la cocina y amiga de Diana Kennedy, presento con muchísimo gusto a los lectores esta edición en español del libro *The Art of Mexican Cooking*. En él encontramos desde las recetas más sencillas hasta las más elaboradas, todas ellas escritas con gran conocimiento, ya que cada una ha sido investigada y probada con todo rigor y ajustada a los gustos y necesidades de los tiempos vigentes, sin cambiar por ello la esencia de los platillos.

El interés puesto por Diana Kennedy en este libro es enorme, así como en sus libros anteriores, pues ha seguido cada receta por todos los caminos, independientemente del grado de dificultad que esto implica. Hablamos de una apasionada investigadora del arte culinario, dispuesta a emprender cualquier reto, lo cual no cualquier autor asumiría. Además de la dedicación que ha puesto en conocer el origen y la historia de cada receta y de sus ingredientes, Diana elabora un estudio detenido y profundo de la botánica y herbolaria de los platillos, en virtud de ser también una defensora de la conservación ecológica de los campos y bosques mexicanos.

En este libro encontramos recetas sencillas, pero no por ello menos buenas, como el "Requesón revuelto a la mexicana", fácil de hacer y con sorprendente resultado, las "Tortitas de huevo en chile verde", deleite para el más exigente de los paladares, o las suculentas "Enjococadas II" del artista Feliciano Béjar, para despertar la imaginación del gusto.

Igualmente se encuentran recetas más complicadas, pero con la ventaja de que están claramente descritas, a fin de obtener un resultado perfecto. Entre ellas están el "Chichilo negro", extravagante guisado de Oaxaca; los sin par "Tamales costeños", o los "Limones rellenos de cocada", que tanto tiempo absorben, una delicia para la vista y el paladar; nos invitan a recuperar el tiempo invertido a la hora de disfrutarlos.

Estoy convencida de que el genuino interés de Diana Kennedy constituye una búsqueda por rescatar una de las tradiciones que singularizan nuestra cultura y, paradójicamente, la convierten en universal: la cocina mexicana.

El rescate y la búsqueda de lo nuestro en el arte del buen comer son cualidades reunidas y bien aprovechadas por la autora. Para demostrarlo transcribo un diálogo nuestro cuando ella preparaba el libro y yo le expresé mis dudas sobre la receta de la "Moronga". Argumenté: "Nadie la va a hacer", pues su elaboración es muy difícil. Su respuesta fue: "¿No crees que debe quedar escrita una buena y auténtica receta mexicana de moronga?" Eso significa que Diana Kennedy, además de profesional, es una mujer con un manifiesto y profundo amor por el país que ha hecho suyo: México.

María Dolores Torres Yzábal

Introducción

Este libro se ocupa de las comidas populares tradicionales de México: esos bien definidos y deliciosos platillos de todos los días que para mí resumen esta notable cocina. Hace cinco años no habría sido posible escribir este libro —en términos de sofisticación de cocineros y disponibilidad de ingredientes en Estados Unidos. He puesto un especial énfasis en la necesidad de usar los ingredientes correctos y en cómo prepararlos utilizando métodos tradicionales. Las técnicas de cocinar no son complicadas —a diferencia de muchas de las que se emplean en la cocina francesa, por ejemplo— y son el resultado de 50 años de vivir, viajar y aprender en México. Mis maestros han sido mujeres y hombres de todos los niveles —algunos sin educación formal—, pero que comparten un inmenso aprecio por sus platillos regionales y por la manera como deben ser preparados para hacer resaltar los tan especiales sabores y texturas que los hacen auténticos. Este libro no pretende ser un trabajo definitivo, lo que requeriría muchos más años de estudio y varios volúmenes, sino una selección de platillos particularmente importantes.

Estos platillos populares tradicionales son tan diversos de región en región y tan variados dentro de cada una, que se resisten a una definición global que los abarque a todos. Cierta homogeneidad se ha conseguido a través de mejoras en la transportación y demás comunicaciones. Pero quedan las diferencias básicas, tal vez más por la imposibilidad de reproducir los mismos chiles y hierbas en un área y en otra (debido al clima y condiciones topográficas) que por los fuertes dictados de las culturas locales.

Estos platillos varían en niveles de sofisticación, desde los alimentos silvestres que se recogen al azar —y que con frecuencia se comen crudos— hasta los platillos que requieren varios ingredientes no autóctonos en los que se utilizan métodos más elaborados de preparación. Pero, mientras que campesinos y gastrónomos *gourmets* por igual pueden chuparse los labios al degustar un bocadillo de chapulines asados o un taco de flores de colorín con una salsa de tunas asadas, los campesinos pasarían hambre antes de comer, digamos, una crepa de mollejas salteadas en una salsa de pulque, crema y chile pasilla, o una pechuga rellena de cuitlacoche en una crema de flor de calabaza *à la nouvelle*. Así como un sonorense o una campesina no se deleitarán necesariamente con un chichilo negro de la costa de Oaxaca fragante de chiles quemados y hojas de aguacate.

Estos platillos, la mayoría exclusivos de México, se pueden observar en muchos niveles diferentes que no necesariamente coinciden con las condiciones sociales y económicas de los consumidores, y el gusto por ellos varía poco entre grandes centros urbanos, ciudades de provincia y pueblos. Existen los platillos silvestres, de cacería y de temporada que he mencionado en otros libros: iguana, armadillo, patos migratorios y palomas (canates y huilotas), insectos como chapulines, jumiles, un tipo de escarabajo que con frecuencia se come vivo en Morelos, escamoles (hueva de hormiga) de Hidalgo y estados vecinos, colorín y flores de yuca, flores y frutas de varios cactus, hierbas verdes como el quelite cenizo y el anís del campo, entre muchos, muchos otros.

Existen las suculentas carnes campiranas, en su mayoría preparadas por expertos locales durante los fines de semana para los mercados y para la gente cuyo día de campo no estaría completo sin unos tacos de carnitas o de barbacoa de cordero acompañada de su pancita rellena, el montalayo, o de barbacoa de cabeza de buey en hojas de maguey, pintorescamente llamada "rostro", con una salsa de chile de textura áspera y un tazón de los jugos concentrados en el horno.

Temprano por la mañana llegan las mujeres a las entradas de los mercados o a estratégicas esquinas con sus vaporeras para tamales y sus ollas de barro con atole, y un poco más tarde las que sirven una reconfortante sopa de tripa, el menudo, que garantiza curar la peor de las crudas.

El arte de la cocina mexicana

Muchas de estas cocineras regresan más tarde con la comida callejera para la noche —pozole y antojitos de masa como sopes, quesadillas, enchiladas, etcétera —, que se hace mientras uno espera que el carbón bajo el comal esté en su punto. Luego vienen los puestos en los mercados con sus largas mesas de madera y bancas propias de las cocinas económicas, lugares modestos en los que se sirven comidas sencillas a empleados del mercado y oficinas así como a aficionados bien vestidos. Será comida hecha en casa: sopas de arroz o pasta, guisados de chile poco sofisticados, carne y verduras o frituras de vegetales en un caldo de jitomate, todo seguido, sin falta, de frijoles de la olla. Es la misma comida que puede servirse en hogares más opulentos, donde se incluiría más proteína, salsas más consistentes y los toques regionales de la cocinera de la casa.

Por fin los hoteles turísticos se están dando cuenta de ello, y el desayuno y la comida dominguera tipo *buffet* con alimentos regionales se han vuelto comunes y corrientes. Los banquetes para diplomáticos y otras grandes ocasiones han conservado un contenido europeo (con la gran excepción de los preparados por la señora Márgaro Orvañanos y su famosa madre Mayita Parada, ya fallecida).

General y sensatamente, la comida se sirve a cualquier hora después de las dos de la tarde, después de un consistente almuerzo a media mañana, y se terminan los alimentos del día con una cena ligera —sería inconcebible cenar un arroz con mole inmediatamente antes de irse a la cama.

Las comidas regionales de México tienen su propio mundo gastronómico, un mundo fascinante y de muchas facetas, pero ¡ay!, muchas personas fuera de México todavía piensan que no son más que un platón demasiado grande lleno de revolturas, cubierto por una fuerte salsa de jitomate, crema agria y queso amarillo rallado, y precedido por un plato de fritangas grasas con salsa picante. Aunque estos son en efecto representativos —sólo de nombre— de algunos platillos básicos de México, han sido reducidos a su más bajo común denominador al norte de la frontera al igual que el *chop suey* y el *chow mein* de los restaurantes chinos de hace veinte años. Estos platillos pueden ser maravillosos siempre y cuando sean cocinados con cuidado y presentados en el contexto culinario correcto, y no se hagan tan sólo para satisfacer un antojo extravagante.

Por otro lado, para ser justos, en Estados Unidos está habiendo cambios significativos y positivos en la medida en que un pequeño pero creciente número de restaurantes especializados está tratando —y no con poco éxito— de cambiar esta imagen, presentando comidas regionales mexicanas interpretadas en un estilo americano o del suroeste, con ligeras adaptaciones y con la parrilla como características predominantes. Tal vez con este término medio han hallado la respuesta, porque no siempre es fácil, o siquiera posible, presentar la comida cotidiana de un país y una gente tan diferente a la de Estados Unidos en cuanto a clima, temperamento y costumbre en el comer, en un lugar en el que los sofisticados frecuentadores de restaurantes y los críticos de cocina están en constante búsqueda de "algo nuevo" para satisfacer su curiosidad culinaria. Esto está muy bien por más de una razón, pero a veces me pregunto cuánto se ha distorsionado o perdido a causa de este entusiasmo por lo nuevo. Fredy Giradet dice: "Debemos conservar nuestras cocinas regionales porque estas son nuestros cimientos culinarios". Y Poppy Cannon, en su introducción a *Aromas and Flavours* de Alice B. Toklas, anota: "Empecé a comprender un poco el resentimiento francés contra el *cambio sin razón* [las cursivas son mías]. Empecé a darme cuenta de que ciertos platillos, al igual que los sonetos o las odas, no pueden ser dados a luz sin respetar reglamentos clásicos y restricciones".

Actualmente, en Estados Unidos y México, talentosos y jóvenes *chefs* están creando platillos maravillosos —aunque también unas combinaciones impropias con ingredientes mexicanos. Estoy segura de que no se les ocurriría poner cilantro o jícama a su *coq au vin*, o agregar maíz para pozole y comino profanando sus *bouillabaisses*. Han estudiado seriamente las cocinas francesa, italiana y china, pero usan los fascinantes ingredientes de México sin el debido respeto por el proceso tradicional de cocinar y el equilibrio que hace a un gran platillo mexicano con sus múltiples facetas o sus sucesivas profundidades de sabor. Esta profundidad y ese carácter son los que muy a menudo encuentro ausentes en estos "nuevos" platillos, y esta es una de las razones por las que he incluido instrucciones detalladas en técnicas e ingredientes. Mi meta en todos mis libros es la expresada por el diseñador finlandés, Antti Nurimeineim: "Estoy interesado en la continuidad y el refinamiento. Deseo perfeccionar cosas, no siempre hacer nuevas".

Muy a menudo los nuevos platillos alcanzan sólo las notas altas y esquivan totalmente las complejidades que satisfacen. Por ejemplo, una salsa de chile crudo sabe demasiado simple sin las sutilezas de, digamos, asar los chiles para redondear el sabor. Así como los chiles secos no deben ser remojados eternamente o pelados y molidos hasta obtener un líquido terso y acuoso. Con colorido, sí, pero cuyo sabor es inidentificable. Como regla general, deben ser tostados ligeramente, remojados el tiempo indicado y molidos con otros ingredientes equilibrantes para lograr una textura específica —sin, por ejemplo, los choques del jugo de piña o el chocolate en una salsa de mesa. ¡Y comino! Usado en cantidades microscópicas en algunas salsas mexicanas cocidas, como debe ser, es agradable, pero agregado con *bravura* como en muchos tipos de recetas del suroeste, da un sabor desagradable. ¿Y qué hay de esos frijoles *al dente* y sin sal? Además de producir muchos gases, hacen recordar la advertencia que aparece en un librito de cocina escrito para las campesinas: "Si comes frijoles, deberán estar bien cocidos y con sal". (Y también da este consejo: "Un cerdito traerá gozo a tu hogar".)

Es alentador ver el gran incremento que ha habido a todo lo largo de Estados Unidos en cuanto a la disponibilidad de ingredientes para estas y otras recetas regionales. Naturalmente el suroeste —especialmente California— y el área de Chicago, van a la cabeza debido a su vasta población hispánica. Pero ver la nueva cadena de tianguis en California (de la cadena Vons), por ejemplo, dedicándose a las necesidades de esas poblaciones, con un aumento en la variedad de chiles, productos frescos y cualquier género de producción, es un "acontecimiento" en el mundo de la comida. También hará realizable una gran cantidad de estas recetas; algunas serán más difíciles de reproducir, pero no para el verdadero aficionado, quien según mi experiencia mendigará, pedirá prestado, cultivará u ordenará por correo para recrear fielmente los sabores auténticos, tan llamativos, de esta comida que llega a crear adicción. No tengo duda de que pronto llegarán cartas para hablarme de prósperos arbustos de hoja santa, camotes americanos tratados al sol al estilo mexicano o algunas mañitas para cultivar epazote durante todo el año —sin omitir el descubrimiento de un molino de maíz casero para el nixtamal.

Es para ellos y otros aficionados de la auténtica comida mexicana —dondequiera que se encuentren— para quienes he escrito este libro.

NOTA SOBRE LA EDICIÓN EN ESPAÑOL

Este libro fue publicado originalmente en inglés y estaba dirigido a los "aficionados" a la cocina mexicana que viven en Estados Unidos. Para la presente versión, en consideración de los lectores nativos de México, se hicieron numerosas adaptaciones y supresiones menores.

NOTA SOBRE LOS TIEMPOS DE COCIMIENTO

Los tiempos de cocimiento dados en las siguientes recetas deben ser considerados como una guía aproximada, ya que los tiempos efectivos dependen de varios factores. La comida se cuece con más rapidez en una estufa profesional o de quemadores pesados con la misma presión de gas, que en las estufas domésticas comunes. Las ollas y los sartenes pesados transmitirán el calor con más eficiencia que los ligeros, mientras que los recipientes anchos reducirán la salsa con más rapidez que los hondos y angostos. La altitud también es importante; desde luego los líquidos hierven a menor temperatura mientras mayor es la altitud.

Naturalmente, en México estos factores también tienen efecto. La carne mexicana y las aves tienden a ser más compactas que las mismas piezas americanas, así es que los tiempos de cocimiento deben extenderse desde un tercio hasta la mitad de lo indicado.

I

El maíz

"Y el hombre cada sol se parecía más al maíz y el maíz se parecía cada luna más al hombre. Y los dos se asemejaban a los dioses."

TORTILLAS Y RECETAS A BASE DE TORTILLAS

- › TORTILLAS DE MAÍZ
- › LA CAL
- › PREPARACIÓN DEL MAÍZ Y DE LA MASA
- › EQUIPO PARA HACER TORTILLAS
  PRENSA PARA TORTILLAS
  MOLINO DE MAÍZ
  EL COMAL
- › TORTILLAS HECHAS A MANO
- › TORTILLAS HECHAS CON MASA PREPARADA
- › TORTILLAS HECHAS CON MASECA
- › MÉTODOS PARA RECALENTAR TORTILLAS DE MAÍZ
- › RECETAS A BASE DE TORTILLAS
  TOTOPOS FRITOS I
  TOTOPOS FRITOS II
  TOTOPOS SALADOS Y FRITOS
  TOTOPOS TOSTADOS
- › TOSTADAS
- › RASPADAS
- › TORTILLAS DE MAÍZ Y TRIGO
- › ENCHILADAS PLACERAS
- › ENCHILADAS DE SANTA CLARA
- › ENCHILADAS VERDES
- › ENJOCOCADAS I
- › ENJOCOCADAS II
- › SALSA VERDE PARA ENJOCOCADAS II
- › TOSTADAS DE APATZINGÁN
- › FLAUTAS DE GUADALAJARA
- › RELLENOS PARA FLAUTAS
  POLLO DESHEBRADO
  RAJAS DE CHILE POBLANO
  PAPAS GUISADAS
  PICADILLO BLANCO
- › TACOS DE REQUESÓN
- › CHILAQUILES DE EFIGENIA
- › CHILAQUILES DE TEQUILA
- › TORTILLAS CON ASIENTO
- › ENFRIJOLADAS
- › ENTOMATADAS
- › PAPADZULES

Véase también:
- › CHILAQUILES (PP. 37, 38, 253)
- › TACOS DE POLLO (P. 172)
- › TORTILLAS DE HARINA (P. 292)

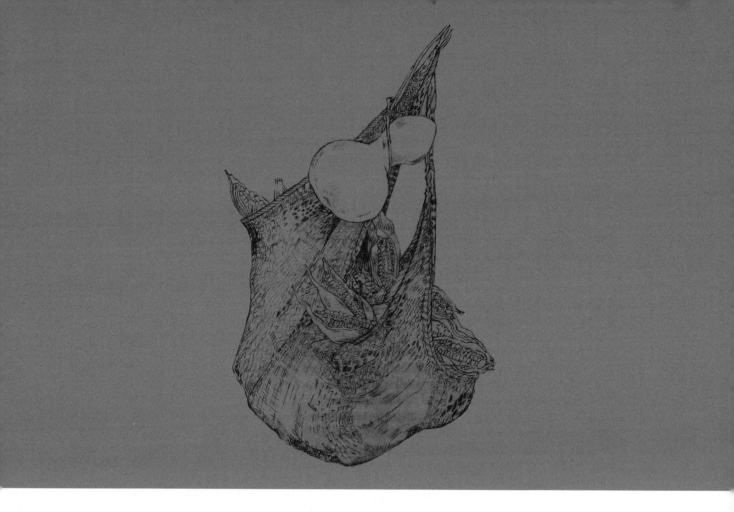

" … [había una] íntima relación del otomí con el maíz: dependencia, simbiosis, convivencia entrañable de dos seres —hombre y planta— que crecían sobre la tierra para alimentarse mutuamente; trabajo, agua, abono, daba el hombre al maíz; tortillas, tamales y atole, ofrecía el maíz al hombre."

Quien haya vivido en México tantos años como yo, estará de acuerdo con lo anterior por romántico que suene. Es particularmente cierto en el caso de pequeños agricultores cuyas vidas y actividades se centran en el cultivo del maíz —aunque éste sólo alcance para el consumo de la familia, "para el gasto", como ellos dicen. Plantar en estas alturas de Michoacán, excepto en el caso del maíz de riego, empieza justamente antes de que comiencen las lluvias hacia fines de mayo. Entonces cae la ansiada primera lluvia y el maíz brota y crece; hay que hacer la primera deshierbada, la descarda. Conforme continúan las lluvias y el elote crece rápidamente, surgen nuevas hierbas en la base del maíz y entonces tiene lugar el segundando, la segunda deshierbada. Es un trabajo agotador para el labrador, quien, en cuclillas, con las rodillas casi hasta la barba, saca las hierbas con la punta de su machete curvo sin herir a la joven planta. Luego hay que fertilizarlo y después vigilar que los insectos no se introduzcan en el corazón de los brotes, hasta que los primeros elotes tiernos se empiecen a formar. En sus hojas verdes los elotes se venden para ser asados sobre carbón o desgranados para hacer tamales o atole con el maíz fresco. Los cabellos de elote se secan y con ellos se hace un té que se usa como "remedio" para los riñones, las hojas verdes se cortan del tallo para la compleja envoltura de las corundas (tamales de cinco picos de Michoacán), se sacude la flor con forma de pluma que está en lo alto de la planta y las enteras se tuestan y muelen para hacer tamales de espiga (una especialidad del este de Michoacán), mientras el hongo plateado, el cuitlacoche, que a veces crece en los elotes, proporciona un manjar epicúreo.

El arte de la cocina mexicana

Luego viene la larga espera durante el otoño mientras los elotes se secan en el tallo. Si las lluvias continúan, se doblan los tallos para que el agua resbale hasta la punta. Los elotes secos son cosechados a principios de diciembre, tiempo en que toda la familia saldrá con sus morrales de ixtle al hombro para meterlos allí. Una vez que el maíz es almacenado en colotes hechos de carrizos secos, el trabajo está casi terminado salvo por el corte y rastrillado de las plantas para alimento del ganado. De acuerdo con cada pueblo o región, todos y cada uno de estos pasos serán marcados con ceremonias —la bendición de la cosecha, espantar a los espíritus malignos, exhortaciones para que llueva, bendiciones para el nuevo maíz y luego para la cosecha—, todas ellas arraigadas en las costumbres prehispánicas y las creencias del pasado.

Al disminuir el trabajo en el campo, los granos secos de maíz se desgranan de los olotes (uno de los más rústicos pero eficientes instrumentos para el desgrane es el olotero, ilustrado en la página 26, hecho con olotes secos atados firmemente; me han dicho que duran años) y son almacenados en costales hasta que se necesiten para hacer tortillas. Y cuando la primavera se aproxima se quema el rastrojo, la tierra se prepara y se deja descansar hasta el adviento de mayo, cuando el ciclo vuelve a empezar.

Se cultiva maíz de todas clases y colores dependiendo de las preferencias y prejuicios locales, clima y terreno. El cacahuazintle, ancho y blanco (puede confundir el que en Michoacán haya uno pequeño de color café que lleva el mismo nombre), se usa para pozole y harina para tamales. Existe el maíz ancho y el punteado de tamaño mediano en forma de diente alargado. Todos los colores del arco iris están representados: crema y amarillo canario, lila, morado, verdoso o azul-negro (prieto). Hay un maíz de varios colores llamado pinto y hay muchos tonos entreverados. Hay mucho de donde escoger para hacer tortillas y atoles de colores exóticos. (Estos no siempre gustan; sé de un pequeño restaurante cerca de Jungapeo de donde los capitalinos salen corriendo cuando ven las tortillas multicolores, porque esperan el aspecto limpio de las blanquizcas —aunque irónicamente, las tortillas de la ciudad de México son de color amarillo sucio, tiesas y cuerudas, en contraste con las tortillas suaves hechas a mano de don Ignacio.)

Para resumir, el cocimiento del maíz en México, con todas sus elaboraciones y ramificaciones, está y siempre ha estado dentro del reino del más alto arte culinario, más que el de cualquier país del mundo.

TORTILLAS DE MAÍZ

*"La tortilla se inflaría como si hubiera cobrado vida,
como si quisiera volar, como si Ehécatl
[el dios azteca del viento] la hubiera insuflado."*

Salvador Novo

En *Las cocinas de México* escribí extensamente sobre la historia y diferencias regionales de las tortillas (sólo en Oaxaca hay como treinta tipos de acuerdo con la última investigación hecha), así es que no haré hincapié en estos aspectos. Basta con decir que la tortilla de maíz fue por siglos, y aún lo es en el campo, el pan que sustenta a los mexicanos, con excepción de los que habitan en los estados del norte. En *The Tortilla Book* mencioné su versatilidad: una envoltura para incontables ingredientes —tacos y enchiladas—; una pasta —chilaquiles y sopas secas—; una cucharita —totopos—; un plato —una tostada; secas y molidas como harina se reforman y se hacen antojitos o bolitas para sopas, para mencionar sólo algunos de sus usos.

La comida más sencilla es siempre la más difícil de preparar, porque no hay sabores predominantes que disimulen ingredientes malos o indiferentes o el manejo descuidado de esos ingredientes. La tortilla de maíz proporciona el mejor ejemplo que conozco de esta idea. La tortilla de maíz está hecha con maíz seco cuidadosamente seleccionado; se debe agregar la cantidad correcta de cal al agua para el cocimiento —demasiada le dará un color amarillento turbio, con un sabor amargo y un olor acre. Si el maíz se deja al fuego demasiado tiempo, la masa quedará pegajosa e imposible de convertir en tortilla.

Sin duda, la tortilla hecha a mano es la mejor; es blanda y de orilla suave. Pero, como ya he escrito en algún lado, el hacer tortillas a mano es un arte que está desapareciendo, así que uno tiene que optar por lo que le sigue en calidad: las tortillas prensadas individualmente en una prensa especial y cocinadas si es posible en un comal de barro sobre fuego de leña. (Los métodos alternativos están descritos en las páginas 22-23.)

Una tortilla insuperablemente hecha casi se derrite al morderla y cuando se guarda adecuadamente dura algún tiempo sin secarse. Pero en estos tiempos, es difícil encontrar una tortilla perfecta, aun en la ciudad de México. En mis viajes de enseñanza a través de Estados Unidos he visto algunas excelentes tortillas, en especial en California, Detroit y Chicago, pero hoy en día es mucho más difícil encontrar una buena tortilla de nixtamal.

La cal

Esta cal químicamente pura, óxido de cal, se utiliza en la preparación del maíz seco para hacer tortillas y masa para tamales. Generalmente se vende en forma de piedra de diversos tamaños. Para utilizarla en este estado, quiébrela y tome un pedazo tan grande como una pelota de golf (cuando adquiera alguna experiencia puede calcular con mayor exactitud) y tritúrelo tanto como le sea posible. Salpíquela con agua fría. Empezará a apagarse, o a quemarse como dicen los mexicanos, y eso es exactamente lo que hace. Empieza a desmoronarse emitiendo un ligero silbido, despidiendo un vapor. Si coloca la mano sobre el recipiente que está usando puede sentir el calor que emana de él. Cuando cesa, entonces la cal queda apagada. Revuélvala otra vez y cuele el líquido lechoso sobre el maíz y el agua ya en la olla (p. 20). Pruebe el agua: debe tener un sabor ligeramente acre o, como dice la expresión mexicana, "agarrar la lengua". Si el agua está muy fuerte y amarga agregue más agua fría para diluirla. Si está muy ligera, usando la coladera añada más agua que contenga el residuo de la cal y pruébela de nuevo.

Como generalmente uno compra la cal por lo menos por kilo, puede romperse en pedazos más pequeños y almacenarse en frascos cerrados. Con el tiempo se apagará por sí sola con la humedad natural del aire. Todavía podrá usarla, aunque se habrá convertido en un polvo con pequeños trocitos. Cuando le agregue agua para el nixtamal, ya no se quemará.

Nota: Cuando maneje cal tenga cuidado de que nada caiga cerca de los ojos y siempre use un recipiente anticorrosivo para diluirla.

Preparación del maíz y de la masa

Nixtamal es el nombre dado a los granos de maíz que han sido cocidos en una solución de cal y agua. Después de este paso los granos se muelen hasta formar una pasta suave llamada *masa*, lista para convertirse en tortillas, antojitos o tamales.

Cómo escoger el maíz

» Cuando se compre maíz de cualquier color o tamaño, asegúrese de que no esté picado por gorgojos, insectos que se entierran en los granos y se comen el contenido harinoso del centro. Si el maíz ya ha sido empacado, fácilmente se puede notar por el residuo polvoso que queda en el fondo de la bolsa; los granos no deben tener ningún olor a humedad —ese olor indica que han sido almacenados en un lugar mojado, lo que afectará el sabor de las tortillas.

PREPARACIÓN
| RINDE 900 G Ó 4 1/2 TAZAS DE MASA |

Ingredientes
1/2 kg de maíz
1 taza de agua
2 cucharaditas de cal (véase p. 19)

» Primero pase los granos de maíz entre las manos para sacar todas las piedritas, basuras, etcétera.
» Enjuáguelos en agua fría y escúrralos.
» Coloque el maíz enjuagado en un recipiente y agregue suficiente agua sobrepasando por lo menos por 2 1/2 cm la superficie del maíz. Mezcle una taza de agua con el polvo de cal (tenga cuidado con los ojos: quema); agregue al recipiente esta mezcla pasándola por una coladera fina y oprimiendo los granos suaves con el revés de una cuchara de madera y elimine el residuo duro. Revuelva bien el maíz.
» Ponga el traste a fuego medio. Tan pronto como la mezcla se caliente, la capa exterior de los granos se tornará amarilla brillante u opaca, dependiendo de la cantidad de cal que se use. Cocínese hasta que aparezcan pequeñas burbujas en la superficie —la mezcla no debe hervir. Baje el fuego y continúe el cocimiento hasta que el hollejo amarillo pueda ser desprendido fácilmente de los granos —haga una prueba tallando unos granos entre sus dedos. Esto tomará unos 15 minutos más. Retire el maíz del fuego y déjelo reposar en el líquido caliente por lo menos 12 horas y no más de 48. Escúrralo y enjuáguelo con agua fría —no es necesario retirar todos los hollejos para este tipo de masa— y llévelo a un molino para que lo muelan (véase p. 22 para mayor información sobre utensilios para moler). Lo que es importante vigilar al hacer su propio nixtamal es que el maíz no esté sobrecocido, lo que haría una masa pegajosa prácticamente imposible de manejar para hacer tortillas.

Equipo para hacer tortillas

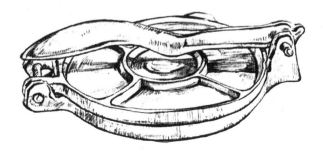

Prensa para tortillas

La prensa natural para hacer tortillas son, desde luego, las manos, pero el arte de tortear está desapareciendo. El segundo método, también a mano, está hoy en decadencia, salvo en algunos lugares apartados en la tierra caliente del sur. En un pedazo de hoja de plátano —que ahora se ha sustituido casi totalmente por plástico— se prensa una bola de masa y se aplana con una mano mientras la otra da vuelta a la hoja en un movimiento circular para que la tortilla salga redonda. Ambos métodos son rápidos y se llevan a cabo con asombrosa destreza.

Pero con la edad moderna ha llegado la prensa para tortillas. La prensa de madera (ilustrada abajo) es ciertamente pintoresca, pero no es tan fácil de usar para los que no están acostumbrados. La más eficiente, con mucho, es la prensa pesada de hierro hecha en México; estas varían en tamaño —de 15 a 18 cm de diámetro es un buen tamaño para uso general. Se les tiene que cuidar porque tienden a oxidarse a pesar del acabado de pintura anticorrosiva. No necesita curarse, sólo enjuagarse. Asegúrese de que las placas estén totalmente secas antes de hacer las tortillas; también necesitará una hoja de plástico en cada placa para que la masa no se adhiera al metal. Una bolsa de plástico (aunque parezca demasiado chica) es mi preferida —sin cierres ni broches ni dobleces. Después de usarse (piense con mentalidad ecológica) se pueden limpiar, doblar y guardar en la prensa. Después de usar la prensa, también debe limpiarse y secarse; coloque toallas de papel entre las placas para evitar cualquier humedad que pueda oxidar el metal.

En Estados Unidos se han hecho un par de prensas de aluminio ligero, fácil de limpiar, pero demasiado livianas para el trabajo y que tienden a zafarse bajo la presión.

El arte de la cocina mexicana

Molino de maíz

En México, durante siglos, los únicos utensilios para moler maíz fueron los metates de basalto y la mano o *metlapil*. Desde luego, ahora sólo se usan en aldeas remotas o cuando la electricidad falla en el molino local. En el campo el nixtamal se muele en un molino de piedra, aunque me he dado cuenta de que hay algunos lugares del sureste donde el molino es de metal —la masa que resulta es mucho más gruesa.

Ahora hay pequeñas tortillerías por todo Estados Unidos, aunque muy escasas —hasta hay una en Alaska—, y es posible comprar masa si desea hacer sus propias tortillas. En todo caso, para los delicados que gusten de hacerlo ellos mismos, hay alternativas. Puede preparar su propio nixtamal (véase p. 20) y luego llevarlo a la tortillería o puede comprar un molino como el de la ilustración y moler su propio maíz. Para esto tiene que apretar las aspas tanto como sea posible y aun así la masa resultará algo gruesa. Este último método requerirá paciencia y un brazo muy fuerte.

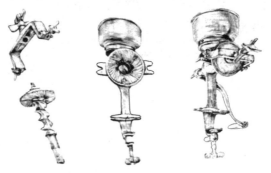

El comal

El comal (el nombre viene de la palabra náhuatl *comalli*) es una plancha delgada y circular que se usa para cocer las tortillas. Hay varios tipos de donde escoger, así como sustitutos, dependiendo de lo que haya disponible en donde viva y de las instalaciones para cocinar que tenga.

El comal tradicional, que todavía se usa en los pueblos para cocinar sobre leña o carbón (yo lo uso sobre gas), es un disco delgado de barro no vidriado. Antes de usarlo debe curarlo o las tortillas se pegarán en él. Diluya un poco de cal en agua fría hasta formar una pasta ligera. Extienda una capa gruesa en la superficie del comal y colóquelo al fuego. Cuando la cal se vuelva color crema y se seque, sacuda el polvo con una escobetilla y el comal estará listo para cocer tortillas. Cada vez que se desee utilizar este tipo de comal para tortillas o antojitos, debe repetirse el proceso.

Una lámina pesada o un comal ligero de metal es lo que más se usa en México. Se puede usar sobre cualquier tipo de fuego, aunque tiende a torcerse si se usa sobre parrilla eléctrica. La ventaja de este tipo de comal sobre los que siguen es su delgadez, lo que hace que el calor cueza la masa rápidamente, requisito importante para obtener una tortilla suave. Y también el calor puede ajustarse con rapidez. Una ligera untada con aceite es todo lo que se necesita para curarlo. Si se ensucia puede lavarse con agua y jabón, y las sustancias adheridas pueden rasparse con piedra pómez. Lo importante es secarlo completamente porque se oxida con facilidad. Una placa

de hierro puede usarse con bastante éxito sobre gas o electricidad, pero tarda más en transmitir el calor a la masa y no es tan controlable. Siga las instrucciones del fabricante para curarla.

Las superficies que hay que evitar para hacer buenas tortillas son las de metales muy pulidos —aluminio, acero inoxidable, teflón, etcétera— porque reflejan el calor. Las tortillas hechas en ellos saldrán secas, pálidas y les faltará cocimiento.

Tortillas hechas a mano

Trabaje la masa hasta que esté completamente tersa. Humedezca sus manos con agua. Tome un pedazo pequeño de masa y forme una bolita como de 3 1/2 cm de diámetro.

Oprímala un poco entre las manos y empiece a palmearla extendiéndola con cada palmada, primero en una palma y luego en la otra, volteando las manos hasta obtener un disco delgado de masa con una circunferencia pareja de unos 15 cm de diámetro. (Lleva como 33 palmadas extenderla —según me dicen— aunque siempre pierdo la cuenta.)

Tortillas hechas con masa preparada
| RINDE 15 TORTILLAS MEDIANAS |

Ingredientes

450 g de masa de maíz (p. 20)
agua si es necesario

» Si la masa está recién hecha, probablemente tendrá la consistencia correcta para trabajarla de inmediato —una pasta suave y tersa. Si la masa está un poco seca, entonces agréguele un poquito de agua y amase hasta que esté suave y manejable y no se desmorone.

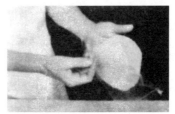

» Caliente el comal o la plancha sin grasa sobre un fuego mediano. Abra la prensa y coloque una pequeña bolsa de plástico en la placa inferior. Coloque la bolita de masa un poco fuera del centro, más cerca de la bisagra que de la palanca (se prensa demasiado delgada de ese lado) y oprima con los dedos para aplanarla un poco. Cúbrala con otra bolsa de plástico y oprima firmemente pero no demasiado fuerte (la masa se adelgazaría mucho y nunca podría despegarla entera). Abra la prensa, retire la bolsa de arriba y levante la de abajo; con una mano ponga la masa sobre los dedos de la otra y con cuidado desprenda la bolsa de la masa aplanada.
» No trate de desprender la masa de la bolsa. Manteniendo las manos tan horizontales como pueda, tienda la tortilla plana sobre el comal. Debe oírse un pequeño silbido cuando la masa toca la superficie del comal. Déjela como 15 segundos. La parte de abajo tendrá manchas. Voltee la tortilla y cuézala 30 segundos más. La parte de abajo deberá estar ahora opaca y

pecosa. Voltéela de nuevo sobre el primer lado y cuézala 15 segundos más. Si ha ejecutado todo correctamente y el comal tiene la temperatura adecuada, la tortilla deberá inflarse, lo que indica que la humedad sobrante se ha evaporado de la masa. Si la tortilla no se infla y se necesita para hacer panuchos, por ejemplo, entonces oprímala ligeramente con los dedos o una servilleta en la última volteada.
» Conforme se hacen las tortillas, deben colocarse una sobre otra en una cesta con una servilleta para conservarlas calientes, húmedas y blandas. También pueden hacerse paquetes en papel aluminio y congelarse.

Tortillas hechas con Maseca
| RINDE 15 TORTILLAS DE 15 CM |

Ingredientes

2 tazas (510 g) de Maseca (*masa harina*)
1 1/3 aproximadamente de tazas de agua
2 bolsas de plástico

» Mezcle la harina con agua y amásela hasta que quede bien distribuida y forme una pasta suave al oprimirla. La masa debe tener una consistencia mediana: ni demasiado firme ni mojada y pegajosa. Siga las instrucciones de la receta anterior para hacer las tortillas.

Métodos para recalentar tortillas de maíz

» Si está cocinando sobre fuego de gas, madera o carbón, simplemente coloque las tortillas sobre el comal y caliéntelas durante unos segundos de cada lado. Pueden quemarse un poco pero no importa —les da un buen sabor y no podrían ser más auténticas; pero sírvalas inmediatamente: no permanecen calientes.
» Si su estufa es de gas o eléctrica, si utiliza leña o carbón, caliente el comal sobre el fuego, coloque las tortillas en él, y recaliéntelas durante unos segundos de cada lado. Sírvalas inmediatamente para que no se pongan duras.
» Si las tortillas se han hecho con anticipación y están envueltas en papel aluminio, recaliéntelas 20 minutos en el horno a 165 °C.
» También puede recalentarlas en el horno de microondas: coloque una docena en una bolsa de plástico y caliéntelas 30 segundos. El tiempo depende del grueso de las tortillas. Si se están utilizando tortillas congeladas, es mejor descongelarlas primero y recalentarlas de alguna de las maneras arriba sugeridas.
» Para agregar algo pintoresco a este consejo más técnico, a mí me gusta calentar un montoncito de tortillas, en familia, naturalmente, siguiendo el método que me enseñó un artista/artesano mexicano, Feliciano Béjar:

**Para recalentar
un montoncito de tortillas**

Esta es la manera adecuada de recalentar tortillas en un quemador de gas o eléctrico. Si se queman un poco por las orillas no importa, porque eso les añade sabor.

» Coloque una tortilla sobre el quemador y caliéntela durante 5 segundos (más si es gruesa) y voltéela poniendo otra encima, déjelas 5 segundos más, voltee las dos juntas y ponga otra sobre estas, continúe hasta que todo el montoncito haya sido calentado. Envuélvalas en una servilleta y llévelas a la mesa en un chiquihuite o un cesto.

» Una amiga y gran cocinera de Hidalgo, la señora María Elena Romero de Lara, una vez después de una comida presentó a sus invitados unas medias tortillas tostadas y espolvoreadas con sal. "Aunque piensen que no les caben, cómanselas, ayudan a la digestión", dijo.

RECETAS A BASE DE TORTILLAS

Totopos

Totopos fritos I

Estos cuadritos fritos de tortillas de maíz secas, los totopos, se sirven a veces sobre un tazón de sopa. En México se comen en *frijoles puercos* (pp. 144-145 —versión michoacana) y en chilaquiles de Michoacán (p. 37). También pueden mezclarse con una ensalada justamente antes de servirla, agregarse a queso fundido, a huevos revueltos o servirse solos como botanas. También se pueden hacer delicados totopos de harina de trigo integral o una mezcla de maíz y trigo (p. 27). Es mejor usar tortilla delgada para los totopos. Encime cuatro tortillas y corte las partes curvas para formar un cuadro grande. Luego córtelas en cuadritos de un poco más de 1 cm. Extiéndalos sobre una charola para que se sequen al sol en un lugar ventilado, o si tiene prisa hornéelos 40 minutos a 165 °C.

Caliente como 2 cm de aceite en un sartén pequeño (uno grande usa demasiado aceite), fría los cuadros de tortilla de poquitos en poquitos —se freirán más parejos y en menos tiempo. Voltéelos de vez en cuando hasta que obtengan un color café dorado —como 3 ó 4 minutos (dependiendo del grueso de la tortilla).

Totopos fritos II

Cuando presente un rollo de frijoles refritos, los totopos deben ser triangulares para que sirvan como cuchara. Corte cada tortilla en 6 triángulos y siga el procedimiento anterior.

Totopos salados y fritos

Si desea totopos salados prepare una solución de sal y agua —como 3 cucharadas de sal por cada taza de agua— y revuélvala hasta que la sal se haya disuelto. Sumerja por unos instantes los pedazos de tortilla en el agua, cuélelos y sacúdalos bien e inmediatamente viértalos sobre aceite muy caliente. Brinca mucho y sin duda estropeará su aceite.

El arte de la cocina mexicana

Totopos tostados
Si desea reducir su consumo de grasa, entonces prepare los totopos tostando y no friendo los pedazos secos de tortilla. Corte las tortillas al tamaño deseado, déjelas secar, entonces póngalas a dorar ligeramente en el horno a 325 °C durante unos 40 minutos, volteándolas de vez en cuando. El tiempo de cocción dependerá del grueso de las tortillas.

Tostadas

Las tostadas, erróneamente llamadas *chalupas* en el norte de México y suroeste de Estados Unidos, son tortillas de maíz que han sido fritas planas hasta que se endurecen. Entonces se cubren con varios ingredientes de acuerdo con los gustos regionales. Para las tostadas es mejor no usar una tortilla demasiado delgada, para que no se quiebre con el primer mordisco ni se caiga por todos lados lo que tiene encima. Medio centímetro de aceite en el sartén debe ser suficiente para freír las tostadas hasta que se endurezcan y obtengan un color dorado. Deben comerse tan pronto como sea posible después de freírlas; si no, se pueden recalentar en el horno a 180 °C sobre una charola cubierta con papel absorbente para quitar algo del exceso de aceite.

Raspadas

Las raspadas están hechas de una manera interesante. Las cocineras en Tequila, Jalisco, por ejemplo, empiezan a hacer tortillas de 15 cms de la manera usual; luego las dejan secar, más que dorar, en una gran plancha de metal calentada por gas. Al cabo de 2 minutos el lado de abajo de la tortilla está suficientemente seco para que el otro, que no se ha cocido, se raspe. Esto se hace con un tubo de metal de 1 1/2 cm. Conforme se raspa, la masa va tomando una forma ovalada y arrugada llamada pachola —el mismo nombre se le da a los bisteces de carne molida que se hacen en el metate. (Uno se preguntará entonces qué pasó con las capas de masa cruda: en Tequila siempre hay un cerdo o dos roncando por ahí para aprovechar el desperdicio.) Durante 30 segundos el otro lado de las delgadas raspadas se pone a secar sin que se dore. Entonces se enfrían y se venden por cientos a los restaurantes de Guadalajara e incluso se envían lejos a nostálgicos jaliscienses.

Tortillas de maíz y trigo
| RINDE 11 TORTILLAS MEDIANAS |

En las frías altiplanicies de México se cultiva una considerable cantidad de trigo, y con frecuencia se puede encontrar en los mercados de provincia tortillas hechas con masa de maíz mezclada en igual proporción con trigo. Existe una polémica sobre si esto se llegó a hacer por gusto o por necesidad de hacer que rinda el maíz al final de la temporada, cuando se infecta de gorgojos. Esta mezcla hace una tortilla de textura más pesada que las otras y con un excelente sabor.

El trigo que ha sido limpiado y enjuagado se envía al molino junto con el nixtamal (el maíz cocido en agua de cal) y los dos se muelen juntos para formar una masa fina. Como muy pocas personas poseen o tienen acceso a un molino que triture el maíz y el trigo juntos en una mezcla húmeda, propongo una alternativa que funciona muy bien.

Para esta receta es mejor tratar de comprar harina de trigo entero molido ásperamente, pero desde luego no una harina para pastelería, por ejemplo.

Se necesitará oprimir la masa con más fuerza en la prensa para tortillas que para las tortillas de maíz normal; el tiempo de cocimiento será un poco mayor así como el recalentado. Cuando se está cociendo la tortilla en el comal, el trigo de la masa tiende a pegarse, así que puede ser necesario engrasar el comal ligeramente.

Ingredientes

1 taza (como 255 g) de masa de maíz preparada (p. 20)
2/3 de taza de harina integral (véase comentario arriba)
3 ó 4 cucharadas de agua

» Mezcle todos los ingredientes y amase para que la harina se distribuya bien en la masa. Esta debe ser tersa pero bastante firme y manejable —añada un poco más de agua si es necesario para obtener esta consistencia.
» Cubra la masa con plástico y déjela reposar en un lugar fresco por lo menos durante dos horas para que las partículas de trigo se suavicen. Si el clima es caliente y húmedo debe dejarla más tiempo. Refrigere la masa, pero siempre téngala a temperatura ambiente antes de hacer las tortillas.
» Siga las instrucciones para hacer tortillas de maíz (p. 23-24), pero aumente el tiempo de cocimiento como un minuto por cada lado y dé unos segundos más en la última volteada.

Nota: Si está usted preparando su propio nixtamal y tiene acceso al tipo de molino correcto, prepare una parte de maíz y 3/4 partes de trigo entero.

El arte de la cocina mexicana

ENCHILADAS

Hay dos métodos principales para cocinar enchiladas: 1) se fríe la tortilla ligeramente, se sumerge en una salsa caliente, se llena y se enrolla; 2) se sumerge la tortilla en una salsa cruda, se fríe y luego se rellena y enrolla. Instrucciones detalladas para ambos métodos se dan en las siguientes recetas.

Enchiladas placeras
| RINDE 12 ENCHILADAS |

SEÑORA HORTENSIA CABRERA DE FAGOAGA

Estas pequeñas enchiladas se sirven cada anochecer en la plaza principal de Xicotepec de Juárez, en la parte norte de la sierra de Puebla que se une con el estado de Veracruz.

Tradicionalmente un plato consta de 4 tortillas pequeñas —como de 9 cm. La salsa de jitomate debe tener una consistencia adecuada para cubrir ligeramente las tortillas. Aunque deben comerse en el momento en que se reúnen todos los componentes, estos pueden prepararse con anticipación.

Algunas veces estas enchiladas se rellenan con frijoles negros refritos en lugar de carne deshebrada y pueden ser un buen platillo vegetariano.

Ingredientes

1/4 de taza de manteca fundida o de aceite para freír
12 tortillas de maíz chicas
1 1/4 tazas de salsa de jitomate caliente de la sierra de Puebla (p. 259)
1 taza de carne de res cocida y deshebrada como para salpicón (p. 228)
1/4 de taza de cebolla picada finamente
1/4 de taza de queso añejo finamente rallado

» Tenga lista una charola cubierta con papel absorbente.
» Caliente un poco de manteca, lo suficiente para cubrir el fondo del sartén, y fría las tortillas de 2 en 2 durante 5 segundos de cada lado, agregando más manteca si es necesario. No deben endurecerse por la orilla; escúrralas sobre el papel.
» Sumerja las tortillas en la salsa caliente por unos segundos, rellene cada una con una cucharada escasa de carne deshebrada, enrolle las tortillas, cúbralas con un poco de salsa y adórnelas con la cebolla y el queso; sírvalas inmediatamente.

Enchiladas de Santa Clara

| RINDE 12 ENCHILADAS |

Esta es una de las muchas recetas que me proporcionó la señora Hortensia Fagoaga. Aunque nació en la sierra de Puebla, ha tenido la oportunidad de vivir en muchas partes de la República y está muy interesada en la buena comida regional mexicana. Tiene una sazón excepcional, como dicen los mexicanos, y generosamente me ha permitido cocinar con ella y comer con su familia en incontables ocasiones.

El origen de la receta es desconocido y ella no está segura de a cuál Santa Clara se refiere.

Si bien la salsa puede prepararse con tiempo, las enchiladas deben comerse tan pronto como estén listas o se volverán pastosas.

Ingredientes

4 chiles anchos
1 taza de agua
1 diente de ajo picado
1 cucharadita de sal o al gusto
2 huevos grandes
1/2 taza de manteca o aceite, aproximadamente
12 tortillas medianas
1/4 de kg de queso fresco cortado en rebanadas

» Tenga lista una charola cubierta con papel absorbente doble. Retire los tallos de los chiles secos. Ábralos, retire las semillas y las venas. Tueste los chiles oprimiéndolos sobre un comal caliente —el interior se pondrá color café tabaco opaco— y remójelos en agua caliente durante 15 minutos o hasta que se reconstituyan sin desbaratarse.

» Vierta la taza de agua en el vaso de la licuadora y añada el ajo y la sal. Con una cuchara con perforaciones traslade los chiles al vaso y muela hasta que la salsa quede absolutamente tersa —como 8 segundos. Bata los huevos ligeramente con un tenedor y revuélvalos con la salsa.

» Caliente suficiente manteca para cubrir el fondo de un sartén pequeño. Antes de empezar a freír asegúrese de que el aceite tenga una temperatura media; si está muy caliente y humeante la salsa de chile se quemará.

» Sumerja de una en una las tortillas en la salsa de chile de manera que se cubran con una capa gruesa, y fríalas 10 segundos de cada lado. Usando pinzas y espátula levante con cuidado la tortilla del aceite y escúrrala sobre el papel absorbente. La salsa de chile y huevo se verá dispareja y rugosa (así está bien y es más apetecible). Ponga un pedazo de queso sobre la tortilla y dóblela. El queso deberá empezar a derretirse con el calor.

» Continúe con el resto añadiendo manteca si es necesario y trabajando tan rápido como pueda; sírvalas de inmediato. Aunque tradicionalmente las enchiladas se sirven solas, puede acompañar este platillo con una ensalada de jitomate y lechuga con poco aderezo.

El arte de la cocina mexicana

Enchiladas verdes
| RINDE 12 ENCHILADAS |

Aunque hay muchas versiones de este platillo con pequeñas diferencias regionales, esta receta es más típica del área central de México, en y alrededor de la ciudad de México.

Aunque tradicionalmente se comen a la hora de la cena, es un hecho que las enchiladas son un gran platillo al mediodía acompañadas de una ensalada, o con una ligera entrada —como el cebiche— son un sustancioso plato principal para la cena.

Sin excepción las enchiladas deben comerse tan pronto como estén hechas o la tortilla se volverá pastosa.

Ingredientes

LA SALSA
1/2 kg de tomates verdes sin cáscara y enjuagados
2 chiles serranos enjuagados y sin tallo
1 diente de ajo pelado y picado
1 cucharada de manteca o aceite
1/3 de taza de caldo de pollo
sal al gusto

EL RESTO
1/4 de taza de aceite para freír, aproximadamente
12 tortillas medianas
1 1/2 tazas de pollo deshebrado para tacos (p. 172)
1/2 taza de cebolla picada
1/2 taza de crema
1/3 de taza de queso fresco desmoronado

» Tenga listo y caliente un platón para acomodar las enchiladas en una capa o platos individuales, y una charola cubierta con papel absorbente para escurrir las tortillas fritas.
» Hierva ligeramente los tomates y chiles de manera que los alcance a cubrir el agua.
» Continúe hirviéndolos hasta que los tomates estén suaves —como 8 minutos—, retírelos del fuego, escúrralos reservando 1/4 de taza del líquido en que se cocieron y páselos a la licuadora, añada el ajo y el líquido que había reservado y muélalos bien.
» Caliente la manteca en el sartén, agregue la salsa y cuézala a fuego medio durante 5 minutos meneándola de vez en cuando. Agregue el caldo, sal al gusto y continúe cociéndola hasta que se reduzca a 2 tazas —como 5 minutos más. Manténgala caliente mientras prepara las enchiladas.
» Caliente unas dos cucharadas de aceite, coloque una de las tortillas deteniéndola en el fondo con una espátula durante un minuto y voltéela y fríala 30 segundos más. La tortilla debe estar bien caliente pero no dura. Escúrrala sobre el papel mientras continúa con el resto, agregando aceite conforme sea necesario. Sumerja una de las tortillas en la salsa verde. Distribuya un poco del pollo por el centro y póngale cebolla y crema; enrolle la tortilla y colóquela en el platón caliente. Termine con el resto de las tortillas. Vacíe el resto de la salsa sobre las enchiladas. Viértales la crema sobrante, adórnelas con cebolla y queso y sírvalas inmediatamente.

Enjococadas I

| RINDE 12 ENJOCOCADAS |

Este platillo me fue dado a conocer por una buena amiga y maravillosa cocinera que se guía por su intuición, la señora Livier Ruiz de Suárez, quien nació en el Valle de Juárez, un área rica en productos lácteos que está en los límites de Michoacán y Jalisco. Generosamente ha pasado incontables horas viajando conmigo, enseñándome la muy diversa cocina regional de Michoacán.

La palabra "enjococadas" significa tortillas sumergidas en jocoque —jocoque puede equivaler a lecha agria, crema o yogur en otras áreas, pero se refiere a la crema que ha sido levantada de la lecha cruda y dejada por la noche a temperatura ambiente. Se recoge por un periodo de varios días y se almacena en un jarro de barro. Tiene una acidez agradable, y aunque es muy espesa, con frecuencia se bate ligeramente antes de usarla en uchepos (p. 78) o en corundas (p. 66).

Este platillo es poco común y muy delicado de sabor, dependiendo totalmente de la calidad de las tortillas —que deben estar recién hechas y ser bastante delgadas— y de una excelente crema, que debe utilizarse en lugar de jocoque. El queso que tradicionalmente se usa es salado, como el añejo o Cotija. Por lo general las enjococadas se sirven como "sopa seca" o primer platillo, pero bien pueden servir como platillo principal —vegetariano— con una ensalada ligeramente aderezada.

Deben servirse en cuanto estén listas. Lo siento, pero no hay nada que se pueda hacer por adelantado, este es un platillo que va del sartén a la boca.

Ingredientes

1/4 de taza de aceite, aproximadamente
12 tortillas de maíz delgadas (véase la receta anterior)
2 tazas de crema
1 1/4 tazas de queso añejo tallado o fresco desmoronado
3/4 de taza de cebolla picada finamente

» Tenga listo un refractario donde las tortillas enrolladas quepan en una capa, y una charola cubierta con dos capas de papel absorbente.
» Caliente suficiente aceite para cubrir el fondo de un pequeño sartén y fría las tortillas de una en una añadiendo más aceite si es necesario hasta que estén suaves y bien calientes, mas no endurecidas por la orilla. Escúrralas sobre el papel. Mientras tanto, caliente la crema en otro sartén durante 5 minutos hasta que burbujee y se reduzca. Sumerja cada tortilla en la crema caliente, ponga una cucharada de queso y un poquito de cebolla a lo largo del centro de cada tortilla y enróllelas y colóquelas una tras otra en el platón. Vierta sobre ellas el resto de la crema y del queso y mueva el platón sobre el fuego hasta que las enjococadas estén bien calientes y la crema esté apenas burbujeando (o caliéntelas en el horno durante 10 minutos). Sírvalas inmediatamente.

Enjococadas II

| RINDE 8 PORCIONES | JIQUILPAN, MICHOACÁN

Esta receta absolutamente suculenta fue preparada para mí por el ilustre artista y artesano mexicano Feliciano Béjar. Viene de su nativa Jiquilpan, en la parte norte de Michoacán, que es un área rica en productos lácteos.

Es verdaderamente un sustancioso y suculento guiso a la cacerola compuesto por capas de tacos rellenos de pollo, chorizo y huevo, con salsa verde y crema. Es una comida completa para servirse sola o con una ensalada ligeramente aderezada. Aunque todos los componentes pueden prepararse con anticipación, el arreglo final del platillo debe hacerse en el último momento justamente antes de meterlo al horno o las tortillas se remojarán y desintegrarán.

El tamaño del recipiente es importante: debe tener por lo menos una profundidad de 5 cm y debe ser lo suficientemente grande como para acomodar 2 capas de 10 tacos pequeños —como de 23 por 23 cm es ideal.

Las capas de tacos deben quedar cubiertas pero no ahogadas en la salsa y deben llevar encima una capa generosa de crema.

Ingredientes

- 1/3 de taza de aceite para freír, aproximadamente
- 20 tortillas medianas
- 1 1/2 tazas de crema
- 2 tazas de pollo caliente deshebrado y bien sazonado para tacos (p. 172)
- 2 tazas de relleno de chorizo con huevo (p. 248)
- 2 tazas de salsa verde caliente (siguiente receta)

» Caliente el horno a 190 °C y tenga lista una charola cubierta con dos capas de papel absorbente.
» Ponga un poco del aceite en un sartén chico y caliéntelo. Cuando esté caliente pero no humeante, sumerja una tortilla hasta que se suavice y quede totalmente caliente, como 10 segundos, pero no deje que la orilla se endurezca. Escúrrala sobre las toallas de papel y repita la operación hasta que todas las tortillas estén fritas.
» Mientras tanto caliente la crema y déjela burbujear y reducir durante 5 minutos. Sumerja una de las tortillas —la crema debe cubrirla ligeramente. Rellénela con el pollo y enróllela; colóquela en el platón caliente. La segunda tortilla se rellena con chorizo. Continúe sumergiendo y rellenando 10 de las tortillas —alternando el pollo y el chorizo— hasta formar la primera capa.
» Distribuya una taza de salsa verde y un poco de la crema restante. Continúe con la segunda capa hasta acabar con todas las tortillas. Cubra con el resto de la salsa y la crema y hornee en la parte superior del horno hasta que burbujee. De 15 a 20 minutos. Sirva inmediatamente.

Salsa verde para enjococadas II

| RINDE 2 TAZAS |

Esta sencilla salsa puede también utilizarse para corundas (p. 66).

Ingredientes

- 1/2 kg de tomate verde (como 22 medianos)
- 3 (o al gusto) chiles serranos sin tallo
- 1 diente de ajo pelado y picado
- 1 1/2 cucharadas de aceite
- sal al gusto

I El maíz

» Quite la cáscara de los tomates y enjuáguelos. Póngalos en una olla, cúbralos con agua y agregue los chiles. Deje hervir el agua y cuézalos durante 10 minutos. Retírelos del fuego y déjelos en el agua 5 minutos más.
» Pase a la licuadora los tomates y los chiles con una cuchara perforada, agregue el ajo y muela hasta que la mezcla esté tersa (no debe necesitar más agua).
» Caliente el aceite en un sartén, añada la salsa y fríala a fuego bastante alto revolviéndola de vez en cuando, como 3 ó 4 minutos hasta que la salsa se haya reducido. Sazónela con sal si es necesario.

Tostadas de Apatzingán

Durante un viaje reciente a la tierra caliente de Michoacán encontré la tostada perfecta. Apatzingán es un próspero centro agrícola en donde se come mucho en la calle, especialmente en el Mercado de Aguates. Lo abren temprano y se vende menudo y tamales, y más tarde un guiso de cerdo servido con morisqueta (arroz hervido) y antojitos de varios tipos (a pesar del gran calor), para terminar en la noche con pozole.

El gentío se iba dispersando cuando llegamos una noche en busca de comida típica. Paramos en una tostadería especializada, como lo dice su nombre, en tostadas. No eran excepcionales. Probamos un poquito de esto y aquello, pero aún teníamos apetito cuando regresamos al hotel. En el comedor vimos a gente comiendo las tostadas más impresionantes, que tenían una pila de capas incluyendo una muy atractiva de puerco deshebrado.

Las tostadas estaban hechas en tortillas muy grandes que habían sido fritas hasta quedar bien duras (puede tostarlas en el horno para evitar tanta grasa; véase p. 26) y estaban cubiertas con las siguientes capas.

Ingredientes

una capa delgada de frijoles refritos (p. 144)
una capa gruesa de lechuga cortada en tiritas
una capa gruesa de puerco cocido y deshebrado (p. 194)
2 rebanadas de jitomate
2 cucharadas de crema
rebanadas de cebolla desflemada en jugo de limón (como para las cebollas encurtidas para tatemado, p. 277)
2 cucharadas de salsa de jitomate de Michoacán (p. 260)
queso añejo para espolvorear

Y servida aparte para quienes les guste el picante: salsa de chile de árbol (p. 262).
Necesitará ambas manos y una gran cantidad de servilletas de papel.

El arte de la cocina mexicana

Flautas de Guadalajara

Las flautas son tacos largos fritos y crujientes de Jalisco. La tortilla que se utiliza mide entre 15 y 18 cm de diámetro. Cuando están recién cocidas se quita la telita o capa superior que se infla, dejando una tortilla muy delgada.

A continuación tenemos varios rellenos tradicionales para flautas. Se coloca una cucharada grande en el centro de la tortilla; luego esta se enrolla apretándola y sujetándola con un palillo, se fríe en manteca o aceite hasta que quede crujiente y dorada. Después de escurrirlas en papel absorbente, se sirven sobre una cama de lechuga rebanada sazonada con jugo de limón, rebanadas delgadas de rábano y 2 cucharadas de salsa de plaza (p. 265), y si cuenta con salsa de Tamazula (p. 264), también, pero no es absolutamente necesaria.

Las flautas deben ir del sartén a la boca, deben rellenarse, freírse y comerse o se vuelven tiesas.

RELLENOS PARA FLAUTAS

Pollo deshebrado
| RINDE 1 1/4 TAZAS DE RELLENO PARA HACER 6 FLAUTAS |

Ingredientes
- 2 cucharadas de aceite o manteca
- 3 cucharadas de cebolla finamente picada
- 250 g de jitomate finamente picado
- 2 chiles serranos rebanados
- 2 tazas de pollo deshebrado para tacos (p. 172)
- sal al gusto

» Caliente la manteca en el sartén, agregue la cebolla picada, el jitomate y el chile, y fríalos ligeramente durante 5 minutos removiendo de vez en cuando para que no se peguen en el sartén. Añada el pollo deshebrado y la sal, continúe cociendo la mezcla hasta que esté bien sazonada y casi seca.

Rajas de chile poblano
| RINDE 1 TAZA COLMADA PARA RELLENAR DE 8 A 10 FLAUTAS |

Ingredientes
- 3 cucharadas de aceite
- 3 cucharadas de cebolla picada
- 1 taza de rajas de chile poblano (p. 349)
- 250 g de jitomate picado sin pelar
- sal al gusto
- 8 cucharadas colmadas de queso fresco desmoronado

» Caliente el aceite en un sartén, agregue las cebollas y las rajas de chile; fríalas ligeramente hasta que la cebolla quede transparente, como 3 minutos. Agregue el jitomate y la sal; continúe el cocimiento hasta que la salsa se haya reducido y esté bien sazonada —como 8 minutos.
» Rellene las flautas con las rajas y antes de enrollarlas agregue una cucharada abundante de queso.

Papas guisadas
| RINDE UNA TAZA COLMADA PARA RELLENAR 8 FLAUTAS |

Esto parece demasiado simple para ser mencionado, pero es delicioso.

Ingredientes

250 g de papas (3 medianas) cocidas sin pelar
3 cucharadas de manteca o aceite
3 cucharadas de cebolla finamente picada
125 g de jitomate (1 chico) picado sin pelar
sal al gusto

» Aplaste un poco las papas con todo y cáscara hasta lograr una cierta textura.
» Caliente el aceite y fría ligeramente la cebolla de manera que quede acitronado, como 3 minutos. Agregue el jitomate y cuézalo a fuego medio meneando y raspando el fondo del sartén 3 minutos más. Añada las papas con sal al gusto y cueza la mezcla hasta que quede casi seca y bien sazonada.

Picadillo blanco
| RINDE 2 TAZAS PARA RELLENAR UNA DOCENA DE FLAUTAS |

Ingredientes

250 g de carne molida de res con algo de grasa
3 cucharadas de cebolla finamente picada
125 g de jitomate finamente picado, sin pelar
1/4 de taza de perejil picado
sal al gusto

» Extienda la carne en un sartén grueso sin engrasar y cuézala a fuego lento hasta que empiece a soltar la grasa. Esto tomará como 10 minutos, y luego será necesario revolver la carne de vez en cuando raspando el fondo del sartén para impedir que se pegue. Agregue la cebolla y siga cociéndola con fuego mediano durante 3 minutos más. Añada el jitomate, el perejil y la sal, y cueza la mezcla hasta que esté bastante seca —como 8 minutos.

El arte de la cocina mexicana

Tacos de requesón
| RINDE 6 TACOS |

Esta es una receta poco común que me brindó una de las antiguas familias de Pátzcuaro. El contraste de texturas y el sabor de la salsa es sorprendente y delicioso. Es el antojito vegetariano perfecto. Deben comerse inmediatamente o se vuelven cuerudos.

Ingredientes

LA SALSA
1/3 de taza de jugo de limón
sal al gusto
1/3 de taza de rábanos finamente picados
1/4 de taza de cebolla finamente picada
1 chile perón picado sin las semillas negras
1 cucharada de cilantro picado no muy fino

LOS TACOS
1 taza de requesón sazonado con sal
6 tortillas de maíz delgadas medianas
6 palillos
aceite para freír

» Tenga lista una charola cubierta con papel absorbente.
» Primero prepare la salsa. Coloque el jugo de limón y la sal en un recipiente de vidrio, agregue el resto de los ingredientes y déjelos marinar por lo menos durante 30 minutos. Esto deberá llenar una taza.
» Distribuya una cucharada de requesón sobre la mitad de cada tortilla. Dóblela y sujétela con un palillo.
» En un sartén grande vierta poco más de 1/2 cm de aceite y cuando esté caliente pero no humeante fría algunos de los tacos hasta que estén dorados y crujientes volteándolos una vez. Continúe con el resto y agregue aceite si es necesario.
» Escurra los tacos sobre el papel absorbente, y retírelos cuando se hayan enfriado un poco. Ábralos con un palillo e introduzca como 2 cucharadas de la salsa. Sírvalos inmediatamente, no pueden esperar.

Chilaquiles de Efigenia
| RINDE 4 PORCIONES |

MICHOACÁN

Hacer un plato de chilaquiles es una simple y deliciosa manera de utilizar tortillas viejas, salsa sobrante y algo de queso. Es un platillo nacional, y aunque los métodos e ingredientes varían de una región a otra, no varían tanto. Se sirven generalmente a la hora del almuerzo con huevos y carne asada, acompañados de frijoles refritos. Este es un platillo esencialmente mexicano... y tenga cuidado, porque uno se vuelve adicto a él. Así es como Efigenia, que fue mi ama de llaves por unos años, los prepara, y aunque es una receta muy simple, mucho dependerá de la calidad de las tortillas de maíz, la madurez de los jitomates y lo sabroso de la crema utilizada.

Ingredientes

- **375 g de jitomates asados**
- **2 chiles serranos asados (véase p. 350)**
- **2 dientes de ajo pelados y picados**
- **sal al gusto**
- **1/3 de taza de aceite, aproximadamente**
- **6 tortillas grandes cortadas en cuadros de 4 cm y secados durante la noche**
- **1/4 de taza de cebolla finamente picada**
- **2 cucharadas colmadas de epazote picado**
- **1/3 de taza de queso fresco desmoronado**
- **1/3 de taza de crema**

» Tenga lista una charola cubierta con papel absorbente.
» Licue los jitomates sin pelar, los chiles, los ajos y la sal. Caliente la mitad del aceite y fría algunos pedazos de tortilla hasta que se endurezcan un poco y tomen un color dorado pálido. Escúrralos y fría el resto de los pedazos de tortilla agregando aceite conforme sea necesario.
» Retire el aceite dejando 2 cucharadas en el sartén, vuelva a poner los pedazos de tortilla, agregue la salsa y remuévalos bien a fuego medio durante 2 minutos.
» Distribuya la cebolla y el epazote sobre la superficie, tápelos, baje el fuego y cuézalos sacudiendo el sartén de vez en cuando durante ocho minutos para evitar que se peguen. En este tiempo la cebolla debe quedar transparente y las tortillas suaves pero no deshechas. Se adornan con queso y crema y se sirven inmediatamente.

El arte de la cocina mexicana

Chilaquiles de Tequila

| RINDE DE 4 A 6 PORCIONES |

Esta receta viene de una antigua familia de Tequila. Aunque ahora los chilaquiles se hacen con salsa de jitomate, las hijas de la familia me dijeron que antes se hacían con chilacate, un chile grande, rojo y terso que se utiliza mucho en Jalisco. Generalmente los chilaquiles se comen a la hora del almuerzo, con frecuencia acompañados de huevos o carne asada.

Ingredientes

6 chilacates grandes ó 3 anchos y 4 guajillos
2 tazas de agua
2 dientes de ajo pelados y picados
1/2 cucharadita de sal o al gusto
1/3 de taza de manteca o aceite, aproximadamente
3 tazas de cuadros o diamantes de tortilla seca (como 15 tortillas chicas)

EL ADORNO
1/4 de taza de cebolla finamente picada
1/3 de taza de queso adobado (en Jalisco), añejo desmoronado

» Desprenda los tallos de los chiles secos, límpielos con una tela húmeda, ábralos y retire las semillas y las venas. En un recipiente hierva el agua, agregue los chiles limpios y cuézalos 5 minutos a fuego lento. Vierta en la licuadora 1 1/2 tazas del líquido de cocimiento, agregue los ajos, la sal y los chiles, y muélalos tan finamente como sea posible. Cuele la salsa con una coladera fina y oprima con firmeza (la piel de los chilacates, o guajillos, es muy dura). Tire el residuo de los chiles y ponga la salsa a un lado.
» Usando un sartén pesado, caliente a fuego medio o bajo un tercio de los pedazos de tortilla seca hasta que queden color dorado claro. Revuélvalos con una cuchara con perforaciones y escúrralos sobre papel absorbente. Agregue un poco de aceite y siga con el resto de los pedazos de tortilla, un tercio a la vez, añadiendo aceite conforme sea necesario.
» Cuando termine de freír, retire todo el aceite, regrese los pedazos de tortilla al sartén, agregue la salsa y cuézalos a fuego alto hasta que la salsa se haya reducido —como 8 minutos. Ajuste la sazón, adorne con cebolla y queso y sirva inmediatamente.

Nota: La salsa debe tener una consistencia media, ni demasiado seca ni caldosa. Añada un poco de agua si es necesario.

Tortillas con asiento
| RINDE UNA TORTILLA |

Caminando por las calles de Oaxaca a cualquier hora del día o de la noche, es probable que vea mujeres en las aceras o en los mercados vendiendo tortillas chicas pellizcadas y otras que parecen ser empanadas hechas con grandes tortillas suaves. De hecho son las tortillas grandes blancas y suaves llamadas "blanditas" dobladas y tostadas en grasa de cerdo que traspasa la masa. Al morderlas uno se encuentra con que tienen diferentes texturas, picante, con que son sustanciosas y exquisitas a la vez; son los antojitos de tortilla más apetitosos que conozco.

Trate de encontrar para esta receta unas tortillas de maíz verdaderamente grandes, de 18 a 20 cm, pero si no las encuentra use unas de tamaño normal reduciendo el relleno para que no se escurra y queme en el comal.

Estas tortillas se prestan a muchas innovaciones; pueden prepararse con tiempo y llevarse a un día de campo y tostarse en parrilla de carbón.

Ingredientes

1 tortilla de 15 a 20 cm
1 cucharada de asiento (véanse ingredientes p. 212)
1 cucharada de frijoles refritos oaxaqueños
   (véase relleno de los tamales de frijol p. 70)
1 ligera capa de col rallada finamente
1 cucharada de queso fresco desmoronado
1 1/2 cucharaditas de salsa de chile pasilla de Oaxaca (p. 261)
   o alguna otra salsa picante

» Extienda el asiento y demás ingredientes en capas sobre la tortilla. Colóquela en un comal o plancha caliente durante 2 minutos hasta que se caliente bien pero sin que se endurezca. Doble la tortilla y oprima las orillas firmemente. Tueste la tortilla 2 minutos de cada lado hasta que quede medio frita y cómala con las manos usando una servilleta grande de papel para proteger su ropa.

El arte de la cocina mexicana

Enfrijoladas
| RINDE 12 ENFRIJOLADAS |

Este platillo típico oaxaqueño, las enfrijoladas, se sirve durante el almuerzo acompañado de tasajo asado o frito, carne oreada, o como platillo principal con pollo con orégano (p. 173). Aunque la salsa de frijol puede prepararse con anticipación y almacenarse e incluso congelarse, freír las tortillas y acomodarlas en el plato debe hacerse en el último minuto antes de servirse. Prepararlas y recalentarlas resultaría en un triste batidillo.

Ingredientes

LA SALSA DE FRIJOL
2 cucharadas de manteca o aceite
1/2 cebolla mediana rebanada
2 chiles de árbol
1 manojito de hojas tiernas de aguacate ó 5 hojas grandes y maduras
5 dientes de ajo pequeños, bien pelados y asados (p. 329)
1/2 taza de agua
3 tazas de frijoles de olla estilo Oaxaca con caldo (p. 146)
sal al gusto

EL RESTO
1/4 de taza de aceite, aproximadamente
12 tortillas medianas
1 cebolla cortada en ruedas gruesas
3/4 de taza de queso fresco desmoronado
rajas con limón (p. 273) o chiles jalapeños en escabeche (p. 271)

» Primero haga la salsa. Caliente una cucharada de manteca en un sartén, agregue la media cebolla y los chiles secos y fríalos hasta que queden medio dorados. Trasládelos con una cuchara perforada al vaso de la licuadora. No tire la manteca. Sostenga las hojas de aguacate sobre la llama o colóquelas en un comal caliente y déjelas asar ligeramente. Desbarate las hojas sin los tallos ni las venas gruesas sobre el vaso de la licuadora. Agregue los ajos y el agua y muélalos hasta que queden muy tersos. Gradualmente añada los frijoles y su caldo y muélalos muy bien; tal vez tenga que hacer esto en dos partes agregando un poco de agua para que las aspas trabajen eficientemente.
» Añada una segunda cucharada de manteca al sartén, caliéntela y vierta el puré de frijol y cuézalo a fuego medio, removiendo y raspando el fondo para que no se adhiera, hasta que espese y esté bien sazonado —de 8 a 10 minutos.
» Ajuste la sal, déjelo a un lado y manténgalo caliente y cubierto o se le formará una nata en la superficie.
» Mientras tanto caliente 1/4 de taza de aceite en un sartén pequeño y fría las tortillas de una en una unos segundos de cada lado para que se calienten —probablemente se inflen— sin que se endurezca la orilla. Escurra las tortillas sobre papel absorbente.
» Recaliente la salsa de frijol, la cual puede haberse espesado demasiado. Pruebe sumergiendo una tortilla; la salsa debe cubrirla ligeramente. Si está muy espesa añada como 1/2 taza de agua caliente y revuelva hasta que quede tersa. Hágala hervir ligeramente, sumerja las tortillas de una en una y dóblelas en cuatro. Adorne cada plato con anillos de cebolla y con queso. Sirva los chiles encurtidos aparte.

Entomatadas
| RINDE 12 ENTOMATADAS |

Las entomatadas son un platillo popular en Oaxaca para almorzar y van acompañadas de carne seca llamada tasajo. Son simples enchiladas, pero las tortillas se doblan en cuatro y la salsa de tomate tiene marcadas características oaxaqueñas.

Este platillo se presta a muchas interpretaciones para una comida; por ejemplo, puede ir acompañado de pollo o carne asada y una ensalada. Es conveniente utilizar tortillas de maíz grandes para que puedan doblarse con más facilidad.

La salsa puede prepararse por adelantado, pero freír las tortillas y acomodar las entomatadas debe hacerse en el último momento o el plato se convertirá en una masa de elementos irreconocibles.

Ingredientes

LA SALSA
2 cucharadas de aceite
1/2 cebolla en rodajas gruesas
4 dientes de ajo pelados
2 pimientas chicas
2 chiles de agua o chiles serranos (p. 350) asados (opcional)
1/2 taza de agua
750 g de jitomates asados
3 ramitas de epazote
sal al gusto

EL RESTO
1/4 de taza de aceite
12 tortillas de maíz de 13 a 15 cm
1 cebolla mediana cortada en rodajas gruesas
3/4 de taza de queso fresco desmoronado
1 manojito de perejil dividido en pequeñas ramitas

» Primero haga la salsa. Caliente una cucharada de aceite en un sartén. Agregue la cebolla y los ajos; fríalos a fuego mediano removiéndolos de vez en cuando hasta que estén ligeramente dorados. Retire la cebolla y los ajos con una cuchara perforada y póngalos en el vaso de la licuadora con la pimienta gorda, los chiles y el agua, y muélalos hasta que queden tersos. Gradualmente añada los jitomates sin pelar y muélalos hasta que el líquido quede uniforme. Tal vez tenga que hacer esto en dos partes. Agregue otra cucharada de aceite al sartén en que se frió la cebolla y caliéntelo bien.

» Vierta la salsa, el epazote y la sal y cuézala a fuego alto revolviendo y raspando el fondo del sartén hasta que espese un poco y esté bien sazonada. Manténgala caliente.

» Caliente 1/4 de taza de aceite y fría las tortillas de una en una durante unos segundos de cada lado hasta que queden bien calientes —probablemente se inflarán— sin que se endurezca la orilla. Escurra las tortillas sobre papel absorbente.

» Recaliente la salsa, la cual puede haberse espesado demasiado. Pruebe sumergiendo una tortilla; la salsa debe cubrirla ligeramente. Si está muy espesa añada como 1/3 de taza de agua y hágala hervir ligeramente. Sumerja las tortillas de una en una y dóblelas en cuatro igual que las enfrijoladas. Adorne cada plato con unos anillos de cebolla y queso desmoronado y unas cuantas ramitas de perejil. Sírvalas inmediatamente.

Papadzules
| RINDE 12 PAPADZULES |

YUCATÁN

Un plato de papadzules —de las palabras mayas que significan "comida para los señores"— bien hechos tiene un sabor tan fascinante como su aspecto. Las tortillas enrolladas cubiertas con una salsa de color verde pálido, el color vivo que da la salsa de tomate y las manchas de aceite verde —que sale de la semilla de calabaza— formando facetas brillantes de color y sabor. Los papadzules podrían ocupar un buen lugar en cualquier exhibición gastronómica mundial.

Como el platillo depende de pocos ingredientes, estos deben ser de la más alta calidad para que pueda apreciarse la delicadeza de su sabor —aunque esta salsa de semillas de calabaza con su concentrado sabor no es para todos los paladares.

Comercialmente es raro encontrar este platillo bien ejecutado porque muy pocas cocineras se molestan en extraer el aceite que da el toque final para la apariencia y el contraste del sabor.

Si bien todos los componentes de este platillo pueden ser preparados con anticipación, los preparativos finales deberán hacerse en el último momento, especialmente el adorno del aceite, que debe hacerse segundos antes de servirse para que no lo absorba la salsa.

Este platillo se sirve como plato principal.

Aunque es relativamente sencillo de realizar, hay algunos puntos que es necesario vigilar:

Al tostar las semillas de calabaza hay que revolver constantemente; deben inflarse y cambiar un poco de color, pero no permita que se pongan color café para que la salsa no tome este color en lugar de verde. No las muela hasta que queden como harina; deben conservar cierta textura, aunque no mucha.

Agregue el caldo gradualmente, es posible que no necesite más de 1/4 de taza dependiendo de la frescura de las semillas.

Tenga cuidado al calentar la salsa, mantenga el fuego bajo y revuélvala constantemente raspando el fondo del sartén. Si el fuego está muy alto la salsa se pegará y se volverá granulosa. Si esto sucede ponga la salsa de nuevo en la licuadora con un poco de agua caliente y mézclela brevemente.

Ingredientes

- 2 1/2 tazas de agua
- 2 ramas grandes de epazote
- 1 cucharadita escasa de sal o al gusto
- 250 g (1 2/3 tazas) de semillas de calabaza peladas
- 12 tortillas de maíz recién hechas. Manténgalas calientes
- 5 huevos cocidos, pelados, picados y sazonados con sal
- 1 taza de salsa de jitomate yucateca (p. 260)
- 2 huevos cocidos más; las claras y las yemas van picadas muy finamente por separado para el adorno
- 12 hojas de epazote para el adorno (opcional)

- » Tenga listo un platón caliente en el que quepan 12 tortillas enrolladas dejando espacio para poner salsa alrededor.
- » Ponga el agua, el epazote y la sal en una olla, deje hervir durante 5 minutos. Manténgalo caliente. Espolvoree las semillas de calabaza en un sartén pesado y tuéstelas a fuego bajo volteándolas y revolviéndolas hasta que se inflen y se pongan de un verde más intenso, como unos 3 minutos —pero no deje que se pongan color café. Extiéndalas en un platón para que se enfríen. Cuando estén frías, ponga una pequeña cantidad de las mismas en un molino eléctrico y muélalas durante unos 5 ó 6 segundos hasta obtener un molido fino pero no como polvo. Póngalas en un platón con un pequeño borde.
- » Mida 1/4 de taza de caldo caliente de epazote. Salpique las semillas molidas con un poco de caldo y amase hasta formar una pasta que se desmorone —tal vez no necesite todo el caldo. Si agrega demasiada agua obtendrá una salsa verde pálido en lugar de una pasta más oscura. (Si eso sucediera deberá agregar más semillas molidas y volver a amasar bien la pasta.) Casi inmediatamente la pasta se volverá brillante en la superficie. Siga amasándola y apretándola. Escurra el aceite en un recipiente pequeño; debe obtener entre 1/4 y 1/3 de taza.
- » Cuele 1 1/2 tazas del caldo de epazote caliente sobre el vaso de la licuadora y desmenuce dentro la pasta. Lícuelo muy bien. Regréselo al sartén y agregue el caldo restante. Caliente la salsa a fuego muy bajo revolviendo y raspando el fondo casi continuamente hasta que la salsa se espese ligeramente.
- » Sumerja una tortilla en la salsa; debe cubrirla bien. Ponga un poco del huevo picado en la tortilla, enróllela sin apretarla y colóquela en el platón. Continúe con el resto de las tortillas. Para cuando termine, la salsa se habrá espesado, de manera que, si es necesario, agregue un poco de agua caliente y vierta la salsa restante sobre los papadzules. Ponga la salsa de jitomate haciendo una banda ancha en medio de los papadzules. Espolvoree con rajas de clara y yema de los otros huevos, y adorne con las hojas restantes de epazote. Finalmente, decore haciendo pequeños charcos con el aceite verde. Sirva inmediatamente.

Antojitos de masa de maíz

- › CHALUPAS
- › QUESADILLAS
- › MOLOTES
  - CHORIZO Y PAPA
  - CARNE DESHEBRADA
- › MOLOTES OAXAQUEÑOS
- › SOPES COLIMENSES
- › TLACOYOS
- › CAZUELITAS
- › POLKANES
- › PINTOS
- › CHOCHOYOTES
- › PANUCHOS

(1980)

Cuando los últimos rayos del sol proyectan las largas sombras de los edificios y empieza el anochecer, muchas de las esquinas mexicanas cobran vida. Es como observar una comedia ver a la multitud que pasa silenciosamente, las figuras principales llevando braseros de carbón y comales, seguidos por una fila de niños con cubetas de agua y masa, pequeños recipientes con rellenos para ser recalentados, salsas y cebolla picada, cilantro y chiles. Las cubetas y recipientes de plástico de colores brillantes, cada uno con su cuchara de peltre azul, son los distintivos de la moderna cocina mexicana. El aire se llena de inconfundible olor a ocote que súbitamente rompe en llamas y enciende el carbón. No pasa mucho tiempo antes de que el aceite chisporrotee en el comal y los primeros antojitos se palmeen y se les dé forma: redonda, oval, gruesa, delgada, rellena o mezclada con frijoles... cualquiera que sea la especialidad local; ya sea picadas de Jalisco, tlacoyos de Hidalgo, garnachas de Veracruz, gordas del Bajío, sopes, pellizcadas, pintos, con las orillas o el centro pellizcados —una infinidad de formas y sabores.

Estos antojitos se hacen con masa para tortillas de maíz. Algunas veces se sirven al principio de la comida del mediodía, pero principalmente se consideran platillos para la cena y saben mejor cuando se comen con las manos, de pie, en compañía, y si no es en la calle entonces en la cocina, con todo caliente directo de la estufa.

Chalupas

| RINDE 12 CHALUPAS |

No, no son planas y fritas; esas son las tostadas. Y no, no se originaron en California. Las chalupas son antojitos ovalados y fueron llamados así por las canoas, denominadas chalupas, que se han usado desde los tiempos precolombinos en los canales que hay entre las chinampas, en los jardines flotantes de Xochimilco.

Las chalupas son antojitos regionales que se encuentran en la ciudad de México, y en Puebla y Guerrero son redondas por excepción.

Hay dos métodos para hacer las chalupas, dependiendo de la preferencia que uno tenga por la masa delgada o gruesa.

Como otros antojitos de masa deben ser preparadas y comidas tan pronto como sean cocinadas para que no se endurezcan.

Ingredientes

1 1/2 tazas (como 380 g) de masa para tortillas (p. 20)
manteca fundida o aceite para recalentar (opcional)
2 bolsas para prensar las tortillas

EL RELLENO
1 1/2 tazas de pollo caliente para tacos (p. 172)
3/4 de taza de salsa verde cruda (p. 258)
6 cucharadas copeteadas de cebolla finamente picada
6 cucharadas de queso fresco desmoronado

» Trabaje la masa hasta que esté suave y tersa. Divídala y forme 12 porciones en bolitas de 3 1/2 cm de diámetro.

 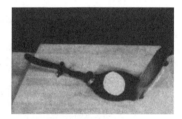

» Con una de las bolas forme un cilindro delgado como de 7 cm de largo. Abra su prensa de tortillas y fórrela con las bolsas como lo haría para hacer tortillas (p. 23-24). Coloque el cilindro en la bolsa inferior y oprima con la parte superior de la prensa, pero no demasiado fuerte, para que la masa resulte con forma oval. Levante la bolsa inferior.
» Coloque la masa sobre los dedos de la otra mano y desprenda la bolsa (justamente como si hiciera tortillas); coloque la masa con cuidado sobre el comal caliente. Déjela hasta que la parte inferior esté manchada y opaca —como un minuto. Retírela del comal y pellizque la masa por la orilla para formar un bordecito. Regrese la chalupa al comal y cuézala 1 ó 2 minutos de cada lado hasta que esté cocida y salpicada de manchitas de color café. Coloque los ingredientes para cubrirla y sírvala inmediatamente (véase en página siguiente), o cuando todas estén preparadas caliéntelas ligeramente en un sartén engrasado untando un poquito de la manteca sobre la chalupa antes de ponerle la salsa.

Segundo método para darle forma a las chalupas

» Tome una de las bolitas de masa y forme un palito con un extremo grueso y el otro delgado (véase la fotografía); haga una depresión en el centro con su dedo índice para formar una especie de canoa. Cuézala en un comal sin grasa durante 5 minutos por ambos lados y luego un minuto más también por ambos lados. La masa debe estar opaca y salpicada de machitas color café.

 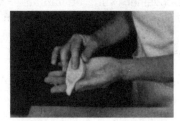

» Vierta suficiente aceite en el sartén para cubrir el fondo y recaliente las chalupas brevemente por ambos lados —no deben endurecerse ni dorarse—; entonces prepárelas y sírvalas.
» Debido a la falta de espacio en la superficie de las chalupas hechas con el método 2, media ración de lo que llevan encima es suficiente.

Quesadillas

| RINDE 12 QUESADILLAS |

Desde que vivo en México las quesadillas han ido degenerando en muchos lugares; nunca fueron una tortilla doblada con queso fundido adentro. De hecho son una empanada de masa de maíz con alguno de los rellenos dados a continuación. Mientras que algunas cocineras todavía las cocinan en un comal ligeramente engrasado, cuando están hechas comercialmente en grandes cantidades se fríen en aceite o manteca hasta que quedan crujientes.

Al igual que otros antojitos de este tipo, deben servirse en el momento de salir del fuego para que no se hagan duras. Se sirven tal cual y son un gran acompañamiento para un plato de sopa.

Ingredientes

manteca o aceite para el comal
1 1/2 tazas (como 380 g) de masa de maíz preparada para tortillas (p. 20)
2 bolsas para prensar la masa

» Caliente el comal o plancha a fuego medio y engráselo ligeramente.
» Trabaje la masa con las manos durante unos momentos hasta que quede suave y tersa. Divídala en 12 pedazos y forme bolitas como de 3 cm de diámetro. Mientras hace las primeras mantenga el resto cubierto con una servilleta húmeda o un trozo de plástico para evitar que la masa se reseque.
» Prense una de las bolas hasta que tenga un diámetro de 11 cm para obtener una tortilla (p. 23). Retire la bolsa superior, coloque una cucharada de relleno sobre la mitad de la masa, doble la otra mitad sobre el relleno y oprima las orillas de la masa juntas.
» Cuézala en el comal hasta que la parte inferior de la masa se vuelva opaca y punteada con manchitas de color café oscuro —como 5 minutos. Voltee la quesadilla del otro lado y también cuézala durante 5 minutos. Cuando esté bien cocida, la masa tendrá una ligera corteza por fuera y estará suave pero no cruda por dentro. Sírvala inmediatamente.

Quesadillas fritas

Si prefiere las quesadillas fritas y crujientes, caliente el aceite o mejor aún manteca fundida, como 1/2 cm, sobre el sartén. Fría hasta obtener un dorado intenso, como 2 ó 3 minutos de cada lado. Escúrralas sobre papel absorbente y sírvalas inmediatamente.

Rellenos para quesadillas

1. El más tradicional de los rellenos es una tira de queso de Oaxaca, una tira pelada de chile poblano y una o dos hojas de epazote. Para 12 quesadillas necesitará 200 g de queso, 12 tiras de chile y 12 hojas de epazote.
2. 1 1/2 tazas de flor de calabaza (p. 125)
3. 1 1/2 tazas de cuitlacoche guisado (p. 137)
4. 1 1/2 tazas de hongos al vapor (p. 134)
5. 1 1/2 tazas de chorizo y papa (p. 48)

Molotes
| RINDE 12 MOLOTES | SIERRA NORTE DE PUEBLA

Los molotes son bolitas de masa rellenas con carne deshebrada o chorizo guisado con papas. Se comen calientes, con una salsa de jitomate diluida con 1/2 taza de caldo, sea de pollo o de res (véase p. 259), y un adorno de queso y lechuga.

Aunque los molotes se pueden hacer y rellenar con tiempo, deben mantenerse bajo una servilleta húmeda o un pedazo de plástico para que la masa no se endurezca en el exterior. Se sirven tan pronto como salgan del sartén donde se frieron. Si se recalientan se endurecerán.

Ingredientes

1 taza (255 g) de masa para tortillas (p. 20)
2 cucharadas de manteca suavizada
1 cucharadita de sal o al gusto
2 bolsas para prensar la masa
carne deshebrada o chorizo y papa (recetas a continuación)
1/3 de taza de manteca o aceite para freír, aproximadamente
salsa de jitomate (p. 259) diluida con 1/2 taza de caldo de res o de pollo
1/2 taza de queso añejo finamente rallado
1 taza (aproximadamente) de lechuga picada

» Mezcle la masa, la manteca y la sal hasta obtener una pasta suave y manejable que no se adhiera a las manos. Divida la masa en 12 partes formando bolitas de 3 cm de diámetro. Cúbralas con una servilleta húmeda. Forre la prensa de tortillas con las bolsas.
» Forme un cilindro de 6 cm de largo por 2 de ancho como si estuviera haciendo tortillas (p. 23). Prense la masa hasta formar un óvalo de 10 cm de largo. Desprenda la bolsa de arriba, levante la de abajo y pase la masa a una de sus manos. Cuidadosamente desprenda la bolsa. Ponga una cucharada de relleno a lo largo del centro de la masa, luego oprima las orillas juntas,

El arte de la cocina mexicana

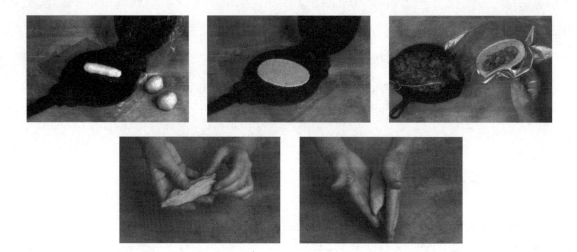

cubriendo el relleno en su totalidad. Ruede la masa entre sus manos ligeramente engrasadas y dele la forma de un bolillo (véanse las fotografías).

» Continúe con el resto de la masa, colocando los molotes bajo la servilleta húmeda mientras se calientan unos 3 cm de manteca en un sartén pequeño, y fría sólo unos cuantos molotes a un tiempo volteándolos de manera que tomen un color dorado parejo y estén bien cocidos, como 3 minutos de cada lado a fuego medio. Aumente el fuego y sígalos friendo un minuto más hasta que tomen un bonito color café. Escúrralos sobre papel absorbente y sírvalos inmediatamente con la salsa y el adorno.

Chorizo y papa
| RINDE UNA TAZA PARA RELLENAR 12 MOLOTES |

Ingredientes

1 cucharada de manteca
60 g de chorizo
125 g de papas cortadas en cuadritos y cocidas
sal al gusto

» Caliente la manteca en un sartén pequeño. Pele y desmorone el chorizo y fríalo sobre fuego muy bajo hasta que suelte la grasa y se dore un poco. (Si el chorizo es muy grasoso querrá escurrir el exceso de grasa dejando suficiente para freír las papas.) Agregue las papas y macháquelas con el chorizo cocinándolas sobre un fuego un poco más alto durante 3 minutos. Sazónelo con sal.

Carne deshebrada
| RINDE 1 TAZA APRETADA PARA RELLENAR 12 MOLOTES Y POCO MÁS PARA UN PAR DE TACOS |

Ingredientes

2 cucharadas de manteca fundida o aceite
2 cucharadas de cebolla picada
3 (o al gusto) chiles serranos picados
125 g de jitomates finamente picados
1 taza de carne cocida y deshebrada como para el salpicón de res (p. 228)
sal al gusto

» Caliente la manteca en un sartén pequeño. Agregue la cebolla, los chiles frescos y el jitomate, y fríalos a fuego bastante alto durante 3 minutos, revolviendo la mezcla algunas veces para que no se pegue. Agregue la carne deshebrada y mezcle; mantenga esto en el fuego hasta que el jugo de los jitomates se haya absorbido. Pruebe la cantidad de sal. Cuando la carne esté brillante y empezando a freírse —aproximadamente 5 minutos— retírela del fuego y manténgala caliente.

Molotes oaxaqueños
| RINDE 12 MOLOTES |

Los molotes de Oaxaca son prácticamente los mismos que los de la receta anterior; la masa y el relleno son los mismos pero en Oaxaca se sirven de otro modo. Ahí me enseñaron otra manera de hacerlos. En la prensa de tortillas se hace un disco delgado con la masa. Los molotes se forman y fríen de la misma manera. Cada molote se sirve sobre una hoja de lechuga romana, encima se extiende una pasta de frijol negro y se espolvorea con queso fresco. Aparte se sirve la salsa de chile pasilla de Oaxaca.

Ingredientes

1 taza (como 255 g) de masa para tortillas (p. 20)
2 cucharadas de manteca suavizada
1 cucharadita de sal o al gusto
2 bolsas para prensar la masa
1/3 de taza de manteca o aceite, aproximadamente, para freír el chorizo y la papa (p. 48)
12 hojas de lechuga romana
3/4 de taza de frijoles refritos oaxaqueños (véase el relleno de los tamales de frijol, pp. 70 y 71)
6 cucharadas de queso fresco desmoronado
salsa de chile pasilla de Oaxaca (p. 261)

» Mezcle la masa, la manteca y la sal hasta que obtenga una consistencia tersa y maleable que no se adhiera a las manos. Divida la masa en 12 partes formando bolas de 3 cm de diámetro. Cúbralas con una servilleta húmeda o un pedazo de plástico para evitar que se sequen.
» En la prensa de tortillas prense una de las bolas siguiendo las instrucciones (p. 23). Retire la bolsa de encima y ponga una cucharadita de relleno a lo largo del centro de la masa. Levantando la bolsa inferior con la masa, etcétera, empiece a enrollar la masa fuera de la bolsa cubriendo bien el relleno. Entonces, con las manos engrasadas ligeramente, forme un cilindro y luego adelgace uno de sus extremos, justamente como un bolillo. Coloque el molote bajo una servilleta húmeda y prosiga con el resto.
» Caliente la manteca o aceite (debe ser más o menos 1 1/2 cm) y ahí fría unos cuantos molotes —no deben pegarse para que se doren adecuadamente. Voltéelos de vez en cuando hasta que obtengan un bonito color dorado. Escúrralos en papel absorbente y sírvalos como se indicó. Deben comerse inmediatamente para que no se endurezcan.

El arte de la cocina mexicana

Sopes colimenses
| RINDE 24 SOPES DE 6 CM |

Los sopes son unos antojitos populares del centro de México; son pequeñas tortillas de masa de maíz que se pellizcan por la orilla cuando están a medio cocer, formando así un bordecito, supuestamente para evitar que la salsa se desparrame por los lados. Estos sopes pequeños tienen una cubierta y una salsa diferentes de los que se preparan en otros lugares.

La señora Yolanda Alcaraz, quien me dio esta receta, creció en Colima. Es una ávida cocinera que ha estudiado seriamente su comida regional, en particular la que por tradición se sirve en fiestas, banquetes y bautizos.

De acuerdo con la señora Alcaraz, estos antojitos deben tener el tamaño de la circunferencia de un vaso de agua (como 6 cm). La salsa que se prepara para ellos es poco común porque es bastante delgada, diluida con caldo de puerco, sin freír ni reducir.

Ingredientes

EL RELLENO DE CARNE
- 1/2 kg de puerco molido con algo de grasa
- 1/4 de taza de cebolla finamente picada
- 1 pimienta gorda ligeramente triturada
- 4 pimientas ligeramente trituradas
- 1 clavo entero ligeramente triturado
- 1 diente de ajo pelado y picado
- sal al gusto
- 4 tazas de caldo de puerco o agua poco salada

LA SALSA
- 1/2 kg de tomates verdes (22 medianos)
- 2 chiles de árbol tostados
- 2 tazas de caldo de puerco reducido (p. 194)
- sal al gusto

LOS SOPES
- 2 1/4 tazas (como 575 g) de masa para tortillas (p. 20) ó 2 tazas de harina de maíz mezclada con 1 1/3 tazas de agua
- 2 bolsas de plástico para prensar la masa

PARA SERVIR
- 1 taza de cebolla finamente picada
- 1 taza de rábanos rebanados muy delgados
- 3 tazas apretadas de col finamente rallada, remojada durante una hora en agua un poco salada y con 1/4 de taza de jugo de limón fresco
- 1 taza de queso añejo rallado finamente

El relleno de carne

- La carne debe estar bien molida. Pida a su carnicero pasarla dos veces por el molino o utilice su procesador de alimentos agregando el resto de los ingredientes, menos el caldo, hasta que queden bien incorporados.
- Divida la mezcla en dos partes y forme una bola grande con cada porción.
- Caliente el caldo de puerco o el agua y cuando empiece a hervir añada las bolas de carne.
- Cuézalas a fuego lento durante 20 minutos. Retírelas del fuego y deje reposar las bolas en el caldo 10 minutos más. Sáquelas y escúrralas. Regrese el caldo al recipiente y a fuego alto redúzcalo a dos tazas.
- Desbarate la carne con sus manos o en un molcajete. (La señora Alcaraz dice que la piedra aumenta el sabor.) Manténgala caliente.

La salsa

- Pele los tomates verdes, enjuáguelos y póngalos a cocer en una olla cubiertos con agua hasta que estén suaves pero sin que se desbaraten —como 10 minutos, dependiendo del tamaño.
- Escúrralos y elimine el agua.
- Coloque los tomates, los chiles secos y el caldo en el vaso de la licuadora y mézclelos unos segundos hasta que estén casi tersos. Ajuste la sal. Mantenga la salsa caliente.

Los sopes

- Trabaje la masa con sus manos agregando un poco de agua si es necesario para hacerla tersa y maleable. Utilizando una prensa para tortillas y las mismas bolsas que se usan para hacer tortillas (p. 23), aplane la masa hasta formar un disco como de 7 cm de diámetro. Colóquelo durante 3 minutos por un lado en un comal bien engrasado o hasta que la masa esté opaca y punteada de café y voltéelo para cocerlo 2 minutos más por el otro lado.
- Oprima la masa hacia arriba alrededor para formar un pequeño borde y regrese al comal 2 minutos más. La masa debe estar húmeda pero no cruda. Sirva cada sope cubierto generosamente con una cucharada de carne, un poco de cebolla picada y unas rodajas de rábano; adórnelos con col rallada y queso, y al final con 2 cucharadas de salsa. Sírvase inmediatamente.

Nota: Los sopes pueden servirse "suaves", como los anteriores, o bien, después de cocerlos en el comal, pueden freírse para que se doren por fuera.

El arte de la cocina mexicana

Tlacoyos

| RINDE 12 TLACOYOS |

El tlacoyo, palabra que viene del náhuatl *tlatlaoyo*, es un antojito de forma ovalada relleno de frijoles cocidos machacados u otras cosas. Se hacen de formas un poco diferentes en los estados de México, Puebla e Hidalgo. Generalmente se cuecen en un comal bien engrasado y también pueden freírse en manteca.

Estos tlacoyos en particular se hacen con masa blanca, aunque tal vez los más espectaculares son los preparados en las aceras de los pueblos de los alrededores de Toluca los días de mercado: gruesos óvalos de masa azul como de 13 cm de largo, con una ancha banda amarilla de habas en el centro. Los tlacoyos pueden prepararse con anticipación, pero tienden a endurecerse si se tarda uno en servirlos.

Ingredientes

- **1 taza (como 255 g) de masa para tortillas (p. 20) no muy húmeda**
- **2 cucharadas de manteca suavizada**
- **1 cucharadita de sal o al gusto**
- **1 taza de frijoles secos, blancos, negros o de habas, cocidos y machacados o refritos**
- **manteca para engrasar el comal o freír los tlacoyos**
- **1 1/4 tazas de salsa verde cocida (p. 258)**
- **6 cucharadas de cebolla picada**
- **6 cucharadas de queso añejo o Cotija rallado**

» Mezcle la masa, la manteca y la sal hasta obtener una consistencia tersa y maleable que no se adhiera a sus manos. Divida la masa en 12 bolitas de 4 cm de diámetro. Forre con bolsas la prensa para tortillas. Convierta las bolitas en cilindros (véase la fotografía de la p. 45) como de 6 cm por 2 1/2 cm y aplánelos con la prensa o con las manos hasta formar un óvalo de 8 1/2 por 7 cm. Coloque una cucharada de los frijoles machacados a lo largo del centro de la masa, oprima las orillas juntas para cubrir el relleno y cuidadosamente aplánelo con sus manos para formar un óvalo.

» Para cocer los tlacoyos en la plancha o comal, engrase bien la superficie con manteca cuidando que la grasa no resbale a la llama. Coloque algunos tlacoyos en la plancha y cuézalos a fuego medio durante 4 minutos de cada lado —una vez cocidos, las superficies deben estar opacas y manchadas de café aunque el interior esté todavía húmedo pero no crudo.

» Para freír los tlacoyos caliente 1/2 taza de manteca y fría unos cuantos hasta que queden ligeramente dorados y en el centro húmedos pero no crudos. Escúrralos sobre papel absorbente.

» Caliente la salsa verde. Si se ha espesado, agregue un poco de agua para diluirla hasta que obtenga una consistencia mediana que cubra ligeramente una cuchara de madera. Justamente antes de servirlos sumerja los tlacoyos en la salsa durante 1 minuto, no más. Colóquelos en los platos añadiendo encima un poco más de salsa, cebolla y queso.

Cazuelitas

| RINDE 12 CAZUELITAS | SEÑORA BERTA G. DE MORALES DORIA

Las cazuelitas son del norteño estado de Nuevo León. Estos deliciosos antojitos son llamados así porque están hechos de tal manera que parecen pequeñas cazuelas, las cacerolas mexicanas de barro. Allá sirven para acompañar la sopa seca de arroz. Son una magnífica botana, pero le advierto que no podrá comerse sólo una. Las cazuelitas pueden rellenarse con chorizo o con calabacitas guisadas con tomate. Ambas con queso rallado encima. Como muchos otros antojitos de masa, deben comerse en cuanto estén fritos, aunque pueden prepararse con anticipación manteniéndolos cubiertos con una servilleta húmeda o con plástico.

Ingredientes

1 taza escasa (como 240 g) de masa para tortillas (p. 20)
125 g de papas cocidas con cáscara (2 pequeñas)
1/3 de taza de queso Chihuahua rallado
sal al gusto
manteca o aceite para freír

» Coloque la masa en un recipiente y mezcle las papas con su cáscara, añada el queso, la sal y amase bien —quedará con grumos pero suave y maleable. Añada un poco de agua si la masa parece estar seca. Divida la masa en 12 partes y forme bolitas de 4 cm de diámetro. Tome una, con el pulgar forme en medio un pocito y gradualmente dele la apariencia de una cazuela. La masa quedará de 1/2 cm de grueso por los lados y un poco más gruesa en el fondo.
» Vierta como 2 cm de aceite o manteca en el sartén. Cuando esté caliente coloque las cazuelitas boca abajo y fríalas durante 8 minutos o hasta que estén doradas. La masa en el interior debe estar suave pero no cruda. Escúrralas sobre papel absorbente y sírvalas inmediatamente.

Rellenos para cazuelitas
» 250 g de chorizo desmoronado y frito más 1/3 de queso Chihuahua rallado ó 1 1/2 tazas de calabacitas guisadas (p. 126)

El arte de la cocina mexicana

Polkanes

| RINDE 10 POLKANES |

Polkan es la palabra maya para cabeza de serpiente —estos antojitos están hechos con frijoles tiernos, cebollinas y semillas de calabaza tostadas, todo esto envuelto en masa para tortillas con forma de cabeza de serpiente. Luego se fríen y sirven con salsa de tomate. Son unas botanas perfectas, y además, vegetarianas. Si no conoce las serpientes, deles cualquier otra forma; la de los molotes (p. 48) podría ser la mejor.

En Yucatán se utilizan los ibis frescos, frijoles tiernos de forma aplanada, pero pueden sustituirse por ayocotes, frijoles o habas tiernos. En Yucatán usan semillas de calabaza enteras y cebollinas (del sureste). Deben comerse tan pronto como se hagan o se endurecerán.

Ingredientes

1 taza (como 255 g) de masa para tortillas (p. 20)
4 1/2 cucharaditas de harina
1/2 cucharadita de sal
manteca o aceite para freír
2 bolsas de plástico si usa prensa para tortillas
1/2 taza de ibis cocidas (véase comentario arriba)
1/4 de taza de semillas de calabaza tostadas enteras
3 cucharadas de cebollinas finamente picadas
1 taza de salsa de jitomate yucateca (p. 260)

» Mezcle la masa con la harina y la sal. Divida la masa en 10 partes y con ellas forme bolitas de 4 cm de diámetro. Cúbralas con una servilleta húmeda para que no se resequen y conserve la primera que usará. En un sartén pequeño caliente la manteca a fuego lento.
» Usando las manos o la prensa para tortillas como para hacer molotes, forme un disco con la masa como de 8 cm de diámetro. Encima ponga frijoles, semillas de calabaza molidas, cebollinas y un poco de sal, luego doble la masa cubriendo el relleno completamente. Forme las cabecitas de las serpientes o lo que usted guste y fríalas hasta que queden doradas por todas partes —como 7 minutos. Escúrralas sobre papel absorbente. Sírvalas inmediatamente con un poco de salsa.

Pintos

| RINDE 12 PINTOS |

Los pintos son los antojitos favoritos en los alrededores de Xicotepec de Juárez en la sierra de Puebla. En esa área se usan casi exclusivamente frijoles negros, que deben estar cocidos enteros y sin desbaratarse; al final del cocimiento nada más se agrega sal.

La masa de las tortillas no debe ser demasiado húmeda. Puede mezclarse con el resto de los ingredientes con anticipación, pero los pintos deben comerse en cuanto estén hechos o, como los otros antojitos de masa, se endurecerán al ser recalentados.

Ingredientes

1 1/2 tazas (como 380 g) de masa para tortillas (p. 20)
3 cucharadas de manteca suavizada
1 cucharadita de sal o al gusto
2 bolsitas de plástico si utiliza la prensa de tortillas
3/4 de taza de frijoles negros de olla (véase comentario y la receta de la p. 143), escurridos o colados
1 1/4 tazas de salsa de jitomate de la sierra de Puebla (p. 259), caliente
6 cucharadas de cebolla finamente picada
3/4 de taza de queso añejo rallado finamente

» Caliente a fuego medio el comal sin engrasar. Mezcle la masa con la manteca y la sal hasta que quede una pasta tersa y maleable. Agregue los frijoles con cuidado de no romperlos. Divida la masa en 12 porciones y forme bolitas de 4 cm de diámetro. Aplane la bolita en la prensa para tortillas (p. 23) o con las manos haga una un poco gruesa de unos 8 cm de diámetro.

» Coloque algunos pintos sobre el comal y cuézalos durante 5 minutos a fuego medio. (Si el comal está demasiado caliente, la masa se quemará por afuera y quedará cruda en el interior.)

» Después de este tiempo, la masa debe quedar opaca y ligeramente café y debe desprenderse del comal con facilidad. Voltee los pintos y cuézalos 3 minutos más. Cuando se enfríen un poco oprima la orilla para formar un borde. Pase cada pinto por la salsa caliente y sírvalo de inmediato poniéndole encima un poco de salsa y adornándolo con cebolla y queso.

Nota: Como alternativa, sirva chile macho sobre el pinto (p. 273) y póngale queso y cebolla como al anterior.

Chochoyotes
| RINDE 18 CHOCHOYOTES (CRECEN CUANDO SE CUECEN) | OAXACA

Chochoyotes o chochoyones (llamados ombliguitos en Veracruz) son bolitas con un hoyo en medio y cocidas en sopas, guisos o frijoles en Oaxaca. El asiento, que es el residuo grasoso que queda cuando se hace chicharrón, se utiliza para hacerlos.

Ingredientes

1 taza (como 255 g) de masa para tortillas (p. 20)
2 cucharadas colmadas de asiento (p. 212)
sal al gusto

» Combine todos los ingredientes y divida la masa en 18 partes iguales. Forme bolitas de 2 1/2 cm de diámetro. Luego (véase fotografía), poniendo una bolita en la palma de una mano, haga un pocito en el centro presionando con el índice de la otra, sin llegar a atravesar la masa, y gírelo hasta obtener una forma redonda en el exterior con la masa de 1 cm de grueso en el fondo del pocito. Continúe con el resto de las bolitas.

» Para cocerlos coloque cuidadosamente los chochoyotes en el caldo hirviendo, salsa o frijoles, sumérjalos hasta que queden cubiertos tanto como sea posible y cuézalos de 15 a 20 minutos.

El arte de la cocina mexicana

Panuchos
| RINDE 12 PANUCHOS |

Los panuchos son antojitos populares de Yucatán que se sirven por la noche; son un poco grasosos pero exquisitos. En una tortilla inflada se hace un corte horizontal para formar una bolsa; se rellena con una pasta de frijoles negros y una rebanada de huevo cocido, se fríen y cubren con pollo en escabeche u otras carnes deshebradas o cazón (pan de cazón, p. 166) y se les esparce generosamente cebolla desflemada. De hecho se prestan para muchas innovaciones. Como cualquier antojito de masa, son mejores fritos en manteca, pero esta se puede sustituir por aceite.

Se pueden preparar con anticipación hasta el punto de rellenarlos, y luego freírlos y adornarlos en el último momento. Después de haber sido rellenados se pueden congelar.

Ingredientes

1 taza escasa (como 240 g) de masa para tortillas (p. 20)
12 cucharadas colmadas de frijoles colados y fritos a la yucateca (p. 148)
12 rebanadas de huevo cocido
manteca o aceite para freír
1 1/2 tazas de pollo deshebrado en escabeche rojo (p. 188) o cualquier carne deshebrada o cazón (p. 166) o cochinita pibil (cf. *Las cocinas de México*, p. 142)
1 1/2 tazas de cebollas en escabeche (p. 277)

» Divida la masa en 12 partes y forme bolitas como de 3 cm de diámetro. Mientras trabaja con una mantenga el resto bajo un pedazo de plástico o una servilleta húmeda para evitar que se resequen. Siga las instrucciones para hacer tortillas (p. 23), asegurándose de que se inflen. Si parece que esto no va a suceder, entonces oprima la masa muy ligeramente con una servilleta. Entonces debe inflarse siquiera lo suficiente para hacer una cortada de un tercio de su circunferencia en el lado que se ha inflado.

» Ponga una cucharada bien llena de la pasta de frijoles en la bolsa que se ha formado, y luego la rebanada de huevo. Oprímala y continúe con el resto.

» Caliente la manteca en el sartén. Tenga una charola cubierta con una capa doble de papel absorbente. Aparte caliente la carne deshebrada y tenga los anillos de cebolla a la mano. Coloque uno o dos de los panuchos en el sartén y fríalos durante algunos minutos de cada lado hasta que estén dorados por la orilla. Escúrralos primero sobre el sartén y luego sobre el papel. Cúbralos con bastante carne deshebrada y anillos de cebolla en escabeche y sírvalos inmediatamente, tal como están, con nada más.

Tamales

- › MASA REFREGADA ESPECIALMENTE PREPARADA PARA TAMALES
- › HARINA DE MAÍZ TEXTURIZADA PARA TAMALES CERNIDOS
- › ENVOLTURAS PARA TAMALES
- › VAPORERAS Y SU PREPARACIÓN PARA LOS TAMALES
- › MÉTODO TRADICIONAL Y MASA PARA TAMALES COLADOS
- › TAMALES COLADOS
- › CORUNDAS
- › SOPA SECA DE CORUNDAS
- › TAMALES COSTEÑOS
- › TAMALES DE FRIJOL
- › DZOTOBICHAY
- › TAMALES DE ACELGAS
- › TAMALES DE PESCADO, TAMAULIPAS
- › SALSA VERDE PARA TAMALES DE PESCADO
- › TAMALES DE FLOR DE CALABAZA
- › UCHEPOS
- › SOPAS DE UCHEPOS
- › SOPA DE UCHEPOS
- › TAMALES DE ELOTE Y MIEL
- › TAMALES CANARIOS

Los tamales de México merecen un estudio por sí solos, por lo variado de sus formas, envolturas, ingredientes —ya sea raros (cola de iguana), ya sea comunes (pollo)—, sabores y texturas. Un tamal delicado hecho con cuidado es una delicia gastronómica.

Existen tamales con una masa delgadísima —extendiendo apenas una película de masa sobre una hoja de plátano— como los de mole de Oaxaca, y otros con una masa muy gruesa y gelatinosa como los colados de Yucatán, los blancos y esponjosos del centro de México y los sacahuiles de textura áspera, salados o dulces, de la Huasteca. Pero casi todas las diferencias dependen de la manera como se prepara el maíz para la masa.

Muchas zonas de la costa utilizan la masa común para tortillas al hacer sus delgados tamales envueltos en hoja de plátano, mientras que los gruesos envueltos en hojas de maíz casi siempre se hacen con maíz que ha sido refregado, limpiado de todos los hollejos y molido martajado.

El arte de la cocina mexicana

Como se verá, la masa para tamales colados (p. 64) es muy diferente. El maíz no está cocido, solamente se remoja con cal, luego se cuela la masa y se cuece en agua y manteca para obtener una masa fina y gelatinosa.

El maíz que se utiliza para el sacahuil de la Huasteca, así como el que se usa para la barbacoa de Oaxaca, es solamente martajado, mientras que en las tierras calientes del oriente de Michoacán, una masa de maíz oscuro se deja agriar durante la noche.

La palabra "tamal" abarca más de lo que uno se imagina. De hecho se refiere a cualquier cosa cocida y envuelta en una hoja de maíz: pequeños pescados o ajolotes sazonados con tomate y chile; una pastosa revoltura de cerezas silvestres; una esponjosa masa de harina de trigo a la que se le da sabor con las anteras de la espiga de maíz tostadas y molidas, parecida a los panes chinos cocidos al vapor, y llamada tamal de espiga; otros tamales esponjosos y amarillos, preparados con harina de arroz y mantequilla y rellenos con pasas, conocidos como canarios (parecidos al budín inglés que se hace al vapor); y así sucesivamente.

Los tamales, con pocas excepciones, por lo regular se sirven solos —sin salsa ni adornos. La mayoría de las excepciones se encuentran en Michoacán: las corundas sin relleno y los uchepos se sirven con salsa y crema, y los tamales de la frontera entre Michoacán y Jalisco, servidos con una salsa de tomate y verduras, harían fruncir el ceño a los puristas del centro de México.

Existen algunas diferencias regionales muy marcadas en la preparación de las masas para tamales. Las masas más apreciadas son las del área de la ciudad de México, donde son blancas y esponjosas, hechas con harina especialmente preparada cuya receta se da a continuación. Hace varios años, en los mercados mexicanos se distribuía una harina para tamales de alta calidad. Ahora ha desaparecido y a los que no conocen se les vende una masa amarillenta absolutamente inferior. ¿Por qué no se puede sustituir con harina de maíz? Porque es muy granulada, y el maíz seco no ha sido remojado en la solución de cal que es la que le da una calidad y sabor especiales.

En las siguientes recetas se sugerirán algunas sustituciones donde sea posible y aceptable.

Masa refregada especialmente preparada para tamales
| RINDE 1 1/2 KG DE MASA, APROXIMADAMENTE |

Los tamales preparados con la siguiente masa no son tan esponjosos como los hechos con harina, pero sí son más esponjosos que los que se hacen con masa para tortillas. En cada receta se indicará cuál es la que debe usarse.

Ingredientes

1 kg de maíz blanco y seco
2 1/2 litros de agua, aproximadamente
5 cucharaditas de cal en polvo (p. 19 y 20)

» Coloque el maíz en un recipiente de acero inoxidable o esmaltado. Cúbralo con agua fría y póngalo a fuego lento. Diluya la cal en una taza de agua y añada al recipiente oprimiendo los terrones en una coladera. Revuelva bien. Los holllejos del maíz se tornarán amarillos casi de inmediato. Hierva suavemente el maíz —durante unos 20 minutos. Retírelo del fuego, cúbralo y déjelo reposar durante toda la noche u 8 horas.

» A la mañana siguiente, cuele el maíz, póngale agua fresca y tallándolo con las manos quítele los hollejos amarillos. Cuélelo, luego cúbralo con agua fresca y vuelva a tallarlo. Desprender todos los hollejos y dejar blanco el maíz llevará de 4 a 5 cambios de agua y media hora de trabajo. Escúrralo bien y muélalo o llévelo a moler al molino y obtenga una masa con cierta textura, no tan fina como la de las tortillas. La masa puede usarse de inmediato o congelarse y almacenarse para usarse en el futuro. Puede conservarse durante varios meses.

Harina de maíz texturizada para tamales cernidos
| RINDE APROXIMADAMENTE 750 G |

Los tamales más blancos y esponjosos del centro de México están hechos con harina de maíz texturizada. Esta harina todavía se consigue en los alrededores de la ciudad de México y se vende en algunas tiendas de abarrotes. (Hubo una excelente que distribuía Nabisco, pero no la he visto en los últimos años. Evite a toda costa la muy inferior harina amarilla empacada que aparenta ser harina para tamales.) Comoquiera que sea, si tiene paciencia y acceso a un molino de maíz seco, siempre puede hacer la suya. Puede hacer una cantidad mayor de la que vaya a utilizar y guardar el resto herméticamente sellado, en el refrigerador; puede conservarse por varios meses.

El sustituto más cercano para esta masa sería *hominy* finamente molida.

Ingredientes

1 kg de maíz cacahuazintle
2 1/2 litros de agua fría
5 cucharaditas de cal pulverizada (véase p. 19 y 20)

» Coloque el maíz en un recipiente de acero inoxidable o de esmalte. Cúbralo con agua fría y caliéntelo a fuego lento. Diluya la cal en 1 taza de agua y agréguela al recipiente oprimiendo los terroncitos a través de una coladera fina. Mezcle bien. Los hollejos se volverán amarillos casi de inmediato. Hierva el maíz suavemente —durante 20 minutos— y déjelo al fuego durante 7 minutos más. Cubra el recipiente, retírelo del fuego y déjelo reposar como 1 hora.
» Cuele el maíz y póngalo en agua fresca, tallándolo con las manos para desprender los hollejos. Cuélelo, cúbralo con agua repitiendo el proceso del tallado. Llevará 4 ó 5 cambios de agua y media hora de trabajo remover todos los hollejos amarillos para dejar blanco el maíz.
» Para secarlo extienda el maíz sobre una malla fina volteándolo de vez en cuando. Si se pone a pleno sol tardará dos días en secarse, pero también puede ponerlo en el horno a temperatura baja o en algún lugar caliente y ventilado o cerca de un abanico eléctrico y se secará en menos tiempo: como en un día.
» Muélalo hasta dejarlo con una consistencia texturizada como de sémola o de harina de maíz —tenga cuidado de no llegar a pulverizarlo. Páselo por un colador fino para extraer las partículas duras que quedan después de molerlo.
» Úselo inmediatamente o almacénelo en un lugar fresco como se sugirió.

Envolturas para tamales

Se puede escoger entre hojas frescas de elote, hojas secas de maíz, hojas de plátano, hojas de milpa o de carrizo.

Hojas frescas de elote
Se utilizan hojas frescas de elote para envolver tamales de elote, uchepos en Michoacán y cuichis en el norte de Veracruz. Estas hojas verdes y toscas dan colorido y son una cubierta efectiva y a prueba de agua para tamales, y añaden su propio sabor a la masa. Para esto debe encontrar elotes frescos, no demasiado tiernos ni secos; hundiendo una uña en el grano debe brotar un jugo lechoso. Cómprelos con su cubierta de hojas intacta, y si es posible compre algunas adicionales para reponer las que se rompan, forrar el fondo de la vaporera y cubrir los tamales encimados uno sobre otro. Antes de intentar retirar las hojas haga un corte en su base tan cerca del tallo como pueda, pero dejando suficiente para desenrollarlas con las bases curvas intactas (véase la

El arte de la cocina mexicana

fotografía de la p. 78). Enjuáguelas bien en agua fría (ya que pueden tener residuos de insecticidas), sacúdalas y colóquelas en hilera sobreponiendo cada una sobre una parte de la anterior. Están listas para ser usadas. El único ejemplo que conozco donde primero se les da un hervor es al hacer uchepos de cuchara, una receta que no aparece en este libro.

Hojas secas de maíz, totomoxtles

Las hojas secas de maíz compradas en los mercados mexicanos o las que me son obsequiadas por los vecinos que cultivan su propio maíz van enteras, con su base cóncava intacta. Esto hace que la envoltura del tamal se haga con más facilidad que cuando se usan las hojas cortadas y empacadas comercialmente en Estados Unidos; si utiliza estas últimas, la orilla superior debe ser doblada hacia abajo y sujetada con una tirita. Sé que con frecuencia algunas cocineras dejan abierta la parte superior, pero siempre hay el peligro de que el vapor condensado penetre, y pensándolo bien, nunca he comido un tamal decente cocido en esa forma. Si las hojas de elote son delgadas y flexibles sólo necesitan ser sumergidas en agua un momento, sacudidas, y luego pueden usarse. Si están duras y quebradizas, tendrá que remojarlas como por 15 minutos. De nuevo, sacúdalas, séquelas con una servilleta y colóquelas como se indica en la ilustración de las hojas frescas de elote, sobreponiéndolas de tal manera que sea fácil separarlas cuando comience la tarea de llenar los tamales.

Si es necesario, se pueden hacer amarres para los tamales rasgando en tiras la hoja de maíz y remojando las tiras durante 10 minutos para que obtengan mayor fuerza y flexibilidad. (Véase fotografía en la p. 78.)

Hojas de plátano

Hay muchos aficionados a la comida mexicana que viven en la parte suroeste de Estados Unidos, quienes pueden, durante la mayor parte del año, cultivar hojas de plátano para tamales (no hay que confundirlas con las hojas de ave del paraíso, que son venenosas). Si tiene de dónde escoger, corte las más tiernas, de color verde pálido, en comparación con las más duras y oscuras. Coloque la hoja plana y con un cuchillo muy afilado corte un lado de la vena central (véase abajo la fotografía). Siempre empiece en la parte superior de la hoja y corte al hilo, no desde la base porque iría en contra de la vena y se romperían las hojas. Retire la vena y corte las hojas del tamaño necesario. Tome en cuenta que el revés de la hoja es terso —ese es el lado donde siempre debe extender la masa, en comparación con el lado superior de la hoja que es ligeramente corrugado. En este momento los pedazos de hoja no tienen la suficiente flexibilidad para envolver el tamal, así es que deben ser marchitados, lo que se hace de la mejor manera sobre una flama alta (o si tiene estufa eléctrica, caliente mucho los quemadores). Pase un trozo de la hoja lentamente sobre la flama —puede verla cambiar de color y volverse flexible—, voltéelo y repita moviéndolo para que se marchite parejo. A una hoja tierna le tomará como 4 segundos de un lado y 2 del otro, mientras que una más madura tomará de 5 a 6 segundos en el primer lado y 3 en el segundo. Pero tenga cuidado de no quemar la hoja o tendrá que empezar de nuevo con otras.

Enfríe las hojas, porque si intenta extender la masa para el tamal mientras están todavía calientes, la masa se correrá y el haberla batido habrá sido inútil. Conozco a una mujer que hace tamales costeños comercialmente y ella ata las hojas de plátano y los hierve durante 30 minutos. Al final, esto puede ser más sencillo pero hay una pérdida de sabor que de otra manera se hubiera impartido a la masa. Cuando yo cocinaba en Yucatán, una cocinera maya me dijo que usara sólo las hojas de plátano manzano.

Olvidé preguntarle por qué, pero lo menciono como una curiosidad gastronómica cuya información he relegado a los archivos de esotérica.

Si necesita tiritas para sus tamales colados, por ejemplo, ase trozos adicionales de hoja y rásguelos a lo ancho, conforme al hilo y forme tiras atando 2 ó 3 para obtener tiritas de 50 cm.

Para todos aquellos que no tengan a la mano hojas de plátano frescas, ahora hay unas congeladas de origen filipino en venta en muchos mercados asiáticos y latinoamericanos. Son oscuras y duras, probablemente seleccionadas para tolerar el congelamiento y almacenaje pero son perfectamente adecuadas; de hecho, mucho más que las tristes y cafés que se venden en los mercados portorriqueños en los alrededores de Nueva York. Estas hojas, después de descongeladas deben ser marchitadas por más tiempo —5 segundos o más— de cada lado antes de que estén suficientemente suaves para envolver bien los tamales.

Hojas de milpa o carrizo

Las hojas largas y frescas de la milpa se usan para la intrincada envoltura de las corundas de Michoacán —es la típica forma de hexaedro de 5 puntas y 6 lados. La base dura e irregular se debe desechar, la hoja debe enjuagarse y sacudirse. Con la vena central aún adherida se envuelven sin mayor cuidado alrededor de la masa de la corunda, o aplanadas y dobladas en tramos cortos las hojas se utilizan para sostener las corundas planas con forma de disco, tal como lo hacen en el oriente del estado. Pero si hace esto un experto, tirando la vena del centro de la hoja (véase abajo la fotografía), y esto es importante, obtendrá dos tiras suaves de la hoja. Sostenidas juntas en la base, artificiosamente se envuelven alrededor de un trozo de masa de corunda. No se preocupe, hay un método más sencillo para envolverla en forma triangular y ambos métodos están ilustrados en la fotografía (p. 67). La hoja no solamente sirve como envoltura, sino que le transmite un sabor delicado a la masa.

En algunas partes de Oaxaca se utiliza la hoja de milpa seca, por ejemplo para tamales de frijol.

Vaporeras

Me tomó un tiempo extraordinario darme cuenta de que las vaporeras convencionales, chinas y otras, no son las apropiadas para el cocimiento eficiente y rápido de los tamales.

Los mexicanos son maestros del cocimiento al vapor y lo han sido desde tiempos precolombinos. Hoy las viejecitas que venden tamales diariamente por las mañanas fuera de casi todos los mercados, en el centro de México, utilizan una vaporera improvisada con una lata cuadrada de alcohol como de 35 cm de alto con una parrilla de alambre cerca del fondo. Aunque hay muy poca agua en el fondo, parece nunca evaporarse a pesar de la sólida masa de tamales —por lo menos 100— encimados pero no apretados que caben en ese espacio.

Vaporeras como la ilustrada son sofisticadas en comparación. Aunque ésta fue hecha en una fábrica de alguna de las grandes ciudades, a cualquier hojalatero de alguna ciudad pequeña o pueblo le dará gusto hacerle una buena copia, aunque resulte un tanto rústica. La vaporera está bien diseñada, es práctica y eficiente. También se usa para hacer barbacoa de cordero, cabrito o mixiotes (carne sazonada y envuelta en la membrana tosca de la hoja de maguey), ahorrándole trabajo y vaporizando carne que simula en textura, si no totalmente en sabor, las carnes hechas en horno o en un hoyo para barbacoa.

El arte de la cocina mexicana

 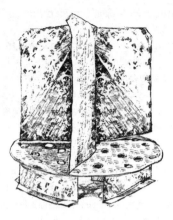 

En algunas áreas del noroeste de México los tamales son realmente hervidos, y el gigantesco sacahuil de la Huasteca es cocido en un horno de adobe, pero en los demás lugares se improvisa alguna clase de adaptación para vaporizar los tamales.

Las cocineras mayas que conocí, al hacer una gran cantidad de tamales colados, usan todas las ollas de la cocina, las hondas y las de poca profundidad, colocando trozos de los tallos gruesos de las hojas de plátano sobre el agua para sostener los tamales y usando cualquier cosa plana que sirva como tapadera. Si desea improvisar, lo importante es tener una olla honda de metal, más que de barro, para un cocimiento rápido, con una parrilla colocada justamente sobre el nivel del agua. Debe tener una tapadera que ajuste bien y algo pesado para ponerle encima y evitar que el vapor se escape.

Preparación de la vaporera

A menudo el nivel de agua que se pone en el fondo de una vaporera comercial es indicado por el fabricante. Sin embargo, si está improvisando, primero vea cuál es el tiempo en que se espera que se cuezan los tamales; si es corto, digamos de una hora, no necesitará tanta agua como para los que tardan 2 1/2 horas. Al principio habrá que adivinar un poco.

Es importante recordar que el agua debe estar hirviendo al colocar los tamales en la vaporera y que esta no debe dejar de hervir porque los tamales se pondrían pesados. Mantenga siempre una olla de agua hirviendo por si llegara a necesitarla. Coloque una o dos monedas en el agua, para saber cuándo empieza a hervir, y cuando el sonido cese sabrá que el nivel del agua está peligrosamente bajo o que el agua no hierve por falta de calor. Un poquito arriba del nivel del agua coloque la parrilla en la que los tamales van a descansar y coloque un par de capas de hojas de elote —u hojas de plátano, dependiendo de las que esté usando para los tamales— cubriendo la parrilla. Deberá haber suficientes hojas para cubrir los tamales una vez acomodados en la vaporera. Yo pongo una toalla sobre las hojas para absorber lo condensado y —algo que he visto recientemente— un plástico restirado sobre los tamales. Esto asegura que se escape el mínimo de vapor, concentrando así el calor que permite un cocimiento parejo y eficiente. Finalmente necesitará una tapadera a la que se le pueda colocar encima el artículo más pesado que tenga en la cocina —yo uso un viejo molcajete.

Colocación de los tamales en la vaporera

Una vez que la vaporera esté lista, debe ponerse sobre fuego lento para que llegue al punto de ebullición cuando los tamales estén listos para ser colocados dentro de ella. Los tamales, que son de una masa muy suave, por lo general se colocan horizontalmente para que la masa no se escurra por el fondo de la hoja de maíz. Algunas cocineras permiten que la capa de abajo "cuaje" primero —como 10 minutos— antes de colocar encima el resto de los tamales.

El único problema es que no puede seguir llenando las hojas, porque si lo hace, como en el caso de los uchepos, la mezcla se separará, y en el de los canarios se aplanará. Los tamales aplanados, como los de pescado y los costeños, envueltos en hoja de plátano, siempre se colocan en capas horizontales, y lo mismo vale para los colados, que son de difícil manejo.

Los tamales de flor de calabaza y otros envueltos en hojas secas de maíz, *totomoxtle*, se colocan en posición vertical, también en capas, teniendo cuidado de no apretarlos demasiado, porque no habría lugar para que la masa se expandiera.

Tiempo de cocción

Para probar si un tamal está cocido una vez concluido el tiempo especificado, desprenda un tramo del plástico y la toalla que los cubren y con unas pinzas (sin dejar que el agua deje de hervir), y con la ayuda de una espátula para no quedarse con una hoja vacía en las pinzas y un tamal desbaratado sobre el resto, abra la hoja; la masa de las orillas debe desprenderse de las hojas y estar completamente cocida.

Si no va a servir los tamales en ese momento —cuando están en su punto— déjelos enfriar antes de empacarlos en hojas de aluminio (no en bolsas de plástico porque tienden a humedecerse) y guárdelos en el refrigerador no más de 2 días; después deben ser congelados porque la masa empieza a secarse.

Cuando quiera recalentar una pequeña cantidad, póngalos en una vaporera de poco fondo —yo uso una vaporera para verduras sobre un recipiente de poco fondo— con agua hirviendo y déjelos 5 minutos. Para una cantidad mayor uso la vaporera convencional. No los vaporice demasiado tiempo porque se pondrían aguados y perderían su sabor. Para recalentar tamales que han sido congelados, no los descongele porque también se volverían aguados; congelados póngalos en la vaporera con agua hirviendo.

Los tamales colados no se congelan bien. Tienden a desbaratarse en la superficie y el pollo pierde su sabor y se vuelve correoso cuando se recalientan. Sin embargo, si es necesario, colóquelos, aún congelados y holgadamente envueltos en papel aluminio, en el horno a 150 °C durante 20 minutos o hasta que estén bien calientes.

Tamales colados

La preparación de tamales en México es un arte, y el principal ejemplo de ese arte es sin duda el de los tamales colados de Yucatán. Tienen el primer lugar por su complejo sabor, su textura y su técnica. La última vez que fueron hechos para mí en casa de una amiga, había por lo menos 12 miembros de una extensa familia en la cocina, sin contar a los niños.

Se utilizaron tres kilos de masa, todas las mesas de la gran casa que se prestaban para el caso se llevaron a la cocina para la confección y cada olla y recipiente se convirtió en una vaporera improvisada. Para cuando los tamales estuvieron listos, la noticia se había extendido como el fuego, y 8 personas más habían aparecido. Si el hacerlos había tomado poco tiempo, el deshacerse de ellos fue aún más rápido, porque una vaporizante torre de tamales colados se acabó en un instante. Los que habían comido cinco o hasta ocho, discretamente aflojaron sus cinturones o extendieron sus huipiles manchados de achiote para esconder sus estómagos inflados, todo el mundo "repetía" y cabeceaba en aquella tarde yucateca.

Son sabrosos y llenadores, pero no intente hacerlos usted sola para cien invitados. Es una labor que hay que hacer con amor: es la aventura gastronómica y práctica culinaria por excelencia.

La masa, que va colada (de allí el nombre), se prepara de una manera fuera de lo común, y ese método es para los puristas; pueden hacerse también con menos delicadeza con masa común para tortillas, u obtener unos tamales de tercera con Maseca.

El arte de la cocina mexicana

Método tradicional para preparar el maíz para tamales colados
| RINDE 1 1/2 KG DE MASA |

Aunque algunas cocineras cuecen el maíz con cal, las más tradicionales cuecen el maíz solo.

Ingredientes

5 tazas de agua
1 kg de maíz blanco

» Ponga el agua a hervir en un recipiente de acero inoxidable o esmaltado (no de aluminio). Tan pronto hierva el agua, añada el maíz, revuélvalo bien, apague el fuego, cubra el recipiente y déjelo remojando durante toda la noche.
» Al día siguiente, escurra el maíz y enjuáguelo con agua fresca. Luego talle el maíz entre sus manos como si estuviera lavando ropa hasta que retire la mayor cantidad de los ya amarillos hollejos —esto es laborioso y puede tomarle hasta 25 minutos. Luego muela el maíz como para hacer tortillas (véase la p. 22), pero un poco texturizado.

Masa cocida para tamales colados
| RINDE SUFICIENTE MASA COMO PARA 28 TAMALES |

Ingredientes

1 kg de masa (receta anterior)
4 tazas de agua
2 cucharaditas de sal o al gusto
1 taza de manteca fundida

» En un recipiente ponga el agua y 1 kg de masa; desbarátela con las manos hasta que todos los trocitos estén disueltos salvo los muy pequeños. Pase el líquido por un colador fino oprimiendo bien los trocitos y póngalo en un traste pesado y ancho. Deseche el desperdicio —llamado *xixito* en maya, una palabra mucho más romántica. Ponga el recipiente a fuego medio, agregue la sal y cuézala algunos minutos; la mezcla empezará a espesarse en el fondo del traste. Continúe revolviéndola y raspando el fondo hasta que toda la masa tome cuerpo. En este momento empiece a añadir un poquito de la manteca revolviendo hasta que toda haya sido absorbida antes de agregar más; siga añadiéndola poco a poco hasta que toda se haya absorbido y la mezcla quede espesa y brillante. Siga revolviéndola hasta que le cueste bastante trabajo y la masa mantenga su forma mientras revuelve. Este proceso debe durar de 15 a 20 minutos. Voltee la masa sobre una charola y extiéndala pareja hasta que quede de entre 1 1/2 y 2 cm de grueso. Déjela enfriar. Cuando esté firme, córtela en 28 rectángulos o cuadros.

Tamales colados

Ingredientes

EL RELLENO DE POLLO
1 pollo de 1 1/2 a 1 3/4 kg cortado en 8 piezas
1 cabeza pequeña de ajo sin pelar y tostada (véase p. 329)
1 cucharadita de orégano seco yucateco
3 cucharadas de recado rojo (véase p. 320)
1 cucharada de jugo de naranja agria o vinagre
1/4 de cucharadita de pimienta negra recién molida
sal al gusto

LA SALSA
1 taza de masa
1 1/2 cucharadas de harina de trigo
3 tazas de caldo de pollo reducido

» En un recipiente coloque el pollo y cúbralo apenas con agua. Añada los dientes de ajo, el orégano, la pasta de achiote diluido en el jugo, pimienta y sal; hiérvalo a fuego medio solamente hasta que esté apenas suave —como 25 minutos. Cuélelo y déjelo enfriar. Regrese el caldo al recipiente y a fuego alto redúzcalo para obtener 3 tazas.

» Cuando el pollo esté lo suficientemente tibio para ser manipulado, desprenda la carne de los huesos y deshébrelo en trozos no demasiado grandes incluyendo parte de la piel; rinde como 3 1/2 tazas. Déjelo a un lado.

La salsa

» Ponga la masa en un sartén. Gradualmente añada una taza del caldo caliente, desbaratando los grumos con el revés de una cuchara de madera hasta que la salsa quede completamente tersa. Poco a poco añada el resto del caldo y cuélelo de nuevo. Cuézalo a fuego lento revolviéndolo constantemente y raspando el fondo del sartén hasta que la salsa cubra muy bien el revés de una cuchara de madera sin que escurra por los lados. Déjela reposar.

Confección de los tamales

Prepare la vaporera (véase p. 62) y póngala a fuego lento mientras prepara los tamales.

Ingredientes

28 cuadros de masa cocida
32 pedazos de hoja de plátano de 23 x 18 cm ya asados (véase p. 60)
la salsa
el pollo cocido
2 1/2 tazas de jitomates rebanados a lo largo
2/3 de taza sin apretar de hojas de epazote cortadas en pedazos
1 1/2 tazas apretadas de cebolla morada finamente rebanada

» Ponga un cuadro de masa sobre cada pedazo de hoja de plátano y encima una cucharada de la salsa, un poco de pollo, 2 rebanadas de jitomate, unas hojas de epazote, unas rebanadas de cebolla y un poco más de salsa si le ha sobrado. Doble las hojas sobre el relleno, los lados largos primero y luego los cortos para formar un paquetito, y átelo. Colóquelos en la vaporera horizontalmente (el agua debe estar hirviendo y las monedas sonando) y cúbralos con los restos de las hojas, una servilleta o un pedazo de plástico y la tapadera. Coloque sobre esta algo pesado para conservar todo el vapor que sea posible. Cuézalos hasta que la masa pueda desprenderse con facilidad de la hoja de plátano, en el caso de estos tamales aún estará suave —como 1 1/2 horas.

Corundas

| RINDE DE 21 A 24 CORUNDAS DE 8 CM |

Uno de los más populares antojitos de la calle en algunos lugares de Michoacán es un plato de corundas con crema espesa y salsas verde o roja. Las corundas son unos tamales blancos y esponjados habilidosamente envueltos en una hoja de milpa (no en una de elote) (véase p. 61) u hoja de carrizo (abajo) con la forma de un hexaedro —con 6 lados y 5 puntas. La hoja de milpa da a la masa un sabor particular pero suave, aunque la hoja de carrizo es más fácil de manejar al envolver la corunda. Las corundas también pueden rellenarse con carne en salsa de chile o con queso, pero solas son tan buenas que no lo necesitan.

Originalmente se preparaba la masa para las corundas a base de maíz cocido con ceniza en vez de cal, y las cocineras más tradicionales siguen haciéndola de esta manera. En el oriente del estado se usa ceniza para el maíz, y las envuelven en hojas de milpa formando la masa en triángulos o discos pequeños y planos. La masa se muele como si fuera para cualquier tamal, un poco martajada, no fina como para tortillas.

Me han dado docenas de recetas para hacer corundas. La mayor parte de las cocineras insisten en que el secreto de las buenas corundas está en la batida, pero yo pondría el énfasis en la preparación y molienda del maíz. Algunas cocineras le agregan polvos de hornear (lo que no es necesario si se bate lo suficiente), algunas le añaden leche, otras agua y otras algo de manteca vegetal, pero el sabor no será el mismo. He aquí la receta que pienso que resulta la mejor.

Si usted no va a consumir las corundas de inmediato o al día siguiente, es mejor congelarlas para impedir que se sequen. Se conservarán muy bien en el congelador alrededor de un mes. Cuando llegue el tiempo de calentarlas no las descongele; póngalas en la vaporera aún congeladas durante 30 minutos o más, dependiendo de la eficacia de su vaporera.

Las que sobren pueden ser rebanadas y utilizadas en la siguiente receta, una deliciosa sopa seca con rajas de chile, crema y queso. Las corundas son mejores si se sirven con bastante crema y con una salsa roja o verde algo picosa (pp. 259 ó 32).

Las hojas angostas, alargadas y triangulares de una planta nativa del Mediterráneo, *Arundo donax*, también se usan para envolver corundas cuando las hojas frescas de milpa no están disponibles. Esta planta fue introducida a México, en donde prospera, y se usa en su mayor parte para hacer canastas. Aunque las hojas de carrizo no dan a la masa el mismo sabor que las hojas de milpa, son muy flexibles como envoltura.

Ingredientes

30 hojas de milpa (véase p. 61) u hojas de carrizo (comentario arriba)
400 g de manteca
1 kg (como 3 1/2 tazas) de masa refregada (p. 58) molida,
   tan seca como sea posible
2/3 de taza de leche o agua, aproximadamente
1 cucharada escasa de sal o al gusto

» Prepare su vaporera (véase p. 62) forrada con hojas de elote y póngala a fuego lento. (Véanse fotografías a colores, primera sección.)

- » Bata la manteca hasta que esté muy ligera y esponjosa —como 5 minutos. Gradualmente, batiendo, incorpore la sal, la masa y un poco de leche o agua; conserve por lo menos la mitad del líquido hasta que pruebe la consistencia de la pasta cuando toda la masa haya sido incorporada —debe tener cuerpo pero caer con facilidad de la cuchara. Si parece estar más dura que eso, añada un poco de líquido. Ahora bata la masa 10 minutos más. Ponga una pequeña cantidad en un vaso de agua. Debe flotar; si no, siga batiendo.
- » Tome una de las hojas y forme una bolsa como se ilustra en la fotografía, llénela como con 1/3 de taza de la masa y dóblela, como puede verse, en una manera modificada para formar un triángulo. Tan pronto como hierva el agua en la vaporera acomode las corundas en capas, sin apretarlas porque necesitan espacio para inflarse. Cúbralas con más hojas o una toalla y vaporícelas hasta que la masa esté esponjosa y se desprenda con facilidad de la hoja al desenvolverla —como 1 hora. (Véase pliego a color.)

Sopa seca de corundas

| RINDE DE 6 A 8 PORCIONES | SEÑORA GUADALUPE ALCOCER DE MENDOZA,
PÁTZCUARO, MICHOACÁN

Al igual que la sopa seca de uchepos, esta es una deliciosa manera de utilizar las corundas que sobran y, para mi manera de pensar, vale la pena hacer una cantidad de ellas especialmente para este platillo. Se sirve sola como sopa seca o pasta. Junto a una ensalada constituye un maravilloso platillo para el almuerzo. Todos los componentes se pueden preparar con anticipación. Fría las corundas y arregle el platón justamente antes de meterlo al horno. Con cuidado forme cubos con las corundas porque tienden a desmoronarse cuando se enfrían.

Ingredientes

**6 cucharadas de mantequilla sin sal y poco más para engrasar el platón
5 tazas de corundas (como 16) sin hojas y cortadas en cuadritos de 1 1/2 cm
1 taza de rajas, ya sean 8 chilacas ó 6 poblanos, en tiras (pp. 345 y 349)
2 tazas de salsa de jitomate en su versión cocida (p. 259), licuada con una cebolla pequeña
1 taza de crema
1/2 taza de queso Chihuahua rallado**

- » Tenga una cacerola o un refractario de 25 x 25 x 5 cm engrasado con mantequilla. Caliente el horno a 180 °C.
- » Funda 1 1/2 cucharadas de mantequilla en un sartén grande, agregue la cuarta parte de los cubos de corunda volteándolos de vez en cuando para que se doren un poco. Continúe friendo las corundas añadiendo mantequilla conforme sea necesario. Extienda la mitad de las corundas fritas sobre el fondo de la cacerola y póngales 2/3 de las rajas frescas de chile más la mitad de la salsa, crema y queso. Extienda el resto de los cubos y encima el resto de la salsa, crema, queso y finalmente las tiras de chile sobrantes.
- » Hornéelas durante unos 15 minutos o hasta que estén calientes y burbujeando. No las sobrecueza, porque pueden deshacerse. Sírvalas inmediatamente.

El arte de la cocina mexicana

Tamales costeños

| RINDE 18 TAMALES DE 13 X 8 CM | REINA OLVERA, VERACRUZ

Estos tamales son delgados y delicados. Envueltos en hojas de plátano y sazonados con achiote reflejan la cocina del sur de Veracruz que colinda con Tabasco. Hay dos rellenos típicos: uno de pollo y el otro de camarones medio secos sazonados con jitomates y chiles jalapeños frescos.

Siempre cocine el relleno primero para darle tiempo a que se enfríe antes de preparar la masa y hacer los tamales. Atarlos es algo opcional. Estos tamales se mantienen congelados muy bien por un tiempo máximo de 2 meses.

Ingredientes

EL RELLENO DE POLLO
- 3 cucharadas de grasa de pollo (p. 171)
- 1/2 cebolla mediana, rebanada finamente
- 1/2 kg de jitomates pelados y picados
- 1 1/2 tazas de pollo deshebrado para tacos en pedazos grandes (p. 172)
- sal al gusto

» Caliente la grasa de pollo en un sartén, añada la cebolla y fríala suavemente sin dorarla durante 1 minuto. Agregue los jitomates y continúe friendo sobre fuego bastante alto, revolviendo de vez en cuando hasta que la mezcla se haya reducido y espesado un poco —como 8 minutos. Añada el pollo, sal al gusto y caliéntelo 5 minutos más para sazonarlo. Déjelo enfriar.

Ingredientes

EL RELLENO DE CAMARÓN
- 3 cucharadas de aceite
- 1/2 cebolla, rebanada finamente
- 1/2 kg de jitomates pelados y picados
- 16 aceitunas pequeñas, sin hueso
- 1 1/2 tazas de camarones secos limpios y pelados, remojados durante 20 minutos en agua caliente y escurridos
- sal al gusto

» Caliente el aceite en un sartén, añada la cebolla y fríala durante un minuto sin que se dore. Agregue los jitomates y continúe friendo sobre fuego bastante alto, revolviéndolos de vez en cuando hasta que la mezcla se haya reducido y espesado un poco —como 8 minutos. Añada las aceitunas y los camarones, ajuste la sal y cuézalo durante 5 minutos más sobre fuego medio. Deje que se enfríe antes de hacer los tamales.

Ingredientes

LOS TAMALES
125 g de manteca y un poco más para engrasar las hojas
1/2 kg (como 2 tazas escasas) de masa preparada para tortillas de maíz (p. 20) no demasiado húmeda
1 cucharadita colmada de sal o al gusto
1 cucharada más 1 cucharadita de recado rojo (p. 322)
18 pedazos de hojas de plátano, de 23 x 18 cm, ya asados (p. 60)
el relleno de pollo o camarón
3 chiles jalapeños, cada uno cortado en 6 tiras, con venas y semillas
18 tiras para amarrar los tamales (opcional) (p. 61)

» Sobre fuego lento, coloque la vaporera preparada (véase p. 62). Bata la manteca con una batidora eléctrica hasta que quede blanca y esponjosa —como 5 minutos. Gradualmente añádale la masa, la sal y el recado rojo. Después de que la masa ha sido incorporada, bátala 2 minutos más. La mezcla deberá ser tersa pero bastante más seca que otras masas para tamales. Divida la masa en bolas de 4 cm.

» Engrase con bastante manteca la parte central de las hojas. Tome una de las bolas y aplánela sobre una de las hojas distribuyendo la masa con la mano de manera que cubra un área rectangular muy pareja de 13 x 10 cm y como de 1/2 cm de grueso. Extienda una cucharada colmada del relleno sobre el centro de la masa, encima coloque dos rajas de chile fresco, doble el lado largo cercano a usted para cubrir 2/3 del tamal y sobre éste doble el segundo lado largo; después doble las puntas para formar un paquete rectangular de 13 x 10 cm. Átelo si usted así lo desea como se muestra en la página 77. Coloque los tamales horizontalmente, con las orillas dobladas hacia arriba, sobrepuestos en capas en la parte de arriba de la vaporera y cuézalos hasta que la masa esté firme y se desprenda fácilmente de la hoja —como 1 hora.

Tamales de frijol

| RINDE DE 14 A 15 TAMALES |

Casi cada región de México tiene su propia versión de tamales rellenos con puré de frijol, unas más complicadas que otras. Esta receta de Oaxaca es sencilla de hacer y deliciosa. Los tamales pueden servirse solamente con salsa de chile pasilla de Oaxaca (p. 261) o pueden acompañar algún guiso o mole.

La masa puede prensarse a mano como la de los costeños (p. 68) o ponerse en la prensa para tortillas como se ilustra.

Hojas de aguacate, o incluso hojas de epazote, pueden utilizarse en lugar de la hoja santa, y pueden ser envueltos ya sea en hojas secas de elote o, para obtener un mejor sabor, en las hojas de milpa frescas o secas.

Como todos los tamales, estos son mejores al salir de la vaporera, pero pueden ser recalentados en una vaporera o congelados y recalentados como sugerimos en las instrucciones de la página 63.

Ingredientes

TENGA LISTO:
la vaporera preparada con hojas de milpa o de maíz
14 hojas secas de elote o maíz, enjuagadas y sacudidas
14 pedazos de hoja santa como de 8 x 5 cm u hojas de aguacate cortadas por la mitad
salsa de chile pasilla de Oaxaca (p. 261)

EL RELLENO
2 cucharadas de manteca o aceite
1 cebolla pequeña, cortada en rodajas gruesas
6 hojas de aguacate, secas o frescas
8 dientes de ajo pequeños asados y pelados (p. 329)
1/2 taza de agua
3 1/2 tazas de frijoles negros a la oaxaqueña (p. 146) con caldo
sal al gusto

LA MASA
450 g de masa para tortillas (p. 20)
90 g de manteca
sal al gusto
3 cucharadas de caldo de pollo si es necesario
2 bolsas de plástico para prensar la masa

» Primero prepare el relleno. Caliente la manteca en un sartén, fría las rodajas de cebolla volteándolas hasta que queden doradas. Páselas con una cuchara perforada al vaso de la licuadora.
» Las hojas de aguacate se ponen en el comal caliente (si están en racimo sólo sosténgalas sobre la llama) para tostarlas un poco durante unos segundos. Desmenúcelas dentro del vaso de la licuadora, desechando los tallos y las venas duras. Agregue los ajos y el agua y forme una mezcla tersa.
» Añada gradualmente los frijoles con su caldo, mezclando bien después de cada adición hasta que estén suaves, y agregue más agua sólo si es necesario para liberar las aspas de la licuadora.

» Recaliente la manteca que quedó en el sartén y añada los frijoles molidos. Sazone. Cuézalos sobre fuego bastante alto para que se sequen un poco, revolviendo y raspando el fondo del sartén para evitar que se quemen, hasta que la mezcla esté gruesa y casi no caiga de la cuchara. Déjelos enfriar.
» Mezcle la masa con la manteca y la sal agregando el caldo de pollo sólo si está algo dura.
» Divídala en 14 partes iguales y forme bolas de 4 cm de diámetro.

» Forre la prensa con las bolsitas de plástico exactamente como lo haría si fuera a hacer tortillas (véase p. 23). Coloque una bola de masa en la placa inferior, cúbrala con la segunda bolsa y oprima la prensa hasta que obtenga un disco de 13 cm de diámetro. Levante la bolsa superior simplemente para aflojarla, vuelva a colocarla y voltee todo —bolsas y masa. Levante la que ahora es la bolsa superior. Distribuya pareja 1 cucharada de la pasta de frijol, dejando libre una orilla de 1 cm. Comenzando por el lado derecho (o por el izquierdo si es zurda como yo), levante la bolsa y doble 2/3 partes de la masa sobre el relleno.
» Haga lo mismo con el lado izquierdo para que la masa cubra los frijoles completamente. Luego doble las partes superior e inferior como 1 cm para formar un rectángulo de 8 x 5 cm. Sobre él coloque un pedazo de hoja santa o de hoja de aguacate, trasládelo con cuidado a la hoja de totomoxtle, y dóblela como se indica en la fotografía. Si está utilizando hojas de milpa, coloque el tamal plano, con la orilla de la unión hacia abajo y en la base cóncava de la hoja y luego doble la parte puntiaguda sobre esta para después doblar los dos lados hacia adentro. Si está usando hojas de maíz, sólo ponga el tamal en la base y doble la hoja. Desde la mitad de la hoja dóblela en diagonal hasta cubrir los lados de la masa o use otra hoja para envolverlos.
» Acomode los tamales horizontalmente en la vaporera y cuézalos durante 40 minutos más o menos. Pruebe uno al abrirlo; la masa debe desprenderse limpiamente de su envoltura. Sírvalos con la salsa.

El arte de la cocina mexicana

Dzotobichay

| RINDE 8 TAMALES | YUCATÁN

Dzotobichay es un tamal pequeño yucateco envuelto en hojas de chaya (véase p. 73), relleno con huevo cocido y semillas de calabaza tostadas y molidas. Se sirve con una salsa de jitomate. Aunque es más tradicional y tiene mejor sabor cuando se utiliza manteca, en su lugar puede usarse grasa vegetal para hacer de este un perfecto platillo vegetariano.

En algunos casos el nombre de "dzotobichay" es dado erróneamente a un tamal más grande con la masa salpicada de chaya, con el mismo relleno y envuelto en hojas de plátano, lo que es de hecho el *brazo del indio* (la palabra "brazo" siempre se aplica a alimentos enrollados, salados o dulces como el rollo de jalea).

Aunque la espinaca es lo que siempre se recomienda como sustituto para la chaya, prefiero la acelga que tiene más consistencia, es mejor como envoltura y tiene un excelente sabor cuando se combina con masa de maíz.

En Yucatán se utiliza la semilla de calabaza gordita y pequeña ("chinchilla"); pero como no se encuentra en otros lugares, he incluido en cierta proporción semillas peladas.

El dzotobichay se sirve como un platillo por sí solo y un tamal por ración debe ser suficiente. Como platillo principal, sirva dos calculando como 1/4 de taza de salsa de jitomate para cada plato.

Aunque siempre son mejores cuando se comen de inmediato, los tamales pueden ser recalentados en una vaporera durante 15 minutos o pueden ser congelados y recalentados, sin descongelar, durante 25 minutos.

Ingredientes

TENGA LISTO:
una vaporera preparada, forrada con hojas adicionales de chaya o acelga
16 hojas de chaya u 8 grandes de acelga, bien enjuagadas y sin tallos
1 taza de salsa de jitomate yucateca (p. 260)

EL RELLENO
1/2 taza de semillas de calabaza con cáscara (véase arriba)
1/4 de taza de semillas de calabaza peladas
3 huevos cocidos, cada uno cortado a lo largo en 6 pedazos
   (sobran 2 pedazos)
sal al gusto

LA MASA
340 g de masa para tortillas no muy molida
115 g de manteca
sal al gusto

» Primero prepare el relleno. Ponga las semillas de calabaza con cáscara en un sartén grueso y sin grasa sobre fuego mediano y voltéelas hasta que las cáscaras cambien de color —como 5 minutos. Agregue las que no tienen cáscara y remuévalas hasta que obtengan un color parejo sin que se quemen —como 5 minutos. Extiéndalas sobre una superficie plana para que se enfríen.
» Una vez frías, muélalas en un molino para especias o café, de poquitas en poquitas, hasta que parezcan migajas finas.
» Coloque la vaporera (p. 62) sobre el fuego. Si está usando acelgas, cuando el agua empiece a hervir ponga las hojas, de dos en dos, en la parte de arriba durante algunos segundos, hasta que se vuelvan más flexibles. Déjelas enfriar. Con hojas de chaya no es necesario hacerlo.
» Bata la masa con la manteca y la sal durante un minuto. Divídala en 8 partes iguales y con cada una forme una bola de 4 cm de diámetro.

» Extienda una de las hojas de acelga o dos hojas de chaya medio encimadas como en la ilustración y oprima una de las bolas hasta que quede delgada y de 10 x 8 cm. Espolvoree la masa con una cucharada de las semillas molidas, coloque 2 rebanadas de huevo a lo largo del centro, sazone y empiece a enrollar todo, incluyendo la hoja para formar un rollo pequeño. Doble los extremos de las hojas y acomódelas horizontalmente dentro de la vaporera. Cúbralos con una toalla y vaporícelos durante 1 hora. Abra uno para ver si la masa está cocida completamente. Si está haciendo una cantidad mayor, el tiempo de cocción aumentará.

» Sírvalos con salsa de jitomate encima y finalmente adórnelos con más semillas molidas.

Tamales de acelgas
| RINDE COMO 24 TAMALES | ORIENTE DE MICHOACÁN

Este es un tamal delicioso y muy poco común que en ningún lado he encontrado salvo en la parte oriental de Michoacán. Tiene un característico toque libanés posiblemente porque hay muchos residentes libaneses en esta parte de México desde hace mucho tiempo. Los tamales son fáciles de preparar y cocer y si hay algunos que sobren se pueden congelar sin ningún problema. Aunque servidos solos son deliciosos, algunas veces pongo una cucharada de salsa ranchera (p. 259) sobre cada uno. Aunque el picadillo hecho localmente es más simple, utilizo uno cuya receta me proporcionó la señora Fagoaga, a quien he mencionado ya muchas veces. Pueden servirse solos como primer platillo, digamos antes de un platillo de pescado, o como plato principal con una ensalada.

Ingredientes

CARNE PARA EL RELLENO
750 g de puerco con algo de grasa, cortado en cubos de 2 1/2 cm
1/2 cebolla rebanada
1 diente de ajo pelado
3 pimientas enteras
1 cucharadita de sal o al gusto

INGREDIENTES PARA EL RELLENO
2 cucharadas de manteca o aceite
3 cucharadas de cebolla picada finamente
2 dientes de ajo pelados y picados finamente
4 jitomates pequeños picados sin pelar
1 1/2 cucharadas de almendras picadas
2 cucharadas colmadas de pasas
5 chiles serranos en escabeche picados
2 cucharadas de jugo de los chiles
sal al gusto

LOS TAMALES
24 hojas grandes de acelgas (y algunas adicionales)
1/2 kg de masa para tortillas (p. 20)
5 cucharadas de manteca
1/2 cucharadita de sal o al gusto
1/2 taza de caldo de carne, caliente

» Primero prepare la carne para el relleno. En una olla coloque el puerco, cebolla, ajo, pimientas, sal y agua que los cubra. Póngalos a hervir hasta que la carne esté tierna pero no demasiado suave —como 25 minutos. Deje que todo se enfríe en el caldo durante 15 minutos, luego escúrralo conservando el caldo. Cuando la carne se haya enfriado lo suficiente, deshébrela y píquela un poco. Cuele el caldo.

» Caliente la manteca, agregue la cebolla y el ajo y fría a fuego medio durante 2 minutos —no deben dorarse. Añada los jitomates y fríalos 5 minutos más, hasta que se reduzcan. Agregue la carne picada, almendras, pasas, chiles, jugo de los chiles y 2/3 de taza de caldo que se apartó, cocinando esto a fuego bastante alto, removiendo y raspando el fondo del recipiente hasta que la mezcla esté casi seca y brillante —como 10 minutos. Sazónelo y déjelo reposar.

» Enjuague bien las hojas de acelga y corte los tallos hasta la base de las hojas. En agua hirviendo sumerja cada una por sólo 2 segundos para suavizarlas. Déjelas enfriar.

» Llene el fondo de la vaporera con agua y ponga una o dos monedas dentro para oírlas sonar cuando el agua hierva. Forre la parte superior de la vaporera con las hojas adicionales y déjelas a fuego lento mientras prepara los tamales.

» Bata bien y al mismo tiempo la masa, manteca, sal y caldo —durante 5 minutos. Extienda una cucharada colmada de masa sobre el centro de las hojas preparadas. Extienda otra cucharada del relleno sobre esta, doblando cada hoja sobre él (véase la fotografía central). Acomode los tamales en capas horizontales en la parte superior de la vaporera, poniendo un poco de sal en cada capa. Cubra los tamales con otra capa de hojas, una toalla y la tapadera. Cuézalos durante 1 hora. Abriéndolo, pruebe el tamal; la masa debe estar completamente cocida.

Tamales de pescado, Tamaulipas
| RINDE DE 20 A 24 TAMALES |

Estos tamales son delicados en sabor y textura, especialmente del agrado de quienes gustan del sabor fuerte de anís de la hoja santa. Se puede sustituir por hojas de aguacate (aunque las primeras son comibles y las últimas no) ya que dejan un sabor similar en la masa.

Esta receta me llegó hace algunos años por medio de una amiga y gran cocinera, María Emilia Farías, quien nació en Tampico. La masa y forma de los tamales son esencialmente las mismas que las de los tamales de Veracruz (cuya receta aparece en *Las cocinas de México*), pero se hacen con pescado y salsa verde, en lugar de la carne y salsa roja de chile ancho. Necesitará filetes delgados de algún pescado no aceitoso como lenguado, sol o bagre.

No es necesario atar cada tamal si después de doblarlo lo coloca hacia abajo, el siguiente boca arriba y los coloca con cuidado en la vaporera sobreponiéndolos ligeramente en capas.

Ingredientes

TENGA LISTO:
24 trozos de hojas de plátano de 28 x 18 cm, ya asados (pp. 60 y 61)
24 tiritas (opcionales) (véase la nota del párrafo anterior e instrucciones, p. 61)
hojas adicionales para forrar la vaporera

Coloque la vaporera a fuego lento mientras prepara los tamales.

LA MASA
125 g de manteca
450 g de masa para tortillas (p. 20)
2/3 de taza de caldo de pollo tibio
1/2 cucharadita de sal o al gusto

EL RELLENO
1/2 kg de filetes de pescado (véase comentario anterior), deshuesados, sin piel y cortados en trozos de 8 cm cuadrados
2 tazas de salsa verde (receta a continuación)
24 pedazos de hoja santa de unos 8 cm cuadrados, sin las venas duras

---

» Primero prepare la masa. Bata la manteca con una batidora eléctrica hasta que quede blanca y espumosa —como 5 minutos. Gradualmente vaya añadiéndole la masa, el caldo y sal al gusto; bata bien después de cada adición.
» Cuando los ingredientes estén incorporados, la mezcla estará suave pero no aguada. Extienda una cucharada colmada de la mezcla en el centro de cada trozo de hoja de plátano para cubrir un área de 10 x 8 cm; debe quedar como de 1/2 cm de grueso. Coloque un trozo de pescado en cada una con 1 1/2 cucharadas de salsa, cubra con hoja santa u hojas de aguacate y envuélvalo, primero a lo largo y luego a los lados para formar un paquete rectangular. Colóquelos boca abajo mientras dobla el resto. Cuando todos hayan sido envueltos, cuidadosamente trasládelos a la vaporera, con las aberturas hacia arriba y sobrepuestos en capas horizontales. Vaporícelos durante 1 hora y pruébelos; si los tamales están cocidos la masa estará firme y resbalará fácilmente de la hoja.

Salsa verde para tamales de pescado
| RINDE COMO 2 TAZAS |

Ingredientes

500 g de tomates verdes (como 22 medianos) sin cáscara
4 chiles serranos (o al gusto)
1/4 de cebolla picada
1 cucharada colmada y firmemente apretada de hojas de epazote
2 cucharadas de aceite
sal al gusto

» En una cacerola ponga los tomates y los chiles, cúbralos con agua y sobre fuego medio hágalos hervir suavemente durante 10 minutos o hasta que los tomates estén suaves pero no desbaratándose. Retírelos del fuego y cuélelos conservando un poco del líquido. Pase los tomates cocidos, chiles y 1/4 de taza del líquido al vaso de la licuadora. Agregue la cebolla y las hojas de epazote y licue hasta que la salsa esté tersa. Caliente el aceite en el sartén, añada la salsa y fríala con sal hasta que se reduzca y espese —como 8 minutos. Déjela enfriar antes de armar los tamales; si está caliente, la masa se correría.

Tamales de flor de calabaza
| RINDE 25 TAMALES DE 8 CM | SEÑORA GLORIA VILCHIS, ZITÁCUARO

Hace algunos años, cuando probé estos tamales por primera vez, me parecieron muy diferentes de los que había conocido antes. Nadie parecía saber de dónde habían venido o si eran especialidad de esta región, donde muchas cocineras los hacen con ligeras diferencias en la masa e ingredientes.

Para investigar, primero consulté mi *Diccionario de cocina*, edición de 1845. Encontré escasos comentarios sobre los tamales en general: ¿había realmente familias decentes que quisieran saber cómo hacerlos en vista de que eran "comida de las clases bajas"? Pero *La cocinera poblana* (edición de 1877) tenía una receta para tamales de flor de calabaza. En ella, tanto huevos como manteca se batían con la masa y luego esta se mezclaba con las flores, epazote y chiles. En un libro del estado de Hidalgo de 1901 se usa el mismo método pero con una masa mezclada con calabaza, epazote y queso. Sospecho que esta receta fue copiada de un libro más antiguo pero en una forma un poco más elaborada.

Es interesante ver cómo una receta viaja y se transfigura, o degenera, cómo cada cocinera agrega su toque personal; también yo he agregado elotes frescos a la receta de la señora Vilchis. Aunque aquí las cocineras usan masa refregada (p. 58), pueden hacerse con masa para tortillas con un poco de polvos de hornear para hacerla esponjosa. El queso añejo, seco y salado es el requerido, pero un queso fresco desmoronado también es muy bueno, y además, en lugar de chile serrano, uso rajas de chilaca pelada, el chile regional de este lugar. Si no encuentra las flores de calabaza, suprímalas; de todos modos obtendrá unos deliciosos tamales. Puede congelar estos tamales durante 2 meses.

Ingredientes

125 g de manteca
450 g de masa refregada (p. 58) o masa para tortillas (véase comentario anterior y la p. 20)
1 cucharadita escasa de polvo para hornear
1/4 de taza de caldo de puerco o de pollo
125 g (como 1 taza) de queso añejo rallado o fresco, desmoronado (véase comentario anterior)
1 cucharadita de sal (menos, si utiliza queso añejo)
1/2 taza de calabacitas cortadas en cuadritos de 1 cm
1/2 taza de carne de puerco cocida y deshebrada (p. 194)
1 taza colmada y apretada de flores de calabaza picadas
1/4 de taza apretada de hojas de epazote picadas
3 chiles serranos, cortados en rebanadas delgadas con semillas y venas o 1/3 de taza de chiles poblanos o chilacas peladas y picadas
1/2 taza de granos de elote (opcional)
25 hojas secas de maíz (p. 60) ligeramente engrasadas con manteca
25 tiritas de hoja de elote (opcional)

» Con una batidora eléctrica bata la manteca hasta que quede blanca y esponjosa —como 5 minutos. Gradualmente añada la masa y el caldo con el polvo de hornear, agregue y mezcle bien los demás ingredientes, menos las hojas de maíz ni las de elote; quedará consistente. Ponga una cucharada bien colmada de esta mezcla en el centro de la hoja de elote; no la aplane pero doble la hoja sin apretarla para permitir la expansión. Doble los extremos en la forma habitual, átelos (opcional) y colóquelos en posición vertical en la parte superior de la vaporera. Cúbralos con más hojas, una toalla y un pedazo de plástico; vaporícelos hasta que la masa se desprenda con facilidad de la hoja —como 2 horas.

El arte de la cocina mexicana

Uchepos

| RINDE UNOS 20 UCHEPOS | SEÑORA CATALINA ESQUIVEL, MORELIA, MICHOACÁN

Aunque cada región de México tiene su propia versión de tamales de elote, los de Morelia, conocidos como uchepos, son por mucho los más sabrosos y delicados. Aunque pueden estar rellenos de puerco deshebrado y jitomate, con más frecuencia se sirven con una salsa de jitomate o tomate verde, crema agria y queso fresco ligeramente fundido; cuando están bien preparados y servidos así son sublimes.

Para lograr la consistencia correcta deberá encontrar elotes maduros: ni demasiado tiernos ni demasiado secos. La mejor prueba es la de hundir una uña en algunos granos —deben estar ligeramente duros pero jugosos.

Las hojas del elote deberán cortarse tan cerca de la base como sea posible, permitiendo que cada hoja se desenrolle entera. Luego deben colocarse en línea, un poco sobrepuestas, listas para ser llenadas. Los uchepos se congelan muy bien.

Ingredientes

20 hojas frescas de elote (véase comentario arriba)
5 tazas de granos de elote (véase comentario arriba)
1/4 de taza de leche
1 cucharada de azúcar o al gusto
2 cucharadas de mantequilla suavizada, sin sal
2 cucharadas de natas o de crema espesa
1 cucharadita colmada de sal
1 1/2 tazas de salsa cocida de jitomate (p. 260) caliente
250 g de queso fresco cortado en rebanadas de 1/2 cm
1/2 taza de crema

» Sobre fuego lento coloque la vaporera preparada forrada en la parte superior con una capa de hojas de elote frescas.
» Ponga la mitad de los granos de elote en el recipiente del procesador de alimentos o muélalos a mano en un molino hasta que se conviertan en una pasta texturizada —como 1 1/2 minutos. Agregue el resto de los elotes, siga moliéndolos hasta convertirlos en un puré de textura fina —como 2 1/2 minutos. Añada el azúcar, la mantequilla y la crema; procéselos brevemente y al último revuélvales la sal.

» Sacuda las hojas de elote para quitarles el exceso de agua y ponga 1 cucharada colmada de la mezcla a lo largo del centro, comenzando cerca del extremo cóncavo y extendiéndola como 5 cm. No la aplane. Doble los lados de la hoja sobre la pasta dejando espacio para que se expandan, doble el extremo con punta hacia arriba por el lado opuesto a la unión (véase la fotografía) y coloque una capa horizontal sobre la parte superior de la vaporera. Cúbrala y deje que se cuezan durante 10 minutos o hasta que la mezcla empiece a cuajar. Revuelva bien la pasta, rellene el resto de las hojas, siempre revolviendo porque el elote tiende a separarse del jugo, y acomode los tamales en capas horizontales en la vaporera. Cúbralos con más hojas, una toalla y una hoja de plástico (véase p. 62) y tápelos con peso encima para que el vapor no pueda escapar; cuézalos de 1 a 1 1/2 horas, de acuerdo con la eficiencia de su vaporera.

» Sobre un plato calentado sirva 3 uchepos calientes por persona. A un lado ponga 1/4 de taza de salsa caliente con una rebanada de queso en el centro y una cucharada colmada de crema.

Sopas de uchepos

SEÑORA LIVIER RUIZ DE SUÁREZ, MORELIA, MICHOACÁN

Esta es una típica comida casera. Si han sobrado unos cuantos uchepos, no los suficientes para preparar la receta que sigue, desbarate un par en un tazón con un poco de mantequilla y otro poco de salsa verde o roja. Localmente esto se llama "sopas". Se comen con cuchara.

Sopa de uchepos

| RINDE 6 PORCIONES | SEÑORA MARÍA EUGENIA DE LÓPEZ, MORELIA, MICHOACÁN

Esta sopa es un muy sabroso guiso a la cacerola en el que se utilizan los uchepos que hayan sobrado —o hasta vale la pena hacer algunos especialmente para ella. Como es una receta típica michoacana, naturalmente es mejor con chilacas verdes; los poblanos son un buen sustituto pero con menos sabor. Use 8 chilacas ó 6 poblanos.

Este platillo debe comerse tan pronto como salga del horno. Se sirve solo como sopa seca o pasta.

Ingredientes

3 cucharadas de mantequilla sin sal o aceite
3 cebollas medianas rebanadas finamente
1 taza de chilacas o poblanos asados, pelados, limpios y cortados en rajas (véase comentario de arriba y pp. 345 y 349)
sal al gusto
22 uchepos, sin las hojas
1 taza de crema espesa
125 g de queso fresco, desmoronado (1 taza)

» Tenga listo un refractario donde los uchepos quepan justos en 2 capas —23 x 23 x 5 de profundidad es ideal. Caliente el horno a 190 °C.
» Caliente la mantequilla o aceite en un sartén, agregue y fría la cebolla hasta que quede transparente —como 2 minutos. Añada las rajas de chile frescas y sal al gusto. Cubra el sartén y cuézalos sobre fuego medio, moviéndolos de vez en cuando hasta que los chiles estén tiernos pero no suaves —como 5 minutos. Si tienden a estar muy jugosos destape el sartén y cuézalos unos minutos más para reducir el líquido.
» Cubra el fondo del refractario (no hay necesidad de engrasarlo) con una capa de uchepos, sobre ellos distribuya las rajas de chile uniformemente, y cúbralos con la mitad de la crema y la mitad del queso desmoronado. Coloque la capa de los uchepos restantes y termine con la crema y queso. Hornéelos hasta que estén bien calientes y burbujeantes. Me gusta servirla con salsa de jitomate.

Tamales de elote y miel

| RINDE COMO 20 TAMALES |

SEÑORITA ELVIA CARRILLO OLIVARES,
COATEPEC, MICHOACÁN

Estos son unos tamales poco comunes, esponjosos, con un maravilloso sabor fresco de elote y miel. Se comen a la hora de la cena con una vaso de leche o recalentados para el desayuno en lugar de pan dulce.

En Estados Unidos necesita field corn *como para todos los tamales, budines de maíz y similares en estas recetas —la mitad muy maduro y harinoso y la otra mitad maduro pero aún jugoso. En México el maíz se muele —en realidad se machaca— entre las cuchillas de metal del molino de maíz ilustrado en la página 23 —indispensable para una seria cocinera mexicana.* No es ideal, pero puede usar un procesador de alimentos, entendiendo que en metate es mucho mejor.

Ingredientes

4 tazas de granos de elote (véase comentario arriba)
1/3 de taza de miel clara
1 cucharadita escasa de canela molida
1 pizca de sal
1/2 cucharadita de bicarbonato
1/8 de cucharadita de semillas de anís enteras
22 hojas frescas de elote (véase pp. 59 y 60), con el interior engrasado con mantequilla

» Coloque la vaporera preparada (véase p. 62) a fuego lento mientras prepara los tamales. Ponga 2 tazas del elote tierno en el recipiente de un procesador de alimentos y procéselos durante 2 minutos o hasta que los granos estén martajados y el jugo haya sido extraído. Añada el resto del maíz y procéselo 2 minutos más hasta que los hollejos se hayan desbaratado y la mezcla semeje una pasta floja y con cierta textura. Vacíela en un recipiente y siga haciendo lo mismo. Cuando todo el elote haya sido molido en esta forma, incorpore los demás ingredientes, excepto las hojas de elote.
» Ponga una cucharada colmada de elote en el centro de la hoja preparada en una línea de 8 cm de largo; no la aplane. Doble la hoja dejando espacio para que se infle la masa. Acomode los tamales horizontalmente o en un ángulo sobre la parte de arriba de la vaporera —las monedas deben sonar indicando que el agua está hirviendo abajo. Cúbralos con más hojas, una toalla y una hoja de plástico antes de colocar algo pesado sobre la tapadera. Sin dejar que disminuya el hervor cuézalos hasta que la masa del tamal esté esponjosa pero no pegajosa y que pueda desprenderse de la hoja con facilidad —como 1 1/2 horas.

Tamales canarios

No se encuentran muy seguido estos pequeños y dulces tamales (si bien he encontrado alguna mención de ellos en libros de cocina en otras áreas del centro de México), pero en la parte oriental de Michoacán los sirven en ocasiones festivas con atole o chocolate caliente. Son amarillo pálido —de allí su nombre— y esponjosos, el color varía con la intensidad del color de las yemas. Aunque las cantidades de los ingredientes son más o menos las mismas, las cocineras nunca están de acuerdo en cuanto a incluir o no las claras de los huevos. Supe por una cocinera respetada aquí que usar sólo una era bueno para suavizar la masa. Una receta similar en un libro de cocina del siglo XIX los llama tamales de arroz y requiere una proporción igual de manteca y mantequilla y agrega harina de arroz a la masa para tamales.

Aunque casi siempre se envuelven en hojas de maíz, los he visto también en hojas de elote y pienso que estas les dan mejor sabor.

Ingredientes

- 125 g (3/4 de taza) de harina de arroz
- 1 1/2 cucharaditas de polvo de hornear
- 125 g (1/2 taza) de mantequilla sin sal a temperatura ambiente, y algo más para engrasar las hojas
- 100 g de azúcar (2/3 de taza escasa)
- 4 yemas grandes
- 1 clara grande
- 3 cucharadas de leche
- 90 g (1/2 taza) de pasas
- 22 hojas de elote, enjuagadas y escurridas (véanse pp. 59 y 60) bien untadas de mantequilla

» Ponga la vaporera preparada sobre fuego lento (véase p. 62).
» Cierna la harina y el polvo de hornear juntos.
» Bata la mantequilla y el azúcar juntas hasta que estén como crema. Añada las yemas una a una con una pizca de harina cada vez. Finalmente agregue la clara, la leche, la harina y algunas pasas; mezcle todo muy bien.
» La pasta debe ser cremosa y caer apenas de los batidores. Ponga una cucharada colmada a lo largo del centro de la hoja, empezando cerca de la parte cóncava; no aplane. Hunda 4 ó 5 pasas dentro de la pasta y doble las hojas sin apretar, doblando el lado con punta hacia el lado opuesto. Asegúrese de que el agua en la vaporera esté hirviendo, y coloque en ésta los tamales horizontalmente y en capas. Cúbralos con más hojas, una toalla y la tapadera; cuézalos durante 45 minutos. Al final de la cocción pruebe uno. La masa esponjosa debe desprenderse con facilidad de la hoja. Cómalos inmediatamente o guárdelos en el congelador.

II

Sopas y caldos

- › CALDO O CONSOMÉ DE POLLO
- › SOPA DE BOLITAS
- › SOPA DE FIDEO Y ACELGAS
- › SOPA DE FIDEO EN FRIJOL
- › SOPA DE ALBÓNDIGAS
- › CREMA DE FLOR DE CALABAZA
- › PIPIÁN DE OAXACA
- › SOPA DE FLOR DE CALABAZA
- › SOPA DE CUITLACOCHE
- › PREPARACIÓN DE CACAHUAZINTLE ENTERO PARA SOPAS
- › POZOLE VERDE
- › MENUDO BLANCO SONORENSE
- › SOPA DE HABAS
- › CALDO DE CAMARÓN SECO
- › FRIJOL BLANCO CON CAMARÓN SECO
- › SOPA TARASCA
- › SOPA DE TORTILLA Y FRIJOL NEGRO

Véase también:
- › HONGOS AL VAPOR (EN CALDO) (P. 134)
- › COACHALA (P. 186)
- › FRIJOLES NEGROS CON CHOCHOYOTES (P. 147)

Notas:

En México las sopas son parte indispensable de la comida principal del día, ya sea en la casa o en los restaurantes pequeños y típicos. Cualquiera que sea el clima, las sopas abren el apetito y reconfortan el alma.

Dos de las más populares y vigorizantes sopas juegan diferentes papeles: el menudo se sirve durante el almuerzo, y un tazón grande, aromático y condimentado con especias es un gran restaurador. El pozole, con el puerco y el maíz cacahuazintle en un caldo sustancioso con muchos adornos encima, es la sopa para cenar y lo sustentará durante toda la noche.

Las sopas mexicanas y las asiáticas tienen mucho en común: muchas tienen un caldo ligero con pasta o vegetales crujientes para dar contraste a la textura y el sabor.

Es una lástima que las sopas no jueguen un papel más importante en la dieta al norte de la frontera. Pero tal vez muchos norteamericanos tienen recuerdos desagradables de sopas comerciales —no sólo las enlatadas, sino las servidas en aviones y cafeterías— espesas y gelatinosas con un sabor salado que enmascara ingredientes sobrecocinados.

Estoy de acuerdo con Lewis Carroll: "Sopa de la cena, hermosa sopa".

Caldo o consomé de pollo
| RINDE 10 A 12 TAZAS |

En muchas culturas el caldo de pollo está considerado como una panacea, un reconfortante sustento para inválidos. En México es todo eso y más. Es un componente constante en las cocinas de restaurantes y hogares: siendo por sí solo una sopa, es base para muchas sopas con otros ingredientes, un medio para dar un hervor al pollo o para cocinar arroz. Siempre hay mucho caldo para lo que se ofrezca, particularmente en los pequeños restaurantes populares o en los puestos de los mercados, porque es mucho el pollo que se consume: deshebrado para tacos y otros antojitos, para guisos y para moles. En una simple comida en uno de esos changarritos —como se conoce a los puestos de comida rápida— se ofrece consomé para empezar la comida, sopa aguada, aguada en comparación con el arroz o la sopa seca. Puede tener muy poco arroz, una cosa de nada de zanahorias o calabacitas, tal vez un poco de pollo deshebrado, y puede servirla con limones partidos en cuatro, cebolla picada, chiles serranos y cilantro o con un trozo de chile chipotle flotando y unos cuantos cubos de aguacate. O lo puede ordenar como plato principal con una ración grande de pollo en el caldo y por supuesto tortillas de maíz cortadas para usarlas como pequeñas pinzas para desprender la carne del hueso —mucho más efectivas que usar un cuchillo y tenedor para perseguir el pedazo de carne que se escapa en el caldo.

El caldo siempre es "blanco"; la carne, huesos y verduras no se doran antes. Podría incluir zanahoria, pero sólo un poco para que no salga dulce, y apenas suficiente cebolla y ajo. Todas las partes comestibles del pollo van al caldo (excepto el hígado, porque tiene un sabor muy fuerte y puede amargar): intestinos, huevos, mollejas, corazón, cabeza y cuello, más las patas sin piel.

Ingredientes
- 2 kg de retazo de pollo o gallina (véase comentario arriba)
- 1 zanahoria pequeña pelada y rebanada (opcional)
- 1 cebolla mediana, picada
- 2 dientes de ajo, pelados
- 4 pimientas enteras
- sal al gusto

» Quiebre los huesos principales del pollo y póngalos en una olla con el resto de los ingredientes. Añada suficiente agua para cubrir unos 8 cm arriba de los ingredientes. Póngalos a hervir suavemente, descubiertos, como 4 horas. Déjelos reposar durante la noche para aprovechar las propiedades gelatinosas de los huesos. Deseche la grasa que se ha formado en la superficie.

» Hierva y cuele el caldo. Desgráselo una vez más si es necesario. Si no va a usarlo inmediatamente redúzcalo (para ahorrar espacio), mídalo y congélelo en charolas para hacer hielo. Cuando esté sólido, páselo a bolsas de plástico.

Sopa de bolitas

| RINDE 6 PORCIONES |

FELICIANO BÉJAR, MICHOACÁN

Esta sopa es sencilla pero muy buena. La base es esencialmente la misma que se usa para la sopa de tortilla, de fideo o de acelgas: un caldo cargado y enriquecido con jitomate. Las bolitas de masa dan un toque especial; pueden ser servidas en la sopa o por separado con más queso rallado si se desea. (A propósito, las bolitas podrían servirse como una botana muy económica.) Sin embargo, hay que hacer una advertencia: si está utilizando la masa para tortillas, extiéndala para secarla un poco antes de agregar los otros ingredientes. Si en ese caso la masa está muy húmeda y las bolitas no se pueden hacer con la mano, fórmelas entre dos cucharitas y si resultan algo ásperas, no importa: tendrán frita una mayor superficie, y eso siempre es bueno.

Si los jitomates que va a usar están realmente maduros y rojos, lícuelos crudos con la cebolla y el ajo; si no, hiérvalos; si están un poco secos guíselos —lo importante es sacarle el mejor provecho a los ingredientes que tenga.

Ingredientes

LA SOPA
250 g de jitomate sin pelar (véase comentario arriba)
1 cucharada de cebolla finamente picada
1 diente pequeño de ajo, pelado y picado
1/4 de taza de agua
1 cucharada de aceite
sal al gusto
6 tazas de caldo de pollo cargado (p. 84)
2 ramas de epazote o 4 ramas de cilantro

LA PASTA PARA LAS BOLITAS
1 chile ancho, limpio de semillas pero no de venas
1 huevo
1 cucharadita de sal, dependiendo de lo salado del queso
5 cucharadas de queso añejo rallado
300 g (1 1/4 tazas) de masa para tortillas (p. 20)
manteca o aceite para freír

» En el vaso de la licuadora ponga los jitomates, cebolla, ajo y agua y lícuelos hasta que estén casi tersos. Caliente el aceite en el sartén, añada los ingredientes licuados y un poco de sal al gusto y fríalos sobre fuego alto hasta que se reduzcan y sazonen —como 8 minutos. Añada esto al caldo de pollo con el epazote o cilantro y cocínelo durante 10 minutos a fuego medio. Déjelo a un lado mientras hace las bolitas de masa.

» Cubra el chile ancho seco con agua caliente y déjelo remojar durante 15 minutos. Ponga el huevo y sal en el vaso de la licuadora, añada el chile en pedazos y muélalo hasta que quede terso. Mezcle estos ingredientes y el queso con la masa y amásela hasta que esté tersa y el chile bien distribuido en ella. Con las manos ligeramente engrasadas forme las bolitas como de 2 cm de diámetro. Mientras tanto, caliente como 1 cm de manteca en un sartén pequeño y fría unas cuantas bolitas de masa hasta que estén crujientes y bien doradas. Escúrralas sobre papel absorbente y manténgalas calientes. Sirva la sopa como se ha sugerido.

Sopa de fideo y acelgas

| RINDE 6 PORCIONES |

SEÑORA HORTENSIA CABRERA DE FAGOAGA,
ZITÁCUARO, MICHOACÁN

Esta receta se la debo a la señora Hortensia Fagoaga; ni ella ni sus amigas que la hacen saben dónde se originó. Es poco común y deliciosa. Tradicionalmente una sopa de este tipo no es picante, pero si lo desea puede agregar un pedacito de chile serrano al jitomate al molerlo.

Ingredientes

- 325 g de jitomates, picados sin pelar
- 1 diente de ajo, pelado y picado
- 1/4 de una cebolla chica, picada
- 1 pedazo pequeño de chile serrano (opcional)
- 1 cucharada de manteca o aceite
- 7 tazas de caldo de pollo bien sazonado (p. 84)
- 250 g de acelgas, lavadas, sin tallos y un poco picadas
- sal al gusto
- 2 huevos grandes, clara y yema por separado
- 90 g de fideo fino
- 3 cucharadas de queso añejo rallado (opcional)
- aceite para freír

» En el vaso de la licuadora ponga los jitomates, ajo y cebolla y el chile (opcional), lícuelos hasta que estén tersos. Caliente la manteca en un recipiente para sopa y fría los ingredientes licuados, moviéndolos de vez en cuando y raspando el fondo de la cacerola, hasta que se reduzca y espese —como 4 minutos. Añada el caldo y póngalo a hervir. Añada las acelgas y mantenga el hervor unos 10 minutos más. Añada sal al gusto.

» Mientras tanto, bata las claras hasta que estén a punto de turrón, pero no secas. Añada las yemas una por una con una pizca de sal. Cuando las yemas estén bien incorporadas, quiebre los fideos y mézclelos con el huevo y agregue el queso (opcional). Revuélvalo hasta que los fideos queden bien cubiertos con el huevo.

» Caliente el aceite en un sartén y fría cucharadas de la mezcla de huevo y fideos. Cuando la parte inferior adquiera un color café dorado —como 1 minuto— voltéelos y fría el segundo lado (si se oscurecen demasiado, baje el fuego). Escúrralos sobre papel absorbente. Debe tener como 12 tortas, cada una como de 8 cm de diámetro. Colóquelas en el caldo y cuézalas, volteándolas una vez con cuidado para que no se rompan —de 12 a 15 minutos.

» Sirva la sopa en platos hondos con 2 tortas por persona y mucho caldo.

Sopa de fideo en frijol
| RINDE 6 PORCIONES |

Esta receta es una variación interesante de la popular sopa de fideo en caldo de jitomate. Es una sopa ideal cuando el clima es frío; puede hacerse con frijoles pintos o negros. Aunque es mejor comerla el día que se hace, es posible refrigerarla uno o dos días. Se espesará considerablemente, así que tendrá que diluirla con más caldo de frijol o de pollo.

Los fideos deberán estar bastante suaves, no *al dente* al estilo italiano. Aunque no es tradicional, me gusta servir cebolla picada para adornar la sopa y aparte chiles chipotles o moras encurtidos.

Ingredientes

125 g de jitomate, picado sin pelar
2 cucharadas de cebolla picada finamente
1 diente de ajo pequeño, pelado y picado
3 cucharadas de aceite o grasa de pollo derretida
2/3 de taza de frijoles de olla (p. 143)
5 tazas de caldo de frijoles de olla
110 g de fideo, quebrados en pedazos de unos 10 cm
sal al gusto
1 buena rama de epazote o perejil

El ADORNO
1/3 de taza de queso añejo rallado
1/3 de taza de cebolla picada (opcional)
chipotles encurtidos (opcional)

» En el vaso de la licuadora ponga el jitomate, cebolla y ajo y lícuelos hasta que estén tersos. Caliente una cucharada del aceite, agregue el puré de jitomate y fríalo sobre fuego bastante alto, meneándolo y raspando el fondo de la cacerola hasta que se reduzca y espese —como 3 minutos.

» Vierta el caldo de frijol y los frijoles en el vaso de la licuadora y lícuelos para formar un puré terso. Ponga el resto del aceite en un recipiente grueso y fría los fideos, volteándolos hasta que obtengan un color dorado un tanto oscuro —como 3 minutos. Escurra el exceso de aceite. Agregue el puré de jitomate y fríalo moviendo y raspando el fondo del recipiente hasta que la mezcla se seque. Añada el puré de frijol y sal al gusto, cúbralo y cuézalo a fuego medio durante 10 minutos. Agregue el epazote o perejil, cúbralo de nuevo y cuézalo hasta que la pasta esté suave —como 5 minutos más. Adorne cada plato con algo de queso y sirva la cebolla y los chiles por separado.

El arte de la cocina mexicana

Sopa de albóndigas
| RINDE 6 PORCIONES |

Esta sopa ligera y consistente es una gran favorita de México, particularmente a media mañana en un almuerzo reconfortante. Puede hacerse uno o dos días antes si es necesario.

Ingredientes

LAS ALBÓNDIGAS
1 cucharada de arroz
175 g de puerco molido con algo de grasa (molido mediano)
175 g de carne de res molida con algo de grasa (molido mediano)
1 huevo
1/8 de cucharadita de cominos triturados
3 hojas de hierbabuena
1/8 de cucharadita de orégano
1/3 de taza de cebolla picada
4 pimientas enteras trituradas
sal al gusto
1/3 de taza de migas de chicharrón

EL CALDO
250 g de jitomate
1 cucharada colmada de cebolla picada
2 dientes de ajo, pelados y picados
1 cucharada de manteca o aceite
175 g de zanahorias, peladas y cortadas en cubos de poco menos de 1 cm
175 g de calabacitas cortadas en cubos dc poco menos de 1 cm
2 tazas de caldo de pollo (p. 84) o de caldo de carne hecho en casa
4 tazas de agua
3 chiles güeros
2 ramas grandes de hierbabuena o cilantro

» Cubra el arroz con agua hirviendo y déjelo remojar durante 20 minutos.

» En un recipiente mezcle bien las carnes. En el vaso de la licuadora ponga el resto de los ingredientes para las albóndigas y lícuelos hasta que queden tersos. Con las manos, mezcle esto a la carne asegurándose de que quede bien incorporado. Escurra el arroz y mézclelo con la carne. Con porciones pequeñas de la mezcla forme bolas de 2 1/2 cm de diámetro; debe obtener como 24. Póngalas a un lado mientras prepara el caldo.

» Ponga los jitomates en un recipiente, cúbralos con agua caliente y cuézalos durante 5 minutos. Escúrralos y déjelos enfriar. Cuando estén tibios, quíteles la piel y la base donde estuvo el tallo y póngalos en el vaso de la licuadora. Añada la cebolla y los ajos y lícuelos hasta que queden tersos. Caliente la manteca en un sartén grueso y ancho y fría el puré de jitomate hasta que espese un poco —como 4 minutos. Agregue las zanahorias, calabacitas, caldo y agua; hágalos hervir. Con cuidado agregue las albóndigas. Haga dos cortes en forma de cruz en la base de los chiles frescos y añádalos al caldo con la hierbabuena o cilantro. Cocínelo a fuego lento hasta que las albóndigas estén cocidas, las verduras suaves y aparezca un ligero brillo en la superficie —como 50 minutos.

Crema de flor de calabaza
| RINDE 6 PORCIONES |

Esta es una sopa muy delicada de sabor; está en su punto el día en que se hace. Resultará buena sólo si las flores están muy frescas (véase p. 125).

Ingredientes

3 cucharadas de mantequilla sin sal
2 cucharadas de cebolla picada finamente
1 diente pequeño de ajo, pelado y picado
500 g de flor de calabaza limpia y picada finamente (véase p. 125)
sal al gusto
4 tazas de caldo de pollo ligero (p. 84)
2/3 de taza de crema

EL ADORNO
2 chiles poblanos en rajas y ligeramente fritos (véase p. 349)
totopos fritos (opcionales) (p. 25)

» Funda la mantequilla en un recipiente grande, añada la cebolla y el ajo y fríalos lentamente hasta que queden translúcidos pero no dorados —como 3 minutos. Agregue las flores picadas y un poco de sal para dar sabor, cubra el recipiente y cuézalas durante 5 minutos más. Destápelas y cuézalas como 10 minutos o hasta que los cálices estén tiernos; no debe quedar muy caldoso. (Si las flores están algo secas, tendrá que ponerles unas 3 cucharadas de agua y mantenerlas cubiertas durante todo el periodo de cocimiento, moviendo el recipiente de vez en cuando.)

» Aparte 1/2 taza de las flores para adornar; ponga las demás en el vaso de la licuadora con 1 1/2 tazas de caldo y lícuelas hasta que queden tersas. Regrese la mezcla al recipiente, viértale el caldo restante y hiérvala a fuego lento durante 8 minutos. Añada la crema a la sopa y caliéntela a fuego bajo hasta que brote el hervor. Añada sal al gusto y sirva la sopa adornada con las flores no licuadas, las rajas y los totopos.

Pipián de Oaxaca
| RINDE 4 A 6 PORCIONES | OAXACA

Es difícil dar a esta receta un título sucinto porque, al igual que otros platillos mexicanos, no pertenece a categorías reconocidas de comidas en otras cocinas más populares. Este pipián de Oaxaca es de pollo con un sabor delicado, en un caldo que se espesa con semillas enteras de calabaza, y como toque final, se espolvorea con ardiente chile piquín desmoronado. Es costumbre servirlo como desayuno en la mañana después de las fiestas —bodas y bautizos en particular— para avisar a los invitados que la celebración ha terminado y es tiempo de regresar a casa.

Este es uno de mis platillos favoritos y pienso que bien vale la pena el trabajo de moler y colar cuidadosamente. Lo sirvo en tazones individuales, poniendo un poco de pollo, deshebrado y calentado por separado, en el fondo de cada uno.

El pipián se puede hacer con anticipación.

Ingredientes

TENGA LISTO:
5-6 tazas de caldo de pollo cargado (p. 84), cocido con una rama grande de epazote o de hierbabuena
1 1/2 tazas de pollo deshebrado para tacos (p. 172) caliente
chile piquín desmoronado

LA SOPA
175 g (1 1/4 tazas) de semillas enteras de calabaza
1/4 de taza de semillas de cualquier chile seco
1 clavo entero
1 pimienta gorda entera
1 diente de ajo asado y pelado (véase p. 329)
sal al gusto

» Ponga las semillas de calabaza en un sartén caliente a fuego medio, revuélvalas y voltéelas hasta que empiecen a saltar (algunas se abrirán) y estén bien tostadas —como 8 minutos. Extiéndalas sobre una superficie plana para que se enfríen. En el mismo sartén tueste las semillas de chile, moviéndolas y sacudiendo el sartén hasta que adquieran un tono dorado oscuro. Cuando las semillas se hayan enfriado se muelen (originalmente en metate) poco a poco en un molino eléctrico de especias o en un molino de manivela para obtener una textura muy fina, pero no como polvo. Apártela.

» Añada 1/2 taza de caldo de pollo a las semillas de chile y licúelas con el clavo, la pimienta gorda y el ajo hasta que queden tersas, agregando un poco más de caldo si es necesario para que se desprenda de las cuchillas de la licuadora. Ponga el contenido de la licuadora en una cacerola, agregue las semillas de calabaza molidas, el caldo restante y hágalo hervir suavemente. Continúe el cocimiento por 8 minutos o hasta que la sopa esté empezando a espesar. Páselo por un colador fino, oprimiendo bien las cascaritas —quedará como 1/2 taza de residuo en el colador. Continúe a fuego lento el cocimiento de la sopa ajustando la sal, hasta que espese ligeramente —como 5 minutos. Ponga un poco de pollo deshebrado y todavía caliente dentro de cada tazón, vierta la sopa caliente sobre él y espolvoréelo con chile piquín al gusto.

Sopa de flor de calabaza
| RINDE 6 TAZAS |

Esta es una sopa bastante rústica comparada con la receta anterior, que es más elegante (p. 89).

Ingredientes

2 cucharadas de mantequilla sin sal
2 cucharadas de cebolla picada
1 diente de ajo, pelado y finamente picado
650 g de flor de calabaza, limpia y finamente picada (p. 125)
5-6 tazas de caldo de pollo ligero (p. 84)
2/3 de taza de calabacitas cortadas en cubos de casi 1 cm
2/3 de taza de granos de elote
2 ramas de epazote
sal al gusto
2 chiles poblanos en rajas, ligeramente fritos (véase p. 349)

» Caliente la mantequilla en un sartén, añada la cebolla y el ajo y fríalos suavemente, sin dorarlos, durante 2 minutos. Mézclele las flores (parecerá una cantidad enorme pero rápidamente se reducirá a menos de la mitad del volumen), cubra el sartén y cuézalas 5 minutos a fuego medio. Si las flores son muy frescas la mezcla será jugosa; destápela continuando el cocimiento hasta que los cálices de las flores estén tiernos y el jugo se haya reducido —como 10 minutos. Si las flores tienden a estar secas, añada 3 cucharadas de agua y cuézalas cubiertas todo el tiempo.

» En el vaso de la licuadora ponga una taza de las flores con 2/3 de taza de caldo y lícuelas hasta que queden tersas. Trasládelas a una olla. Agregue el resto de las flores, caldo, calabacitas, granos de elote y, sobre fuego medio, cueza los vegetales hasta que estén tiernos —como 10 minutos. Añada el epazote, pruébela de sal y continúe el cocimiento durante 5 minutos más. Adórnela con las tiras de chile.

Sopa de cuitlacoche
| RINDE 6 PORCIONES |

Esta es tal vez la única sopa negra que existe en las cocinas de todo el mundo y es muy popular en la parte central de México cuando el cuitlacoche está en su punto, durante la época de lluvias.

Tenga cuidado de no sobrecocer el cuitlacoche; debe tener una textura *al dente*. Licuar 1/2 taza para dar cuerpo al caldo, es opcional. Esta sopa se puede preparar con algunas horas de anticipación, pero es más sabrosa el mismo día en que se hace. No sirve para congelarse.

Ingredientes

3 tazas de cuitlacoche cocido (p. 137) suprimiendo los chiles y el epazote
4 tazas de caldo de pollo (p. 84)
3 chiles poblanos, asados, y en rajas o cuadros (véase p. 349)
2 ramas de epazote, sal al gusto
6 cucharadas grandes de crema

» Ponga 1/2 taza de cuitlacoche cocido y una taza de caldo en el vaso de la licuadora y licue hasta que quede terso. Pase este puré a una cacerola. Agregue el resto del cuitlacoche, el caldo, las rajas de chile (reservando algunos para el adorno) y el epazote; hierva la sopa suavemente durante 10 minutos. Sale al gusto. Antes de servirlo, ponga una cucharada grande de crema dentro de cada tazón y encima unas rajas.

Preparación de cacahuazintle entero para sopas

Los granos de maíz grandes y secos, conocidos como cacahuazintle en México, se utilizan en muchas sopas sustanciosas, como el pozole, algunos menudos y la gallina pinta, esa vigorizante sopa de Sonora. En México y en los mercados mexicanos este maíz se vende ya sea con cabeza, con el pedúnculo (la pequeña base fibrosa del grano), ya sea descabezado, sin el pedúnculo. Aunque este último elimina mucho trabajo al limpiarlo, los granos han sido cortados con una máquina y no revientan tan bien, y de todas maneras hay que tratarlos con cal para quitarles el hollejo. Por ello es mejor comprarlo con cabeza y prepararlo uno mismo.

Por supuesto puede comprar maíz cacahuazintle preparado, pero como ya está cocido tiende a desbaratarse; además, no tendrá el caldo del cocimiento para enriquecer la sopa.

No es complicado cocer el maíz y conseguir que floree, pero toma su tiempo adquirir práctica para hacerlo. Se puede preparar una cantidad grande hasta el paso que precede al cocimiento final y congelar lo que no utilice.

El maíz generalmente se cuece en agua sola, aunque hay algunas excepciones en las que se añade sal, cebolla y ajo.

250 g de cacahuazintle seco y entero o de granos de maíz grandes y blancos miden como 1 1/2 tazas y cuando se cuecen miden entre 3 1/2 y 4 tazas, según la calidad.

Ingredientes

**250 g de maíz cacahuazintle, con cabeza, remojado desde la víspera, colado
1 1/2 cucharaditas de cal (véase p. 19 y 20)**

» Ponga el cacahuazintle entero en un recipiente esmaltado o de acero inoxidable y cúbralo con agua que tape bien el maíz. Colóquelo sobre fuego mediano. Diluya la cal pulverizada en 1/2 taza de agua fría y agréguela al maíz, pasándola por un colador fino, oprimiendo lo granulado con una cuchara de madera. El agua se pondrá lechosa. Cueza el maíz suavemente (los hollejos de los granos tomarán un color amarillo brillante) y tápelo; continúe la cocción hasta que el hollejo se separe con facilidad del grano —como 20 minutos. Déjelo enfriar. Cuando esté tibio, escúrralo y póngalo en agua fría y frote los granos con sus manos hasta que los hollejos se desprendan. Recójalos de la superficie y deséchelos, enjuague el maíz una vez más. Con la punta de un cuchillo o con la uña del dedo quite los pedúnculos.
» Cuando todo el maíz esté limpio, cúbralo bien con agua. Tápelo, póngalo a hervir y cuézalo hasta que el maíz esté suave y se haya abierto como una flor —de 1 1/2 a 2 horas, dependiendo de qué tan viejo esté el maíz. Siempre conserve el agua de la cocción para agregarla con el maíz a la sopa.
» Puede utilizar una olla de presión para este último paso. Cuando alcance la presión reduzca el fuego y cuézalo lentamente como por 30 minutos.

Pozole verde

| RINDE 4 PORCIONES | SEÑORITA CARMEN VILLALBA, CHILAPA, GUERRERO

He probado este pozole verde en varias ocasiones en Chilapa, donde la costumbre es servirlo los jueves a mediodía, antes de encontrar esta receta en un librito dedicado a la cocina del lugar, en el estado de Guerrero. Requiere 20 hojas de axoxoco, intrigante nombre que resulta ser una planta silvestre con sabor ácido a la que también se le llama lengua de vaca u oreja de liebre y, prosaicamente, en el Estado de México, vinagrera, describiendo su fuerte acidez.

Durante la época de lluvia puedo encontrar esta hierba silvestre a lo largo de los canales de irrigación; no era dicha época cuando estaba llevando a cabo la receta y la sustituí por acedera.

En Guerrero el pozole se sirve con diferentes cosas que en otras regiones; aunque lleva cebolla picada y orégano seco, que son normales, también incluye cubitos de aguacate, pedacitos de chicharrón, chiles serranos picados y limones, lo que le da un maravilloso contraste a la sopa.

Se puede cocinar el puerco con el maíz.

Ingredientes

1/2 taza de semillas peladas de calabaza
255 g de tomates verdes, sin cáscara, enjuagados y cortados en cuarterones (como 2 tazas)
1 1/2 tazas de agua
10 hojas grandes de acedera, sin tallo, enjuagadas y picadas (véase comentario arriba)
chile serrano picado, al gusto
2 cucharadas de aceite o de manteca fundida
3 1/2 tazas de maíz cacahuazintle cocido (receta anterior), con 1/4 de cebolla y 2 ajos pelados
1 litro de agua de la cocción del cacahuazintle
1 rama grande de epazote
sal al gusto
1/2 kg de puerco cocido y deshebrado, solo o cocinado con el maíz

LOS ACOMPAÑAMIENTOS
cebolla finamente picada
orégano seco
1 aguacate grande, pelado y cortado en cubitos
60 g de chicharrón, quebrado en pedacitos
cuarterones de limón (opcional, véase comentario arriba)

» Ponga las semillas de calabaza en un sartén sin grasa y a fuego medio, revuélvalas de vez en cuando hasta que empiecen a saltar y a inflarse notablemente; no permita que se tuesten. Extiéndalas sobre una superficie plana para enfriarlas. Cuando estén frías, muélalas finamente en un molino para café o especias.

» Ponga los tomates verdes en una olla con 1/2 taza de agua. Cuézalos a fuego medio hasta que estén suaves y casi hechos puré —como 15 minutos (debe quedar muy poco líquido en la olla; si lo hay, escurra los tomates). Cámbielos al vaso de la licuadora. Añada las hojas de acedera, los chiles frescos y la taza de agua restante para molerlos hasta que queden tersos.

» Caliente el aceite en un recipiente grueso y agregue los ingredientes bien licuados. Fríalos a fuego bastante alto, revolviendo de vez en cuando durante 5 minutos. Añada las pepitas molidas y cuézalos durante 10 minutos más, revolviendo y raspando el fondo del recipiente hasta que el caldo se espese y esté bien sazonado. Agregue el maíz cacahuazintle y un litro del agua en la que se coció. Añada el epazote y sal al gusto y cuézalo 20 minutos más.

» Sírvalo en tazones con el puerco y por separado la cebolla, orégano, aguacate, chicharrón, limón y tostadas.

» Se puede comer con pollo cocido y deshebrado.

El arte de la cocina mexicana

Menudo blanco sonorense
| RINDE 8 PORCIONES |

Por lo regular el menudo es un caldo fuerte, color tierra colorada hecho con panza de res y, dependiendo de la región, con o sin maíz cacahuazintle. Pero el menudo de Sonora es "blanco" o blanquizco. Es también un platillo que ha cruzado la frontera con alguna fidelidad. Mi amiga María Dolores, quien nació en el norte, me dice que su madre lo hacía de esta manera, con una o dos ramas de cilantro en el caldo, y lo servía solo con chile piquín desmoronado. Hoy se acompaña con cebolla finamente picada, cilantro picado y cuarterones de limón. Se sirve en tazones y con tortillas de harina; debe haber por lo menos una taza de caldo por persona.

Antes de comprar lea el comentario para adquirir panza (p. 240). La pata de becerro enriquece el caldo.

Este menudo puede comerse un día después de haber sido preparado; de hecho se conserva bien en el refrigerador durante algunos días. Se congela muy bien durante varias semanas.

Ingredientes

1 pata chica de res (como 1 kg) partida horizontalmente y cortada en 6 trozos
1 cabeza chica de ajo, sin pelar, cortada horizontalmente
1 cebolla mediana, rebanada
1 cucharada escasa de sal
1 kg de panza
350 g de maíz para pozole cocido y reventado (p. 92) más el agua de la cocción

EL ADORNO
chile piquín desmoronado
cebolla finamente picada
cilantro, medio picado
cuarterones de limón

» En una cacerola grande ponga los pedazos de pata de ternera, el ajo, la cebolla, la mitad de la sal y la panza encima con el resto de la sal. Cúbralas con agua y cuézalas a fuego lento, hasta que se suavicen, aproximadamente 3 horas.

» Cuele la carne reservando el caldo y corte la panza en cuadros chicos —como de 4 cm.

» Desprenda los huesos de la pata de ternera y córtela en trocitos. Regrese las carnes a la cacerola con el caldo, el cacahuazintle reventado y el agua de la cocción. Siga cociéndolo aproximadamente 1 hora y añada sal al gusto. Sírvalo en tazones y con tortillas de harina. El chile piquín, la cebolla, el cilantro y limón se ponen aparte para que cada quien se sirva a su gusto.

Sopa de habas

| RINDE DE 4 A 6 PORCIONES |

CENTRO DE MÉXICO

Cuando estaba leyendo viejos cuadernos de recetas que me regalaron durante mis primeros años en México, encontré esta deliciosa manera de cocinar una sopa de cuaresma hecha con habas secas.

Siempre compre las habas amarillas y peladas, no las que están sin pelar de color chocolate que son mejores para sembrar que para cocinar. El tiempo de cocimiento dependerá de lo seco de las habas, el tiempo que han estado almacenadas, etcétera. Estos factores también tienen que ver con la cantidad de agua que se necesite para cocerlas.

Esta sopa puede hacerse con anticipación; de hecho, de ese modo da un mejor sabor y se espesa considerablemente, así es que tendrá que diluirse con agua o un caldo de pollo ligero.

Una amiga de la sierra de Puebla me dice que en su familia acostumbran la sopa de haba gelatinosa —como aparece al día siguiente— para cubrir una tortilla o tostada y luego la adornan con chile morita tostado y molido y queso añejo rallado.

Ingredientes

- 250 g de habas secas
- 3 a 3 1/2 litros de agua
- 1 cebolla pequeña picada
- 1 diente de ajo pelado
- 4 pimientas enteras
- 1/2 cm de canela en trozo
- 3 clavos enteros
- sal al gusto
- 3 cucharadas de aceite de oliva
- 180 g de jitomate, picado sin pelar
- 1 a 2 chiles serranos (al gusto), picados finamente
- 2 cucharadas de cilantro picado y otro poco para el adorno
- una rama grande de hierbabuena

» Enjuague las habas, escúrralas y póngalas dentro de un recipiente grande. Añada 3 litros de agua, la cebolla, ajo, pimientas, canela y clavo. Cúbralo y póngalo a hervir. Continúe hirviéndolo suavemente, revolviendo de vez en cuando, hasta que las habas empiecen a suavizarse —como 1 1/2 horas. Agregue sal y más agua si es necesario y cuézalas durante otra hora. Mientras tanto, caliente 1 cucharada del aceite en un sartén y fría el jitomate y los chiles, revolviendo y raspando el fondo hasta reducir y espesar la salsa —como 8 minutos. Agregue esto, el cilantro y la hierbabuena a la sopa y sígala cociendo hasta que haya espesado y todos los sabores estén bien mezclados.

» Esta sopa no es tersa; habrá pedazos de haba que no se desintegraron totalmente. A cada plato de sopa póngale una cucharadita del aceite restante y adórnelo con cilantro.

El arte de la cocina mexicana

Caldo de camarón seco

| RINDE DE 8 A 9 TAZAS |

Esta sustanciosa sopa de maravilloso colorido se prepara sobre todo durante la cuaresma en el restaurante El Vergel en Zitácuaro, Michoacán. Los habitantes del lugar lo consideran un efectivo restaurador para las crudas. La señora Guadalupe Muñiz, propietaria y chef de El Vergel, utiliza un chamorro para enriquecer más el caldo, pero esto es opcional y ciertamente no para cuaresma. Sustitúyalo por una cucharada de buen aceite de oliva en cada tazón para darle una consistencia tersa.

No puede servirse en elegantes porciones pequeñas. Un tazón grande de esta sopa de camarón seco, acompañada de un crujiente bolillo y seguida por una ensalada, es una comida completa. O tal vez sería bueno servir unos cuantos antojitos para empezar. Podría, naturalmente, utilizar garbanzos enlatados, pero estos están parcialmente cocidos y se desbaratarían; además, si cuece unos frescos, tendrá el caldo para añadir a la sopa, dándole un ligero sabor adicional.

(Encontrar los camarones secos y grandes que se venden en México puede ser un problema. Si es así, use los pequeños. Y en efecto, ¡tendrá que despojarlos de su cáscara y cola!)

La sopa puede servirse con cuarterones de limón y cebolla picada si se quiere.

Ingredientes

125 g de camarón seco grande, sin cabezas y patas pero no pelados
30 a 45 g de chiles guajillos
500 g de jitomates
2 dientes grandes de ajo, pelados
2 cucharadas de aceite
2/3 de taza de garbanzos cocidos (p. 148)
180 g de zanahorias (3 medianas), peladas y cortadas en rebanadas de 1 cm
180 g de papas (3 pequeñas), peladas y cortadas en cubos de 1 cm
5 tazas de agua aproximadamente
sal al gusto

EL ADORNO
1/3 de taza de aceite de oliva (opcional; véase sugerencia arriba)
1/2 taza de cebolla picada
8 cuarterones de limón

» Desprenda las cabezas y patas de los camarones si las tienen (dejando las colas y cáscaras intactas), y pulverícelas en un molino para especias o en la licuadora. Ponga a un lado tanto los camarones enteros como el polvo de camarón.

» Con una tela húmeda, limpie el polvo que puedan tener los chiles secos. Quíteles los tallos. Ábralos y quíteles las venas y semillas. Deseche las semillas y conserve las venas. Parta los chiles en pedazos pequeños.

» Cubra los jitomates con agua y póngalos a hervir durante 5 minutos. Escúrralos y tire el agua. Ponga los jitomates sin pelar en el vaso de la licuadora (no use el procesador de alimentos porque en este caso no es tan efectivo), añada los ajos y lícuelos hasta que queden tersos. Agregue los pedazos de chile y lícuelos de nuevo hasta que el puré esté tan terso como sea posible, y agregue un poquito de agua si fuera necesario para hacer el trabajo más fácil. Pase el puré por un colador fino y deseche el residuo.

» En un sartén grande caliente el aceite, añada el puré de jitomate y chile y fríalo sobre fuego alto revolviendo y raspando el fondo del sartén de vez en cuando para evitar que se pegue, hasta que se reduzca —como 10 minutos. Añada los garbanzos, zanahorias, camarones enteros, polvo de camarón, cebollas, papas, agua, sal al gusto y póngalo a hervir lentamente durante una hora. Después de este tiempo los camarones estarán suaves y los vegetales tiernos. Encima póngale aceite de oliva, cebolla y limón.

Nota: Si incluye el chamorro, solicite a su carnicero que corte un chamorro grande o dos pequeños en varios pedazos, cúbralo con agua y hiérvalo durante 2 horas. Cuélelo y deseche los huesos sin tirar el caldo; redúzcalo o haga 5 tazas. Utilícelo en lugar de agua en la sopa.

Frijol blanco con camarón seco
| RINDE 9 TAZAS PARA SERVIR 6 PORCIONES | OAXACA

Si hay un espectáculo inolvidable en el mercado Juárez de Oaxaca, es ver los enormes montones de camarones secos y semisecos (de color naranja), desde el diminuto de 1 1/2 cm hasta los de 8 cm.

Aunque los camarones secos y semisecos forman una parte importante de la comida de cuaresma en todo México, en Oaxaca siempre hay una reserva abundante de ellos y se consumen todo el año.

Este platillo tiene una combinación fascinante de sabores, con los pequeños frijoles blancos, los camarones semisecos y la hoja santa anisada con jitomates asados. Los oaxaqueños no la consideran una sopa, sino un platillo principal.

Puede usarse un buen aceite de oliva ligero en lugar de aceite vegetal para freír el puré de jitomate.

Este es un platillo fuerte que debe servirse en tazones hondos y con suficientes tortillas o pan francés para acompañarlo.

Ingredientes

LOS FRIJOLES
250 g de frijoles blancos secos
1 pequeña cabeza de ajo asada (p. 329)
1/2 cebolla pequeña asada (p. 339)
1/4 de cucharadita de sal (no demasiada porque los camarones son salados)
2 litros de agua caliente

EL RESTO
175 g de camarón seco, sin cabezas y patas pero no pelados
325 g de jitomates, asados (p. 336)
5 dientes de ajo pequeños, pelados
1/2 cebolla chica, picada
1/4 de taza de agua
3 cucharadas de aceite de oliva ligero
2 hojas grandes de hoja santa, despedazadas

» Limpie los frijoles y quíteles las piedras y terrones, enjuáguelos y póngalos, junto con los ajos, cebolla y sal en una olla. Cúbralos con agua y póngalos a cocer a fuego lento de 3 a 4 horas, dependiendo de lo viejo y reseco de los frijoles. Mientras tanto, cubra los camarones secos con agua caliente y déjelos remojando durante 10 minutos y escúrralos.

» En el vaso de la licuadora, ponga los jitomates, ajo, cebolla y agua, y lícuelos hasta que estén tersos. Caliente el aceite en un sartén, añada el puré friéndolo rápidamente durante 15 minutos, hasta que haya espesado y esté bien sazonado.

» Cuando los frijoles estén suaves, agregue el puré de jitomate y los camarones secos y cueza la sopa durante 10 minutos. Añada la hoja santa y sal si es necesario. Agregue agua para tener una cantidad total de 9 tazas. Cocínelos 10 minutos más. Sirva 1 1/2 tazas por persona.

El arte de la cocina mexicana

Sopa tarasca
| RINDE 6 PORCIONES |

Hay dos sopas con el nombre de sopa tarasca en el área que circunda a Pátzcuaro y Morelia. La versión que damos se parece a la sopa de tortilla y es la que con más frecuencia se encuentra en los restaurantes de la zona. La otra versión, conocida como "tipo conde", está hecha a base de puré de frijoles y la receta fue publicada en *Las cocinas de México* hace algunos años.

Esta sopa puede hacerse con anticipación, de hecho, mejora mientras reposa; las tiras de tortilla, chile ancho frito y queso se agregan unos minutos antes de servirla.

Ingredientes

- 1/2 taza de agua
- 180 g de jitomates, picados, sin pelar
- 1 rebanadita de cebolla
- 1 diente de ajo, pelado y picado
- 2 chiles anchos pequeños, sin venas y remojados en agua durante 10 minutos
- 1 tortilla de maíz
- 1 cucharada de aceite
- 5 tazas de caldo de pollo (p. 84)
- 1 rama grande de epazote (opcional)
- sal al gusto
- 1/8 de cucharadita de orégano
- 6 tortillas de maíz, cortadas en tiras y doradas
- 3 chiles anchos, limpios de semillas y venas, aplanados y cortados en tiras y fritos hasta que crujan
- 6 cucharadas de queso añejo rallado

» En el vaso de la licuadora ponga el agua, jitomate, cebolla, ajo, chile ancho y una tortilla. Licue hasta formar un puré ligeramente terso. Caliente el aceite en un recipiente para sopa, añada el puré y fríalo sobre fuego bastante alto de 5 a 7 minutos. Agregue el caldo de pollo y el epazote opcional; cueza la sopa a fuego medio hasta que esté bien sazonada —como 10 minutos. Pruébela de sal y agregue el orégano.

» Ponga algunos pedazos de la tortilla frita en cada taza, vacíe la sopa sobre ellos y adórnela con chile ancho y queso; sírvala inmediatamente.

Sopa de tortilla y frijol negro

| RINDE APROXIMADAMENTE 6 PORCIONES | RECETA INSPIRADA EN UNA
DE LA SEÑORA JOSEFINA VELÁZQUEZ DE LEÓN

Ingredientes

Tenga listas 9 tortillas medianas, cortadas en tiritas y secadas
200 g de tocino, finamente picado
2 1/2 tazas (625 ml) de frijol negro cocido
3 tazas (750 ml) de caldo de frijol diluido con 1 taza (250 ml) de agua
1/2 cebolla, toscamente picada
4 chiles serranos, asados
2 ramitas grandes de epazote
sal al gusto
1/3 de taza (85 ml) de aceite vegetal, aproximadamente
queso añejo al gusto

» En una cazuela honda fría el tocino a fuego lento hasta que se dore un poco y suelte su grasa.
» Muela, un poco a la vez, la cebolla con los frijoles y el caldo diluido.
» Agregue este puré al tocino con los chiles enteros y cocine a fuego mediano, meneándolo para que no se pegue en el fondo de la cazuela, por 10 minutos. Agregue la sal necesaria.
» Caliente el aceite y fría las tortillas hasta que queden bien doradas. Déjelas escurrir antes de añadirlas a la sopa junto con el epazote. Continúe la cocción a fuego medio por 10 minutos más o hasta que las tortillas se suavicen un poco y la sopa esté bien sazonada.
» Para servir: añada queso añejo, finamente rallado.

Nota: 250 g de frijol negro cocido con cebolla y sal rinden aproximadamente 3-3 1/2 tazas (625 ml).

El arte de la cocina mexicana

III

Pastas y arroces

- › ARROZ A LA MEXICANA
- › ARROZ BLANCO
- › ARROZ VERDE
- › MORISQUETA
- › MORISQUETA CON CHORIZO
- › ARROZ CON CALDO DE FRIJOL
- › ARROZ CON ZANAHORIA Y CHAYOTE
- › ARROZ CON LENTEJAS
- › SOPA DE ESPAGUETI CON QUESO Y CREMA
- › MACARRÓN CON JITOMATE
- › SOPA DE MACARRÓN Y ACELGAS

Véase también:
- › SOPA DE UCHEPOS (PP. 79 Y 80)
- › SOPA SECA DE CORUNDAS (P. 67)
- › CHILAQUILES DE EFIGENIA (P. 37)
- › BUDÍN DE CUITLACOCHE (P. 139)
- › CREPAS DE CUITLACOCHE (P. 138)

Notas:

Quien ha sido invitado a una comida en familia, o va a comer en un pequeño restaurante de provincia en México, tiene la certeza de que comerá una sopa seca después de la botana o aperitivo y antes del plato principal. Es el equivalente a un platillo de pasta en una comida italiana y generalmente se sirve solo. En muchos casos no es picante, pero siempre hay una salsa o chiles encurtidos en la mesa para quienes no pueden comer sin ellos.

Siete de cada diez veces la sopa seca será un platillo de arroz, mientras que en otras ocasiones podrá ser pasta, macarrones, espagueti, tallarines o coditos, que son los más populares y van cocidos en una simple salsa de jitomate, o si no, sólo con crema y queso. Un budín o tortillas o crepas entre capas de carne con salsa, o verduras con queso y rajas de chile, o un platillo de crepas rellenas con hongos silvestres o flores de calabaza horneadas con crema y queso sólo se encuentran en comidas más elegantes. Los tamales también participan; rebanados y entre capas de mole y carnes deshebradas o verdura y salsa de jitomate, constituyen una excelente sopa seca. En Michoacán los uchepos y las corundas que sobran se utilizan de esta manera (véanse recetas de las pp. 79-80 y 67). Aunque estas sopas sólo forman parte de una comida tradicional, fácilmente pueden figurar en un menú de almuerzo o servirse con ensalada para una cena ligera —¡muy poco común además!

El arte de la cocina mexicana

Arroz

El arroz juega un papel muy importante en la comida mexicana —pero no tan importante como asevera, con exageración, el *Diccionario de cocina*, publicado por Mariano Galván Rivera, edición de 1845. "De este grano se hace un uso general entre nosotros, pues casi no hay guisado ni dulce en cuya composición no entre el arroz".

El arroz fue introducido en México a principios de la época colonial; proveniente de las Filipinas, llegó a Acapulco en el famoso galeón llamado la Nao de China. Especias y otros artículos de lujo fueron traídos no sólo para los españoles que vivían en México, sino para luego trasladarlos a España, cuyas rutas al Oriente habían sido cortadas por los portugueses y los turcos.

Aunque un plato de arroz constituye la sopa seca más importante, también se utiliza en varios postres; molido como harina, se usa en pasteles, budines, tamales, atoles de diferentes sabores y en la refrescante bebida que es la horchata. Leyendo mis viejos libros de cocina me fascino al ver las recetas tan complicadas, tanto saladas como dulces, en las que figuraba el arroz a principios de siglo, las cuales prácticamente han sido eliminadas hasta de la mesa más tradicional.

El arroz que se usa y cultiva en México es de grano largo; no está demasiado refinado, por lo que todavía conserva la mancha blanca del germen. Cuando está cocido se expande cuatro veces o más su tamaño original, porque abulta más que el arroz que se distribuye en Estados Unidos.

El arroz integral se ve algunas veces en los supermercados, pero se encuentra más en tiendas naturistas para vegetarianos y casi no ha interesado al público. Hace 30 años, en mis primeros días de cocinar en México, me enseñaron que el arroz se debe remojar por largo tiempo (esto lo suaviza y no sólo se cuece con más rapidez, sino que absorbe mejor los sabores de los otros ingredientes); fríalo hasta que obtenga un color dorado y luego cuézalo en una cazuela de barro, sin tapar —las cazuelas nunca tuvieron y aún no tienen tapaderas. Como todo, con el tiempo la preparación se ha modificado, pero no tanto. Sin duda la calidad del arroz ha cambiado, y el periodo para remojarlo es mucho más corto; ahora yo termino el cocimiento cubriendo la cazuela con una servilleta y una tapadera. Muchas cocineras que conozco ahora cuecen el arroz con la tapadera puesta todo el tiempo; yo reservo este método para la morisqueta (p. 106). (Mientras que la regla en Estados Unidos es usar 1 taza de arroz para 2 tazas de agua, en México es de 1 para 2 1/2 ó 3 —así que es mejor experimentar con varias marcas de arroz, cantidades, etcétera, porque actúan de modo diferente.) Escoja una cazuela gruesa para cocinar el arroz; será menos probable que se queme en el fondo. La forma de la cazuela también es importante; si es demasiado ancha, el agua se evaporará muy rápido y el arroz no resultará tan suave; si es demasiado honda, puede volverse pastoso en el fondo.

Por estas razones es necesario experimentar un poco. Cuando está cocido cada grano, debe estar suave pero separado de otro. Y un último consejo; no utilice arroz precocido, presazonado o "convertido". Estos tipos de arroz no absorben los sabores ni alcanzan la textura adecuada.

Arroz a la mexicana
| RINDE 6 PORCIONES |

Sin duda esta es la manera más popular de cocinar el arroz y es la sopa seca más común por todo México. Aunque a menudo se sirve solo, algunas veces se acompaña con un huevo frito o chiles encurtidos jalapeños, anchos o chipotles.

Es bastante común encontrar que el arroz tenga el sabor de algunos vegetales: rebanadas de zanahoria, algunos chícharos o calabacitas cortadas en cubitos; tal vez una rama de perejil o uno o dos chiles serranos enteros —no para hacerlo picante sino para darle sabor. Con frecuencia se pican y se agregan menudencias al caldo de pollo —corazón, molleja, etcétera—, y entre mis vecinos de Michoacán la grasa del pollo se funde y se usa para freír el arroz.

Ingredientes

1 1/2 tazas de arroz
1 taza de jitomate picado sin pelar
2 cucharadas de cebolla picada finamente
1 diente de ajo pelado y picado
1/3 de taza de aceite, grasa de pollo o manteca fundidas, aproximadamente
3 1/2 tazas de caldo de pollo ligero (p. 84), aproximadamente, o agua
1/3 de taza de rodajas de zanahoria (opcional)
1/2 taza de chícharos frescos o calabacitas en cubitos (opcional)
1/2 taza de menudencias picadas (opcional)
sal al gusto

» Ponga el arroz en un recipiente y cúbralo con agua muy caliente. Revuélvalo y déjelo remojar durante 10 minutos. Escúrralo, enjuáguelo con agua fría y vuélvalo a escurrir.
» En el vaso de la licuadora ponga los jitomates, cebolla y ajo y lícuelos hasta que estén tersos.
» Caliente el aceite en una cazuela gruesa. Dé al arroz una sacudida final y, revolviéndolo, póngalo en la cazuela.
» Fríalo sobre fuego bastante alto hasta que empiece a tomar un color dorado claro. Retire el exceso de aceite y agregue el puré de jitomate y fríalo raspando el fondo de la cazuela para evitar que se pegue, hasta que el puré se haya absorbido —como 8 minutos. Agregue el caldo, vegetales y menudencias, si las usa, añada sal al gusto y cuézalo sobre fuego bastante alto, destapado, hasta que el caldo se absorba y aparezcan pequeños hoyos en la superficie. Cubra la superficie del arroz con una servilleta y una tapadera y continúe cociéndolo a fuego muy lento durante 5 minutos más. Retírelo del fuego y déjelo reposar en un lugar tibio para que el arroz absorba el resto de la humedad y se infle —como 15 minutos. Con cuidado escarbe hasta el fondo y pruebe un grano de arroz. Si aún está húmedo, regréselo al fuego unos minutos más. Si los granos de encima no están suficientemente suaves, salpique sobre ellos un poco de caldo, cúbralo y cuézalo unos minutos más.
» Antes de servirlo voltee el arroz con cuidado, desde el fondo, para que los jugos se distribuyan en forma pareja.

Arroz blanco
| RINDE 6 PORCIONES |

El arroz blanco se cocina y se sirve en la misma forma que el arroz a la mexicana (p. 103), como sopa seca, frecuentemente solo y algunas veces con chiles encurtidos encima —jalapeños (véase p. 347), anchos (véase p. 270), chipotles (véase p. 272)— con cazuelitas a la manera del norte (p. 53), o con rebanadas de plátano frito.

Algunas veces se agregan vegetales, pero pocos; ocasionalmente se agrega una rama de perejil o un par de chiles serranos —no para hacer picante al arroz, sino para darle sabor.

Ingredientes

- 1 1/2 tazas de arroz
- 1/3 de taza de aceite, grasa de pollo o manteca derretida
- 3 cucharadas de cebolla finamente picada
- 1 diente de ajo, pelado y picado
- 3 1/2 tazas de caldo de pollo ligero (p. 84) o agua, aproximadamente
- 1 taza de granos de elote ó 1/3 de taza de rodajas de zanahoria más 1/2 taza de chícharos (opcional)
- 1 rama de perejil
- 2 chiles serranos (opcional)
- sal al gusto

» Ponga el arroz en un recipiente y cúbralo con agua muy caliente. Revuélvalo una vez y déjelo reposar durante 10 minutos. Escúrralo, enjuáguelo con agua fría y vuélvalo a escurrir.

» Caliente el aceite en una cacerola gruesa. Dé al arroz una sacudida final y mézclelo con la grasa. Fríalo a fuego medio como por 5 minutos, moviéndolo casi continuamente. Añada la cebolla y el ajo y continúe friéndolo hasta que el arroz empiece a tomar un color dorado claro y la cebolla esté translúcida —de 3 a 5 minutos más.

» Agregue el caldo y la sal, y si los va a usar, los vegetales, el perejil o los chiles, revuélvalo una vez más y cuézalo a fuego bastante alto, sin tapar, hasta que el caldo haya sido absorbido y aparezcan los hoyos en la superficie del arroz. Cúbralo con una servilleta y una tapadera y continúe cociéndolo a fuego muy lento, durante 5 minutos más. Retírelo del fuego y póngalo en un lugar tibio para que el arroz absorba el resto de la humedad del vapor y se infle —como 15 minutos. Con cuidado llegue al fondo y pruebe un grano de arroz. Si aún está húmedo, cuézalo unos minutos más. Si los granos de encima no están lo suficientemente suaves, entonces rocíelo con un poco más del caldo caliente, cúbralo y cocínelo unos minutos más.

» Antes de servirlo voltee el arroz desde el fondo para que los jugos se distribuyan por igual.

Arroz verde

| RINDE DE 6 A 7 PORCIONES |

No es fácil encontrar arroz verde en un restaurante; es esencialmente una versión casera del arroz mexicano donde cada cocinera le pone lo que prefiere y decide qué ingredientes verdes va a utilizar —o qué es lo que hay en la cocina que se pueda usar.

He cocinado esta receta con un puré de puro epazote o de cilantro pero prefiero el equilibrio que le da el perejil. También prefiero usar el chile poblano en rajas, en lugar de licuarlo con el resto de las cosas verdes, porque tiende a tener un sabor amargo. Sírvalo con unos chiles encurtidos —jalapeños, chipotles, etcétera— y cuarterones de huevo cocido si lo desea.

Ingredientes

1 1/2 tazas de arroz
1/3 de taza de aceite, grasa de pollo o manteca fundidas, aproximadamente
3 cucharadas de cebolla finamente picada
2 chiles poblanos, asados, en rajas (véase p. 349)
4 tazas de caldo de pollo (p. 84)
1 diente de ajo, pelado y picado
1 taza bien apretada de perejil, picado
1/2 taza bien apretada de epazote o cilantro, picados
sal al gusto

» En un recipiente coloque el arroz y vierta sobre él agua muy caliente hasta cubrirlo; revuélvalo y déjelo reposar durante 10 minutos. Escúrralo en un colador y enjuáguelo con agua fría; escúrralo de nuevo.

» Caliente el aceite en una cazuela, añada el arroz, muévalo y fríalo sobre fuego bastante alto, revolviendo y raspando el fondo de la cazuela durante 5 minutos. Agregue la cebolla y rajas de chile y continúe friéndolo durante 4 minutos o hasta que la cebolla esté traslúcida.

» Mientras tanto vierta 1 taza de caldo en el vaso de la licuadora; añada el ajo, perejil y epazote y lícuelos hasta que estén tersos. Agregue esto al arroz y fríalo sobre fuego bastante alto para reducir el puré, revolviendo y raspando el fondo de la cazuela, hasta que el arroz esté seco. Incorpore el resto del caldo, sal al gusto, y cuézalo, sin tapar, sobre fuego bastante alto hasta que el líquido se haya absorbido y aparezcan hoyos en el arroz.

» Cúbralo con una servilleta y una tapadera y continúe la cocción a fuego bajo durante 5 minutos. Retírelo del fuego, y aún cubierto, colóquelo en un lugar tibio para que el arroz se infle. Antes de servirlo, con un tenedor voltee el arroz desde el fondo donde mucho del sabor y el aceite se habrán asentado.

Morisqueta

| RINDE DE 2 1/2 A 3 TAZAS |

Cuando ve la palabra española *morisqueta* usted sabe que algo tiene que ver con los moros, y en este caso se refiere a un simple arroz hervido, vaporizado hasta que queda esponjoso y generalmente sin sazonar. Usted encuentra morisqueta al oeste del centro de México —Colima, partes de Michoacán y Jalisco— donde se considera como un buen alimento cuando uno se siente enfermo, los días lluviosos, todos los días. Una familia que conocí en Jalisco siempre lo tomaba con algo de caldo de frijol como un tentempié al llegar a casa, de la escuela. Otros recuerdan la bolsa de manta de cielo colgando del cuello de la olla dentro del caldo, donde se cocinaba el cocido, y otros recuerdan la bola perforada de aluminio —como una bola para té pero más grande— en la cual se vaporizaba la morisqueta. (Un alemán emprendedor, quien hasta hace pocos años estaba vendiendo artículos de cocina de alta calidad, la mandó a hacer para su venta en México.) Aunque generalmente se come sin sal, con frecuencia se sala ligeramente; al igual que en la cocina china, las salsas y carnes sazonadas que se comen con ella tienen suficiente sabor y sal.

A mí me gusta cocer la morisqueta en una pequeña olla de barro para frijoles —es ancha de abajo y de cuello estrecho para que el vapor condensado regrese al arroz conservándolo húmedo— pero cualquier olla gruesa servirá.

Ingredientes

1 taza de arroz
2 tazas de agua fría
un toque de sal (opcional)

» En un recipiente ponga el arroz, cúbralo con agua muy caliente y déjelo remojar durante 8 minutos. Escúrralo, enjuáguelo bien y déjelo a un lado. En una olla gruesa de barro vierta 2 tazas de agua, póngala a hervir, añada el arroz en ella y deje que vuelva a hervir. Tape la olla, baje el fuego lo más posible y cueza el arroz hasta que toda el agua se haya absorbido, sacudiendo la olla de vez en cuando para que no se pegue. Pruebe el arroz después de 15 minutos; si está suave, pero no desbaratado, apague el fuego y deje reposar el arroz, aún cubierto, durante 5 minutos.
» Con mucho cuidado afloje y esponje el arroz con un tenedor. Tápelo y déjelo reposar otros 15 minutos. Agregue sal si lo desea.
» El arroz puede acompañarse con salsa cocida de chile pasilla de Michoacán (p. 261) y queso añejo rallado. También puede servirse sobre espinazo de puerco con albóndigas (p. 202) o frijoles guisados y queso añejo desmoronado (p. 332).

Morisqueta con chorizo
| RINDE 4 PORCIONES |

HUETAMO

Esta es una forma sabrosa de servir la morisqueta, usando el excelente chorizo que se consigue en Huetamo, un pueblo aislado de la tierra caliente de Michoacán, donde las costumbres tradicionales en el comer se han conservado hasta nuestros días.

Ingredientes

2 cucharadas de manteca o aceite
180 g de chorizo desmoronado
3 cucharadas de cebolla picada
250 g de jitomate, finamente picado sin pelar (como 1 taza bien apretada)
3 tazas de morisqueta cocida (p. 106)
sal al gusto

» Caliente la manteca en un sartén grande, desmorone el chorizo en ella y cocínelo sobre fuego muy lento, moviéndolo de vez en cuando, hasta que esté caliente y empiece a freírse. Retírelo con una cuchara perforada y déjelo aparte. Quite toda la grasa menos 3 cucharadas o agregue grasa para tener esa cantidad. Añada la cebolla y fríala durante un minuto o hasta que esté translúcida pero no dorada. Agregue el jitomate picado y cocínelo sobre fuego bastante alto, revolviéndolo de vez en cuando hasta que se haya reducido —como 3 minutos. Mezcle el chorizo y el arroz, agregue sal al gusto y voltéelo cuidadosamente hasta que esté caliente y los sabores se hayan combinado. Sírvalo como sopa seca —solo.

El arte de la cocina mexicana

Arroz con caldo de frijol

| RINDE DE 4 A 6 PORCIONES | OAXACA

Esta es una receta clásica de Oaxaca y fue publicada en *Tradiciones gastronómicas oaxaqueñas*, 1982. Es una manera curiosa de hacer arroz, especialmente si se tiene una hoja de aguacate para darle ese sabor anisado. Este arroz tiende a pegarse, así que puede ser mejor al final cocerlo en el horno que sobre las hornillas de la estufa. Este tipo de platillo puede prepararse con bastante anticipación, y recalentarse a baño María para evitar que se queme.

Ingredientes

1 taza de arroz
3 cucharadas de manteca o aceite
1 1/2 tazas de caldo de frijoles negros a la oaxaqueña (p. 146)
1/2 taza de agua aproximadamente
1/2 taza de frijoles negros a la oaxaqueña (p. 146)
2 ajos pequeños pelados
1/4 de cebolla pequeña
1 hoja de aguacate pequeña, tostada (véase p. 335)

EL ADORNO
1/2 taza de crema
1/3 de taza de queso fresco desmoronado

» Ponga el arroz en un recipiente, cúbralo con agua muy caliente y déjelo remojar durante 10 minutos; enjuáguelo con agua fría y escúrralo otra vez.
» Caliente la manteca en un sartén y mezcle el arroz de manera que todos los granos queden cubiertos. Fría el arroz sobre fuego bastante alto, removiéndolo de vez en cuando, hasta que empiece a tomar un color dorado —como 4 minutos. Cuele el arroz para quitarle el aceite sobrante y regréselo al recipiente. Caliente el horno a 165 °C.
» En el vaso de la licuadora vierta el caldo de frijol, agua, frijoles, ajo, cebolla y la hoja de aguacate tostada y desbaratada. Lícuelos hasta que estén tersos. Combine el puré de frijol con el arroz y cuézalo, ya sea sobre una llama muy baja (véase comentario arriba) o colocándolo en el horno hasta que todo el líquido se haya absorbido y el arroz esté suave pero no desbaratado —como 20 minutos. Sírvalo con crema y queso desmoronado.

Arroz con zanahoria y chayote
| RINDE DE 6 A 8 PORCIONES | OAXACA

Entusiasta como soy de cocinar el arroz a la manera clásica, esta receta fue una agradable sorpresa cuando, recientemente, una cocinera oaxaqueña la preparó para mí. Es un perfecto platillo vegetariano que se presta a muchas adaptaciones. Naturalmente, si no hay chayote puede usar en su lugar calabacitas u otro tipo de calabaza tierna.

No le tema a la cantidad de ajo; los dientes que se usan en Oaxaca son muy pequeños y de sabor delicado, y el gusto no es abrumador si utiliza los pequeños ajos morados. Sírvalo ya sea solo como sopa seca o con salsa de chile pasilla de Oaxaca (p. 261).

Ingredientes

1 1/2 tazas de arroz
1/2 cebolla, picada
6 dientes de ajo, pelados
1/2 taza de agua fría
1/4 de taza de aceite, aproximadamente
2 chiles de agua o cualquier chile verde grande
4 tazas de zanahorias finamente ralladas
1 chayote grande, pelado y cortado en cubos de 1 1/2 cm
1 litro de agua, aproximadamente
sal al gusto

» Cubra el arroz con agua muy caliente y remójelo durante 10 minutos. Enjuáguelo y escúrralo.

» Mientras tanto licue en media taza de agua la cebolla y los ajos; póngalos a un lado. Caliente el aceite en una cazuela y fría los chiles volteándolos de vez en cuando para que se ampollen por todos lados. Sáquelos.

» En el mismo aceite, y a fuego medio, fría el arroz hasta que se oiga tostadito, como dice la expresión local, sin que se dore —como 10 minutos, dependiendo del tipo de cazuela que esté usando. Quite todo el exceso de aceite. Añada la mezcla de cebolla y ajo y fríala a fuego alto durante 1 minuto o hasta que haya sido absorbida por el arroz. Agregue los chiles, zanahorias, chayote, un litro de agua y sal al gusto. Cuando la mezcla hierva tape la cazuela, baje un poco el fuego y continúe la cocción hasta que todo el líquido haya sido absorbido —como 20 minutos.

» Retire la cazuela del fuego y póngala en algún lugar tibio todavía tapado, durante 15 minutos para que el arroz se esponje aún más. Antes de servirlo, con un tenedor, revuélvalo con cuidado desde el fondo para que se distribuyan los vegetales —ya que tienden a juntarse en la superficie.

Arroz con lentejas

| RINDE 6 A 8 PORCIONES |

Esta sopa seca de arroz y lentejas se conoce como *M'yadra* entre las familias de raíces libanesas. La receta me llamó la atención cuando salió en *Comida Familiar* en el estado de Tabasco, por supuesto con su toque mexicano.

Quizás no es tradicional, pero me gusta servirla con una salsa (fresca) mexicana.

Ingredientes

- **2/3 de taza (165 ml) de aceite de oliva**
- **1 cebolla grande, cortada en rodajas muy delgadas**
- **2 chiles jalapeños, cortados en rajas delgadas**
- **1 taza (250 g) de arroz, remojado y colado**
- **sal al gusto**
- **2 tazas (500 ml) de lentejas cocidas con sal (vea comentario abajo)**
- **2 tazas (500 ml) del caldo de las lentejas, aproximadamente**
- **1 taza (250 ml) de agua aproximadamente**

» Caliente el aceite en una cacerola y acitrone la cebolla y los chiles. Retírelos y guárdelos aparte. En el mismo aceite dore el arroz con una pizca de sal.

» Agregue las lentejas, su caldo y el agua, tape la cacerola y cocine a fuego lento hasta que el arroz esté bien cocido —alrededor de 25 minutos. Añada la cebolla con los chiles, con la sal necesaria y menee hasta que todos los ingredientes estén bien incorporados.

Nota: 3/4 de taza de lentejas en crudo rinden aproximadamente 2 tazas de lentejas cocidas y aproximadamente 2 tazas de su caldo. Se cuecen más rápido —como 20 minutos a fuego moderado— si las remoja desde la víspera. Hay que utilizar el agua en que estaban remojadas. Va a necesitar 3 tazas de líquido en total.

PASTAS

Sopa de espagueti con queso y crema
| RINDE DE 4 A 6 PORCIONES |

Esta sopa es muy sencilla y deliciosa pero depende de que la crema sea de excelente calidad.

Ingredientes

2 litros de agua
1/4 de cebolla pequeña
1 diente de ajo, pelado
1 hoja pequeña de laurel
1 pizca de orégano seco
1 cucharada de aceite
sal al gusto
200 g de espagueti
2 cucharadas de mantequilla sin sal
1 taza de crema
30 a 60 g de queso fresco o manchego

» Ponga agua en una cacerola, agregue la cebolla, ajo, hoja de laurel, orégano, aceite y sal. Póngalos a hervir y añada el espagueti. Cuézalos a fuego alto hasta que la pasta esté suave. Cuélelo, deseche el agua, enjuáguelo con agua fría, escúrralo y póngalo a un lado.
» Funda la mantequilla en una cacerola honda, mezcle la pasta cocida revolviéndola hasta que esté totalmente caliente.
» Añada la crema, sal al gusto y caliéntela a fuego lento —como 3 minutos. Agregue el queso, revuelva y sirva inmediatamente.

El arte de la cocina mexicana

Macarrón con jitomate

| RINDE DE 4 A 6 PORCIONES |

Para esta receta puede usarse macarrón quebrado en trozos pequeños, espagueti o espaguetini. Puede servirse ya sea sazonado con salsa de jitomate, sirviendo la crema y el queso por separado, ya sea después de calentarlo un momento en el horno.

Ingredientes

2 litros de agua
1/4 de cebolla pequeña
1 diente de ajo pelado
1 hoja de laurel, pequeña
1 pizca de orégano
1 cucharada de aceite
sal al gusto
200 g de macarrón, quebrado en pedazos chicos

SALSA
1/2 kg de jitomate (como 2 grandes), picados sin pelar
2 cucharadas de cebolla, finamente picada
1 diente de ajo, pelado y picado
2 cucharadas de aceite o mantequilla sin sal
2 cucharadas de perejil picado
1/2 taza de crema
60 g de queso fresco o añejo

» En una cacerola grande combine el agua, cebolla, ajo, hoja de laurel, orégano, aceite y sal. Póngalos a hervir y gradualmente agregue el macarrón. Cuézalo a fuego alto hasta que se suavice. Cuélelo conservando como 2/3 de taza del agua del cocimiento. Enjuague la pasta en agua fría, escúrrala y póngala a un lado.
» En el vaso de la licuadora ponga el agua reservada; agregue los jitomates, cebolla y ajo picados y licuelos unos segundos para lograr un puré con cierta textura.
» Caliente el aceite en un sartén, añada el puré de jitomate y cocínelo a fuego alto, removiendo y raspando el fondo del sartén hasta que la salsa se haya reducido y espesado —como 7 minutos. Mezcle la pasta, el perejil y ajuste la sazón. Revolviendo bien, cocínela suavemente durante 5 minutos para que la pasta quede bien impregnada de la salsa. Sírvala inmediatamente y sirva la crema y el queso por separado.

Nota: Como alternativa caliente el horno a 180 °C. Unte mantequilla en abundancia en un refractario en el que la pasta se acomode en una capa de no más de 2 1/2 cm. Extienda la crema sobre ella, espolvoree el queso y caliente la pasta en el horno hasta que burbujee y el queso se funda. Sirva inmediatamente.

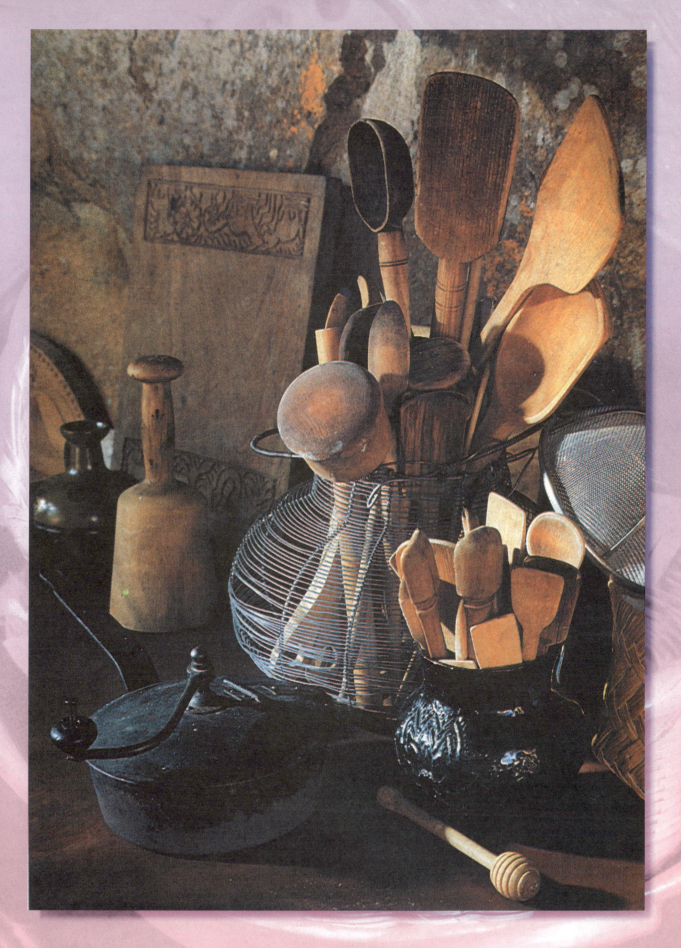

Un rincón de la cocina de Diana Kennedy

El metate

Las tortillas

Pasos para hacer las corundas

Técnica para cocinar papadzules

Sopa de flor de calabaza y crepas de cuitlacoche

Uchepos con carne de puerco

Sopa de macarrón y acelgas
| RINDE 4 PORCIONES |

Un platero que vive cerca de mi casa —no uno rico: vive en circunstancias muy modestas— está fascinado con su comida típica. Siempre me detiene en la calle o me invita a pasar a su casa para ver un chile especial o para platicarme sobre un insecto extraño que comían los indios, como él los llama. En mi última visita me mostró un altero de páginas que él mismo había escrito a máquina —copias de dos libros de cocina que había encontrado en Tacámbaro, Michoacán. Reconocí algunas de las recetas y otras no, y de estas últimas daré algunas en este libro. Aquí está una de ellas: una pasta a la cacerola poco común, típica entre las sopas secas, basada en la pasta al estilo italiano y que es favorita de la cocina mexicana popular.

Sirva el platillo tal cual o con chipotles adobados o jalapeños en escabeche.

Ingredientes

mantequilla sin sal para el refractario
125 g de macarrón o espagueti
1 cebolla grande de rabo, picadas ambas partes, la blanca y la verde
1/4 de cucharadita de orégano seco
sal al gusto
250 g de acelgas
1 cucharada de aceite o mantequilla sin sal
1 diente de ajo, pelado y picado
1 cucharada de cebolla, finamente picada
3/4 de taza de crema espesa
60 g de queso fresco o de Chihuahua, rallado

» Engrase un refractario de 20 x 20 x 5 cm de profundidad con mantequilla en abundancia. Coloque una parrilla en la parte más alta del horno y caliéntelo a 180 °C. Aparte, quiebre la pasta en trozos como de 12 cm de largo, si es espagueti.

» Sobre fuego alto coloque un recipiente grande con agua, añada la cebolla, el orégano y la sal. Cuando esté hirviendo agregue la pasta y cuézala durante 7 minutos, según la calidad de la misma —debe estar un poco más que *al dente* pero no demasiado suave. Escúrrala y conserve el agua del cocimiento.

» Enjuague muy bien las acelgas y escúrralas. Corte los tallos y la parte carnosa de la base de la hoja (resérvelos para otro platillo). Y pique las acelgas no muy finas. Caliente el aceite en un sartén grande, agregue el ajo y la cebolla y fríalos lentamente de 1 a 2 minutos o hasta que estén traslúcidos pero no dorados. Añada las acelgas picadas, el agua reservada del cocimiento y sal al gusto; cubra el sartén y cuézalas durante 5 minutos. Destápelas y continúe su cocimiento hasta que estén tiernas —como 3 minutos más.

» Ponga la crema en el vaso de la licuadora y agregue poco a poco las acelgas cocidas y muélalas hasta que queden tersas. Mezcle este puré con la pasta cocida y extiéndala sobre el refractario. Caliéntela hasta que burbujee —como 10 minutos. Esparza encima el queso y regrésela al horno unos minutos más hasta que el queso esté fundido pero no dorado.

El arte de la cocina mexicana

IV

Verduras, legumbres, ensaladas y frijoles

- › CHILES RELLENOS
- › PREPARACIÓN DEL CHILE POBLANO PARA RELLENAR
- › PREPARACIÓN DE CHILES ANCHOS SECOS PARA RELLENAR
- › PARA RELLENAR CHILES FRESCOS O SECOS
- › RELLENO DE CHORIZO Y PAPA
- › CAPEADO Y FRITURA DE LOS CHILES RELLENOS
- › CALDO DE JITOMATE PARA CHILES RELLENOS
- › VERDURAS EN ESCABECHE
- › SANCOCHO DE VERDURA
- › CHILEAJO
- › CHAYOTES AL VAPOR
- › CHAYOTES GUISADOS CON JITOMATE
- › CALABACITAS
- › FLOR DE CALABAZA
- › CALABACITAS GUISADAS
- › TORTA DE CALABACITA
- › BUDÍN DE ELOTE
- › ACELGAS GUISADAS
- › TORTITAS DE COLIFLOR
- › HABAS Y CÓMO COCINARLAS
- › HABAS GUISADAS CON HUEVO
- › ENSALADA DE HABAS
- › TORTITAS DE PAPA
- › PAPAS GUISADAS
- › PAPAS CHIRRIONAS

- › CAMOTES
- › HONGOS AL VAPOR
- › TECOMATES CON CREMA
- › TEJAMANILES CON CARNE DE PUERCO
- › CUITLACOCHE —CÓMO PREPARARLO
- › CÓMO COCINAR EL CUITLACOCHE
- › CUITLACOCHE GUISADO CON JITOMATE
- › CREPAS DE CUITLACOCHE
- › BUDÍN DE CUITLACOCHE
- › NOPALES ASADOS
- › NOPALES COCIDOS
- › NOPALES AL VAPOR
- › NOPALES EN BLANCO
- › ENSALADA DE NOPALITOS
- › FRIJOLES DE OLLA
- › FRIJOLES REFRITOS
- › FRIJOLES PUERCOS DE MICHOACÁN
- › FRIJOLES PUERCOS DE COLIMA
- › FRIJOLES GUISADOS
- › FRIJOLES NEGROS A LA OAXAQUEÑA
- › FRIJOLES NEGROS CON CHOCHOYOTES
- › FRIJOLES COLADOS Y FRITOS A LA YUCATECA
- › GARBANZOS
- › LENTEJAS EN ADOBO

Véase también:
- › FRIJOL BLANCO CON CAMARÓN SECO (P. 97)

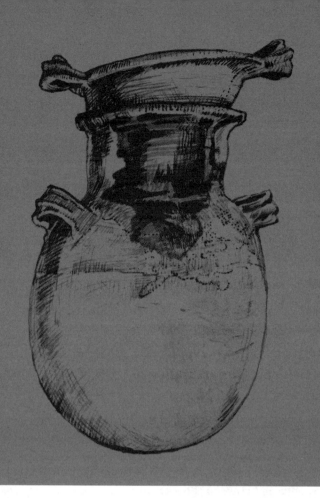

Aunque el concepto de carne con dos verduras no existe en la cocina mexicana, hablando en general, las verduras frescas se utilizan mucho en sopas y guisados como parte integral de muchos platillos principales, o se sirven solas como un plato aparte. En este caso, casi siempre se guisan —cocinadas con otros ingredientes— en frituras servidas con salsa de jitomate, en puré para budines de verduras o en moles y pipianes como platillos de cuaresma.

La manera más sencilla de preparar verduras en México es hacerlas al vapor. No en una vaporera como podría suponerse, sino que después de que las verduras se han freído ligeramente con cebolla y ajo y algunas veces jitomate, se cubre la cacerola y se dejan cocer brevemente en su propio jugo. Las hojas verdes de plantas silvestres (véase más abajo) son particularmente deliciosas cocinadas en esta forma y se sirven con tortillas de maíz para que cada invitado confeccione sus propios tacos.

Las verduras ligeramente encurtidas como el sancocho de verduras de Michoacán y el chileajo de Oaxaca son más que simplemente encurtidos; son muy buenos para "llenarse" los días en que no se come carne y también son un acompañamiento saludable para otros alimentos: manitas de cerdo, tamales, para poner encima de las tostadas, y otros.

Aunque generalmente los mercados, aun los de pueblos pequeños, tienen las verduras que se usan comúnmente en Estados Unidos y Europa, también venden una variedad de hierbas de temporada y quelites, muchos de ellos silvestres y originarios de México.

Algunas de estas plantas han sido domesticadas y se producen comercialmente, mientras que otras tienen que ser recogidas por los campesinos de la región: verdolagas *(Portulaca oleracea)*, quintoniles y quelites, de las que hay algunas variedades *(Amaranthus hydribus, y otras)*, romeritos *(Dondia mexicana)*, papaloquelites *(Porophyllum macrocephallum y tagetoides)*, vinagrera, epazote *(Teloxys, antes Chenopodium ambrosioides)*, y muchas más dependiendo de la región y el clima.

Varias calabazas, chayotes y el chilacayote, todas ellas cucurbitáceas (de la familia de la calabaza), se utilizan como verduras y en postres. También hay muchos camotes de diferentes colores, especies de "papa dulce". Otras raíces se usan en las cocinas mexicanas, cultivadas como el chayote y la jícama, o silvestres como las del cacomite (flor de un día) *(Tigridia pavonia)*, y un curioso tubérculo de color rojo carmín, que se llama papa de agua, de la familia de la

El arte de la cocina mexicana

Sagitaria. Son temas para estudios inagotables, tanto gastronómicos como botánicos. Las ensaladas, como tales, no juegan un papel importante como verduras, aunque las rebanadas de jitomate y los rábanos, la lechuga cortada en tiritas y la col, el cilantro picado y la cebolla, se utilizan mucho en algunos tipos de antojitos, enchiladas, tostadas, tacos, etcétera, y no sólo son atractivos y crujientes sino que complementan la alimentación. Los frijoles tienen una introducción propia, más adelante en este capítulo.

Chiles rellenos

Un platillo de chiles rellenos capeados, fritos en aceite y guisados en caldillo de jitomate, es uno de los platillos populares más conocidos. El chile que más se utiliza para esto es el poblano —cuya versión seca es el ancho— pero existen algunas variaciones regionales. En Michoacán se usa el manzano pero es ferozmente picante; en Veracruz, el jalapeño, mientras que en los estados centrales del norte el chile pasado se puede preparar de la misma manera. En Puebla y Oaxaca el chile pasilla de Oaxaca es una sabrosísima versión de este platillo con su sabor ahumado como el del chipotle.

Preparación del chile poblano para rellenar

» Siempre prepare un poco más de chiles de los que necesita por si algunos se desbaratan al limpiarlos.
» Si los chiles no están frescos como deberían y tienen la piel un poco arrugada, úntelos ligeramente con aceite antes de asarlos. Si cocina a base de electricidad, también engrase los chiles con aceite y colóquelos en la parrilla del asador a una distancia de 2.5 cm del calor.
» No los ponga en un horno caliente para que se ampollen; se cocerán demasiado y no tendrán el agradable sabor de lo asado.
» No los sostenga con un tenedor sobre la flama para pelarlos (como sugieren que se haga algunos escritores sobre comida en revistas americanas); eso le tomaría demasiado tiempo.
» No los sumerja en agua para pelarlos. Puede parecer fácil, pero el sabor disminuiría. Coloque el chile entero, con tallo si lo tiene, sobre la llama del quemador de gas o sobre una parrilla directamente sobre el carbón o leña encendida. Déjelos unos segundos hasta que se ampollen y quemen un poquito —no permita que la pulpa se queme. Voltee los chiles de vez en cuando hasta que estén ampollados y asados en forma pareja. Páselos inmediatamente a una bolsa de plástico y póngalos a un lado para que suden, unos 10 minutos. Aunque puede empezar a pelarlos de inmediato, este proceso no sólo ayuda a que se separe la piel sino que cuece la pulpa lo suficiente para resaltar el sabor algo dulzón.
» Al terminar el tiempo necesario para que suden, tome uno de los chiles en la mano y deslícelo desde arriba hasta la punta; la mayor parte de la piel se desprenderá en la mano si ha asado suficientemente los chiles. No los pellizque con los dedos para quitar la piel de pedacito en pedacito; le tomará mucho tiempo. Limpie el exterior del chile con una servilleta húmeda. Si se quedan algunos pedacitos no importa.
» Sobre una tabla, coloque un chile y haga un corte de arriba a abajo donde vea que la pulpa está más suave. Ábralo en la parte superior y con un cuchillo afilado corte a través de la base o placenta, bajo el tallo que sostiene la concentración de venas y semillas. Quite las venas que van por los lados del chile, cuidando de no romper la pulpa. (Esta es la razón por la que es necesario tener chiles adicionales para trabajar.) Retire las semillas restantes con una servilleta húmeda y ponga los chiles sobre una parrilla para que se escurran mientras termina los demás.
» Los chiles están listos para rellenarse. Esto debe hacerse justamente antes de freírlos para que el relleno no se ponga aguado.

Preparación de chiles anchos secos para rellenar

» Para rellenar siempre escoja los chiles más grandes, lisos y flexibles. Si ya están viejos y completamente secos, sobre un comal caliéntelos durante unos segundos de cada lado, teniendo cuidado de que no se tuesten, hasta que se suavicen y vuelvan flexibles.

» Con un cuchillo filoso haga un corte desde arriba hasta la punta de los chiles y con cuidado corte la dura placenta a la cual están adheridas las venas y semillas. Raspe las venas que están adheridas a los lados de los chiles. Si los chiles son viejos y demasiado quebradizos para manejarlos de esta manera, entonces sáltese los primeros pasos y haga lo siguiente: cubra los chiles con agua hirviendo hundiéndolos de manera que queden completamente sumergidos, y déjelos remojar hasta que se hayan rehidratado y estén carnosos —como de 15 a 30 minutos, dependiendo de qué tan secos hayan estado al empezar.

» Los chiles que estuvieron quebradizos al principio, ahora pueden limpiarse de venas y semillas.

» No remoje los chiles demasiado tiempo, porque el sabor se quedará en el agua y estarán demasiado suaves para poderlos rellenar. No trate de pelarlos.

» Ahora los chiles están listos para rellenarse. Hágalo justamente antes de freírlos ya capeados.

Manera de rellenar chiles frescos o secos

» Siempre rellene los chiles justamente antes de freírlos; de otra manera los jugos se escurrirán hacia el relleno. Al limpiar los chiles se habrá dado cuenta por el olor de que algunos son más picosos que otros. Marque los picosos con un palillo para quienes gustan de comerlos así. Pero siempre recuerde que el relleno y el huevo diluirán lo picante.

» Aunque hay muchos diferentes tipos de rellenos, aquí sólo se sugieren tres.

» *Relleno de queso:* como 3 ó 4 tiras de queso por chile a temperatura ambiente (véase página siguiente).

» *Relleno de chorizo y papa:* véase página siguiente; como 1/3 de taza por chile.

» *Relleno de puerco deshebrado y picado con pasas:* véase la receta de picadillo para chiles rellenos (p. 194); como 1/3 de taza por chile.

» Hay muchas versiones del picadillo; para una sencilla véase p. 194, y otra en *Las cocinas de México*, p. 224.

» Rellene los chiles hasta que estén gorditos y apetitosos, pero asegúrese de que las orillas cortadas del chile se unan y encimen un poco. Sujételos con un palillo si lo desea, aunque esto no es absolutamente necesario, ya que el "rebozo" o huevo batido sellará la unión.

El arte de la cocina mexicana

Queso para chiles rellenos

Los chiles poblanos, anchos y pasados pueden rellenarse con queso. En México se utilizan el queso de Chihuahua, el de Oaxaca o el asadero dependiendo de la región del país en donde se preparen los chiles. (En Estados Unidos un buen sustituto, no demasiado caro, es el queso *block Muenster* que tiene el punto correcto para derretirse.)

Calcule 45 a 60 g de queso para cada chile.

Relleno de chorizo y papa para chiles anchos
| RINDE COMO 1 1/3 TAZAS |

Ingredientes

1 cucharada de manteca
180 g de chorizo, pelado y desmoronado
180 g de papas, cocidas, peladas y cortadas en cuadritos de 1 cm
sal al gusto

» Derrita la manteca en un sartén, agregue el chorizo y fríalo suavemente hasta que suelte la grasa y la carne comience a dorarse —como 4 minutos. Añada los cubos de papa y fríalos, meneándolos de vez en cuando hasta que absorban el color del chile del chorizo —como 6 minutos. Pruébelo de sal y póngalo a un lado para que se enfríe. Necesitará como 1/3 de taza del relleno para cada chile.

Capeado y fritura de los chiles rellenos
| RINDE SUFICIENTE MASA PARA 4 A 6 CHILES GRANDES |

Las recetas tradicionales de chiles rellenos requieren que sean cubiertos con un "rebozo" de huevo batido ligero y fritos en aceite (aproximadamente 3 cm) hasta que tomen un color dorado. Aunque son deliciosos y muy sustanciosos, absorben mucho aceite; para remediar esto a mí me gusta freír los chiles, y escurrirlos en papel absorbente para luego recalentarlos en el horno a 180 °C sobre charolas de horno cubiertas con más papel absorbente para quitarles el exceso de aceite.

Ingredientes

aceite
3 huevos grandes, claras y yemas por separado
1/4 de cucharadita de sal
1/3 de taza de harina, aproximadamente

» Caliente el horno a 180 °C. Tenga lista una charola de horno forrada con una capa doble de papel absorbente en la que pueda acomodar los chiles fritos en una capa.

» En un sartén caliente aceite, aproximadamente 3 cm. Bata las claras hasta que formen puntas suaves y no se resbalen cuando ladee el recipiente. Agregue la sal y las yemas una por una. Seque el exterior de uno de los chiles con una toalla de papel, espolvoréelo ligeramente con harina y colóquelo sobre una espátula ancha, con la unión hacia arriba. Ponga el chile dentro del huevo batido y asegúrese de que queda bien cubierto. Quite el exceso de huevo en el reverso de la espátula y deposite el chile en el aceite caliente (siempre use dos espátulas para asegurarlo y para que el aceite no brinque y lo queme). Fríalo hasta que la parte inferior esté firme y con un color dorado profundo; voltéelo y fría el segundo lado. No cucharee la grasa sobre la capa de huevo para dorarla parejo hasta que esta esté bien firme, porque se desprenderá del chile. Una vez que esté cuajado, vaya friendo las partes que aún se vean crudas parándolo sobre el extremo del tallo para que se dore el huevo acumulado allí.

» Sostenga el chile frito sobre el sartén para escurrirlo bien y luego colóquelo sobre el papel absorbente mientras fríe el resto de los chiles. Con práctica podrá hacer varios al mismo tiempo, pero no ponga demasiados en el sartén o le será difícil voltearlos limpiamente y la temperatura del aceite descenderá mucho. Mientras está friendo, posiblemente tenga que ajustar la temperatura del aceite; por ejemplo, si nota que empieza a humear y a cocer y dorar el huevo con demasiada rapidez, apague el fuego y espere a que el aceite se enfríe un poco antes de poner el siguiente chile.

» Según mi experiencia, es conveniente tener listas varias espátulas o cucharas perforadas (quien tenga mucha experiencia va a reírse, pero también hay que escribir para los novatos). Si pone las que están calientes en el huevo, este se echará a perder. Cuando todos los chiles estén fritos, como se sugirió, recaliéntelos en la parte media del horno de 10 a 15 minutos, o más, si frió los chiles con horas de anticipación, hasta que chisporroteen y estén bien calientes.

» Los chiles rellenos con queso deben ser recalentados en tiempo más breve —como 5 minutos— porque el queso se habrá fundido en el proceso de freírlos y se endurecerá si se recalienta demasiado tiempo.

El arte de la cocina mexicana

Caldillo de jitomate
| RINDE CALDO PARA 4 CHILES GRANDES |

En México se acostumbra, con pocas excepciones, recalentar los chiles rellenos, u otras tortitas de verduras, en un caldillo de jitomate. Lo capeado en efecto se reblandece, pero absorbe la agradable acidez de la salsa. Esta es la versión más sencilla para el caldo; algunas incluyen un trozo de canela, un clavo o pimientas, a veces una hoja de laurel u otras hierbas secas como mejorana y tomillo, y ocasionalmente una rama de perejil.

Ingredientes

340 g de jitomates picados, sin pelar
2 cucharadas de cebolla finamente picada
1 diente de ajo, pelado y picado
1/2 taza de agua
1 1/2 cucharadas de aceite
2 clavos
1 pedazo chico de canela
1 hoja de laurel
2 1/2 tazas de caldo de pollo (p. 84) o caldo de puerco (p. 194)
sal al gusto

» En el vaso de la licuadora, licue los jitomates, cebolla, ajo y agua hasta que queden más bien tersos.
» Caliente el aceite en un sartén grueso, agregue los ingredientes licuados, más el clavo, la canela y el laurel enteros, y cuézalos a fuego bastante alto hasta que se reduzcan y espesen —como 10 minutos. Añada el caldo, ajuste la sazón y cuézalo 5 minutos más.
» Agregue los chiles rellenos fritos y cuézalos suavemente, durante 10 minutos.

ESCABECHES
Verduras en escabeche
| RINDE ALREDEDOR DE 10 TAZAS | SEÑORA GUADALUPE MUÑIZ, ZITÁCUARO

Las verduras mixtas en un ligero escabeche son perfectas como botanas que no engordan, con manitas de puerco en escabeche (p. 213) o con cualquier carne fría. No necesita utilizar toda la lista de verduras, sólo las que encuentre que estén muy frescas.

Esta es otra receta que requiere el vinagre suave y afrutado que con mucha frecuencia se prepara en los hogares de México, con piña u otras frutas.

Ingredientes

4 cucharadas de aceite
3 zanahorias medianas, peladas y rebanadas sesgadamente de 1/2 cm de grueso
6 chiles jalapeños, cortados a lo largo en 4 rajas
6 cebollas de rabo limpias
20 dientes de ajo pelados
3 calabacitas, cortadas en 6 gajos a lo largo
4 tazas de vinagre suave
8 papitas, hervidas durante 10 minutos, sin pelar
1/2 cabeza de coliflor, cortada en ramitos y sancochada durante 3 minutos
2 nopales medianos, cortados en tiras, cocidos (véase p. 140)
2 elotes tiernos, cortados en rodajas de 2 1/2 cm ligeramente hervidos, sancochados durante 3 minutos
5 hojas de laurel
4 ramitas de mejorana
sal al gusto

» Caliente el aceite en un sartén grande y añada las zanahorias, chiles, cebollas, ajos y calabacitas; fríalos hasta que empiecen a tomar color —como 10 minutos. Caliente el vinagre y cuando empiece a hervir añádalo a las verduras fritas y sancochadas. Agregue los demás ingredientes, sazónelo y cuézalo durante 5 minutos. Déjelo sazonar durante la noche.
» (Refrigérelo hasta 2 semanas, si las verduras se desean conservar por más tiempo.) Se sirven a temperatura ambiente.

Sancocho de verdura
| RINDE COMO 9 TAZAS | SEÑORA AMALIA CHÁVEZ, SAHUAYO, MICHOACÁN

En México, los cocineros de cada región tienen su forma especial de conservar verduras, si bien con reglas algo estrictas sobre lo que deben contener. La receta es poco común y no se conoce fuera del área. Las verduras se "sudan" en aceite y se hierven en vinagre; aun cocidas tienen una textura crujiente.

Cuando por primera vez probé estas verduras, estaban cortadas en juliana —aunque no muy finamente—, una versión relativamente moderna. También se puede cortar cada verdura de diferente manera para proporcionar texturas diferentes.

Este encurtido puede comerse con pollo, carnes asadas, sobre el arroz, o —una combinación inaceptable en otras áreas de México— ¡con salsa de jitomate sobre tamales! Aunque prefiero comerlo un día después de hacerlo, puede guardarse por algún tiempo en el refrigerador o cuidadosamente sellado en pomos esterilizados. Se sirve a temperatura ambiente.

No vale la pena hacer una pequeña cantidad.

Ingredientes

1/2 taza de aceite
250 g de zanahorias, peladas y cortadas en juliana
250 g de nabos, pelados y cortados en juliana
250 g de colinabo limpio y cortado en rebanadas de 1 cm
250 g de papitas sin pelar, cortadas en rebanadas de 1 cm
6 dientes de ajo, pelados
250 g de jícama, pelada y cortada en juliana
375 g de col, cortada en rebanadas de 1 cm
250 g de cebollas, blancas o moradas, cortadas en rebanadas de 1 cm
375 g de calabacitas, limpias y cortadas en juliana
250 g de betabel (opcional)
3 cucharadas copeteadas de azúcar morena clara
10 pimientas
1 canela de 5 cm quebrada en rajas
4 clavos enteros
3 hojas de laurel
6 ramitas de tomillo fresco
6 ramitas de mejorana fresca
3 tazas de vinagre de piña
1 1/2 a 2 cucharadas de sal

» En una cacerola grande caliente el aceite y agregue las zanahorias, nabos, colinabo, papas y ajo. Cubra la cacerola y cuézalos durante 5 minutos a fuego medio, revolviendo de vez en cuando para que se cuezan con uniformidad. Añada la jícama, col y cebollas, cubra la cacerola y continúe la cocción 5 minutos más. Agregue las calabacitas y cueza todo 5 minutos más. Añada los demás ingredientes, mézclelos bien y cuézalos a fuego bastante alto durante 15 minutos, revolviéndolos de vez en cuando. Páselos a un recipiente de cristal o porcelana y déjelos enfriar. Mientras se enfrían en el líquido, mueva las verduras de vez en cuando teniendo cuidado de no romperlas.

Chileajo

| RINDE ALREDEDOR DE 7 TAZAS | OAXACA

El chileajo es un platillo oaxaqueño de verduras y supongo que se define como un encurtido de chiles. (En otros lugares del sur de México, Guerrero, por ejemplo, chileajo significa carne en salsa de chile.)

Aunque el chileajo se encuentra todo el año, es principalmente un platillo de cuaresma, servido a menudo en un trozo de pan. Una de las maneras más populares de servirlo es sobre una tortilla tostada untada de frijoles negros refritos al estilo oaxaqueño, adornada con rodajas de cebolla y queso fresco desmoronado.

Sabe mejor uno o dos días después de hecho, permitiendo así que se mezclen los sabores.

Ingredientes

TENGA PREPARADAS LAS SIGUIENTES VERDURAS A MEDIO COCER
- 180 g de ejotes
- 180 g de calabacitas cortadas en cuadritos
- 250 g de papas cortadas en cuadritos
- 250 g de ramitos de coliflor
- 125 g de chícharos
- 180 g de zanahorias rebanadas

LA SALSA
- 125 g de chile guajillo
- 1/2 taza de vinagre suave
- 5 dientes de ajo, pelados
- 1 clavo entero
- 2 pimientas gordas
- 1 cucharadita de sal o al gusto

EL ADORNO
- 1 taza de cebolla en rodajas
- 180 g de queso fresco desmoronado
- 1 cucharadita de orégano, de Oaxaca si es posible

» Primero prepare la salsa. Desprenda los tallos de los chiles secos, si los tienen. Abra los chiles y retire las semillas y las venas. Tueste los chiles brevemente en un comal caliente o parrilla y enjuáguelos en agua fría. Cuélelos y cúbralos con agua hirviendo; déjelos remojando durante 15 minutos.

» En el vaso de la licuadora, ponga el vinagre, especias y sal. Lícuelos bien. Poco a poco añada los chiles con un poco del agua en que se remojaron y lícuelos hasta que quede una salsa tersa. Necesitará como 1 1/2 tazas de agua para mezclarlos todos. Cuele la salsa en un recipiente (deberá tener como 2 1/3 tazas) presionando bien los pellejitos para extraer toda la pulpa que sea posible. Ponga las verduras en un recipiente de porcelana o vidrio y vierta la salsa sobre ellas, pruébelas de sal y mézclelas bien. Déjelas marinar durante dos días en la parte inferior del refrigerador. Sírvalas adornadas con rodajas de cebolla, queso y orégano espolvoreado.

El chayote *(Sechium edule)*

El chayote, llamado algunas veces "pera vegetal", es originario de México y ha sido cultivado durante siglos; le dieron el nombre náhuatl, *chayhutli*.

En México se cultivan diferentes variedades: los pequeños de color crema, los verde oscuro y claro con espinas, y los verde claro de la variedad lisa.

Sólo cuando la última variedad está muy tierna y recién cortada, se puede comer con cáscara; de otra manera, tiene que desecharse. La semilla o almendra plana que está dentro es una delicia. En la sierra de Puebla se comen las guías de la planta.

El chayote es una enredadera perenne que crece abundantemente sobre los árboles altos de mi huerta pero se puede hacer crecer junto a un marco o "cama" para cultivarla comercialmente. La raíz tuberosa es comestible y deliciosa pero uno debe dejar que la extraigan los expertos para no maltratar el sistema reproductivo de la raíz, de lo que depende el crecimiento al año siguiente. La raíz, llamada camote de chayote, chinchayote o chintestle, dependiendo de la región, se hierve y se come sola o como tortitas rebozadas, y tiene un agradable sabor terroso, un poco parecido al de la alcachofa de Jerusalén.

También se comen las guías cocidas en sopa o con huevo.

Si desea cultivar sus propios chayotes guarde uno en un lugar oscuro y algo húmedo y en el invierno empezará a brotar y estará listo para plantarse. Hay una encantadora ceremonia el día de la Fiesta de la Candelaria, el 2 de febrero, cuando los campesinos llevan a la iglesia de Xochimilco sus chayotes con retoños para que el sacerdote los bendiga. Hay muchas maneras de preparar los chayotes —dulces o, como en las siguientes recetas, salados.

Chayotes al vapor

| RINDE 4 PORCIONES | SIERRA DE PUEBLA

Para mí, es la manera más deliciosa de preparar los chayotes, y pueden servirse como un entremés ligero. Se puede utilizar cualquier variedad de chayote —mientras más frescos mejor, naturalmente. Si no están exactamente en su mejor momento, añada 1/4 de taza de agua al recipiente durante la cocción. "Al vapor", en este sentido, no quiere decir vaporizados en una vaporera, sino cocidos en su propio jugo.

La señora Fagoaga, quien me dio esta receta, corta el chayote en cubos pero yo prefiero cortarlo en juliana de 1 cm cuadrado —se cuecen más rápido y tienen mejor textura. Tengo que estar de acuerdo con ella en que la manteca les da mejor sabor, pero se puede usar aceite si es necesario.

Ingredientes

2 cucharadas de manteca derretida o aceite
500 g de chayotes, pelados y cortados en juliana, de 1 cm cuadrado
2 chiles serranos finamente picados (o al gusto)
sal al gusto
2 cucharadas colmadas de cilantro picado

» Caliente la manteca en una cacerola gruesa, agregue las tiras de chayote y los chiles frescos y revuélvalos durante 2 minutos a fuego bastante alto, póngales sal, cubra la cacerola y cuézalos a fuego medio durante 8 minutos, sacudiendo la cacerola de vez en cuando, dependiendo de la frescura de los chayotes —deben quedar *al dente*. Añada el cilantro y siga cociéndolos, sin taparlos, durante 3 minutos o hasta que estén suaves.
» Sírvalos inmediatamente o se marchitarán.

Chayotes guisados con jitomate

| RINDE 4 PORCIONES | CENTRO DE MÉXICO

Los chayotes son mejores cuando se sirven al momento de estar cocidos porque tienden a marchitarse cuando se les deja esperando en el sartén caliente. Pueden servirse como un platillo por separado, en cuyo caso es mejor rociarlos por encima con queso finamente rallado.

Ingredientes

500 g de chayote
180 g de jitomate asado (véase p. 336)
1 diente de ajo, pelado y picado
2 cucharadas de aceite
2 cucharadas de cebolla, finamente picada
2 chiles de árbol (o al gusto)
3/4 de taza de agua
sal al gusto
2 cucharadas de epazote o de cilantro picado
2 cucharadas de queso añejo rallado (opcional)

» Pele el chayote y córtelo en gajos más o menos de 1 cm cuadrado de ancho y 5 cm de largo, incluyendo el corazón y la semilla.
» Licue durante unos segundos el jitomate, sin pelar, y el ajo hasta que queden medio tersos.
» Caliente el aceite en un sartén grueso, añada la cebolla y los chiles secos enteros y fríalos suavemente sin dorarlos durante 2 minutos. Agregue el puré de jitomate y continúe la cocción, revolviendo y raspando el fondo del sartén, hasta que la salsa se reduzca —como unos 3 minutos. Añada las tiras de chayote, el agua y sal al gusto y cuézalos a fuego medio, revolviendo la mezcla para evitar que se pegue —como 10 minutos. Incorpore las hojas de epazote, tape el sartén y cueza el chayote hasta que esté apenas suave —debe estar jugoso pero no aguado —de 10 a 15 minutos.
» Si lo desea, espolvoréeles queso encima y sírvalos inmediatamente.

Calabacitas *(Cucurbita pepo, var.)*

Las calabacitas de diferentes tipos —varían en muchas regiones— son un vegetal muy utilizado en la cocina mexicana. Y no sólo se usa la calabacita. Las flores se guisan en sopas, quesadillas, etcétera. Las guías de las variedades que se cultivan en Oaxaca se usan en sopas y guisados, mientras que las semillas secas y tostadas de las calabacitas pequeñas de color verde oscuro que se cultivan en Yucatán se usan en muchos platillos regionales.

    La calabacita que se usa con mayor frecuencia es la llamada calabacita italiana, que es verde pálido, delicadamente jaspeada de color crema. Otra calabacita pequeña deliciosa es la criolla, la redonda; mi favorita es una verde pálido con forma de lágrima que crece sólo en el verano durante las lluvias. Se le conoce como "calabacita de matón"; de color verde pálido, con cuatro crestas verticales que van desde el tallo hasta la punta, crece, como la variedad redonda, en una guía errante —no es una planta compacta como la de otras calabacitas— y produce una flor grande y aromática; es una de las mejores que conozco.

Flor de calabaza

Es curioso que nunca se diga "flor de calabacita", sino siempre "flor de calabaza". Si cultiva las suyas, córtelas siempre por la mañana, cuando están totalmente abiertas, y cocínelas de inmediato para capturar su fresca fragancia. Cuando la tarde se aproxima tienden a cerrarse. Asegúrese de cortar solamente la flor macho (véase la ilustración) y no la hembra que tiene el pistilo ondulado y redondo. Debe dejar alrededor de una de cada 25 flores masculinas para la polinización. Si compra las flores no tendrá de dónde escoger, pero consígalas tan frescas como sea posible para obtener el mejor sabor.

Preparación de la flor de calabaza

» Corte los tallos dejando 3 cm adheridos al cáliz. Desprenda los sépalos fibrosos y el duro exterior del tallo.
» Abra las flores dejando el pistilo intacto, enjuáguelas rápidamente con agua fría para despojarlas de tierra y arena, y sacúdalas. Pique las flores —con cáliz, un pedazo de tallo y pistilo— con un cuchillo filoso; luego siga las instrucciones para cocinarlas (véase la fotografía).

Flor de calabaza masculina

Flor de calabaza femenina

Cómo cocinar las flores de calabaza

» En el sartén parecerá una enorme cantidad de flores, pero se reducen a menos de la mitad.

| RINDE COMO 1 1/2 TAZAS PARA RELLENAR 12 QUESADILLAS |

Ingredientes

2 cucharadas de aceite o mantequilla sin sal
3 cucharadas de cebolla finamente picada
1 diente de ajo, pelado y picado
2 chiles poblanos, asados, pelados y en rajas (p. 349)
560 g de flor de calabaza, limpia (véase comentario superior) y cortada en pedazos
1/2 cucharadita de sal o al gusto
1 cucharada de hojas de epazote, picadas

» Caliente el aceite en un sartén grande, añada la cebolla y el ajo, y acitrónelos —como 1 minuto. Agregue las rajas de chile y cuézalas, revolviéndolas de vez en cuando, durante otros 2 minutos —la cebolla y el ajo no deben dorarse. Añada las flores y la sal revolviéndolas bien. Tape el sartén y cuézalas a fuego medio hasta que el cáliz redondo esté tierno pero no suave —como 10 minutos. Destápelas, añada el epazote y reduzca el jugo a fuego alto durante 5 minutos; la mezcla debe estar un poco jugosa.

Nota: Si las flores no están muy frescas o han sido cortadas con anticipación, tienden a secarse. En este caso agregue como 3 cucharadas de agua al sartén y cuézalas cubiertas todo el tiempo. Véase también la sopa de flor de calabaza (p. 91).

Calabacitas guisadas

| RINDE 2 1/2 TAZAS PARA SERVIR DE 4 A 6 PORCIONES |

Esta es la manera más sencilla de cocinar calabacitas en México.

Ingredientes

- 2 cucharadas de aceite
- 2 cucharadas de cebolla finamente picada
- 1 diente de ajo, pelado y picado
- 175 g de jitomate, finamente picado sin pelar
- 1 ó 2 chiles serranos, finamente picados
- 500 g de calabacitas (como 4 medianas), cortadas en cuadritos
- sal al gusto

» Caliente el aceite, añada la cebolla y el ajo y acitrónelos durante 1 minuto. Agregue los jitomates y los chiles, y fríalos a fuego bastante alto para reducir la salsa —como 5 minutos. Agregue las calabacitas y sal al gusto, tape el sartén y cuézalas durante 5 minutos. Retire la tapadera y cuézalas a fuego bastante alto revolviendo y raspando el fondo del sartén de vez en cuando para evitar que se peguen, hasta que el jugo se haya absorbido y las calabacitas estén bien sazonadas —como 5 minutos. Sírvalas solas como un plato de verduras o de las siguientes maneras.

Variantes: En lugar de serranos, añada 2 chiles poblanos, asados y en rajas (véase p. 349). Adórnelas con 1/3 de taza de queso Chihuahua rallado. Agregue ramitas de cilantro o epazote durante los últimos 5 minutos de la cocción.

Torta de calabacita

| RINDE DE 4 A 5 PORCIONES |

Esta torta se sirve de igual forma que el budín de elote de la siguiente receta, ya sea solo, como un plato de verduras aparte, ya con un platillo de carne o pollo. Tiene una consistencia más firme y compacta. Generalmente se cubre con una capa de crema espesa batida con sal y pimienta.

Ingredientes

- 125 g de mantequilla más una cucharada para engrasar el platón
- 500 g de calabacitas, limpias y ralladas
- 1 taza de harina de arroz
- 2/3 de cucharadita de polvo de hornear
- 1/2 cucharadita de sal o al gusto
- 2 huevos
- 1/3 de taza de azúcar
- 1 taza de crema, batida con sal y pimienta recién molida (opcional)

» Caliente el horno a 180 °C y coloque la parrilla en la parte más alta del horno. Enmantequille un refractario con capacidad de 1 litro o un molde para *soufflé*.

» Seque las calabacitas ralladas oprimiéndolas dentro de una manta de cielo y póngalas a un lado. Cierna la harina con el polvo de hornear y sal. Bata la mantequilla hasta que esté cremosa y añada los huevos uno a uno batiendo bien entre uno y otro con una espolvoreada de harina. Batiendo agregue la mezcla de la harina y envolviendo añada las calabacitas y el azúcar. Ponga la mezcla en el molde preparado y hornee la torta hasta que esté firme al tacto y dorada por encima —como 45 a 50 minutos (dependiendo del material del molde y la profundidad de la masa). Sírvalo del molde, cubierto con la crema salpimentada.

Budín de elote
| RINDE DE 4 A 5 PORCIONES |

Los budines de verduras, a manera de *soufflés* muy suaves, se sirven como un platillo aparte o acompañando una carne o pollo. A menudo se sirven con salsa de jitomate o con crema batida con sal y pimienta.

Este budín, por supuesto, debe servirse tan pronto como salga del horno.

Ingredientes

PARA EL MOLDE
1 cucharada de mantequilla sin sal
2 cucharadas de pan molido, aproximadamente

EL BUDÍN
2 tazas de granos de elote, maduro pero jugoso
1/2 taza de leche
5 cucharadas de mantequilla sin sal
3 huevos
1 cucharadita de azúcar
1 cucharadita de sal o al gusto
1 taza de salsa de jitomate, como en la sierra de Puebla (opcional) (p. 259)
3/4 de crema batida con sal y pimienta recién molida (opcional)

» Caliente el horno a 150 °C. Ponga una charola de hornear gruesa sobre la parrilla inferior del horno. Enmantequille un refractario o molde para *soufflé* y espolvoréele pan molido.
» Ponga el elote y la leche en el recipiente de su procesador de alimentos y muélalos durante 10 ó 15 segundos para reducirlos a un puré con cierta textura. Bata la mantequilla hasta que quede cremosa y gradualmente añada el elote y los huevos, de uno en uno, batiendo entre cada uno. Agregue el azúcar y la sal.
» Vacíe la mezcla en el molde preparado y hornéela hasta que esté firme y empiece a dorarse por las orillas —como 35 minutos.
» Sírvalo, ya sea en el molde o volteándolo con cuidado sobre un platón. Sirva la salsa de jitomate o crema por separado.

El arte de la cocina mexicana

Acelgas guisadas
| RINDE DE 4 A 6 PORCIONES |

CENTRO DE MÉXICO

La acelga es una de las plantas más resistentes que se cultivan en México durante todo el año, aun en condiciones adversas. Se utilizan en muchas formas en la cocina mexicana (véanse las recetas en el capítulo de sopas y en la sección sobre tamales del capítulo del maíz). Cocinadas de la siguiente manera, se sirven como un platillo aparte o se utilizan para rellenar enchiladas.

Ingredientes

500 g de acelgas
2 cucharadas de aceite
2 cucharadas de cebolla finamente picada
1 diente de ajo, pelado y finamente picado
1 ó 2 chiles serranos (o al gusto), finamente picados
250 g de jitomate, finamente picado y sin pelar
sal al gusto
1 1/4 tazas de agua

» Enjuague las acelgas y sacúdalas. Pique los tallos y las hojas finamente.
» Caliente el aceite en un sartén grueso, agregue la cebolla, el ajo y los chiles; acitrónelos durante 1 minuto. Añada el jitomate y cuézalo durante 3 minutos a fuego bastante alto. Agregue las acelgas, sal al gusto y el agua, tape el sartén y cuézalas meneándolas de vez en cuando, como por 10 minutos. Destápelas y continúe el cocimiento sobre fuego alto hasta que las acelgas estén tiernas y la mezcla quede un poco jugosa —como 10 minutos.

Tortitas de coliflor
| RINDE 4 PORCIONES |

Las tortitas de verduras en un caldo de jitomate, como los chiles rellenos, algunas veces se sirven en pequeñas raciones como un platillo anterior al principal o en una porción mayor como plato principal. Rebanadas de calabacita, raíz de chayote o ramitas de huauzontle con queso en medio, también se convierten en tortitas y se sirven de la misma manera. Ocasionalmente se cocinan en un mole ligero, pero en caldo de jitomate es la forma más popular de servirlas. Algunas veces se agrega caldo de pollo a los jitomates para enriquecer su sabor, pero esto es opcional, y si no se le pone se tendrá un buen platillo vegetariano.

Tradicionalmente estas tortitas se sirven solamente con tortillas calientes.

Como otras tortitas mexicanas rebozadas, absorben mucha grasa. Para evitar esto, yo las preparo por lo menos con 30 minutos de anticipación y las escurro sobre varias capas de papel absorbente. Justamente antes de servirlas las paso a una charola, también cubierta, y las horneo durante 10 minutos a 180 °C. El papel absorbente les quitará mucho aceite.

El capeado de huevo se suaviza en la salsa y así es como se comen, pero si prefiere, póngales la salsa/caldo encima, antes de servirlas. Dos tortitas por persona es suficiente, con bastante salsa y tortillas calientes.

Para esta receta escoja una coliflor compacta.

Ingredientes

325 g de coliflor
agua hirviendo
sal al gusto
1 pizca de semillas de anís

EL CALDO/SALSA
750 g de jitomate, toscamente picados, sin pelar
1 diente de ajo pelado y picado
1 1/2 cucharadas de aceite
1/3 de taza escasa de cebolla rebanada
1 hoja de laurel
1 ramita de mejorana
1 ramita de tomillo
2 chiles serranos o jalapeños, con una cruz cortada en la punta
1 1/2 tazas de caldo ligero de pollo o agua
aceite para freír
4 huevos grandes, claras y yemas por separado
1 pizca de sal
1/2 taza de harina, aproximadamente

» Tenga preparada un charola forrada con papel absorbente y conserve un poco más de papel para el horno.
» Divida la coliflor en 8 racimitos. Quite la piel dura de los tallos y póngalos en una olla. Cúbralos con agua hirviendo, añada sal y la semilla de anís y hiérvalos hasta que estén suaves —como 5 minutos. Escúrralos y déjelos enfriar completamente.
» Mientras tanto prepare la salsa. En el vaso de la licuadora ponga los jitomates y el ajo y muélalos hasta lograr una salsa con cierta consistencia —añada un poco de agua sólo si los jitomates no están muy jugosos.
» Caliente el aceite en un sartén, añada las cebollas y acitrónelas durante 2 minutos. Agregue los jitomates, hierbas, chiles y fríalos a fuego bastante alto, revolviendo y raspando el fondo del sartén de vez en cuando, hasta que se reduzcan y estén bien sazonados —como 5 minutos. Añada el caldo o agua, añada sal al gusto y cuézalo durante 10 minutos a fuego medio. Consérvelo caliente. Caliente el horno a 180 °C.
» En un sartén caliente aceite —como 1 cm de profundidad— a fuego lento mientras prepara los huevos. Bata las claras junto con la sal hasta que formen picos suaves y no se resbalen del recipiente. Luego añada las yemas de una en una batiendo en cada ocasión. Enharine ligeramente uno de los ramitos de coliflor y sumérjalo en el huevo hasta que quede cubierto por completo, y con una espátula en cada mano (véase la técnica para hacer los chiles rellenos en las pp. 118 y 119), colóquelo en aceite caliente. Déjelo freír por unos segundos hasta que la parte inferior haya tomado un color dorado oscuro, y voltéelo con cuidado. Continúe volteándolo hasta que tenga un color dorado parejo. Escúrralo en papel absorbente y continúe con el resto. Si usted quisiera tortitas menos grasosas, cuando todos los ramitos estén fritos trasládelos a una charola de horno cubierta con dos capas de papel absorbente. Caliéntelos en el horno durante 10 minutos. Retírelos y colóquelos dentro de la salsa caliente y hiérvalos a fuego lento, volteando las tortitas de vez en cuando hasta que hayan absorbido el sabor de la salsa.

El arte de la cocina mexicana

Habas y cómo cocinarlas

Las habas, ya sean frescas o secas, se utilizan en platillos mexicanos especialmente en la altiplanicie del centro y sus alrededores, donde se cultivan en abundancia durante muchos meses del año —son un ingrediente importante en muchos platillos de cuaresma.

Con frecuencia se cortan las habas demasiado tarde, de allí que sean harinosas y tengan una piel demasiado gruesa. Saque las habas de sus vainas y cuézalas en agua ligeramente salada hasta que estén casi tiernas —de 5 a 6 minutos. Escúrralas y cuando se hayan enfriado un poco, retire la piel color verde grisáceo que tienen.

Si están muy tiernas, ponga las vainas enteras en agua hirviendo con sal y cuézalas durante 2 ó 3 minutos, o hasta que estén suaves. Escúrralas y, cuando estén tibias, despréndalas de las vainas. Realmente no es necesario quitarles la piel grisácea porque tiene mucho sabor.

Habas guisadas con huevo
| RINDE 4 PORCIONES | CENTRO DE MÉXICO

A mí me gusta comer este platillo con chiles encurtidos, preferiblemente con los largos enlatados.

Ingredientes

1 taza de habas cocidas y peladas
2 cucharadas de aceite
3 cucharadas de cebolla finamente picada
1 diente de ajo, pelado y picado
300 g de jitomate, finamente picado sin pelar
2 ramitas de hierbabuena
sal al gusto
4 huevos, ligeramente batidos con un poco de sal

» Parta cada haba en dos mitades a lo largo.
» Caliente el aceite en el sartén, agregue la cebolla y el ajo y acitrónelos durante un minuto.
» Añada los jitomates y cuézalos a fuego bastante alto, revolviéndolos y raspando el fondo del sartén hasta lograr una salsa con cierta consistencia —como 6 minutos.
» Agregue las habas, la hierbabuena y sal al gusto. Cuando estas se hayan calentado y la mezcla esté burbujeando, añada los huevos y siga revolviendo y raspando el fondo del sartén hasta que estén cocidos.

Ensalada de habas
| RINDE 4 PORCIONES | CENTRO DE MÉXICO

La ensalada de habas y la de nopales son probablemente las más comunes en los mercados del altiplano de México. En los puestos de comida las ensaladas se presentan en cazuelas grandes, planas y redondas, adornadas con mucho cilantro picado y rodajas de cebolla. Allí no les quitan la piel grisácea para que las habas tengan más sabor y textura.

Ingredientes

2 tazas colmadas de habas cocidas sin pelar
2 cucharadas de cebolla finamente picada
3/4 de taza de jitomates picados sin pelar
2 cucharadas colmadas de cilantro picado
1/4 de cucharadita de orégano
3 cucharadas de jugo de limón
2 cucharadas de aceite, de oliva para mejorar el sabor
2 chiles jalapeños en escabeche, cortados en rajas
sal al gusto

EL ADORNO
2 cucharadas de cilantro picado
1/3 de taza de arillos de cebolla
chiles jalapeños en escabeche, enteros

» Mezcle todos los ingredientes, excepto el adorno, marínelos durante más o menos 1 hora antes de comer. Decórelos con cilantro, rodajas de cebolla y chiles enteros si lo desea. Sírvala a temperatura ambiente.

Tortitas de papa
| RINDE DE 10 A 12 TORTITAS | MICHOACÁN

La señorita Esperanza (†), una gran conocedora de las hierbas medicinales, quien vivía en Zitácuaro, me dio esta receta un día que hablábamos de las comidas de cuaresma. Estas tortitas son originales porque las papas apenas se machacan y quedan con una textura grumosa. Curiosamente, a menudo se sirven a temperatura ambiente con una cucharada de salsa mexicana encima, aunque yo las prefiero calientes. Y al igual que los chiles rellenos, prefiero hacerlas con tiempo para luego recalentarlas en el horno en una charola cubierta con papel absorbente a fin de quitarles el exceso de aceite.

Las tortitas de papa son un buen acompañamiento para pescado o pollo asado, o pueden servirse, como a menudo se hace en México, como un primer plato vegetariano y económico.

Ingredientes

aceite para freír
250 g de papas, cocidas y peladas
2 cucharadas colmadas de queso añejo rallado
3 cucharadas de perejil finamente picado
sal al gusto (tomando en consideración lo salado del queso)
1 huevo grande ligeramente batido

PARA ACOMPAÑAR
salsa mexicana (p. 267)

» Caliente el horno a 180 °C. Cubra una charola para horno con 2 capas de papel absorbente y tenga papel adicional para cuando se fríen. Caliente unos 2 cm de aceite en un sartén grueso.
» Desbarate un poco las papas con las manos e incorpore los demás ingredientes, menos la salsa. Tome una cucharada colmada de la mezcla y fríala en el aceite caliente, volteándola de vez en cuando hasta que tome un color dorado oscuro. Escurra las tortitas sobre papel absorbente. Cuando todas las tortitas estén bien fritas, páselas a la charola y caliéntelas hasta que hayan soltado mucho más del aceite —de 10 a 15 minutos.
» Sirva cada tortita cubierta con una cucharada de salsa mexicana.

El arte de la cocina mexicana

Papas guisadas
RINDE DE 3 A 4 PORCIONES

MICHOACÁN

Este es uno de los platillos más sencillos y deliciosos que se preparan durante la cuaresma, cuando el pescado está muy caro, o cuando las familias no pueden pagar el precio de la carne.

Aunque esta receta requiere papas peladas, las prefiero sin pelar. Deben cocerse *al dente* para que no se desbaraten y se hagan puré en la salsa de jitomate.

Este es un buen plato vegetariano por sí solo y es igualmente bueno cuando se sirve con pescado o carne asados.

Ingredientes

125 g de jitomates, asados (véase p. 336)
2 chiles serranos picados
1 diente de ajo, pelado
2 cucharadas de agua
1/3 de taza de aceite
500 g de papas, cocidas *al dente* y cortadas en cubos de 2 cm
4 cucharadas de cebolla finamente picada
sal al gusto
60 g de queso añejo rallado

» Licue los jitomates sin pelar, los chiles, ajo y agua, para hacer una salsa con textura.
» Caliente el aceite en un sartén grueso. Añada los cubos de papa y fríalos suavemente, volteándolos de vez en cuando, hasta que empiecen a dorarse —como 5 minutos. Agregue la cebolla y póngales sal. Continúe friéndolos hasta que la cebolla se dore pero no se queme —como 3 minutos. Vierta los ingredientes licuados sobre las papas y mézclelas con cuidado para que no se desbaraten y se hagan puré. Cuézalas hasta que una parte de la salsa se haya absorbido dejando la mezcla un poco jugosa —como 8 minutos. Póngales queso encima y sírvalas.

IV Verduras, legumbres, ensaladas y frijoles

Papas chirrionas
| RINDE 4 PORCIONES |

ADAPTADA DE *LA COMIDA SE HIZO*

Chirriona quiere decir "marimacha" y puede ser que se haya nombrado así porque es un plato de sabor muy robusto. Se come como platillo fuerte.

Tenga cuidado de no cocer demasiado las papas al principio; si no, van a perder su forma y textura en la salsa.

Ingredientes

500 g de papas, sin pelar, cortadas en cubos de 2 cm
sal al gusto
3 cucharadas de manteca o aceite
1/2 cebolla mediana, finamente rebanada
5 chiles pasilla, limpios y bien tostados
2 tomates verdes, pequeños, asados
2 dientes de ajo pequeños, pelados y picados
2/3 de taza de agua
3 huevos, ligeramente batidos con sal

EL ADORNO
1 cucharada copeteada de orégano seco
2 cucharadas copeteadas de queso añejo rallado

» Hierva las papas durante 5 minutos exactamente, con sal al gusto y escúrralas. Caliente la manteca en un sartén; añada las papas y fríalas durante 8 minutos volteándolas de vez en cuando; agregue la cebolla y siga friéndolas hasta que estén doradas. En el vaso de la licuadora desmorone los chiles, añada los tomates verdes, ajo y agua; mézclelos durante unos segundos para obtener una salsa consistente—no debe ser demasiado tersa. Asegúrese de que las papas estén bien calientes antes de añadir la salsa, luego fríalas a fuego alto hasta que esta se haya reducido —4 minutos.
» Agregue los huevos batidos y revuélvalos hasta que estén cuajados —como 4 minutos más. Para servirlas espolvoréeles orégano y queso.

Camotes *(Ipomoea batatas)*

Los camotes son raíces tuberosas y harinosas, originarias del trópico americano (y probablemente de México). Fueron de importancia básica en el México prehispánico.

El camotero que transita las calles por las noches, empujando su carrito con camotes cocidos sobre fuego de carbón, dentro de un horno provisional hecho muchas veces con un tambor reciclado de aceite, todavía es un espectáculo común en los pequeños barrios típicos de la ciudad de México y en provincia. El camotero anuncia su llegada con varios silbidos lastimeros de su silbato de vapor y un grito largo: "Ca...m...oootes". En México se cultivan camotes de diferentes colores: de piel café con morado, de pulpa color morado intenso, y, más deliciosos todavía, los de piel café y pulpa anaranjada. Siempre pensé que eran insípidos hasta que la señorita Esperanza, mi oráculo sobre todas las cosas que se refieren a dulces y hierbas, compartió conmigo un camote que estaba desayunando con un vaso de leche —un desayuno perfecto, insiste ella. Estaba jugoso y deliciosamente dulce. "Nunca necesitan azúcar si los cocinas correctamente", me dijo.

En el otoño, cuando se sacan los camotes, tierrosos como están, hay que extenderlos al sol durante 5 días, volteándolos de vez en cuando. Después, tallando, límpielos, extiéndalos en una charola y hornéelos a 200 °C hasta que estén suaves y su miel empiece a salir —como 1 hora, dependiendo del tamaño. Mientras están aún calientes, póngalos en una cacerola de barro (en Michoacán los empacan entre capas de hojas de plátano), cúbralos y déjelos reposar durante la noche. Al día siguiente estarán suaves y soltando bastante miel. Se comen con todo y piel.

Hongos al vapor

| RINDE COMO 1 1/2 TAZAS |

CENTRO DE MÉXICO

En los bosques de pinos que circundan el campo de la altiplanicie central de México, abundan muchos tipos de hongos silvestres. Durante una temporada de lluvias probé 30 variedades diferentes que había en los mercados cerca de Toluca en el Estado de México, durante la temporada de lluvias. De todas las maneras de cocinarlos, esta, a mi modo de ver, es la más sencilla y deliciosa —porque no hay nada que encubra el sabor de los hongos. Los champiñones cultivados también se pueden utilizar en esta receta, pero deben cortarse en rebanadas bastante delgadas y cocerlas a fuego lento durante 20 minutos para extraer todo el sabor que sea posible.

Los hongos cocidos al vapor se pueden servir como entrada con tortillas recién hechas. Si reduce más el jugo, hasta que los hongos queden algo secos, se pueden usar como relleno para tacos, quesadillas, una *omelette* o un budín en capas con tortillas y salsa. También se puede agregar caldo de pollo concentrado para una sopa sencilla pero sabrosa, o añadir a un guiso de puerco en salsa de tomate verde o jitomate.

Ingredientes

375 g de hongos silvestres o champiñones cultivados
2 cucharadas de aceite
2 cucharadas de cebolla, finamente picada
2 dientes de ajo, pelados y finamente picados
2 chiles serranos, finamente picados
2 cucharadas de hojas de epazote, picadas
sal al gusto

» Quite las puntitas sucias de los tallos. Enjuague los hongos rápidamente en agua fría para quitar la arena y la tierra. Limpie el sombrero con una servilleta húmeda.
» Caliente el aceite en un sartén, añada la cebolla, ajo y chiles; cocínelos como por 1 minuto sin dorarlos. Agregue los hongos, epazote y sal. Tape el sartén y cuézalos a fuego medio hasta que los hongos estén tiernos pero no suaves —como 8 minutos (los champiñones cultivados tardarán más o menos 20 minutos).

Como relleno para taco, quesadilla o tortilla de huevo
» Destape el sartén y reduzca el jugo a fuego alto como por 4 minutos o hasta que se haya absorbido, pero que los hongos aún estén húmedos.

Para sopa
» A 4 tazas de caldo de pollo (p. 84) agregue los hongos y hierva la sopa durante 5 minutos.

Sugerencias para usar los hongos
» Una vez acitronados la cebolla y el ajo, añada 125 g de jitomate picado finamente sin pelar y cuézalos a fuego alto durante 3 minutos más antes de agregar los hongos y el epazote.
» Bata algunos huevos y crema y tendrá un buen relleno para un "quiche". Agregue 500 g de carne de puerco cocida y deshebrada (véase p. 194) y chile al gusto, para hacer un plato principal.

Tecomates con crema

| RINDE 1 3/4 TAZAS | CENTRO DE MÉXICO

Los tecomates *(Amanita caesarea)* son unos hongos grandes con sombrero de color anaranjado rojizo y láminas amarillo claro, que abundan durante la época de lluvia, en el centro de México. Son carnosos y tienen un sabor fuerte que se presta para esta receta. La señora Fagoaga, quien me dio esta receta y en cuya casa los probé por primera vez, los sirve como primer plato acompañado con tortillas, pero se pueden mezclar perfectamente bien con pasta o usarse como relleno de un "quiche".

Si los tecomates no se consiguen, pueden usarse cualesquiera hongos carnosos, como setas o champiñones cultivados. Cocínelos con una hora de anticipación para que reposen y los sabores se mezclen con la crema.

Ingredientes

375 g de hongos (véase comentario arriba)
2 cucharadas de aceite o mantequilla sin sal
2 cucharadas colmadas de cebolla, finamente picada
2 dientes de ajo, pelados y finamente picados
1 chile poblano o chilaca, en rajas (véase pp. 345 y 349)
180 g de jitomate, finamente picado sin pelar
1/2 cucharadita de sal o al gusto
1/3 de taza de crema espesa

» Corte la punta sucia del tallo y pele la piel rojiza (si está usando tecomates). Enjuague rápidamente los hongos en agua fría y sacúdalos para secarlos. Corte las cabezas y tallos en rebanadas delgadas. Caliente el aceite en un sartén grueso, agregue la cebolla, el ajo y las rajas de chile, y fríalos lentamente durante 2 minutos sin que se doren. Añada el jitomate y cuézalo a fuego alto 3 minutos más. Agregue los hongos rebanados, la sal, y cuézalos, cubiertos, a fuego medio hasta que los hongos estén tiernos pero no suaves —como 8 minutos. Mézcleles la crema y cuézalos 4 minutos más (véase comentario arriba).

Tejamaniles con carne de puerco

| RINDE 1 1/2 TAZAS PARA RELLENAR 12 TACOS PEQUEÑOS | SEÑORA HORTENSIA FAGOAGA

Este es un relleno poco común para tacos, hecho con puerco deshebrado (también podría utilizarse carne de res o de pollo) y los hongos silvestres de color canela llamados tejamaniles. (La palabra tejamanil se refiere a pedazos de madera delgados, también llamados *tajamanil*.) Aunque parecen delicados, sus tallos son bastante duros, y deben cocerse lo suficiente antes de agregarse a la salsa o carne deshebrada.

En Estados Unidos pueden usarse hongos chinos o japoneses.

Ingredientes

- 180 g de hongos (véase comentario arriba)
- 2 dientes de ajo, pelados y picados
- sal al gusto
- 2 cucharadas de agua
- 1/3 de taza de caldo de puerco (p. 194)
- 250 g de jitomates asados (véase p. 336)
- 1 diente de ajo adicional
- 3 chiles de árbol, ligeramente tostados
- 2 cucharadas de manteca
- 1 taza de carne de puerco, cocida y deshebrada (p. 194)

» Enjuague bien los hongos para limpiar las láminas de arena y tierra. Póngalos en un recipiente pequeño con el ajo, sal y agua; cúbralos y cuézalos a fuego medio hasta que estén tiernos —como 5 minutos. Escúrralos y vierta el líquido sobre el caldo de puerco. Corte los hongos en rebanadas desechando los tallos si están demasiado duros.

» En el vaso de la licuadora ponga los jitomates sin pelar, agregue los chiles despedazados y el ajo, y mézclelos durante algunos segundos para obtener una salsa con cierta consistencia; no los licue demasiado. Caliente la manteca en un sartén, añada la salsa de jitomate y fríala a fuego bastante alto hasta que se reduzca y espese —como 3 minutos. Agregue los hongos, el puerco y el caldo de puerco y continúe cocinándolos a fuego bastante alto hasta que la mezcla esté casi seca —como 5 minutos.

Cuitlacoche

El cuitlacoche (también llamado huitlacoche) es un hongo negro con una piel gris-plata que aparece en los elotes. Es la excrecencia de granos grandes y deformados que se desarrollan bajo las hojas que cubren el elote y que con frecuencia las fuerzan a abrirse. Supongo que por años, en otros países, los agricultores los han quemado con disgusto —excepto en México. Se supone que muchas variedades de maíz son resistentes al hongo, pero los accidentes suceden, y una vez que sucede se propaga con facilidad debido a las esporas que caen en la tierra, y puede convertirse en un problema para una cosecha que de otra manera sería sana. Botánicamente se le conoce como *Ustilago maydis*, aunque los aztecas tenían para él un nombre náhuatl nada halagador que venía de *cuitlatl* (excremento) y *cochtli* (dormido.) Hay personas que pueden desarrollar alguna alergia a él, como a cualquier otro hongo, pero se han hecho estudios en un laboratorio en Suiza (promovidos por una escritora sobre comida mexicana, entusiasta del cuitlacoche) y han demostrado que no contiene toxinas.

Cómo preparar el cuitlacoche

» Desprenda las hojas verdes que circundan el elote y deséchelas. Retire los cabellos y deséchelos: separe del olote tanto como pueda el hongo y los granos que quedan adheridos —no los separe poco a poco porque echaría a perder la textura. Quite los cabellos que queden dentro y corte el cuitlacoche en trozos. Péselo en ese momento.

Cómo cocinar el cuitlacoche
| RINDE APROXIMADAMENTE 5 TAZAS |

Cocinado con el siguiente método el cuitlacoche se puede utilizar para preparar crepas, quesadillas, budín o tacos. Véase también la sopa de cuitlacoche (p. 91).

Ingredientes

3 cucharadas de aceite
2 cucharadas de cebolla finamente picada
2 dientes de ajo pequeños, pelados y picados
4 chiles poblanos, en rajas (véase p. 349)
sal al gusto
2 cucharadas de hojas de epazote, picadas
750 g de cuitlacoche

» Caliente el aceite en un sartén, y acitrone la cebolla y el ajo —como 3 minutos. Agregue las rajas de chile, fríalas 1 minuto más. Añada el cuitlacoche y sal, tápelo y cuézalo agitando el sartén de vez en cuando, durante 15 minutos —el cuitlacoche debe estar tierno, jugoso, pero no suave y desbaratado. Mezcle el epazote y, sin tapar, cuézalo otros 2 minutos.

Nota: Si el cuitlacoche está algo seco, agréguele 1/4 de taza de agua antes de taparlo; si por el contrario está demasiado jugoso, quite la tapadera antes de que acabe el tiempo de cocimiento y reduzca el jugo a fuego alto.

Cuitlacoche guisado con jitomate
| RINDE 5 TAZAS | CENTRO DE MÉXICO

Ingredientes

3 cucharadas de aceite
1/2 taza de cebolla finamente picada
3 dientes de ajo, pelados y finamente picados
250 g de jitomates, finamente picados sin pelar
3 chiles serranos, finamente picados
750 g de cuitlacoche desgranado (como 6 tazas)
1 cucharadita de sal o al gusto
3 cucharadas de hojas de epazote, picadas

» Caliente el aceite en un sartén grande, acitrone la cebolla y el ajo —como 5 minutos. Añada los jitomates y los chiles y cuézalos a fuego medio-alto hasta que algo del jugo se haya evaporado, revolviéndolos de vez en cuando —como 8 minutos. Agregue el cuitlacoche y sal, tápelo y cuézalo durante 10 minutos a fuego medio, revolviéndolo y volteándolo de vez en cuando. Quite la tapadera, añada el epazote y déjelo sobre el fuego 5 minutos más —el cuitlacoche no debe quedar demasiado suave ni la mezcla muy jugosa; si lo está, redúzcala un poco a fuego alto.

El arte de la cocina mexicana

Crepas de cuitlacoche
| RINDE 12 CREPAS | CIUDAD DE MÉXICO

Jaime Saldívar, un distinguido gastrónomo mexicano ya fallecido, fue el primero en presentar el cuitlacoche de esta manera. El platillo es tan elegante que ahora está considerado como un clásico de la cocina mexicana. Naturalmente, las recetas varían un poco según el chef; uno usará una salsa a base de jitomate, otro una salsa *béchamel*, pero a mi modo de pensar, esta crema con chile es un mejor complemento para las crepas.

A falta de cuitlacoche, puede sustituirlo por champiñones cultivados, pero no tendrá el lujo de su color, sabor y textura.

Aunque todos los componentes de este platillo se pueden preparar con tiempo, debe terminarse justo antes de entrar al horno y comerse al momento de salir de él; de otra manera, tiende a convertirse en una revoltura deliciosa pero pastosa.

Ingredientes

1 1/2 cucharaditas de mantequilla para engrasar el refractario
12 crepas de 13 cm
1 receta de cuitlacoche (p. 137)
1 1/2 tazas de crema
3 chiles poblanos, en rajas (véase p. 349)
1/4 de cucharadita de sal o al gusto
125 g de queso Chihuahua rallado
2 chiles poblanos, en rajas fritas (véase p. 349)

» Caliente el horno a 180 °C. Enmantequille un refractario en donde las crepas se acomoden en una sola capa. Ponga un poco de relleno a lo largo del centro de cada crepa, enróllelas flojitas y colóquelas en el refractario.

» Licue la crema con los chiles en rajas hasta que esté tersa y de color verde pálido. Si la crema está demasiado espesa para licuarse con facilidad, agregue un poco de leche, sólo la suficiente para permitir que las aspas funcionen. Añada la sal; esto debe hacerse en el último momento porque la salsa tiende a cortarse. Vacíe la salsa sobre las crepas y hornéelas cubiertas con papel aluminio hasta que la salsa burbujee —de 10 a 15 minutos. Póngales queso, decórelas con rajas fritas de chile y regréselas al horno hasta que el queso se funda pero no se dore. Sírvalas inmediatamente, solas o con pan para recoger la salsa.

Budín de cuitlacoche
| RINDE DE 4 A 6 PORCIONES |

CENTRO DE MÉXICO

En México esta sería una sopa seca y, por cierto, deliciosa. Con una ensalada, sería un buen platillo para almorzar o un primer plato a la hora de cenar, antes, digamos, de un platillo de pescado o algo bastante ligero.

Aunque todos los componentes de este plato se pueden preparar con anticipación, las tortillas deben freírse y el platón debe ser arreglado justamente antes de ponerlo en el horno, y debe comerse tan pronto como salga o las tortillas se humedecerán demasiado. Las tortillas pueden sustituirse por crepas y el cuitlacoche por champiñones.

Ingredientes

3 cucharadas de aceite
8 tortillas de 12 cm
1 1/2 tazas de salsa de jitomate (salsa de jitomate sierra de Puebla) (p. 259)
2 1/2 tazas de cuitlacoche guisado (con o sin jitomate) (p. 137)
1/3 de taza de queso Chihuahua rallado
1/2 taza de crema

» Caliente el horno a 190 °C. Tenga listo un refractario en el que puedan caber 2 montones de tortillas uno al lado del otro, y una charola forrada con papel absorbente.
» Caliente un poco de aceite en un sartén pequeño —lo suficiente para cubrir la superficie—, fría las tortillas ligeramente para que se calienten sin que se doren por las orillas —de 3 a 4 segundos de cada lado— añadiendo más aceite conforme sea necesario. Escúrralas en papel absorbente.
» Este budín se hace poniendo en capas las tortillas fritas sumergidas en la salsa y con el cuitlacoche guisado entre cada capa. Vacíe la salsa restante sobre las tortillas, cúbralas con papel aluminio y hornéelas hasta que estén calientes —como 10 minutos. Retire el aluminio, póngale queso encima y regréselo al horno sólo el tiempo suficiente para fundir el queso —no lo deje dorar. Antes de servirlo, cúbralo con crema y córtelo como si fuera un pastel.

Nopales *(Opuntia sp.)*

En México se cocinan y comen las pencas carnosas de varias especies del nopal. Aunque la gente del campo escoge las silvestres con grandes espinas blanquizcas, comercialmente se cultivan algunas variedades cuyas espinas, los aguates, son casi invisibles, y están escondidas dentro de carnosas capas verdes que forman pequeños abultamientos en la superficie de las hojas. No todas estas variedades, cuando maduran, producen las frutas con forma de huevo llamadas tunas —verdes, amarillas o rojas, dependiendo de la variedad.

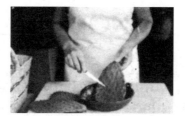

Nopales enteros
Si puede escoger los nopales, seleccione los que estén firmes al tacto, no blandos, con una piel tersa y sin arrugas. Manéjelos con cuidado, ya sea con pinzas o con guantes, para que las espinas no se le claven en los dedos causándole una pequeña pero persistente irritación durante un par de días. Tienen que limpiarse, lo que es un trabajo aburrido (pero como todos los trabajos aburridos, puede llevarlo a cabo divirtiéndose con algo de música o con un video sobre cocina). Necesitará unas pinzas, un cuchillo afilado y un guante en una mano. Sosteniendo el nopal firmemente con las pinzas, corte los pequeños abultamientos que contienen las espinas, pero no corte toda la capa superior del nopal. Enjuáguelos bien. Corte la base carnosa y gruesa y deséchela. Luego córtelo en cuadros de entre 1/2 y 1 1/2 cm cuadrados. Están listos para cocinarse.

Nopales asados
En las áreas del centro de México donde se cultivan los nopales, la manera popular y rústica de cocerlos es sobre una parrilla o en comal. Límpielos como se describió anteriormente pero déjelos enteros. Córtelos en tiras dejándolos unidos en la base. Caliente el comal a fuego muy alto y engráselo ligeramente. Sumerja el nopal en el pulque o cerveza y colóquelo sobre el comal, oprimiéndolo con una espátula de manera que la parte inferior chisporrotee y se dore —como 4 minutos. Píquelos, sazónelos con salsa de chile y hágalos en tacos.

Nopales cocidos
La manera más común de cocer los nopales, limpios y cortados en cuadros, es la de hervirlos en agua salada con algunos rabos de cebolla, lo cual, de acuerdo con los cocineros mexicanos, ayuda a extraer la sustancia viscosa que tienen, semejante a la del angú. Algunas personas ponen en el agua una moneda de cobre o una pizca de polvo de hornear para conservar el color, mientras otras los cuecen en un cazo de cobre —da igual.

Ponga los nopales limpios y cortados en agua hirviendo, salada, y con los rabos de cebolla cortados en trozos, hiérvalos a fuego alto hasta que estén tiernos pero no suaves —como 10 ó 15 minutos, dependiendo del grueso. Escúrralos y enjuáguelos dos veces en agua fría si es necesario, para remover todo el jugo viscoso que les sale. Están listos para usarse en ensaladas, con huevos, frijoles, etcétera.

Medio kilo de nopales, una vez limpios y cortados, rinden como 3 1/2 tazas. Esta cantidad se reducirá a la mitad por la cocción.

Nopales al vapor
RINDE 3 TAZAS

Un conductor de autobús de Otumba, un pueblo cerca de las pirámides de Teotihuacan, me enseñó que los nopales tienen mejor textura, mejor color y son más nutritivos si los cuece de esta manera.

Aunque los llaman *al vapor*, esto no quiere decir que los cuecen en una vaporera; se refiere al método de cocerlos cubiertos en su propio jugo. Cocinados de esta manera, están listos para usarse en ensaladas, con huevos revueltos, con frijoles, o como relleno de tacos.

Ingredientes
- **2 cucharadas de aceite**
- **2 dientes de ajo pequeños, pelados y finamente picados**
- **1/3 de taza de hojas de rabos de cebolla**
- **6 tazas de nopales preparados y cortados (véase arriba)**
- **sal al gusto**

» Caliente el aceite en un sartén grande, acitrone el ajo y los rabos de cebolla —como 30 segundos. Agregue los nopales y la sal, y mézclelos bien, tápelos y cuézalos a fuego medio, moviendo el sartén de vez en cuando para evitar que se peguen, durante 10 minutos. En este tiempo los nopales irán soltando la baba.

Nota: Cuando están recién cortados, los pedazos de nopal son muy jugosos; si se compran en una tienda, a menudo están más secos, así que puede ser necesario agregar 1/2 taza de agua en el momento de cocerlos.

» Quite la tapadera y continúe la cocción removiéndolos y raspando el fondo del sartén para evitar que se peguen, hasta que los nopales estén casi secos y brillantes —como 15 minutos. Déjelos enfriar.

Nopales en blanco
| RINDE APROXIMADAMENTE 2 TAZAS |

Esta sencilla y sabrosa receta viene del *Libro social y familiar, para la mujer obrera y campesina*, 1935. Lo que parece curioso es que se refieran a ellos como "blancos", pues solamente significa que no están cocinados en una salsa roja de chile. Pueden servirse como un plato aparte con tortillas o con carne asada o pescado.

Ingredientes

2 cucharadas de manteca o aceite
500 g de nopales, limpios y cortados (véase p. 140) (3 1/2 tazas)
2 cucharadas colmadas de rabos de cebolla
1/2 cucharadita de sal o al gusto
2 chiles serranos
60 g de tomate verde, cocido (p. 337), más 1/4 de taza del líquido en que se cocieron
1 diente de ajo, pelado y picado
2 cucharadas de cebolla, finamente picada
2 cucharadas de cilantro picado

» Caliente la manteca en un sartén grueso y ponga los nopales, los rabos de cebolla y la sal, cubra el sartén y cuézalos a fuego lento, sacudiendo el sartén de vez en cuando hasta que hayan soltado la baba y queden tiernos —como 15 minutos.

» Aumente el fuego, retire la tapadera y continúe cocinándolos revolviendo y raspando el fondo del sartén para evitar que se peguen, hasta que la baba se haya absorbido y los nopales empiecen a freírse —como 15 minutos. Añada los chiles y fríalos un minuto más. Entre tanto ponga los tomates verdes con el agua de cocimiento, ajo y cebolla en el vaso de la licuadora y mézclelos hasta que estén casi tersos. Añada la salsa a los nopales y redúzcala a fuego medio como por 5 minutos. Pruébelos de sal, agregue el cilantro, cocínelos durante unos segundos y sírvalos.

Ensalada de nopalitos
| RINDE 6 PORCIONES |

Las ensaladas como tales no son muy importantes en la cocina mexicana, donde hay tantos encurtidos y salsas para acompañar la comida. No obstante, la ensalada de nopalitos, un alimento popular en los mercados, tiene un lugar importante. Ejotes o chayotes cocidos pueden tomar el lugar de los nopales.

Ingredientes

3 tazas de nopales cocidos, cortados en cuadros (p. 140)
3 cucharadas de cebolla, finamente picada
1/2 taza de cilantro, sin apretar, finamente picado
1/2 cucharadita escasa de orégano
2 cucharadas de jugo de limón o vinagre
aceite (opcional)

EL ADORNO
3 jitomates pequeños, rebanados sin pelar
1/3 de taza de cilantro finamente picado
1/3 de taza de queso fresco o añejo, desmoronado
1/3 de taza de ruedas de cebolla morada
3 chiles jalapeños enlatados en escabeche, cortados en rajas
1 aguacate, pelado y rebanado (opcional)
las hojas interiores de una lechuga orejona para los lados del platón

» Mezcle los nopalitos con los cuatro ingredientes siguientes y déjelos sazonar durante 30 minutos. Revuelva bien y pruebe de sal. Coloque los nopalitos en un platón y póngales encima las rebanadas de jitomate, el cilantro, queso, rodajas de cebolla, rajas de chile y rebanadas de aguacate (si lo usa). Acomode las hojas de lechuga alrededor del platón y sirva a temperatura ambiente.

Frijoles *(Phaseolus vulgaria spp.)*

En México, las tiendas de abarrotes en donde se venden chiles secos, semillas de calabaza, lentejas y arroz, son un vistoso espectáculo con sus sacos abiertos de frijoles multicolores: bayos (café), flor de mayo (manchados de morado), canario (amarillo opaco), peruano (amarillo pálido), morado (lila), cacahuates (grandes, color café, moteados de morado rojizo), los chiquitos y brillosos negros, y pequeños frijoles blancos, para nombrar unos pocos. Proporcionan un amplio espectro de variedades regionales que juegan un papel importante en el valor nutricional de la comida mexicana, especialmente en la de los campesinos.

Aunque hay pequeñas diferencias regionales en su preparación —con distintas hierbas, con o sin ajo, con o sin chile, etcétera— hay algunas reglas generales para su cocción. La forma más común y sabrosa de cocer frijoles secos es en una olla de barro, pero hay que tener cuidado de que no se quemen. Siempre tenga agua caliente adicional para agregarles de vez en cuando, o haga lo que hacen mis vecinos —coloque una pequeña cazuela llena de agua sobre la boca de la olla. Esto evita algo de la evaporación y proporciona agua caliente cuando se necesita (véase la ilustración de la p. 115).

En Estados Unidos existe el Crock-Pot *o* slow cooker, *recipientes de cerámica que son muy útiles para cocer frijoles sin correr el riesgo de que se quemen. En ellos se pueden dejar los frijoles a fuego medio a fin de que se cuezan durante toda la noche; el agua no tiende a evaporarse tan rápido como con otros métodos de cocción. (Los recipientes para cocinar lentamente funcionan mejor si tienen la tapadera de vidrio en lugar de plástico.)* Prefiero no usar una olla de metal, pero si tiene prisa, debe recurrir a una olla de presión. Tenga cuidado de mantener la olla a fuego muy bajo y asegúrese de que tenga bastante agua para que no se quemen los frijoles. El tiempo de cocción no se puede dar con exactitud: depende de lo viejos que estén los frijoles.

Frijoles de olla

| RINDE COMO 3 1/2 TAZAS | CENTRO DE MÉXICO

Ingredientes

250 g de frijoles secos, como bayo, flor de mayo, canario, etcétera (*en Estados Unidos, pinto, California pink, black turtle*)
1/4 de cebolla, en rebanadas grandes
1 cucharada colmada de manteca
sal al gusto

» Pase los frijoles entre sus manos para retirar las piedrecitas o terroncitos que pueden encontrarse aun en las mejores marcas. Enjuáguelos con agua fría y escúrralos. Póngalos en una olla y agregue suficiente agua caliente para que los cubra por lo menos 8 cm más arriba de los frijoles. Añada la cebolla y la manteca y póngalos a hervir. Continúe cociéndolos hasta que la piel de los frijoles esté suave, entonces agregue la sal y continúe la cocción hasta que estén muy suaves y el caldo un poco espeso (véase arriba comentario sobre el tiempo de cocimiento). Los frijoles siempre tienen mejor sabor un día después de cocidos.
» Los frijoles de olla normalmente se sirven solos después del plato principal; algunas veces en el mismo plato, para recoger su caldo con una tortilla, o también como sopa en un pequeño tazón.
» No deje remojando los frijoles primero, la piel suelta un sabor desagradable. Pero si lo hace, no tire el agua en la que los remojó, porque tiene cierto valor nutritivo. En su lugar tire el libro que le diga que lo tire.
» No añada la sal hasta que la piel de los frijoles esté suave, o se endurecerán.
» Siempre utilice el caldo de frijol —de nuevo, tire el libro que le diga que se deshaga de él (créalo o no, he visto estas instrucciones).
» No deje los frijoles a temperatura ambiente ni siquiera por poco tiempo, porque se fermentan con facilidad.

El arte de la cocina mexicana

Frijoles refritos
| RINDE 2 1/3 TAZAS APROXIMADAMENTE | CENTRO DE MÉXICO

Los frijoles machacados y fritos pueden aparecer en una mesa mexicana tres veces al día: con los huevos en el desayuno, después del plato de carne al mediodía, o con los tacos de la cena. Se usan para untar tostadas, raspadas, sopes y otros antojitos. Naturalmente, mientras más manteca use —no grasa de tocino, que es demasiado fuerte— más sabrosos son. Para machacarlos, un machacador de madera para frijoles o papas es lo mejor. No recomiendo una licuadora porque los frijoles pierden su peculiar textura.

Ingredientes

6 cucharadas de manteca
1 cucharada de cebolla, finamente picada
1 receta de frijoles de olla (p. 143)

» Caliente la manteca en un sartén grueso de 25 cm. Añada la cebolla y acitrónela —como 1 minuto. Agregue una taza de frijoles con su caldo y macháquelos sobre fuego bastante alto. Continúe friéndolos, raspando los lados y el fondo del sartén para evitar que se peguen, hasta que la mezcla se convierta en una pasta espesa y pueda ver el fondo del sartén mientras los revuelve.
» Si desea preparar los frijoles con tiempo, fríalos hasta el punto en que todos los frijoles hayan sido machacados. Tápelos bien para que no se forme una capa dura en la superficie. Cuando los recaliente, salpique la superficie con 1/4 de taza de agua caliente, mézclelos bien y continúe friéndolos.
» La pasta de frijol se congela bien, y siempre puede tenerla a la mano.

Frijoles puercos de Michoacán
| RINDE DE 6 A 8 PORCIONES | CENTRO DE MICHOACÁN

Como el nombre lo indica, estos frijoles son sustanciosos —aunque no tanto como la versión de Colima que sigue— y ciertamente deben disfrutarse con todos los ingredientes tradicionales, pero también, por cierto, deben comerse en pequeñas cantidades. Estos frijoles se preparan para fiestas, como acompañamiento de carnes asadas o carnitas, pero pueden aparecer en una mesa de *buffet* en cualquier momento, incluso en un almuerzo.

Esta receta me la dio la señora Guadalupe Mendoza, quien vino originalmente de Querétaro a Pátzcuaro para contraer matrimonio y formar parte de una de las antiguas familias de allí. Para esta receta ella utiliza un frijol medio aplanado, de color café rosado, llamado *Ihuatzio*, como la aldea situada a orillas del lago, cerca de donde se cultiva. Los frijoles deben cocerse hasta que estén bastante suaves y el caldo se reduce hasta tener una consistencia un poquito espesa.

Ingredientes

60 g de tocino, cortado en cuadros pequeños
180 g de chorizos pelados y desmoronados
1/3 de taza de cuadros de tortilla seca como de 2 cm
1 receta de frijoles de olla (p. 143) (como 4 tazas con caldo)
4 chiles largos enlatados o jalapeños en escabeche
125 g de queso añejo o Chihuahua
60 g de chicharrón, partido en trozos pequeños

IV Verduras, legumbres, ensaladas y frijoles

» A fuego lento, en un sartén pequeño fría el tocino para que suelte la grasa, pero no permita que se dore demasiado y se vuelva crujiente. Retire los pedazos de tocino con una cuchara perforada. Añada el chorizo a la grasa de tocino y fríalo suavemente, sin dorarlo, durante 5 minutos. Retire el chorizo con la cuchara perforada. En la misma grasa fría los cuadros de tortilla hasta que estén crujientes. Escúrralos sobre papel absorbente.
» Ponga los frijoles en un sartén grande y agregue los chiles enteros, el tocino y el chorizo, caliéntelos ligeramente para que no se quemen en el fondo y cuando empiecen a burbujear añada el queso y el chicharrón. En cuanto el queso se empiece a fundir, póngales los cuadros de tortilla y sírvalos inmediatamente, antes de que estos se reblandezcan.

Frijoles puercos de Colima
| RINDE COMO 3 1/2 TAZAS | SEÑORA GUADALUPE ALCARAZ, COLIMA

Los frijoles puercos vienen de la tierra caliente de los estados occidentales de Michoacán, Colima y Jalisco y son la manera más sustanciosa de cocinar frijoles. En Huetamo, Michoacán, los sirven, aun siendo algo grasosos, con un mole rojo; en Colima, con un plato de puerco sazonado llamado *tatemado*. Esta extraordinariamente deliciosa versión de Colima por lo regular se sirve sola sobre chiles fritos, de manera que el sabor de los chiles se absorba. Yo embarro los frijoles sobre tostadas, aunque la señora Alcaraz dice que esto *no se hace,* y sin duda tiene razones válidas.

Ingredientes

250 g de frijoles bayos de olla, cocidos hasta que estén muy suaves, con su caldo (p. 143)
180 g de manteca
1 tortilla de maíz, pequeña y seca
125 g de puerco cocido y deshebrado (p. 194)
90 g de chorizo, pelado, desmoronado y frito
1/4 de taza de verduras en escabeche, finamente picadas (p. 120)
90 g de queso añejo, finamente rallado

LO DE ENCIMA
1/3 de taza de cebolla, finamente picada
1/3 de taza de zanahorias rebanadas y cocidas
1/2 taza de col rallada finamente
2 chiles cascabel o serranos secos, bien dorados y desmoronados

» Reduzca los frijoles hasta que formen una pasta suave y todo el caldo se haya absorbido.
» Caliente la manteca, añada la tortilla y fríala hasta que quede de un color dorado oscuro; retírela y deséchela o úsela. Gradualmente mezcle los frijoles con la manteca y fríalos durante 2 minutos. Macháquelos completamente hasta que formen una pasta consistente. Añada el puerco deshebrado, el chorizo desmoronado, las verduras, y cuézalos durante 5 minutos más, revolviéndolos y volteándolos casi constantemente. Cuando la pasta empiece a separarse de los lados del sartén, agregue el queso y, en cuanto se funda, retírelo y sírvalo en un platón caliente con la cebolla, zanahorias, col y chiles encima.

El arte de la cocina mexicana

Frijoles guisados

| RINDE 4 1/2 TAZAS | SEÑORA LIVIER RUIZ DE SUÁREZ, VALLE DE JUÁREZ

Tradicionalmente, estos frijoles semifritos se sirven sobre morisqueta (arroz hervido; p. 106), con queso añejo desmoronado encima, servido como sopa seca o platillo para cenar. Es un ejemplo típico de comida hogareña para una familia grande. Los frijoles se cuecen bien hasta que parecen una salsa un poco espesa para la morisqueta, pero puede reducirlos un poco más y embarrarlos en tortillas o tostadas.

Ingredientes

250 g de frijol bayo, peruano o flor de mayo
3 litros de agua caliente, aproximadamente
1/4 de una cebolla mediana, rebanada
3 cucharadas de manteca
sal al gusto
3 chiles serranos finamente picados, o al gusto
3 cucharadas de cebolla, finamente picada

» Pase los frijoles entre sus manos para quitarles las piedras y la tierra. Enjuáguelos bien en agua fría y póngalos en una olla. Cúbralos con el agua caliente, añada la cebolla, una cucharada de la manteca y póngalos a hervir. Tape la olla y continúe la cocción hasta que la piel de los frijoles esté suave —de 2 a 4 horas, dependiendo de la calidad de los frijoles. Agregue la sal y cuézalos hasta que se desbaraten —como 1 hora más (véase comentario de la p. 143).

» Funda las 2 cucharadas de manteca restantes en un sartén, añada los chiles y la cebolla picada, y fríalos sin que se doren —aproximadamente 2 minutos. Agregue los frijoles y su caldo (debe haber como 4 tazas) y empiece a machacarlos hasta que parezcan un puré consistente (esto es fácil si los ha cocido lo suficiente). Cuézalos sobre fuego bastante alto hasta que se reduzcan y espesen lo necesario como para cubrir el reverso de una cuchara de madera —como 15 minutos.

» Si los usa para tostadas o frijoles refritos, continúe friéndolos hasta formar una pasta espesa.

Frijoles negros a la oaxaqueña

| RINDE DE 7 A 8 TAZAS |

Los frijoles negros se utilizan principalmente en la parte sur de México, son pequeños, con la piel muy brillante. Como uno nunca sabe si los frijoles están viejos, es mejor pensar que van a tardar mucho en cocerse. De cualquier manera, tanto los frijoles como el caldo mejoran en sabor y sustancia si se cocinan un día antes de usarse.

Ingredientes

450 g de frijoles negros
1/2 cebolla mediana, rebanada
1/2 cabeza de ajo pequeña
10 tazas de agua caliente
sal al gusto
2 ramas grandes de epazote

» Limpie los frijoles para asegurarse de que no haya piedritas u otras basuras. Enjuáguelos con agua fría, escúrralos y póngalos en una olla. Añada la cebolla, haga un corte superficial alrededor de la cabeza de ajo y cúbralos con agua caliente. Tape la olla y cuézalos a fuego medio hasta que la piel esté suave —de 4 a 12 horas dependiendo de lo viejos que estén los frijoles. Agregue sal al gusto y el epazote y cuézalos durante 30 minutos más.

Frijoles negros con chochoyotes
| RINDE DE 6 A 8 PORCIONES |

Esta receta es típica de la cocina rústica de Oaxaca: los ingredientes más sencillos con el fuerte sabor de una hierba característica, en este caso, la hierba de conejo, *Tridax coronopiifolia*. La consistencia la da el asiento de los chochoyotes. Tradicionalmente estos frijoles caldosos se sirven, ya sea después del plato principal —como se hace con los frijoles de olla en el centro de México— o bien, para acompañar una carne asada al carbón o un tasajo de hebra. Se puede usar un manojo de epazote en lugar de la hierba de conejo y, aunque no da el mismo sabor, es un sustituto aceptable. Se pueden servir como una sopa caldosa.

Ingredientes

- **1 manojo pequeño de hierba de conejo o epazote**
- **1/3 de taza de agua**
- **2 chiles de árbol tostados**
- **3 dientes de ajo, pelados**
- **1/4 de cebolla, mediana, rebanada**
- **2 cucharadas de manteca o aceite**
- **1 1/2 tazas de agua**
- **sal al gusto**
- **1 receta de frijoles de olla (p. 143) usando frijoles negros (de 3 1/2 a 4 tazas con caldo)**
- **18 chochoyotes (p. 55)**
- **cebolla picada para servir (opcional)**

» Quíteles a las hierbas los tallos gruesos y ponga las hojas, 1/3 de taza de agua, los chiles secos, el ajo y la cebolla en la licuadora y muélalos bien.
» Caliente la manteca en una olla, añada lo molido y cuézalo a fuego alto por 3 minutos.
» Añada los frijoles, el agua y sal, y cueza alrededor de 15 minutos. Añada los chochoyotes y siga la cocción hasta que la masa esté cocida; alrededor de 15 a 20 minutos más.
» Sirva en platos soperos con la cebolla picada encima si lo desea.

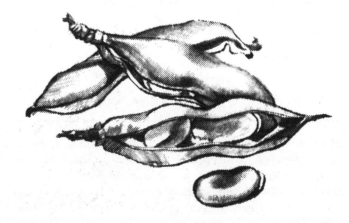

El arte de la cocina mexicana

Frijoles colados y fritos a la yucateca
| RINDE 3 TAZAS |

Esta pasta de frijoles negros se sirve con muchos platillos yucatecos y como parte de algunos de sus antojitos (panuchos, garnachas, etcétera). Las cocineras tradicionales todavía pasan los frijoles cocidos por un colador fino para quitarles la piel (la parte no digerible que produce gases, aunque contiene mucha fibra). Podemos ahorrar tiempo licuándolos con su caldo hasta que estén tersos.

Ingredientes

- **250 g de frijoles negros**
- **8 tazas de agua caliente, aproximadamente**
- **1 cebolla de rabo picada**
- **1/4 de cebolla mediana rebanada**
- **6 a 8 cucharadas de manteca**
- **sal al gusto**
- **1 rama grande de epazote**
- **1 chile habanero**

» Limpie los frijoles de piedras o basuras. Enjuáguelos en agua fría, póngalos en una olla cubiertos con agua caliente. Hiérvalos hasta que se rompa la piel —como 2 horas dependiendo de lo viejo y seco de los frijoles.

» Agregue la cebolla de rabo, 4 cucharadas de manteca, sal al gusto, continúe cociéndolos hasta que estén suaves y medio desbaratados —como 1 hora más.

» Caliente el resto de la manteca en un sartén grueso. Añada la cebolla rebanada y déjela acitronar.

» Ponga la mitad de los frijoles y su caldo en la licuadora y muélalos hasta que queden tersos. Agréguelos al sartén con manteca. Continúe con el resto de los frijoles añadiéndolos al sartén junto con el epazote y el chile. Reduzca el puré a una pasta espesa sobre un fuego bastante alto revolviendo y raspando el fondo del sartén ocasionalmente para evitar que se peguen —como 15 minutos.

» Una vez preparada esta pasta puede usarse o congelarse, quedando lista para utilizarse con otras recetas.

Garbanzos
| COCIDOS RINDEN 2 TAZAS |

Los garbanzos secos *(Cicer arietinum)* se utilizan en varias sopas y guisos mexicanos. También se usan en polvo o cocidos y machacados para hacer sabrosas tortitas saladas o como postre en miel. Por supuesto, puede usar los enlatados, pero están precocidos y tienden a desbaratarse un poco; además no podrá usar el líquido de la lata satisfactoriamente. Si los cuece, podrá añadir el caldo al guiso para dar más sabor y aprovechar lo nutritivo.

Ingredientes

- **1 taza de garbanzos secos (como 170 g)**
- **sal al gusto**

» Enjuague los garbanzos con agua fría, escúrralos, cúbralos con agua caliente y déjelos remojar durante la noche. En un recipiente ponga los garbanzos, el agua en la que se remojaron, 2 tazas más y sal al gusto. Póngalos a hervir y cuézalos hasta que estén suaves pero no desbaratándose —como 1 1/2 horas, dependiendo de lo viejos y secos que estén.

» También puede cocerlos en la olla de presión, poniendo los garbanzos, el agua en que se remojaron y agua adicional pero sin sal, y cocinándolos durante 40 minutos aproximadamente.

» Cualquiera que sea el método que utilice, cuando los garbanzos estén tibios, tállelos entre sus manos para quitarles los pellejos. Entonces están listos para usarse, pero conserve el líquido de la cocción para la sopa o guiso que se va a hacer.

Lentejas en adobo

| RINDE DE 4 A 6 PORCIONES | SEÑORA VIRGINIA RAMOS ESPINOZA

En muchas regiones de México en donde se cultiva fruta, esta se utiliza como ingrediente en alguno de los platillos de carne: peras y duraznos en la vitualla del Bajío (véase p. 232), piña y plátano en el manchamanteles de Oaxaca, duraznos, peras y manzanas en el relleno de chiles en nogada de Puebla. Muchas de las mismas frutas se usan en el "caldo loco" de las altiplanicies de San Luis Potosí. Estos sabores salados y agridulces son reminiscencias de los platillos de los moros en España. (Es interesante saber que, según mi experiencia personal, en ciertas partes no toleran guisos con sabor dulzón de frutas.)

En la capital y alrededores de Puebla es muy popular esta receta de lentejas. Hay una versión bastante indigerible de este plato que aparece en el *Diccionario de cocina*, precedida de una advertencia: "Esta legumbre no conviene sino a los buenos estómagos". Si las lentejas están bien cocidas, esta advertencia se puede ignorar. Sirven para hacer una sopa o guiso delicioso especial para los días fríos, y se acompañan bien con un buen pan crujiente estilo francés y un vino rojo fuerte.

Ingredientes

LAS LENTEJAS
250 g (una taza colmada) de lentejas
1/2 cebolla pequeña
sal al gusto

EL PUERCO
500 g de carne maciza de puerco, cortada en cubos de 2 cm
sal al gusto

LA SAZÓN Y EL COCIMIENTO FINAL
5 chiles anchos pequeños, limpios de venas, semillas y ligeramente tostados (véase p. 352)
1 jitomate asado
1 diente de ajo, pelado y picado
1/4 de cucharadita de orégano
1 clavo entero, triturado
1 rajita de canela (de 1 1/2 cm), triturada
1 cucharada de manteca derretida
1 plátano macho mediano (de 240 g) pelado y cortado en rebanadas de 1 cm
2 rebanadas gruesas de piña, pelada, sin corazón y cortada en triángulos

» Pase las lentejas entre sus dedos para limpiarlas de piedritas o basura. Enjuáguelas y colóquelas en una olla. Añada la cebolla y sal al gusto y agua que las sobrepase como por 5 cm. Póngalas a hervir a fuego medio. Continúe la cocción hasta que las lentejas estén bastante suaves —como 3 horas, dependiendo de lo viejas que estén. Siempre tenga listo un recipiente con agua muy caliente para agregarla si es necesario.

» En una cacerola coloque el puerco, agregue sal al gusto y agua suficiente para cubrirlo. Hiérvalo a fuego medio hasta que esté suave pero no demasiado —como 25 minutos. Cuélelo, conservando el caldo.

» Cubra los chiles con agua hirviendo y déjelos remojar durante 15 minutos, hasta que se suavicen. Escúrralos y póngalos en el vaso de la licuadora con una taza de caldo de puerco, el jitomate asado, ajo, orégano, clavo y canela; muélalos hasta que estén tersos, agregando más caldo sólo si se necesita para que las aspas de la licuadora funcionen.

» Caliente la manteca en un sartén pequeño, añada los ingredientes licuados y fríalos a fuego medio, revolviendo y raspando el fondo del sartén, hasta que se reduzcan y estén bien sazonados —como 4 minutos. Agregue las lentejas, el puerco, el caldo restante, el plátano y la piña; hiérvalos juntos durante otros 30 minutos. Añada sal al gusto y agua si es necesario. Debe quedar como una sopa espesa.

El arte de la cocina mexicana

V

Pescados y mariscos

- › PESCADO EMPEREJILADO
- › BACALAO A LA VIZCAÍNA
- › CÓMO LIMPIAR CALAMARES
- › CALAMARES EN SU TINTA
- › CÓMO LIMPIAR PULPOS
- › PULPO EN ESCABECHE
- › TORTITAS DE CAMARÓN SECO
- › REVOLTIJO EN CALDO DE CHILE PASILLA
- › TORTITAS DE CAMARÓN EN SALSA DE CHILACATE
- › ROMERITOS
- › CAMARONES ENCHIPOTLADOS
- › PESCADO ZARANDEADO
- › OSTIONES EN ESCABECHE
- › PAN DE CAZÓN

Véase también:
- › CALDO DE CAMARÓN SECO (P. 96)
- › TAMALES DE PESCADO (P. 75)
- › FRIJOL BLANCO CON CAMARÓN SECO (P. 97)

Notas:

_____
_____
_____
_____
_____

México tiene la forma de cornucopia ("Cuerno de la abundancia"), con una costa de miles de kilómetros que dan al Pacífico, a los golfos de California y de México, y al Caribe. En la costa hay muchas lagunas, ríos grandes, lagos y presas, los cuales —si la contaminación no se ha adueñado de ellos— ofrecen una enorme variedad y una gran cantidad de pescados y crustáceos durante todo el año.

Los mejores lugares para comerlos siempre serán los que están relativamente aislados, en donde los pescados y mariscos acaban de ser sacados del agua. Asados simplemente o sazonados con pasta de chile, servidos con una salsa sencilla o preparados en cebiche, estos alimentos del mar son soberbios.

Tierra adentro, en las ciudades y pueblos, se cocina el pescado de una manera sencilla; con frecuencia el pescado se dora, se cuece en una salsa de jitomate o se hace en escabeche y algunas veces se pone al vapor en hojas de plátano u hoja santa, pero desafortunadamente a menudo lo sobrecuecen, excepto cuando lo preparan manos expertas.

Las recetas que siguen dan una idea de la variedad de métodos para cocinarlos, de diferentes regiones del país.

Pescado emperejilado

| RINDE 6 PORCIONES | PÁTZCUARO

El pescado blanco (*Chirostoma estor*) se encuentra solamente en el lago de Pátzcuaro (y hasta hace pocos años en el lago de Chapala) y se cree que no lo hay en ninguna otra parte del mundo. Es un pescadito elegante con una cabeza puntiaguda y tiene una banda ancha y plateada que corre por los lados de su cabeza hasta la cola, con un largo de 20 cm en promedio. No tiene escamas y su carne, cuando está cruda, es casi transparente.

La carne es muy fina cuando está cocida, como la del pescado sol, y tiene un sabor muy delicado. Los filetes de sol o de lenguado son los mejores sustitutos.

La manera más popular de preparar este pescado en Pátzcuaro es abrirlo y aplanarlo dejando la cabeza intacta —para que se pueda ver que es genuino—; luego se cuece rebozado como los chiles rellenos. Es muy agradable pero tiende a ser bastante grasoso. Otro método es el de hacerlo en escabeche —una salsa ligera— pero eso endurece la carne y domina sobre el sabor del pescado.

Cuando la señora Alcocer, en Pátzcuaro, me dio esta receta, me sorprendió la sencillez de preparación que, sin embargo, aumenta el sabor del pescado. En efecto, este pescado se cocina en papel pergamino, pero también recuerda el método indígena de cocinar pescado sazonado, envuelto en varias capas de hojas de maíz secas colocadas sobre un comal de barro o sobre una parrilla, directamente sobre un vivo fuego de leña o de carbón. La señora Alcocer de hecho usa papel de estraza; ella insiste en que el papel aluminio es demasiado tosco —naturalmente puede usarse papel pergamino de cocina. Ella lo sirve acompañado de bolillo y de una sencilla ensalada de lechuga y jitomate, y deja la salsa de jitomate, como es tradición, para la versión frita.

Ingredientes

**750 g de filetes de pescado blanco (véase comentario arriba),
    sin piel y divididos en 6 porciones
papel de estraza o papel pergamino
6 cucharadas de mantequilla sin sal, aproximadamente
1/2 taza bien apretada de perejil finamente picado
sal al gusto
4 cucharadas de agua, aproximadamente**

» Desprenda la piel y los huesitos de los costados del pescado. Como los filetes probablemente variarán de tamaño, corte un rectángulo de papel o papel pergamino para cada uno dejando 8 cm más en cada extremo. El papel debe ser tan ancho como para enrollar apretadamente el filete y un poco más para que no se salga el jugo. Unte cada trozo de papel con mucha mantequilla de acuerdo con el tamaño de cada filete. Coloque el filete. Licue el perejil, la sal y el agua para formar una pasta y cubra cada filete con una parte de ella. Enrolle el pescado a lo largo como para "niño envuelto", y tuerza con firmeza los extremos del papel o átelos si es necesario para asegurarse de que los jugos no se escurran.
» Mientras tanto derrita 1 cucharada de la mantequilla en un sartén. Coloque los paquetes en una capa, uno al lado de otro, y cuézalos a fuego lento, volteándolos de vez en cuando hasta que el papel se haya dorado.
» En cada plato sirva un paquete cerrado de pescado, con ensalada y pan como se sugirió arriba.

Bacalao a la vizcaína

| RINDE 3 1/2 TAZAS DE PESCADO DESHEBRADO |

SEÑORITA ELVIA CARRILLO,
COATEPEC, MICHOACÁN

El bacalao guisado en salsa de jitomate y aceite de oliva es un platillo de origen totalmente español indispensable en la tradicional cena de Navidad en México. Este tiene un sabor mucho más suave que su contraparte española. Siempre se sirve con pan y nada más. Los verdaderos aficionados siempre tienen la esperanza de que haya algún sobrante para rellenar unas teleras al día siguiente o hacer empanadas —es un buen relleno, un tanto fuerte pero no abrumador.

Para este platillo se necesita un aceite de oliva fuerte y de buena calidad como los menos refinados de Portugal, Sicilia o España (no es necesario gastar mucho en uno extra virgen).

Aunque puede remojar el bacalao el día anterior, de hecho puede cocinar el platillo entero con varios días de anticipación —congelado se conserva bien durante algunos meses—, sólo añada el perejil al final cuando recaliente el plato.

Trate de comprar el bacalao sin empacar para que pueda ver lo que está adquiriendo —pero eso puede ser imposible porque la mayor parte es importado de Noruega y viene empacado en cajas de madera. Asegúrese de que sea bacalao y de que así esté etiquetado. Otros productos de pescado seco son disfrazados en el mercado como bacalao y, aunque algunos son aceptables por su sabor, no llenan el requisito de la calidad fibrosa y se vuelven pastosos cuando están cocidos.

Si tiene la posibilidad de escoger, trate de comprar las partes centrales y no los extremos delgados de las colas, que tienen mucho desperdicio en piel y hueso. El color del pescado debe ser blanco agrisado y no debe tener tonos amarillentos, que denotan vejez.

El tiempo de remojo dependerá mucho del tiempo que el bacalao haya estado almacenado y también es cierto que se puede remojar demasiado haciendo que todo el sabor y la sal desaparezcan.

Por lo regular lo dejo como 18 horas, cambiando el agua unas 4 veces durante ese periodo. Si todavía está duro y no se puede limpiar con facilidad, lo cubro con agua limpia y lo hiervo durante 5 minutos. Con cuidado desprenda toda la piel y los huesos y deshébrelo finamente.

Ingredientes

7 cucharadas de aceite de oliva, aproximadamente (véase comentario arriba)
1 kg de jitomates, finamente picados o licuados, sin pelar
1/4 de una cebolla mediana, finamente picada
4 dientes de ajo, pelados, finamente picados
1 cebolla mediana, en rebanadas delgadas
1/2 kg de bacalao seco (véase comentario), limpio y bien deshebrado
2 cucharadas colmadas de almendras en rajitas
20 pequeñas aceitunas rellenas con pimiento ó 20 pequeñas aceitunas sin hueso
1 pimiento rojo, asado, pelado y limpio
8 chiles largos o jalapeños en escabeche enlatados
4 cucharadas de perejil finamente picado
sal al gusto

» En una cacerola gruesa caliente 4 cucharadas del aceite de oliva, añada los jitomates, la cebolla y el ajo; fríalos a fuego bastante alto, removiendo de vez en cuando para evitar que se peguen, hasta que la mezcla se haya reducido y espesado (de acuerdo con los mexicanos, debe estar "chinito" en la superficie) —como 20 minutos. Entre tanto, en otro sartén, caliente el aceite restante y fría la cebolla rebanada a fuego lento hasta que esté translúcida pero no muy blanda —como 2 minutos.

» Mezcle bien el bacalao deshebrado con el jitomate. Agregue las almendras, las aceitunas, los chiles y las rebanadas de cebolla frita; cocínelo hasta que los sabores se hayan combinado y la mezcla esté casi seca —como 20 minutos. Agregue el perejil 5 minutos antes de que acabe el tiempo de cocimiento. Parece tonto decirlo, pero pruébelo de sal, y añada si es necesario.

Cómo limpiar calamares

Muchas pescaderías venden calamares ya limpios y listos para ser cocinados, algunas también venden tinta —generalmente congelada. De cualquier manera, algunas veces tendrá que limpiar o querrá limpiar los propios y extraer la tinta. No espere que la tinta fluya profusamente; cada calamar tiene muy poca, pero es muy fuerte y un poco rinde mucho.

Lo mejor es comprar calamares cuyos cuerpos no midan más de 12 cm (aproximadamente), excluyendo los tentáculos. De este tamaño están tiernos y se cuecen en minutos. A los calamares pequeños no tendrá que desprenderles la piel exterior, color lila —que es nutritiva y que además los hace más atractivos— pero la de los calamares más grandes tiende a endurecerse cuando se cuecen.

Si se desea utilizar la tinta, es particularmente importante comprar calamares más grandes, de no menos de 13 cm de largo, porque la bolsa de la tinta —una bolsa plateada y delgada que mide como 2 1/2 cm de largo y menos de 2 mm de ancho— es más visible y manipulable. Está colocada a lo largo de la masa gelatinosa dentro del cuerpo. Si necesitara más tinta, los pequeños depósitos que están atrás de los ojos pueden usarse también.

Para limpiar los calamares, jale los tentáculos firme pero cuidadosamente para que salgan del cuerpo con los ojos y la materia gelatinosa dentro del cuerpo, todo intacto. Corte los tentáculos justamente bajo los ojos y apártelos. Corte los ojos y guárdelos para el caso en que necesite más tinta.

Con mucho cuidado retire el saco de tinta de la parte gelatinosa, teniendo cuidado de no romperla. Perfórela y disuelva la tinta en un pequeño recipiente con 1/4 de taza de agua o vinagre. Si necesita más tinta, perfore atrás de los ojos y exprima el líquido negro dentro del mismo recipiente. Deseche los ojos y el desperdicio gelatinoso.

Saque la "pluma" transparente que tiene en el cuerpo y deséchela. Enjuague el interior del cuerpo y para asegurarse de que está limpio voltéelo al revés y enjuáguelo bien. Voltéelo al derecho para que la piel lila quede en el exterior. Ya está listo el calamar para ser cocinado. (Véanse ilustraciones a color, segunda sección.)

Calamares en su tinta

| RINDE 4 PORCIONES | SEÑORA CARMEN RIVAS DE ALONSO

Esta receta me la dio una señora de 80 años de edad que desciende de una familia yucateca de excelentes cocineras. El día que ella me esperaba, no sólo había escrito la receta con su firme letra, sino que había preparado unos calamares para que yo los probara.

Este platillo es un poco fuerte, así es que 125 g de calamares por persona deben ser suficientes. Si prefiere una salsa menos espesa, se le puede agregar al final un poco de puré de jitomate, hecho en casa, no enlatado, por supuesto —aunque yo la prefiero tal cual. Este platillo se sirve sobre un sencillo arroz blanco. También es delicioso servido a temperatura ambiente como entrada.

Si va a limpiar sus propios calamares compre 1 kg; cuando estén limpios su peso se habrá reducido aproximadamente a la mitad, dependiendo de la cantidad de sustancia gelatinosa que tenga en su interior. Esta receta se cocina mejor en pequeñas cantidades.

Ingredientes

- 225 g de jitomates, picados sin pelar
- 1 cebolla pequeña, picada
- 1 pimiento verde pequeño, limpio de venas y semillas y picado
- 1/4 de taza bien apretada de perejil picado
- 12 dientes de ajo pequeños y pelados
- 6 cucharadas de aceite de oliva
- 450 g de calamares limpios, cortados en trozos de 2 cm
- sal al gusto
- 1 hoja de laurel, en pedazos
- 1 cucharadita escasa de azúcar
- 1 cucharadita de tinta, aproximadamente, diluida en 2 cucharadas de vinagre
- pimienta negra recién molida

» En el vaso de la licuadora, ponga los jitomates, cebolla, pimiento, perejil y 4 de los dientes de ajo y lícuelos durante unos segundos para formar un puré de textura gruesa.

» Caliente el aceite en un sartén grueso, añada 4 dientes de ajo cortados en rajitas y fríalos hasta que estén muy oscuros. Retire los ajos y tírelos. Al sartén con los calamares agregue el resto de los ajos en rajitas, póngales sal, revuélvalos rápidamente volteándolos de vez en cuando, durante 2 ó 3 minutos.

» Agregue el puré de jitomate, laurel, azúcar, tinta y pimienta y cuézalos rápidamente durante 6 minutos para reducir la salsa. Los calamares deben estar tiernos pero aún un poco *al dente*. Si la salsa está demasiado líquida pero los calamares ya están cocidos, incline el sartén hacia un lado y reduzca la salsa durante 4 minutos más.

Cómo limpiar pulpos

Muchas pescaderías venden pulpo limpio ya listo para ser cocinado. Algunas venden tinta, generalmente congelada. De cualquier forma, uno mismo puede desear limpiarlo o tener que hacerlo y extraerle la tinta. No espere que la tinta fluya profusamente; hay una bolsa muy pequeña escondida en los órganos internos del pulpo —de menos de 1 cm— y la tinta es muy concentrada; un poco rinde mucho. A menudo la bolsita ya está rota; lo sabrá si en el interior del estómago tiene manchas grandes, en ese caso no lo compre.

Es mejor comprar un pulpo que pese 500 g o menos; de ese tamaño está muy suave y le toma sólo minutos cocerse. También tiene el tamaño ideal para extraer la tinta porque la bolsa es visible y manejable.

Para limpiar un pulpo primero haga un corte a través del *pico*, desprenda y deseche los pedazos, que son transparentes y de color café, así como la *piedra* dura que está en la parte inferior (en México dicen que si esa parte no se retira, el pulpo quedará duro por mucho que lo cueza). Córtele los ojos y tírelos. (Véanse las fotografías a color, segunda sección.)

O bien corte y abra con cuidado la parte "encapuchada" del pulpo —para no perforar la bolsa de tinta— o bien voltéelo hacia afuera parcialmente y retire la membrana que envuelve los órganos interiores. Desprenda la bolsita de tinta y disuelva esta en un pequeño recipiente con 1/4 de taza de agua o vinagre. Si el pulpo ha estado congelado, seguramente la bolsita de tinta estará muy dura —en Veracruz la llaman "piedra" — pero no se preocupe, gradualmente se suavizará y disolverá en el agua. Deseche los órganos interiores.

Enjuague el pulpo limpio; está listo para usarse.

Pulpo en escabeche
| RINDE 4 PORCIONES | YUCATÁN

Esta receta es del señor Otilio Estrada, de quien había oído hablar en Mérida. Media semana es pescador en la aldea en donde nació, en la costa de Yucatán, y la otra mitad es el cocinero de una familia muy conocida de Mérida. Como todos los profesionales, tiene sus propias preferencias y antipatías culinarias; no utiliza cebolla morada en un pescado porque descompone el color del platillo, y cree que no deben usarse recados porque ocultan el sabor del pescado. Como muchos cocineros de México, generalmente sobrecuece el pescado; yo he reducido considerablemente sus tiempos de cocción.

Use los pulpos más pequeños —de menos de 500 g si es posible. Cuando son más grandes, aun con el más cuidadoso de los cocimientos, tienden a volverse ahulados o demasiado suaves e insípidos. Cómprelos limpios o límpielos usted mismo (véanse instrucciones y fotografías). Puede servirse caliente sobre arroz blanco, o aún mejor, dejándolo sazonar durante la noche y sirviéndolo a temperatura ambiente como entrada.

Ingredientes

- 4 cucharadas de aceite de oliva
- 1 kg de pulpos limpios (véase comentario arriba), cortados en trozos pequeños
- 4 dientes de ajo, pelados y picados
- sal al gusto
- 1 cebolla grande, cortada en rodajas
- 1 pimiento verde pequeño, sin semillas ni venas, cortado en cubos
- 1 cucharadita de orégano seco desmenuzado, de Yucatán si es posible
- 3 hojas de laurel, en pedacitos
- 1/4 de cucharadita de pimienta negra molida
- 1 1/2 a 2 tazas de vinagre de piña
- 4 chiles *x-cat-ik* o güeros asados (véase p. 346), enteros y sin pelar

» Caliente el aceite de oliva en un sartén grueso, agregue los pulpos en trozos y los ajos, póngales sal y revuélvalos, dejando que se frían un poco, sin tapar, durante 5 minutos. Los pulpos deben estar suaves pero *al dente*. Ponga la mitad de los pulpos y su jugo en un recipiente pequeño y hondo de esmalte o acero inoxidable. Cúbralos con la mitad de las rodajas de cebolla, el pimiento, la mitad del orégano y las hojas de laurel. Agregue el resto de los pulpos y demás ingredientes, tápelos y hiérvalos durante 10 minutos. Pruébelos de sal y déjelos a un lado para que se sazonen por lo menos durante 2 horas, o bien toda la noche.

Camarón seco

México produce una enorme cantidad de camarón seco, de todos tamaños y calidades; muchos están exportándose hacia los mercados de Estados Unidos.

Cien gramos de camarón seco vienen a ser como 1 1/2 tazas bien apretadas. Cuando están molidos, esta cantidad rinde como 7 1/2 cucharadas.

Cuando muela los camarones no los haga polvo; al ponerlos en el vaso de la licuadora en pequeñas cantidades podrá obtener la textura correcta —como migajas finas de pan es lo indicado. Las cocineras mexicanas tradicionales los muelen en el metate. No recomiendo usar un molino de café porque algunos de los camarones están muy duros y pueden dañar las aspas delicadas.

Romeritos, revoltijo, tortas de camarón, cualquiera que sea el nombre que se use, se refiere por excelencia al platillo de cuaresma y en particular de Semana Santa: un mole con tortitas de camarón seco y verduras.

Las cocineras de la ciudad de México, sus alrededores y Puebla, usan un mole tradicional algo dulzón. Por ser un platillo tan importante he escogido tres versiones más ligeras que son bastante diferentes una de la otra: una salsa ligera de chile rojo con cilantro, de Jalisco, un caldo ligero de chile oscuro con verduras de la temporada, de la parte este de Michoacán, y un mole ligero sin sabor dulce, de la misma región.

Cada cocinera tiene su propia manera de hacer las tortas: use sólo el cuerpo sin cáscara o use todo incluyendo la cabeza y la cola; tuéstelos primero o no los tueste; úselos salados, agregue puré de papa, añada migas de pan y —el consejo que más me gusta de todos, aunque no lo sigo— quite los ojos negros porque amargan las tortas: un trabajo bastante laborioso.

Romeritos

Los romeritos (*Dondia mexicana*, Stand., o *Suaeda mexicana*, Torreyana) son unas verduras pequeñas un tanto fibrosas y con un sabor ligeramente ácido; se usan en un platillo de cuaresma llamado revoltijo o romeritos o tortas de camarón (cuyas recetas aparecen a continuación), que es un tipo de mole con tortitas de camarón seco molido y verduras. Las hojas delgadas como de 2 cm de largo están agrupadas en ramilletes alrededor de un tallo carnoso, bastante parecidos a una ramita de pino. Estas hojitas carnosas, verdes y medio ácidas se llaman romeritos porque se parecen al romero, por lo menos en su forma.

Preparación de los romeritos

» Primero deben enjuagarse en dos cambios de agua para asegurarse de eliminar la tierra arenosa que se mete entre los ramilletes. Luego se cuecen en agua hirviendo por no más de 2 minutos. Una vez bien escurridos pueden agregarse al mole y continuar cociéndose en la salsa.
» Tres tazas de romeritos crudos se convierten en 2 tazas de romeritos cocidos.

Tortitas de camarón seco
| RINDE COMO 18 TORTITAS DE 5 CM DE DIÁMETRO Y UNOS 2 CM DE GRUESO |

Véanse comentarios sobre el camarón seco en la p. 158.

Ingredientes

90 g de camarón seco (como 1 1/2 tazas bien apretadas)
2 cucharadas de pan tostado, finamente molido
3 huevos, claras y yemas por separado
aceite para freír

» Tenga lista una charola cubierta con una capa doble de papel absorbente.
» Caliente un sartén, agregue los camarones secos y revuélvalos sobre fuego medio hasta que empiecen a cambiar de color. Retírelos del fuego y páselos a un plato para que no se sigan dorando. En el vaso de la licuadora ponga unos cuantos a la vez y muélalos durante unos segundos hasta que tengan la textura de migas finas de pan: no los pulverice. Continúe moliendo el resto en pequeñas cantidades. Separe 2 cucharadas para la salsa o mole (véanse las siguientes recetas) y mezcle el resto con las migas de pan.
» Bata las claras hasta que estén firmes pero no secas y que no resbalen del recipiente al ladearlo. Mézcleles bien las yemas y luego los camarones y migas.
» Caliente el aceite en un sartén (como 1 cm).
» Cuando el aceite esté caliente pero no humeante, con cuidado se fríe la mezcla por cucharadas; las tortitas deben mantener su forma al entrar en el aceite y no desbaratarse.
» No ponga en el sartén demasiadas a la vez; el aceite tiende a espumar y podría quemarse las manos. Cuando la parte inferior de las tortitas esté de un color dorado oscuro, voltéelas y fríalas por el otro lado —si el aceite está lo suficientemente caliente deben tardar 1 minuto de cada lado. Si se fríen demasiado rápido y toman un color café oscuro baje el fuego y espere a que el aceite se enfríe un poco.
» Colóquelas sobre papel absorbente para que escurran. En cuanto el papel haya absorbido mucho aceite, cámbielo y déjelas a un lado mientras prepara el mole o la salsa. Dejándolas reposar puede quitarles mucho del aceite que absorbieron al freírse.
» Para extraer aún más aceite lea la sugerencia para recalentar los chiles rellenos (p. 119).
» Cuando el mole o la salsa esté listo, como 10 minutos antes de servir, agregue las tortitas y déjelas calentar de 8 a 10 minutos.

Revoltijo en caldo de chile pasilla

| RINDE DE 6 A 8 PORCIONES | SEÑORA ANITA GONZÁLEZ DE HERNÁNDEZ, ORIENTE DE MICHOACÁN

Ingredientes

- 90 g de chile pasilla
- 9 1/2 tazas de agua, aproximadamente
- 2 dientes de ajo, pelados
- 2 cucharadas de aceite
- 3 cucharadas de camarón molido (p. 158)
- 1 taza de nopales cocidos (p. 140)
- 3/4 de taza de chícharos cocidos
- 1 taza de habas cocidas
- 250 g de papas muy pequeñas ó 1 1/2 tazas de papas cortadas en cubos de 1 1/2 cm
- 1 receta de tortitas de camarón seco (p. 159)
- 1 rama grande de epazote (opcional)
- sal al gusto

» Limpie los chiles. Cúbralos con agua caliente y hiérvalos durante 5 minutos, dejándolos reposar 5 minutos fuera del fuego.

» En el vaso de la licuadora ponga 1/2 taza de agua y los ajos, lícuelos hasta que estén tersos. Añada otra taza de agua y con una cuchara perforada pase los chiles a la licuadora, desechando el agua en que se remojaron, y muela hasta obtener un puré con cierta consistencia.

» Caliente el aceite en un sartén grueso en el que va a cocinar el revoltijo, añada el puré de chile y los camarones secos molidos y fríalos a fuego medio, raspando el fondo del sartén de vez en cuando para evitar que se pegue —como 8 minutos. Agregue 8 tazas de agua y cueza el caldo durante 10 minutos más.

» Añada las verduras cocidas a fuego lento durante otros 10 minutos. Agregue las tortitas, epazote y sal al gusto, déjelas sobre el fuego 10 minutos más.

» Sírvalo en platos hondos o en tazones: en cada uno, 3 tortitas, mucho caldo y verduras; acompáñelo con tortillas de maíz calientes.

Tortitas de camarón en salsa de chilacate
| RINDE COMO 6 PORCIONES | JALISCO

Por primera vez comí esta versión del platillo de cuaresma durante una visita a la familia Sandi en Guadalajara. Es ligero y tiene unos sabores maravillosamente naturales.

Yo prefiero preparar y freír las tortitas primero dejando que se escurra bien el exceso de aceite antes de ponerlas en la salsa.

Ingredientes

- **90 g de chilacates, o cantidades iguales de guajillo y ancho**
- **5 tazas de agua, aproximadamente**
- **3 dientes de ajo, pelados y picados**
- **1/8 de cucharadita de comino, machacado**
- **2 cucharadas de aceite**
- **2 cucharadas de camarón seco, molido (véase p. 158)**
- **una bola de 4 cm de masa para tortillas de maíz**
- **2 tazas de nopales cocidos (como 375 g en crudo) (p. 140)**
- **1 receta de tortitas de camarón seco (p. 159)**
- **1 manojito de cilantro**
- **sal al gusto**

» Limpie los chiles, póngalos en un recipiente con agua caliente y hiérvalos durante 5 minutos. Fuera del fuego déjelos reposar 5 minutos más. En el vaso de la licuadora ponga 1/2 taza de agua, agregue los ajos y cominos licuándolos hasta que estén tersos.

» En el vaso de otra licuadora ponga una taza de agua, añada algunos chiles con una cuchara perforada quitando el agua en que se remojaron. Lícuelos hasta que queden tan tersos como sea posible, agregue el resto de los chiles (o hágalo en dos partes) con un poco más de agua (sólo la suficiente para que las aspas de la licuadora funcionen bien).

» Oprima la salsa a través de un colador fino (los chiles tienen una piel muy dura) y deseche el desperdicio.

» Caliente el aceite en un sartén grueso en el que vaya a cocinar el platillo, agregue la salsa, el ajo/comino, el camarón molido, y cuézalo a fuego medio, raspando el fondo del sartén de vez en cuando para evitar que se pegue, durante 10 minutos. Diluya la masa o Maseca en otra 1/2 taza de agua, disuélvala hasta que esté tersa; añada esta agua y otras 3 tazas a los nopales y cuézalos durante 10 minutos a fuego bastante alto.

» Agregue las tortitas de camarón, el cilantro, sal si fuera necesario, cocine todo a fuego lento durante 10 minutos.

» Sirva cada porción con 3 tortitas, como media taza de salsa y acompáñelas con tortillas calientes de maíz.

El arte de la cocina mexicana

Romeritos

| RINDE DE 6 A 8 PORCIONES | SEÑORA VERÓNICA DE CUEVAS, ORIENTE DE MICHOACÁN

Esta es una versión del platillo de cuaresma hecha con tortitas de camarón y los acidulados y verdes romeritos —de aquí el nombre. Se cuecen junto con nopales y papas, en un mole negro sencillo, típico de esta área de Michoacán. La receta (también apropiada para hacerse con pollo) me la dio mi vecina, la señora Verónica de Cuevas. Como otras cocineras de la región, ella evita agregar cualquier sabor dulce al mole —azúcar, chocolate o pasas— como en Puebla, Oaxaca, etcétera. Creo que su mole tiene un sabor admirable junto a estas tortitas saladas. Lo mismo que otras recetas de este tipo, el mole se puede preparar con uno o dos días de anticipación y las verduras y tortitas se añaden en el momento de recalentarlo.

Ingredientes

- 125 g de chiles pasilla
- 1 chile mulato
- 1 chile ancho pequeño
- 1/4 de taza de semillas de ajonjolí, tostadas
- 5 tazas de agua, aproximadamente, incluyendo la de las legumbres
- 1 diente de ajo, pelado
- 2 clavos enteros
- 3 pimientas
- 1/4 de taza de pepitas de calabaza, peladas
- 6 cucharadas de aceite
- 5 almendras sin pelar
- 1 tortilla de maíz seca, cortada en pedazos
- 2 cucharadas de camarón seco molido (véase p. 158)
- 1 taza de romeritos cocidos
- 1 1/2 tazas de nopales cocidos, cortados en cubos (p. 140)
- 250 g de papas, ya sea de las pequeñas o de las comunes, cortadas en cubos como de 2 cm (1 1/2 tazas)
- 1 receta de tortitas de camarón seco (p. 159)
- sal al gusto

» Retire los tallos de los chiles secos, si los tienen; ábralos y ráspelos removiendo las venas y semillas. Conserve 1 cucharada de semillas.

» Ponga los chiles limpios en una cacerola, cúbralos con agua caliente y hiérvalos durante 5 minutos. Retírelos del fuego y remójelos 5 minutos más, hasta que estén suaves y carnosos. Sobre fuego medio, caliente un sartén sin engrasar y tueste el ajonjolí, revolviéndolo constantemente hasta que tome un color dorado pálido —como 20 segundos.

» En el vaso de la licuadora ponga 1/2 taza de agua y agregue el ajonjolí tostado, ajos, clavo y pimientas y haga un puré con textura. En el mismo sartén tueste las pepitas de calabaza hasta que se hinchen y empiecen a cambiar de color, pero tenga cuidado porque revientan escandalosamente.

» Añádalas al vaso de la licuadora con un poco más de agua si es necesario y forme un puré consistente, limpiando de vez en cuando con una espátula los lados del vaso y aflojando la mezcla que se junta en el fondo alrededor de las aspas (es más fácil hacerlo poco a poco).

» Caliente 2 cucharadas del aceite y fría las almendras hasta que estén doradas —como 2 minutos. Retírelas, macháquelas ligeramente en molcajete y agréguelas al vaso de la licuadora. En el mismo aceite fría los pedazos de tortilla hasta que estén bien dorados. Añádalos a la licuadora con algunos de los chiles escurridos formando un puré con textura, añadiendo más agua sólo si es necesario para que las aspas trabajen bien. Tal vez tenga que moler los chiles en 2 partes, añadiendo solamente el agua suficiente —no lo diluya demasiado. En un sartén sin

grasa, tueste las semillas de chile durante un minuto revolviéndolas; agréguelas a la licuadora y muélalas con los demás ingredientes.
- » En una cazuela, en la que cocinará el mole, caliente el resto del aceite y el que le sobró al freír la tortilla, agregue el puré de chile, el camarón molido, y cuézalo a fuego medio —debe reducirse; raspe el fondo del sartén con frecuencia para evitar que se pegue, durante 10 minutos. Como todos los moles y salsas espesas de este tipo, brincará mucho. Añada el resto del agua y hiérvalo aproximadamente 30 minutos. Deben formarse manchas de aceite en la superficie. Agregue las verduras (incluyendo los romeritos) y cueza el mole 10 minutos más. Añada las tortitas de camarón, sal al gusto y algo de agua si es necesario; caliéntelo durante otros 10 minutos asegurándose de que las tortitas estén completamente sumergidas en la salsa.
- » El mole debe quedar espeso como para cubrir bien el reverso de una cuchara de madera. Sirva 3 tortitas y una buena taza de salsa y verduras por persona. Acompáñelo con tortillas de maíz calientes.

Camarones enchipotlados

| RINDE DE 3 A 4 PORCIONES | INSPIRADA POR LAS MAYORAS DEL RESTAURANTE
BRISAS DEL MAR, PUERTO DE VERACRUZ

De este platillo hay muchas versiones en Veracruz, pero creo que esta es la más lograda; está basada en una que hacen las mayoras del restaurante Brisas del Mar, situado en el malecón del Puerto de Veracruz. He hecho algunos ajustes a la receta. Como el marisco en México casi siempre está sobrecocido, he cocinado los camarones y la salsa en dos etapas. También he agregado orégano como sustituto del tomillo requerido y he suavizado el sabor de los chiles con más jitomate que en la receta original.

Esta receta podría servirse como primer plato o como platillo principal con un sencillo arroz blanco; podría incluso servirse frío. La receta resulta mejor si se cocina en pequeñas cantidades.

Ingredientes

450 g de camarones grandes, pelados y abiertos como mariposa, con las colas intactas
sal y pimienta recién molida, al gusto
1/4 de taza de jugo de limón fresco
1/3 de taza de aceite de oliva, ligero
1 cebolla mediana, en rebanadas muy delgadas
375 g de jitomates asados o tomates verdes cocidos y escurridos (véase p. 337)
4 chiles chipotles adobados, o al gusto
1 diente de ajo pelado y picado
1/3 de taza de vino blanco, seco
1/4 de cucharadita de orégano seco

- » Sazone los camarones con sal, pimienta y jugo de limón; déjelos marinar durante 30 minutos.
- » Caliente el aceite en un sartén, añada los camarones escurridos, conservando el líquido, y fríalos con la cebolla sacudiendo el sartén y revolviendo los ingredientes, durante 3 minutos. Con una cuchara perforada pase los camarones y la cebolla a otro recipiente.
- » En el vaso de la licuadora ponga los jitomates, ajo, chipotles y su jugo, muélalos para formar una salsa con textura. Recaliente el aceite, añada la salsa y fríala a fuego alto, revolviendo y raspando el fondo del sartén para evitar que se pegue, durante 8 minutos. Agregue el vino, orégano, marinada, sal al gusto, y cuézalo durante unos minutos más. Añada la mezcla de camarones y cebolla; caliéntelo durante 2 minutos —los camarones deben estar apenas cocidos y *al dente*.

El arte de la cocina mexicana

Pescado zarandeado

| RINDE COMO 8 PORCIONES | SEÑOR JESÚS VALDÉS, LOS MOCHIS, SINALOA

De todas las maneras que hay para preparar el pescado zarandeado en las playas de México, esta es la más complicada e interesante. Un pescado entero se rellena con verduras, se envuelve en tortillas y papel de aluminio y luego se asa sobre fuego de leña o de carbón.

Se necesita un pescado entero para hacer esta receta, pero no uno en especial; aunque un huachinango quedaría delicioso, resultaría demasiado caro para este tipo de cocina rústica. Cualquier pescado como cabrilla quedaría muy bien.

Normalmente compro un pescado de 1 3/4 kg, que es como de 40 cm de largo sin incluir la cola. Deben quietársele las escamas y las entrañas y cortársele las aletas, pero hay que dejar la cabeza y cola intactas. Si puede conseguir que su pescadero lo haga, dígale que le quite la parte central de la columna para que tenga más espacio para el relleno. Naturalmente puede cocinarlo en el horno.

Comúnmente este plato se sirve de manera informal: cada quien hace sus propios tacos con tortillas (aparte de las que se utilizaron para envolver el pescado) y una salsa opcional, ya sea salsa mexicana (p. 267) o una salsa ligera con base de jitomate y/o rajas de chiles en escabeche. He adaptado la receta guisando los jitomates y las verduras primero para obtener un mejor sabor y agregué un poco de perejil picado, pero esto es opcional.

El señor Jesús Valdés, quien me dio esta receta, dice que usa aceite o mantequilla. Yo prefiero utilizar un aceite de oliva ligero.

Ingredientes

TENGA LISTO
un pedazo de papel aluminio grueso, lo suficientemente grande como para envolver bien todo el pescado para que los jugos no se salgan
1 pescado de 1 3/4 kg limpio (véase comentario arriba)
1/3 de taza de aceite de oliva ligero
16 a 20 tortillas de maíz, de preferencia como de 8 cm de diámetro
salsa o rajas de chile, opcional (véase sugerencia arriba)

EL RELLENO
3 cucharadas de aceite de oliva
3 dientes de ajo, pelados y finamente picados
250 g de jitomate picado con piel
18 aceitunas verdes pequeñas, sin hueso, picadas
sal al gusto
250 g de zanahorias cocidas, cortadas en cubitos (2 tazas escasas)
250 g de papas cocidas, cortadas en cubitos (como 1 1/4 tazas)
pimienta molida gruesa, al gusto
1/4 de taza de perejil picado (opcional)

» Primero prepare el relleno. Caliente el aceite en un sartén y añada el ajo, jitomates, aceitunas y sal al gusto; fríalos a fuego medio durante 8 minutos, hasta que el jugo se haya absorbido y estén bien sazonados. Agregue las legumbres cocidas, sal, pimienta y el perejil; cuézalas a fuego medio, revolviendo y volteando la mezcla durante otros 5 minutos. Déjelas a un lado mientras prepara el pescado.

» Enjuague y seque el pescado. Rellene bien la cavidad con las verduras, cerrándolo con palillos si es necesario. Sazone el exterior del pescado con sal y pimienta. Caliente 1/3 de taza de aceite y sumerja rápidamente las tortillas, volteándolas una vez pero sin dejar que se fríán. Envuelva el pescado en dos capas de tortillas, luego cúbralo con el papel aluminio y colóquelo a 5 cm del fuego. Áselo como 20 minutos de cada lado o hasta que el pescado esté cocido.

Ostiones en escabeche
| RINDE DE 4 A 6 PORCIONES |

Esta receta me la dio hace algunos años mi gran amiga sonorense, María Dolores Torres Yzábal. Es un refrescante primer platillo o el plato principal de un almuerzo, servido con un bolillo. Desde entonces lo he preparado con camarones, callo de hacha, jaiba o pequeños trozos de pescado, solos o mezclados.

Este escabeche resulta mejor si se prepara el día anterior y se deja marinar durante la noche. Debe servirse a temperatura ambiente, no frío recién sacado del refrigerador.

Ingredientes

1/2 taza de aceite de oliva, ligero
1/3 de taza de cebolla, finamente rebanada
8 dientes de ajo, pelados
1/2 taza de zanahorias rebanadas, semicocidas
1/2 taza de ramilletes de coliflor, semicocidos
2 hojas de laurel
3 ramitas de tomillo
3 ramitas frescas de mejorana
1 1/2 cucharaditas de orégano seco
1/2 cucharadita de pimientas enteras
sal al gusto
1/4 de taza de vinagre
2 tazas de ostiones frescos u otro marisco (véase comentario arriba)
1 limón, finamente rebanado
rajas de jalapeños enlatados en escabeche

» Caliente el aceite en un sartén grande. Agregue la cebolla y los dientes de ajo y acitrónelos durante 2 minutos, sin dorarlos. Añada las verduras, hierbas, pimientas, sal, vinagre y póngalos a hervir a fuego alto. Agregue los ostiones, las rodajas de limón y los jalapeños, y cuézalos hasta que los ostiones se inflen y estén apenas cocidos —como 2 minutos.

Nota: Los jalapeños pueden omitirse y servirse por separado en la mesa. Deje enfriar los ostiones o los mariscos. Refrigérelos durante la noche y sírvalos a temperatura ambiente.

El arte de la cocina mexicana

Pan de cazón

| RINDE DE 6 A 8 PORCIONES | CAMPECHE, CAMPECHE

El mercado de pescado en Campeche tuvo más colorido que cualquier otro en México, con pescados de todos tamaños y colores, todos recién pescados, resbalosos y brillantes. Tal vez lo más asombroso de todo es la cantidad, variedad y tamaño de los cazones. A veces un tipo de cazón mide tan sólo 30 cm. Es este tiburón pequeño el que se utiliza en muchos de los platillos tradicionales de Campeche. En esta receta se cuece por separado y luego se pone entre capas de tortillas, pasta de frijol negro y salsa de jitomate; es un platillo muy picante y popular, con tantas recetas para prepararlo como hay cocineras. Se pueden hacer panuchos, pequeñas tortillas hechas para que se inflen, hacerles un corte para formar una bolsa donde se introduce el pescado y los frijoles, luego encimarlas ya untadas con salsa de jitomate; pero muchas cocineras toman el camino corto y simplemente hacen capas de tortillas fritas. Tradicionalmente este platillo se cocina con manteca pero puede sustituirla por aceite vegetal, o lo que yo hago, una mezcla de aceite ligero de oliva con aceite vegetal.

El cazón no es para todos los gustos, así que puede usarse perfectamente bien otro pescado blanco, no aceitoso, ya sea en filetes o rebanadas. Necesitará 500 g de filetes ó 750 g de postas por lo que se desperdicia entre huesos y piel.

Esta receta alcanza para 6 porciones como plato principal o para 8 como primer plato.

Aunque los componentes de este platillo se pueden preparar con anticipación, la composición final, el freírlos y armarlos, debe hacerse al último. Debe comerse solo; no necesita acompañamientos.

Ingredientes

aceite o manteca derretida para freír
12 tortillas de maíz de 8 cm
2 1/2 tazas de salsa de jitomate yucateca (p. 260), caliente
9 cucharadas colmadas de frijoles colados y fritos a la yucateca (p. 148), calientes
el cazón cocido y sazonado (receta a continuación)
3 chiles habaneros, asados, enteros (p. 347)

» Caliente el horno a 180 °C. Tenga listo un platón caliente en donde se puedan colocar tres tortillas una al lado de otra en una sola capa.
» Caliente el aceite o manteca y fría 3 tortillas ligeramente de ambos lados.
» Sumerja cada una en la salsa de jitomate cubriéndolas ligeramente, y colóquelas lado a lado sobre el platón de servir. Sobre cada una extienda una cucharada colmada de la pasta de frijol y una buena capa del pescado cocido. Repita las capas dos veces más. Para la última capa fría las tortillas, sumérjalas en salsa y colóquelas. Cúbralo con el resto de la salsa y manténgalo caliente en el horno. Fría ligeramente los chiles habaneros y ponga uno sobre cada una de las tortillas de arriba. Corte cada montón de tortillas por la mitad y sirva inmediatamente.

| RINDE COMO 2 TAZAS |

Para cocer el cazón

Ingredientes

**4 tazas de agua aproximadamente
algunos huesos o cabeza de pescado (opcional)
1 cebolla pequeña, rebanada
4 ramas grandes de epazote
2 cucharadas de vinagre blanco (opcional)
sal al gusto
500 g de cazón o filetes de otro pescado ó 750 g de postas (véase comentario en página anterior)**

» Ponga todos los ingredientes, menos el pescado, en una cacerola y hiérvalos durante 10 minutos. Añada el cazón y hiérvalo a fuego lento 5 minutos. Retírelo y escúrralo. Limpie el pescado de huesos y piel y desmenúcelo oprimiéndolo para extraer el líquido que le queda.

Para sazonar el cazón

Ingredientes

**3 cucharadas de manteca o aceite
2 cucharadas de cebolla, finamente picada
125 g de jitomate finamente picado, sin pelar
3 cucharadas colmadas de hojas de epazote, picadas
1 chile habanero (véase p. 347) asado y entero
el pescado deshebrado
sal al gusto**

» Caliente la manteca o aceite y agregue la cebolla. Acitrónela durante un minuto. Añada el jitomate, epazote y continúe el cocimiento durante 3 minutos. Agregue el chile habanero, pescado y sal al gusto. Fríalo y mézclelo bien durante 4 minutos. Manténgalo caliente.

El arte de la cocina mexicana

Aves

- › CÓMO DESTRIPAR Y LIMPIAR UN POLLO
- › CÓMO DERRETIR LA GRASA DEL POLLO
- › HIGADITOS EN CHIPOTLE
- › POLLO DESHEBRADO PARA TACOS
- › TACOS DE POLLO
- › POLLO CON ORÉGANO
- › MOLE NEGRO OAXAQUEÑO
- › POLLO EN MOLE ROJO SENCILLO
- › POLLO EN MOLE VERDE
- › VERDE DE OAXACA
- › COLORADITO
- › AMARILLO
- › POLLO EN SALSA DE FRESADILLA Y CHIPOTLE
- › POLLO EN CUÑETE
- › COACHALA
- › POLLO EN CIRUELA PASA
- › POLLO EN ESCABECHE ROJO
- › RELLENA DE POLLO
- › BARBACOA DE POLLO

Véase también:
- › MOLE NEGRO SENCILLO (P. 162)
- › CALDO O CONSOMÉ DE POLLO (P. 84)

Notas:

Hablando en términos muy generales, las carnes predominantes en cualquier cocina con raíces campesinas son las que se pueden criar en casa, como pollos y cerdos. Esto es verdad para la mayor parte de México excepto el norte, donde la cría de ganado es importante y por lo tanto tiende a dominar.

Muchos campesinos crían guajolotes —pero son fibrosos y tienen un sabor fuerte— que se utilizan principalmente en moles para ocasiones festivas, las cuales son numerosas cuando hay familias grandes. Excepto entre quienes los cazan, los patos lacustres nunca han sido aves muy populares en comidas regionales, lo que excluye la cocina de la capital que es más sofisticada.

En México, los pollos generalmente —excepto donde los métodos de crianza norteamericanos han sido adoptados con entusiasmo— tienden a tener una carne más firme y mucho más sabor que los de Estados Unidos, y por lo tanto son más indicados para los métodos de cocinar de México.

Según la costumbre tradicional y regional, generalmente no se asan en horno; se hierven, y la carne se deshebra para tacos o enchiladas y el caldo se usa en moles y otros platillos que llevan mucha salsa, o se sazonan y se cuecen a la parrilla o en barbacoa.

El arte de la cocina mexicana

Cómo destripar y limpiar un pollo

Incluso en las principales ciudades de México hay mercados donde todavía puede adquirir pollos, vivos o muertos, sin limpiar, con todas sus menudencias dentro. Cuando fui por primera vez a México en 1957, estos eran los únicos disponibles y pronto aprendí con los marchantes a limpiarlos, y que, salvo lo incomible, nada se tira: patas, cuellos, menudencias e intestinos, todo va a dar a la olla. (Cuando era joven siempre observaba y después ayudaba a mi padre a preparar el pavo de Navidad, que se vendía intacto, incluyendo las plumas blancas del pescuezo, colgado en las carnicerías durante la época de Navidad, lo cual se veía muy impresionante.) Pero suponga que usted está solo en el campo con nada que comer más que un pollo vivo. Bueno, primero consiga que alguien se lo mate torciéndole el pescuezo, pero si desea hacer la receta de la sangre que aparece al final de este capítulo (que es deliciosa) o un verdadero *coq au vin*, haga un corte en el cuello bajo la barba del pollo, y cuélguelo de cabeza, sobre un recipiente para recibir la sangre, durante más o menos 30 minutos.

» Tenga listo un recipiente hondo con agua hirviendo. Sumerja el pollo a la mitad. No se demore o la piel se cocerá y se despegará con todas las plumas. Rápidamente jale todas las plumas. Voltéelo una y otra vez hasta que lo haya despojado de todas. Después haga lo mismo con la otra mitad.

» Corte las piernas donde termina la piel amarilla; quite las uñas. Raspe la piel amarilla de las patas. Si el pollo es joven y tierno se desprenderá con facilidad. Si no, tendrá que quemarlas sobre la flama de la estufa y luego pelarlas.

» Con la pechuga hacia arriba y la cabeza opuesta a usted, haga un corte sólo lo suficientemente grande como para que su mano pueda pasar y justamente bajo los huesos de la pechuga más cercana a la cola, como se muestra abajo en las fotografías. No corte toda la piel, o no habrá lugar para sujetar las piernas, si acaso quiere asarlo al horno.

» Introduzca su mano en la cavidad —si no lo soporta póngase un guante de hule— hasta donde termina el cuello y jale; todas las entrañas deben salir. Cerciórese de ello. Desprenda la grasa y guárdela para cocinar. Luego extraiga las entrañas. Ponga el corazón y el riñón aparte para la sopa. Los intestinos son opcionales, pero si decide guardarlos para sopa o para la receta de la página 189, ábralos, raspe el interior y enjuáguelos en dos cambios de agua. Haga un corte en la capa exterior de la molleja hasta la bolsa que contiene la comida no digerida. Desprenda el exterior y deseche la bolsa y su contenido.

» Desprenda y tire la bolsita verdosa de la bilis junto al hígado. Raspe del hígado cualquier tinte verdoso que pudiera tener por el contacto con la bolsa, y ponga a un lado el hígado para cualquier cosa que no sea la sopa —amarga— o para la receta de la página 171.

» Como alternativa puede quitar el buche y la gelatinosa tráquea oprimiéndolos firmemente con la mano y sacándolos del interior —ver fotografías; sin embargo, esto no siempre tiene éxito, a menos que el buche esté lleno de comida.

» Corte alrededor del ano bajo la cola. Voltee el pollo y corte la pequeña glándula sobre la punta de la cola.

» Voltee el pollo con la cabeza hacia usted y la pechuga hacia arriba. Córtele la cabeza si todavía la tiene. Con la pechuga hacia abajo corte la piel del cuello y afloje los huesos de este con los dedos. Usando una servilleta seca tire con fuerza del pescuezo, el cual debe desprenderse del caparazón con la gelatinosa tráquea. Si todavía no ha quitado el buche, introduzca el dedo en la cavidad del cuello y desprenda la bolsa que forra la cavidad con el buche adherido. Recorte la piel inútil del pescuezo. Enjuague las cavidades con agua fría. El pollo está listo para cocinarse.

 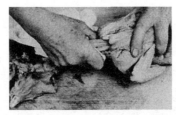 

Cómo derretir la grasa del pollo
| RINDE COMO 1 TAZA |

Aunque no es una práctica común, conozco algunas cocineras en Puebla y Michoacán que utilizan la grasa de pollo para cocinar. Es extremadamente buena para hacer arroz, papas y cosas por el estilo.

Ingredientes

250 g de grasa de pollo, aproximadamente
1/3 de taza de agua

» Pique la grasa tan finamente como sea posible. Cúbrala con agua y déjela reposar a temperatura ambiente como 2 horas. Póngala en un sartén pequeño y grueso a fuego lento hasta que toda la grasa se haya derretido: el agua se habrá evaporado y los pedacitos de piel estarán crujientes y dorados. Cuélela y refrigérela sin tapar. Se conservará durante unas semanas.

Higaditos en chipotle
| RINDE 4 PORCIONES | CENTRO DE MÉXICO

Esta es una manera poco usual de cocinar los higaditos de pollo, pero los sabores combinan bien. Tenga cuidado de no sobrecocerlos; deben quedar de color rosado en el interior.

Ingredientes

250 g de jitomates asados (véase p. 336)
2 dientes de ajo pelados y picados
2 chipotles enlatados, en escabeche o en vinagre
375 g de higaditos de pollo
3 cucharadas de grasa de pollo o aceite
1/2 cebolla mediana, finamente rebanada
sal al gusto

» Ponga los jitomates, el ajo y los chiles en la licuadora y muélalos hasta que estén casi tersos; la salsa debe tener un poco de textura.
» Desprenda cualquier membrana que tengan los higaditos y las manchas verdosas que pudieran conservar por el contacto con el ducto de la bilis. Corte cada uno en 6 partes. Caliente la grasa en el sartén, agregue los trocitos de hígado y la cebolla, póngales sal y fríalos revolviendo casi constantemente durante unos 3 minutos a fuego alto. Añada los ingredientes licuados y, sobre fuego alto, cuézalos como 5 minutos o hasta que la salsa se haya reducido y sazonado. Añada sal al gusto.

El arte de la cocina mexicana

Pollo deshebrado para tacos
| RINDE 2 TAZAS |

El pollo para antojitos, tacos, enchiladas, tostadas, etcétera, siempre va cocido y deshebrado. Prefiero hervir el pollo y dejarlo enfriar en el mismo caldo para aumentar el sabor.

> **Ingredientes**
>
> 1 pechuga grande de pollo con hueso y piel
> caldo de pollo (p. 84) suficiente para cubrirla

» Corte la pechuga por la mitad. Póngala con el caldo en un recipiente y cuézala a fuego lento hasta que esté suave pero no demasiado, como 25 minutos. Déjela enfriar en el caldo. Cuélela, desprenda el hueso y deséchelo: deshebre la pechuga junto con parte de la piel para darle más sabor.

Tacos de pollo
| RINDE 12 TACOS | SEÑORA VERÓNICA CUEVAS, ZITÁCUARO, MICHOACÁN

Estos tacos son sencillos en su preparación, pero sabrosos. En México se sirven comúnmente durante la cena pero se pueden utilizar en el almuerzo o como platillo principal después de un cebiche o sopa ligera.

> **Ingredientes**
>
> **EL RELLENO**
> 3 cucharadas de grasa de pollo (p. 171) o aceite
> 1/2 taza de cebolla, finamente picada
> chiles jalapeños frescos, cortados en rajas con semillas y venas
> 1 1/2 tazas de jitomates picados sin pelar
> 1 1/2 tazas de pollo deshebrado para tacos (arriba)
> 3 cucharadas de caldo de pollo (p. 84)
> sal al gusto
>
> **LOS TACOS**
> 12 tortillas de maíz
> aceite para freír
> 1 taza de salsa de jitomate de Michoacán (p. 260)
> 2 tazas de lechuga o col rallada
> 3/4 de taza de crema
> 6 cucharadas de queso añejo, rallado

» Primero prepare el relleno. Caliente el aceite; durante un minuto fría la cebolla y las rajas de chile; no deben dorarse. Agregue los jitomates y cuézalos otros 3 minutos hasta que parte del jugo se haya reducido. Añada el pollo deshebrado, el caldo, la sal, y cuézalo hasta que esté casi seco y brillante —como 8 minutos. Déjelo a un lado para que se enfríe un poco. Ponga un poco del relleno sobre la tortilla, enróllela y sujétela con un palillo.
» Caliente aceite suficiente apenas para cubrir el fondo del sartén; coloque en él algunos tacos —con la parte abierta hacia abajo— y fríalos suavemente, volteándolos de vez en cuando; una vez que estén sellados puede quitarles el palillo. Coloque dos tacos en cada plato. Ábralos un poquito e introduzca un poco de la salsa o póngasela encima; cúbralos con la lechuga, agregue una cucharada grande de crema y espolvoréelos con el queso.

Pollo con orégano
| RINDE DE 4 A 6 PORCIONES | OAXACA

Esta es una singular y sencilla manera de cocinar pollo con un sabor fuerte de ajo y orégano. Es un platillo tradicional oaxaqueño que invariablemente se sirve con enfrijoladas (p. 40). También es un platillo ideal para días de campo, ya que puede prepararse hasta el punto de cubrirlo con orégano y luego terminarlo en una fogata al aire libre.

Aquí el único truco es que el pollo quede suave, pero no demasiado, para el momento en que el caldo se haya reducido y los sabores se hayan concentrado. Algunos ajustes deberán hacerse en cuanto a la cantidad de caldo y al tiempo, dependiendo del tamaño y calidad del pollo.

Ingredientes

- 1 1/4 kg de piezas de pollo grande con piel
- 2 dientes de ajo, pelados
- 1 cebolla pequeña, rebanada
- 1 taza de caldo de pollo reducido (p. 84)
- 12 dientes más de ajo, pelados y picados
- 3 cucharadas de orégano seco, oaxaqueño de preferencia
- 2 cucharadas adicionales de caldo de pollo (p. 84)
- 1/2 cucharadita de sal o al gusto
- un poco de grasa de pollo (p. 171) o aceite para asarlo

» En un sartén ponga las piezas de pollo en una sola capa. Agregue los ajos enteros, la cebolla, una taza de caldo y cuézalo cubierto a fuego medio, volteando las piezas de vez en cuando, hasta que el caldo se haya reducido completamente y el pollo esté tierno —como 25 minutos.

» En un molcajete machaque los ajos picados con el orégano, 2 cucharadas de caldo y sal para formar una pasta con textura, o bien muela todo en la licuadora por muy poco tiempo. Extienda bien la pasta sobre las piezas de pollo; regréselas al sartén y tápelo. Déjelas sazonar durante 2 horas. Caliente el asador o parrilla y dórelas ligeramente, barnizándolas con un poco de la grasa de pollo derretida si fuera necesario.

El arte de la cocina mexicana

Mole negro oaxaqueño
| RINDE DE 10 A 12 PORCIONES |

Un mole negro es el platillo de fiesta de Oaxaca. Es negro, dulce y tiene el fascinante sabor de los ingredientes bien asados. Se diferencia del mole de Puebla en que se utilizan otros chiles —predominantemente el negro, el penetrante chilhuacle negro— y también hierbas secas toman el lugar de algunas de las especias, puesto que los chilhuacles se obtienen solamente en Oaxaca (algunas veces en la ciudad de México), y aun así con menos frecuencia que hace años, y son tan caros que muchas cocineras están acudiendo a usar los chiles guajillos tostándolos hasta obtener el color requerido.

Tradicionalmente las cocineras mexicanas de todas partes habrían molido —y algunas todavía lo hacen— todos los ingredientes para sus moles en el metate, en casa. Ahora, con frecuencia, los ingredientes son preparados —tostados, fritos, etcétera— y enviados al molino (donde muelen maíz para tortillas) para ser molidos con la piedra. Pero muchas han recurrido también a la licuadora (que es más eficiente para este tipo de salsa que el procesador de alimentos). Esto está bien si tiene cuidado de no poner demasiada agua y de licuar pocos ingredientes a la vez, mezclando y añadiendo más, sólo con el agua suficiente para soltar las aspas de la licuadora. En recetas como esta, donde se fríe una cantidad de ingredientes, especialmente ajonjolí, por ejemplo, es mejor freírlos y colarlos para evitar el uso de tanto aceite. Al hacer moles siempre use una cazuela ancha y con lados altos.

Ingredientes

EL POLLO
2 pollos grandes (como de 1 3/4 kg cada uno), cortados en piezas o un guajolote de 3 1/2 kg
2 cabezas de ajo con un corte por la mitad
2 cebollas pequeñas, rebanadas
6 ramitas de hierbabuena
sal al gusto

LA SALSA
125 g de chilhuacles negros o guajiilos
60 g de chile pasilla (de México, no de Oaxaca)
60 g de chile mulato
15 chiles guajillos
250 g de jitomates, asados (véase p. 336)
1 taza de agua
3 clavos enteros
3 pimientas gordas
hojas de 6 ramitas de tomillo
hojas de 6 ramitas de mejorana
2 cucharadas de orégano oaxaqueño ó 1 del más común
3/4 de taza de manteca o aceite
1/4 de taza de ajonjolí
1/4 de taza de cacahuates pelados
10 almendras sin pelar
1/4 de taza de pasas
1 cebolla pequeña, cortada en rebanadas gruesas
12 dientes de ajo, pelados
1 trozo de canela de 8 cm, muy grueso y en rajitas
1 plátano macho maduro, pelado y rebanado
2 tortillas de maíz, doradas
3 rebanadas gruesas de bolillo o pan de yema
1 hoja de aguacate ligeramente tostada
1 tablilla de 60 g de chocolate
sal al gusto

» Ponga el pollo en un recipiente con el ajo, la cebolla, la hierbabuena y sal, cúbralo con agua y póngalo a hervir, tapado, hasta que el pollo esté apenas tierno —como 35 minutos, cuélelo y guarde el caldo. Limpie los chiles, conservando las semillas. Tueste los chiles durante 50 segundos de cada lado; si está usando guajillos tuéstelos más tiempo, hasta que estén casi quemados —como 2 minutos. Enjuague los chiles en agua fría, cúbralos con agua caliente y déjelos remojar durante 5 minutos. Tueste las semillas en un sartén sin grasa sobre fuego mediano, revolviéndolas de vez en cuando para que se doren bien. Luego aumente el fuego para que se tuesten hasta quedar negras. Cúbralas con agua fría y déjelas remojar durante 5 minutos. Escúrralas y póngalas en el vaso de la licuadora.
» Agregue los jitomates asados sin pelar junto con el agua, los clavos, la pimienta gorda, el tomillo, la mejorana y el orégano.
» Caliente parte de la manteca en un sartén pequeño y fría el ajonjolí hasta que quede de un color dorado oscuro —unos cuantos segundos. Cuélelo regresando la grasa al sartén. Añada el ajonjolí a la licuadora y muélalo muy bien.
» Fría el resto de los ingredientes (con excepción de los chiles, el chocolate y la hoja de aguacate) uno por uno, cuélelos y póngalos en el vaso de la licuadora moliéndolos poco a poco y añadiendo agua o caldo según sea necesario para soltar las aspas.
» Caliente 1/4 de taza de manteca en la cazuela donde vaya a hacer el mole, agregue la mezcla licuada y fríala a fuego medio, removiéndola de vez en cuando, aproximadamente 15 minutos.
» Mientras tanto ponga algunos de los chiles en el vaso de la licuadora con 2 tazas del agua en que se remojaron; muélalos hasta que estén tersos. Una vez que haya terminado con los chiles, añádalos a los ingredientes ya fritos, también el chocolate y la hoja, cocinando por 5 minutos más. Añada aproximadamente 4 tazas de caldo continuando la cocción durante 35 minutos. Si piensa hacer tamales, recoja la grasa que se forma encima y añádala a la masa para darle color y sabor. Si es necesario, agregue más caldo —el mole debe apenas cubrir el reverso de una cuchara de madera— junto con el pollo y sal al gusto, cocínelo durante 40 minutos más.

El arte de la cocina mexicana

Pollo en mole rojo sencillo

| RINDE DE 6 A 8 PORCIONES | TUZANTLA, MICHOACÁN

Este es un mole delicioso pero fuerte —que no tiene nada de dulce— de la tierra caliente del este de Michoacán. La receta me la dio la señora Sandoval, dueña de un pequeño restaurante que he frecuentado durante algunos años.

Este mole debe hacerse con dos horas de anticipación; su sabor será mejor. Se puede usar pollo o puerco y servir simplemente con tortillas de maíz.

Ingredientes

EL POLLO
- 1 pollo grande de 1 3/4 a 2 kg cortado en piezas, con menudencias
- 1 cebolla chica, picada
- 2 dientes de ajo, pelados y picados
- agua o caldo de pollo ligero suficiente para cubrir (p. 84)
- sal al gusto

LA SALSA
- 60 g de chiles guajillos (como 11)
- 60 g de chile pasilla (como 7)
- 60 g de chiles anchos (como 5)
- 6 cucharadas de aceite, grasa de pollo (p. 171) o manteca
- 150 g de pepitas de calabaza, peladas
- 6 a 7 tazas de caldo de pollo
- 3 clavos enteros
- 5 pimientas negras
- 4 dientes de ajo, pelados y picados
- sal al gusto

» Coloque el pollo, la cebolla y el ajo en un recipiente, cúbralo con agua o caldo y sal al gusto y hiérvalo hasta que esté casi tierno (no debe estar cocido completamente) —durante 25 minutos, dependiendo del tamaño y la edad del pollo. Escúrralo y mida el caldo; si tiene menos de 7 tazas complete la cantidad con agua.

La salsa

» Limpie los chiles de venas y semillas. Póngalos en un recipiente, cúbralos con agua caliente y hiérvalos durante 5 minutos; retírelos del fuego y déjelos remojar durante 15 minutos. Escúrralos y deseche el agua en la que se remojaron. Mientras tanto, caliente 1 cucharada de aceite en un sartén y fría las pepitas sobre fuego medio hasta que se hinchen y empiecen a brincar; brincan violentamente: cuide sus ojos.

» Ponga 1/2 taza de caldo en el vaso de la licuadora, añada las especias y el ajo, y muélalos bien. Agregue el caldo y las semillas fritas y forme una pasta espesa y con textura. Caliente el resto del aceite en la cazuela donde va a guisar el mole, agregue la pasta y fríala a fuego medio, revolviendo y raspando el fondo de la cazuela casi constantemente para evitar que se pegue, durante 10 minutos. Añada una taza de caldo en el vaso de la licuadora y muela completamente la mitad de los chiles (la piel del guajillo es muy dura); agréguelos a la cazuela. Repita este procedimiento hasta que los chiles formen una salsa espesa, añadiendo más caldo sólo si es absolutamente necesario para soltar las aspas de la licuadora. Añada sal al gusto.

» Cueza el mole a fuego medio, raspando el fondo de la cazuela de vez en cuando, durante 20 minutos —estará bastante espeso. Agregue el resto del caldo y hiérvalo 20 minutos más. Añada el pollo y continúe la cocción hasta que el pollo esté tierno y la salsa de un color rojo oscuro con manchas de aceite más oscuras formándose en la superficie —como 15 minutos más. Si prefiere un mole menos espeso, puede agregar más caldo y calentarlo. Sirva una porción de pollo con bastante salsa y tortillas calientes de maíz.

Pollo en mole verde

| RINDE DE 6 A 8 PORCIONES | SEÑORA SEVERA, LA GARITA, MICHOACÁN

Cada región de México tiene su versión de mole o pipián verde —en Oaxaca se refieren a él solamente como "verde"— y usa ingredientes que el lugar siembra y produce. En la parte oriental de Michoacán abundan las calabazas y en muchas hortalizas se cultivan lechugas, acelgas y hierbas durante todo el año debido a su clima suave; el ajonjolí es traído de tierra caliente cercana. Este es un mole para un verdadero aficionado, con una textura medio tosca y un sabor complejo que, sin lugar a dudas, habla de hierbas, hojas y chiles verdes. Se critica mucho a quien no lo prepare con suficiente aceite verde oscuro flotando en la superficie, porque es allí donde se concentra el sabor, según aseguran las cocineras, mis vecinas. No cabe duda de que este platillo tiene mejor sabor el mismo día que se prepara. Este mole verde también se puede hacer con puerco o una combinación de pollo y puerco; calcule 1 1/2 kg de carne para 6 u 8 porciones.

Ingredientes

EL POLLO
1 pollo grande, cortado en piezas (1 3/4 a 2 kg)
1 cebolla chica, picada, 1 diente de ajo, pelado
sal al gusto
caldo de pollo ligero (p. 84) o agua suficiente para cubrirlo

LA SALSA
150 g de ajonjolí
45 g de pepitas de calabaza
3 clavos enteros
3 pimientas
3 pimientas gordas
4 a 6 cucharadas de manteca o aceite
8 hojas de lechuga, rebanadas
5 hojas de acelga, rebanadas
1 manojo grande de cilantro, picado con todo y tallos
1 pequeño manojo de perejil picado
2 dientes de ajo, pelados y picados
2 chiles poblanos limpios y picados en crudo
180 g de tomate verde, cortados en crudo
8 chiles serranos (opcionales)

» En una cacerola ponga el pollo, ajo, cebolla y sal, cúbralo con caldo de pollo o agua y póngalo a fuego lento hasta que la carne esté tierna pero no suave —como 25 minutos. Cuélelo conservando el caldo. Redúzcalo o agregue agua para obtener 6 tazas.

» Ponga el ajonjolí en un sartén sin grasa sobre fuego medio y revuélvalo constantemente hasta que se dore —como 7 minutos. Extiéndalo en una charola grande para que se enfríe. Luego muela con las especias. Agregue las pepitas al sartén y, a fuego medio, revuélvalas hasta que empiecen a brincar, pero no deje que se doren —como 3 minutos. Déjelas a un lado para que se enfríen.

» Mezcle las pepitas tostadas y muélalas en cantidades pequeñas en un molino eléctrico para café o en licuadora, como 5 segundos cada vez, hasta que las pepitas estén martajadas, no pulverizadas. Páselas a un recipiente; mézclelas con 1/2 taza de caldo para hacer una pasta espesa.

» Caliente la manteca en una cazuela gruesa; ponga en ella la pasta de las pepitas molidas y fríala ligeramente, sin dejar de removerla, durante 5 minutos, hasta que la pasta se dore bien.

» Ponga 1 1/2 tazas de caldo en el vaso de la licuadora, agregue las verduras, hierbas, ajos, chiles y los tomates verdes, poco a poco; muélalos para formar una salsa con textura. (Si el vaso de su licuadora es lo suficientemente grande, debe poder moler todo de una sola vez; si no, divida lo que va a mezclar en dos partes y añada un poco más de caldo.) Añada lo molido a la pasta de pepitas; cueza la salsa sobre fuego mediano removiéndola y raspando el fondo de la cazuela de vez en cuando (ya que la mezcla tiende a pegarse), durante unos 15 minutos. Agregue el resto del caldo y continúe la cocción hasta que se reduzca y espese y suban a la superficie manchas de aceite —de 15 a 20 minutos. Añada las piezas de pollo y cuézalas durante otros 10 minutos, removiendo el mole de vez en cuando. La salsa debe ser bastante espesa, pero si se reseca demasiado, agregue un poco de caldo o agua. Sírvalo acompañado con tortillas de maíz.

Los siete moles de Oaxaca

Se llama a Oaxaca, erróneamente, la tierra de los siete moles. Quizá se refiera nada más a los Valles Centrales, porque cada área del estado tiene su mole o moles, notablemente distintos en el Istmo, la Costa, la Mixteca Baja, Mixteca Alta y La Cañada, entre otras, y en algunos casos se usan los chiles cultivados en la región.

Verde de Oaxaca
| RINDE DE 6 A 8 PORCIONES |

El verde se prepara con pollo o con puerco y se enriquece con bolitas de masa, los chochoyotes. Tiene una salsa verde, no muy espesa, y aromática por las hierbas que lleva. Esta receta se hace con pollo, pero si desea utilizar puerco, 500 g de costillas y otros 500 g de carne maciza deben cocerse exactamente de la misma manera que el pollo pero por un poco más de tiempo.

El *verde* se debe servir en platos un poco hondos: algo de carne, 2 ó 3 bolitas de masa y mucha salsa —realmente parece una sopa—; se come con cuchara. Con frecuencia se cuecen pequeños frijoles blancos y se añaden a este mole; para esta cantidad, cueza 125 g en la misma forma en que haría los frijoles negros a la oaxaqueña (p. 146). Debe haber muy poco caldo al final de la cocción; redúzcalo si es necesario y agregue los frijoles al *verde*.

Algunas cocineras en Oaxaca prefieren utilizar para esta receta la mitad de jitomates rojos sin madurar, que son más dulces, y la mitad de tomates verdes. No obstante, los primeros son difíciles de conseguir, así que use sólo tomates verdes y 1/2 cucharadita de azúcar.

Ingredientes

EL POLLO
1 pollo grande cortado en piezas (como 1 3/4 kg)
1 cabeza pequeña de ajo, con un corte a la mitad
1 cebolla pequeña, rebanada
sal al gusto
1 receta de chochoyotes (p. 55)

LA SALSA
10 tomates verdes (como 250 g) (véase comentario arriba) o mitad de jitomates sin madurar y mitad de tomates verdes
1 1/2 tazas de agua
10 dientes de ajo, pequeños, pelados
1/2 cebolla, pequeña
3 cucharadas de orégano oaxaqueño ó 1 1/2 cucharadas de orégano común
1 pizca de comino
4 clavos enteros, 4 pimientas gordas, 4 chiles de agua o 6 chiles serranos, o al gusto
2 cucharadas de manteca derretida o aceite
125 g de masa para tortillas (p. 20)
4 ramas grandes de epazote, picadas
1 manojo pequeño de perejil, picado sin los tallos gruesos
8 hojas santas
1 1/2 tazas de agua
sal al gusto

- » Ponga las piezas de pollo en una olla; agregue el ajo, la cebolla, agua para cubrirlo y sal al gusto. Póngalo a hervir hasta que la carne esté apenas tierna. Cuélelo y conserve el caldo. Añada agua o redúzcalo para obtener 4 tazas. Prepare una receta de chochoyotes.
- » Quite las cáscaras de los tomates verdes, enjuáguelos y córtelos. Póngalos en el vaso de la licuadora con el agua, ajo, cebolla, orégano, cominos, clavos, pimientas gordas, chiles y lícuelos hasta que estén tersos.
- » Caliente la manteca en una cazuela, agregue los ingredientes licuados y fríalos a fuego bastante alto, removiéndolos de vez en cuando, hasta que se reduzcan y se sazonen —como 15 minutos.
- » Mezcle la masa con una taza de caldo de pollo hasta que esté tersa y añada a la cazuela dos tazas más de caldo. Cuézala a fuego medio hasta que la salsa empiece a espesar —como 10 minutos. Agregue el pollo y los chochoyotes; asegúrese de que estén bien cubiertos por la salsa, y cuézala a fuego lento mientras prepara las verduras.
- » Ponga las verduras con 1 1/2 tazas de agua en el vaso de la licuadora y lícuelas hasta que estén tan tersas como sea posible. Si las hojas están duras y fibrosas páselas a través de una coladera oprimiendo firmemente. Añada la mezcla a la cazuela con mucho cuidado para no romper los chochoyotes, y cueza 10 minutos más, hasta que los chochoyotes estén cocidos.

Coloradito
| RINDE DE 6 A 8 PORCIONES | OAXACA

El coloradito es uno de los afamados moles de Oaxaca (véase p. 179). La salsa es algo espesa, suave pero con un sabor lleno de facetas, y por lo regular se sirve con arroz blanco y tortillas de maíz. Por costumbre la salsa que sobra se usa para hacer enchiladas para acompañar al pollo con orégano (p. 173) en el almuerzo, durante una boda en Oaxaca.

En Oaxaca el ingrediente predilecto para espesar los moles es el pan de yema, un pan semidulce hecho con levadura y yemas de huevo, pero de hecho se puede usar cualquier pan, de preferencia uno del día anterior para que esté un poco seco.

Ingredientes

EL POLLO
1 pollo grande cortado en piezas (como de 1 3/4 kg)
1 cebolla, mediana y picada
1 pequeña cabeza de ajo, con un corte por la mitad
4 ramitas de mejorana
4 ramitas de tomillo
4 ramitas de perejil
sal al gusto

LA SALSA
12 chiles guajillos o chilcostles
250 g de jitomates asados (p. 336)
4 cucharadas de manteca derretida o aceite
1/4 de taza de ajonjolí
1 1/2 cucharadas de orégano oaxaqueño ó 1 cucharada del más común
2 clavos enteros, triturados
2 pimientas gordas, trituradas
1 cebolla mediana, rebanada
9 dientes de ajo pequeños, pelados
1 rajita de canela de 8 cm
1 plátano macho pequeño y maduro, pelado y cortado en rodajas gruesas
3 rebanadas de bolillo
30 g de chocolate
sal al gusto

» En una cacerola ponga el pollo, cebolla, ajo, y hierbas; cúbralo con agua agregando sal al gusto. Cuézalo a fuego lento hasta que el pollo esté solamente tierno —de 20 a 25 minutos.
» Limpie los chiles de venas y semillas. Conserve las semillas para un pipián (p. 90). Tueste los chiles unos segundos de cada lado en un comal caliente, oprímalos hasta que el interior se vuelva opaco, de color tabaco. Enjuague los chiles en agua fría, sáquelos, cúbralos con agua caliente y déjelos remojar durante 15 minutos.
» Ponga los jitomates en el vaso de la licuadora y lícuelos brevemente. Caliente una cucharada de manteca y fría las semillas de ajonjolí durante algunos segundos hasta que se doren. Con una cuchara perforada, escurriéndolas lo más que sea posible, páselas al vaso de la licuadora; añada el orégano, clavos, pimienta gorda y un poco del agua en que se remojaron los chiles si es necesario, hasta formar una pasta tersa.
» Añada más manteca al sartén y caliéntela; acitrone la cebolla y el ajo. Añada las rajas de canela y siga friendo hasta que la cebolla y el ajo se doren ligeramente. Páselos con una cuchara perforada al vaso de la licuadora. En el sartén ponga el plátano y el pan y fríalos a fuego lento hasta que se doren. Páselos a la licuadora, agregando un poco de agua de los chiles si es necesario para licuarlos hasta formar un puré terso. Gradualmente añada los chiles con más agua, según sea necesario, hasta que la mezcla quede tersa. Cuando todos los chiles hayan sido licuados, sumerja una cuchara hasta el fondo del vaso y saque un poco de salsa para ver si la cáscara de los chiles, que es bastante dura, está suficientemente molida. Si no, agregue un poco más de agua y licue durante unos segundos más.
» En una cazuela gruesa caliente el resto de la manteca, agregue la salsa, colándola solamente si es necesario para quitar algunos pedazos de la cáscara de los chiles, luego agregue el chocolate y cuézala a fuego medio revolviendo y raspando el fondo de la cazuela para evitar que se pegue, como por 15 minutos. Agregue dos tazas de caldo y las piezas de pollo, pruébela de sal y cuézala durante 15 minutos más. La salsa debe ser algo espesa y debe cubrir ligeramente el reverso de una cuchara de madera.
» Sírvalo con arroz blanco y tortillas. Si está hecho con anticipación, la salsa tiende a espesarse y puede ser necesario diluirla con un poco más de caldo de pollo.

El arte de la cocina mexicana

Amarillo

| RINDE DE 6 A 8 PORCIONES |

El amarillo es otro de los conocidos moles de Oaxaca. De hecho la salsa es más bien de color ladrillo claro, pero varía según el tipo de chile utilizado. Las recetas más antiguas difieren en su selección de chiles —amarillos, chilhuacles amarillos, chilcostles, costeños, que sólo hay en Oaxaca—, mientras que las más recientes recurren a los guajillos que son más fáciles de obtener. Es una lástima porque platillos de este tipo pierden sus muy especiales cualidades regionales.

El *amarillo* es de hecho un guiso de carne con muchas legumbres y pequeños chochoyotes, con una salsa ligeramente espesada con masa para tortillas. Se puede utilizar puerco, pollo o carne de res, la única diferencia será el toque final de la hierba que le da sabor, hoja santa, cilantro o pitiona, respectivamente.

Los aficionados más aventureros que viajen a Oaxaca pueden adquirir chilcostles, que tienen un sabor distinto al de los guajillos y son más picantes.

El *amarillo* se sirve en platos hondos, con tortillas de maíz y un plato de rajas con limón y cebolla servido por separado.

Ingredientes

EL POLLO
1 1/4 kg de piezas de pollo
1 cebolla mediana, rebanada
1 cabeza de ajo pequeña, cortada por la mitad
sal al gusto

LA SALSA
20 chilcostles ó 12 chiles guajillos
1/2 cabeza de ajo pequeña (como 9 dientes), enteros y asados (véase p. 329)
1/2 cebolla cortada en 3 pedazos, asada (véase p. 339)
4 pimientas gordas, trituradas
4 clavos enteros, triturados
1 pizca grande de comino, triturado
1 cucharada de orégano de Oaxaca ó 1/2 del más común
3 tomates verdes pelados, enjuagados y picados
2 cucharadas de manteca o de aceite
125 g de masa para tortillas (p. 20)
sal al gusto
tres hojas de yerbasanta

LAS VERDURAS
1 chayote grande pelado a lo largo en gajos, con todo y "almendra"
250 g de papas sin pelar, cortadas en cuatro
agua hirviendo con sal
180 g de ejotes, limpios y partidos por la mitad
1 receta de chochoyotes (p. 55)
rajas con limón (p. 273)

» Ponga las piezas de pollo en una olla con la cebolla, ajo, sal y agua para cubrirlas. Póngalas a cocer a fuego lento hasta que estén apenas tiernas —como 25 minutos. Cuélelas y conserve el caldo.
» Limpie los chiles, guardando las semillas para otro propósito, y tire las venas. Tueste los chiles ligeramente de cada lado hasta que el interior se vuelva color tabaco. Enjuáguelos en agua fría, sáquelos y cúbralos con agua caliente dejándolos remojar durante 20 minutos.
» Cuando el pollo esté cocinándose y los chiles remojándose, cubra el chayote y las papas con agua hirviendo, cuézalos durante 10 minutos. Agregue los ejotes y cuézalos 5 minutos más. Las verduras deben estar aún *al dente* ya que van a seguir cociéndose en el guiso. Cuélelas conservando el agua.
» Cuele los chiles; vierta la mitad del agua en el vaso de la licuadora y conserve el resto. Luego añada los ajos pelados, cebolla, pimienta gorda, clavos, cominos, orégano y tomates verdes; muélalos hasta que estén tersos. Gradualmente añada los chiles con el resto de su agua licuándolos hasta que la mezcla esté tan tersa como sea posible.
» Caliente la manteca en su cazuela. Agregue la salsa de chile (colándola si es que aún tiene pedazos de la cáscara de los chiles) y fríala sobre fuego bastante alto, removiéndola y raspando el fondo de la cazuela, de 8 a 10 minutos. Ponga 1 1/2 tazas de caldo de pollo en el vaso de la licuadora, añada la masa, licuela hasta que quede tersa y añádala a la cazuela con dos tazas más de caldo removiéndola y raspando hasta que la salsa empiece a espesarse. Agregue 1 1/2 tazas más de caldo, el agua en que se cocieron las verduras, el pollo cocido y las verduras, póngalo a cocer a fuego lento y agregue sal al gusto. Añada los chochoyotes y cuézalos hasta que los primeros estén listos —de 15 a 20 minutos. Al último añada la yerbasanta. Sírvase como se sugirió anteriormente.

Pollo en salsa de fresadilla y chipotle

| RINDE DE 4 A 6 PORCIONES | ELIZABETH BORTON DE TREVIÑO

Esta receta me la dio hace muchos años Elizabeth Borton de Treviño, quien se casó con un mexicano de Monterrey y vivió allí durante muchos años. Su libro *My Heart Lies South* describe con gran colorido la vida provinciana de ese tiempo.

Este platillo es muy sencillo de hacer, mucho menos condimentado que los de más al sur. Si el tomate verde —fresadilla, como se le llama en Nuevo León— es muy ácido, tal vez tenga que agregar un poco de azúcar para contrarrestar el sabor. Sírvalo con tortillas de harina y rebanadas de aguacate, para equilibrar la acidez.

Ingredientes

- 1 pollo grande, en piezas (de 1 3/4 a 2 kg)
- 2 dientes de ajo, pelados
- 1 cebolla pequeña, rebanada
- 1 hoja de laurel
- 1 ramita de tomillo
- 1 ramita de mejorana
- 1 rebanada de limón
- sal al gusto
- caldo de pollo (p. 84) o agua
- 750 g de tomates verdes (como 30), hervidos (véase p. 337)
- 6 chiles chipotles en adobo
- azúcar si es necesaria
- 2 cucharadas de manteca o aceite

» Ponga las piezas de pollo en un recipiente con el ajo, cebolla, hierbas, limón, sal, caldo o agua para cubrirlas, póngalo a hervir y cuézalo lentamente durante 20 minutos, hasta que el pollo esté parcialmente cocido. Cuélelo y a fuego alto reduzca el caldo a dos tazas.

» Ponga los tomates verdes en el vaso de la licuadora junto con los chiles y lícuelos hasta que queden tersos, agregando un poco de azúcar si es necesario (véase comentario arriba).

» Caliente la manteca en una cazuela, añada la salsa y fríala a fuego bastante alto durante 10 minutos. Agregue las piezas de pollo, el caldo, sal al gusto y cueza a fuego medio, removiendo de vez en cuando hasta que la salsa y el pollo estén cocidos y bien sazonados, la salsa se haya espesado, y la grasa haya empezado a subir a la superficie —como 20 minutos.

Pollo en cuñete

| RINDE 6 PORCIONES | SEÑORA VERÓNICA CUEVAS, ZITÁCUARO, MICHOACÁN

La señora Cuevas dice que esta receta vino a Ciudad Hidalgo hace muchos años con la cocinera española de su abuela. El vino, almendras y aceite de oliva seguramente reflejan la fuerte influencia española en esta parte de Michoacán. Este es un platillo sencillo y elegante, y con el lento cocimiento, el caldo, aunque no es mucho, es delicado y ligeramente gelatinoso. La señora Cuevas lo sirve con bolillos crujientes y una ensalada verde. Ella prefiere servir los chiles por separado para que cada invitado agregue picante al gusto, pero yo prefiero el sabor que dan los chiles al caldo durante la cocción.

Una cazuela de barro, con una tapadera que selle bien, es ideal para cocinarlo.

Ingredientes

- 1/3 de taza de aceite de oliva
- 1 pollo grande en piezas (de 1 3/4 a 2 kg)
- 3 ramitas de tomillo
- 3 ramitas de mejorana
- 2 hojas de laurel
- 3 clavos enteros
- 3 pimientas gordas
- 1/2 taza de pasas
- 1/3 de taza de almendras peladas en rajitas
- 1 cebolla, grande, cortada en cuarterones
- 1 pequeña cabeza de ajo, partida por la mitad horizontalmente
- 125 g de zanahorias, peladas y rebanadas
- 180 g de papitas, peladas, o papas más grandes cortadas en rebanadas de 1 cm
- 1 taza de agua
- 1 taza de vino blanco seco
- 1/4 de taza de vinagre de piña
- 1 cucharadita o sal al gusto
- 6 chiles largos, o jalapeños, enlatados en escabeche

» Caliente el aceite de oliva en una cazuela, agregue pocas piezas de pollo a la vez y fríalas hasta que se doren. Añada el resto de los ingredientes excepto los chiles, cubra bien la cazuela y cuézalos a fuego muy lento. Agite la cazuela de vez en cuando para evitar que se peguen y cuézalos hasta que el pollo esté suave —como 1 1/4 horas. Agregue los chiles y cocine 5 minutos más.

Coachala

| RINDE 8 PORCIONES | FAMILIA SANDI, GUADALAJARA, JALISCO

La coachala es una sopa espesa, de la parte occidental de Jalisco, que se cocina tradicionalmente en una cazuela de barro y se sirve en tazones con tortillas de maíz en bodas y bautizos. También es un platillo de Colima, con pocas diferencias.

    La receta pide una gallina gorda, pero puesto que hay pocas, un pollo grande podrá tomar su lugar.

Ingredientes

EL POLLO
- 1 pollo cortado en 4 piezas (1 3/4 a 2 kg)
- las menudencias, patas y cuello (pero no el hígado)
- 1/2 cebolla, mediana, rebanada
- 3 dientes de ajo pequeños, pelados
- 1/2 cucharadita de orégano
- sal al gusto

LA SALSA
- 325 g de tomates verdes (los pequeños "tomates de milpa" se prefieren en Jalisco), pelados
- 15 chiles de árbol
- 2 chilacates, limpios de venas y semillas
- 2 cucharadas de masa para tortillas (p. 20)

» Ponga el pollo en una olla honda, agregue las menudencias, cebolla, ajo, orégano y sal. Cúbralo con agua y póngalo a hervir. Tape la olla y cuézalo a fuego lento hasta que el pollo esté bastante tierno —como 35 minutos. Cuele el pollo y aparte el caldo. Redúzcalo o agregue agua para obtener 6 tazas de caldo. Cuando el pollo esté tibio, desprenda la carne de los huesos y deséchelos, pero conserve la piel. Deshebre solamente la pechuga con su piel y apártela del resto de la carne.

» Ponga los tomates verdes y los chiles secos en una cacerola, cúbralos con agua, póngalos a hervir; continúe hirviéndolos durante 5 minutos. Retírelos del fuego y déjelos remojar 10 minutos más. Con una cuchara perforada, trasládelos al vaso de la licuadora y mézclelos hasta que tengan una consistencia muy tersa, agregando un poco de caldo de pollo si fuera necesario. Vacíelos a un recipiente.

» En el vaso de la licuadora ponga un poco del pollo (no la pechuga) con algo de caldo y mézclelo para formar una salsa tosca. Repita la operación hasta que toda la carne esté molida —esto necesitará como 4 tazas de caldo. Regrese el puré a la cacerola, añada los chiles licuados con el tomate verde y cuézalos a fuego lento. Mientras tanto, diluya la masa en 1/2 taza de caldo. Agréguela a la olla con 1 1/2 tazas de caldo más; continúe la cocción a fuego lento, revolviendo y raspando el fondo de la cacerola, durante 20 minutos. Agregue la pechuga deshebrada, añada sal si es necesario y cueza la coachala un poco más para que la carne deshebrada se sazone. Sírvala en tazones acompañada con tortillas de maíz.

Pollo en ciruela pasa

| RINDE 6 PORCIONES | ANGAMACUTIRO, MICHOACÁN

Este es un platillo delicioso y poco común que conocí en Morelia en una feria regional culinaria. Fue sorprendente que un plato con una influencia española tan marcada, fuera representativo de un pequeño y remoto pueblo, Angamacutiro, en Michoacán.

Al cocinar este platillo debe haber mucha salsa espesa, y el pollo debe estar bien cubierto con ella. Tradicionalmente se sirve solamente con bolillos.

Aunque en la receta original se utilizaban ciruelas y aceitunas enteras, no tiene importancia si las usa deshuesadas. Naturalmente, los pimientos rojos, frescos, asados y pelados, ofrecen un sabor mucho mejor que los enlatados, aunque sea más trabajoso prepararlos.

Ingredientes

- 1 pollo cortado en piezas (1 3/4 a 2 kg)
- sal y pimienta recién molida, al gusto
- 5 cucharadas de aceite de oliva
- 2/3 de taza de cebolla finamente picada
- 5 dientes de ajo pelados, finamente picados
- 340 g de jitomates picados, con cáscara
- 340 g de jitomates, bien licuados, sin pelar
- 15 ciruelas pasas sin semilla
- 3/4 de taza de caldo de pollo, si es necesario
- 3 pimientos rojos, asados, pelados y cortados en cuadritos
- 15 aceitunas deshuesadas

» Sazone las piezas de pollo con sal y pimienta. Caliente el aceite de oliva en una cacerola y fría el pollo, poco a poco, hasta que las piezas estén doradas. Retírelas del aceite y en él fría la cebolla y el ajo a fuego lento sin que se doren, como 2 minutos. Agregue los jitomates picados y fríalos durante 3 minutos más. Vuelva a poner el pollo en la cacerola y cuézalo a fuego lento durante 10 minutos. Añada el puré de jitomate y las ciruelas continuando la cocción hasta que el pollo esté casi tierno —como 20 minutos, dependiendo del tamaño y calidad del pollo. Si la salsa está algo seca agregue parte o todo el caldo. Mézclele los pimientos, aceitunas y sal al gusto; continúe cociéndolo hasta que el pollo esté tierno, pero no desbaratándose, y los sabores hayan quedado bien mezclados.

El arte de la cocina mexicana

Pollo en escabeche rojo

| RINDE 4 A 6 PORCIONES | YUCATÁN

Esta es la manera yucateca, sencilla pero sorprendentemente sabrosa, de preparar pollo o pavo a la parrilla.

Como con muchos otros platillos similares, es práctico tener a la mano una parrilla de leña o de carbón porque dan un sabor especial, pero un asador común y corriente es completamente adecuado. Es un perfecto platillo si uno está a dieta.

Aunque este pollo se sirve usualmente con una sencilla ensalada de jitomate, lechuga o col, el arroz blanco le queda muy bien y por supuesto un poco de frijoles colados (p. 148).

Ingredientes

- **6 cucharadas de recado rojo (p. 322)**
- **5 dientes de ajo, pelados y molidos**
- **sal al gusto**
- **4 cucharadas de jugo de naranja agria, o vinagre de piña**
- **1 pollo de 1 1/2 kg, cortado en piezas**
- **4 chiles *x-cat-ik* o güeros enteros, asados (p. 346)**
- **3 pequeñas cabezas de ajo, asadas, con los dientes separados pero no pelados (p. 329)**
- **1 cucharada de orégano seco, yucateco si es posible, ligeramente tostado**
- **1 taza de cebollas en escabeche (véase p. 277)**
- **3 ó 4 cucharadas de manteca o aceite**

» Mezcle el recado rojo con el ajo molido, sal y jugo de naranja y forme una pasta tersa. Unte el pollo con una capa delgada de esta pasta.
» Ponga las piezas de pollo, chiles, dientes de ajo, orégano y un poco de sal, cúbralas apenas con agua y póngalas a cocer a fuego lento. Continúe la cocción hasta que el pollo esté *al dente*, casi suave —como 20 minutos. Retírelo del caldo. Agregue la cebolla al caldo, póngalo a hervir y colóquelo a un lado pero manténgalo caliente.
» Mezcle el resto del recado rojo con la manteca mientras prepara la parrilla o el asador.
» Ase las piezas de pollo, volteándolas de vez en cuando, durante unos 5 minutos de cada lado o hasta que estén bien doradas. Sírvalas con un poco de caldo y cebollas encima.

Otra manera de servirlo
» No añada las cebollas al caldo. Sirva el pollo con un poco de caldo y al último las cebollas encima.

Rellena de pollo

La rellena de pollo es un platillo muy popular en el mercado de Zitácuaro. Está hecha con la sangre e intestinos de los pollos (erróneamente la llaman *rellena* porque naturalmente sería imposible rellenar los intestinos con sangre) y la preparan algunas mujeres de la localidad, que han acaparado el mercado de esos simples ingredientes. Llegan bastante temprano por la mañana con la rellena preparada y le dan el cocimiento final en grandes cazuelas colocadas sobre braseros de carbón. Desde allí van sirviendo la hirviente rellena, color chocolate, a las amas de casa o a sus sirvientes, que van a buscar algo bueno para el almuerzo.

La rellena de pollo se sirve con tortillas recién hechas para que cada quien haga sus propios tacos.

Ingredientes

- 1 taza de tripas de pollo
- 2 tazas de sangre de pollo
- 3 ramitas de tomillo
- 3 ramitas de mejorana
- 1/2 cucharadita de sal
- 1 1/2 tazas de agua fría
- 3 cucharadas de grasa de pollo derretida
- 3 cucharadas de cebolla, finamente picada
- 1 diente de ajo finamente picado
- 4 tomates verdes sin cáscara
- 3 chiles serranos, finamente picados o al gusto
- 1 cucharada colmada de hierbabuena picada
- 1/8 de cucharadita de comino, triturado
- 4 pimientas trituradas
- sal al gusto

» Si las tripas no han sido aún limpiadas, córtelas en tramos de 3 cm, ábralas y enjuáguelas 2 veces en agua salada.

» La sangre se habrá coagulado. Píquela y póngala junto con las tripas, tomillo, mejorana, sal y agua en un sartén grueso y ponga todo a hervir a fuego lento. Continúe la cocción revolviendo la mezcla de vez en cuando (ya que la sangre se pega), hasta que los intestinos estén tiernos —como 30 minutos, agregando más agua sólo si es necesario. Al final de la cocción la sangre debe estar suave y húmeda pero no aguada. Si fuera así, redúzcala a fuego un poco más alto.

» Caliente la grasa de pollo en un sartén, agregue la cebolla y el ajo y fríalos como por 10 segundos hasta que empiecen a volverse transparentes.

» Añada los tomates verdes y los chiles frescos, y fríalos durante 5 minutos, hasta que los tomates estén suaves. Agregue los intestinos, sangre, hierbabuena, cominos y pimienta. Revuélvalos bien y cuézalos a fuego medio hasta que la mezcla esté húmeda y brillante —como 8 minutos. Ajuste la sal.

El arte de la cocina mexicana

Barbacoa de pollo

ADAPTADA DE LA RECETA DE LA SEÑORITA CARMEN VILLALBA   CHILAPA

Hay recetas que se quedan en la mente aunque uno sólo les haya echado un rápido vistazo, y esta es una de ellas. Leí acerca de ella hace 3 años y se me quedó grabada en la memoria, recordándome un platillo que hacía años había comido en Guerrero.

En este caso, *barbacoa* se refiere a la hecha en un hoyo en la tierra, el método original y sencillo que se usa en la cocina típica de Guerrero y en muchas otras regiones, aunque la receta dice que debe hacerse al vapor o cocinada en el horno. Yo hice ambas cosas y luego asé el pollo a la parrilla con gran éxito. (Como tengo la fortuna de tener hojas de aguacate y plátano durante todo el año en mi terreno, serví el pollo asado sobre hojas de aguacate ligeramente quemadas y humeantes dejando que los invitados se sirvieran lo demás.)

Si no tiene estas hojas a mano y desea hornear o vaporizar el pollo sazonado, simplemente envuelva la carne en papel pergamino para cocinar. Pero si puede conseguir o guardar algunas hojas secas de aguacate, le darán un sabor muy especial.

Yo horneo el pollo a mi manera; y personalmente prefiero no hacerlo a vapor. La vaporización no iguala la acción del horno para barbacoa, ya que la mayor parte del sabor gotea dentro del agua, mientras que en la barbacoa, el vapor queda bien sellado, se condensa y regresa a la carne.

Ingredientes

COMIENCE EL DÍA ANTERIOR
6 chiles anchos
6 chiles guajillos
1 1/4 tazas de agua, aproximadamente
6 clavos enteros
10 pimientas gordas
1 pizca de semillas de comino
2 pimientas
1 rajita de canela de 3 cm
2 cucharaditas de sal o al gusto
2 cucharaditas de orégano
3 dientes de ajo, pelados
1 1/2 cucharadas de aceite, manteca o grasa de pollo
1 pollo grande cortado en piezas (1 3/4 a 2 kg)
2 ramas de hojas de aguacate (opcional, vea sugerencia arriba)
2 hojas de plátano o las suficientes para envolver las piezas de pollo (opcionales; vea comentario arriba)

LO DE ENCIMA
1 aguacate, grande, pelado y cortado en rebanadas
8 rebanadas gruesas de limón
1 1/2 tazas de lechuga, finamente cortada
1/2 taza de rábanos, finamente rebanados
1 taza de cebolla rebanada muy delgada
1 1/4 tazas de salsa verde (cruda) (p. 258) con cilantro picado encima

» Limpie los chiles. Tuéstelos ligeramente por ambos lados sobre un comal. Cúbralos con agua caliente, póngalos a hervir durante 5 minutos. Déjelos en el agua caliente durante 10 minutos más.
» Ponga 1/2 taza de agua en el vaso de la licuadora, añada las especias, sal, orégano y ajos; muélalos hasta que estén tersos. Agregue los chiles poco a poco con el resto de agua. Saque un poco de la salsa del fondo de la licuadora para ver si la piel del guajillo, que es muy dura, se ha desbaratado bien. Si no, lícuelos un poco más. La salsa debe quedar muy espesa.
» Caliente el aceite en un sartén, añada la salsa y fríala a fuego medio, revolviéndola de vez en cuando para evitar que se pegue, como por 5 minutos. Déjela enfriar.
» Cuando la pasta esté fría puede estar líquida todavía; no se preocupe, se espesará con el tiempo. Embarre las piezas del pollo con la salsa y refrigérelo durante la noche. Cuézalo siguiendo alguno de los métodos que se mencionan a continuación.

A la parrilla
» Asegúrese de que el pollo esté cubierto con una capa gruesa y pareja de la pasta de chile. Colóquelo bajo el asador —dependiendo del tipo de parrilla que use, ya sea de leña, carbón o gas— y áselo lentamente, volteándolo de vez en cuando, durante 30 minutos. Póngale los demás ingredientes y sírvalo de inmediato.

Al vapor
» Asegúrese de que el pollo esté cubierto por todos lados con una capa gruesa y pareja de la pasta de chile. Queme ligeramente las hojas de aguacate (si las usa) sobre la llama o comal y colóquelas por debajo y por encima del pollo. Envuélvalo con hojas de plátano y colóquelo en la parte superior de la vaporera. Vaporícelo a fuego alto hasta que esté tierno —de 45 minutos a una hora.

Horneado
» Caliente el horno a 180 °C. Prepare y envuelva el pollo en la misma forma que para cocinarlo al vapor. Colóquelo en una capa en la cacerola con 1/2 taza de agua en el fondo. Cúbralo con una tapadera y hornéelo como por 30 minutos. Aumente la temperatura a 190 °C, voltee el pollo, regréselo al horno sin tapar y hornéelo hasta que esté suave y poco dorado —como 20 minutos más.

Para servirlo
» Si el pollo está asado, cúbralo generosamente con los demás ingredientes. Si está vaporizado u horneado y cubierto con las hojas, abra el paquete y cubra el pollo con los adornos. O si prefiere, pase los adornos para que cada persona se sirva.

VII

Cerdo

- › CARNE DE PUERCO COCIDA Y DESHEBRADA
- › PICADILLO PARA CHILES RELLENOS
- › PIERNA DE PUERCO ESTILO APATZINGÁN
- › LOMITOS DE VALLADOLID
- › CHILAYO
- › LOMO ADOBADO ESTILO JALISCO
- › PUERCO EN MOLE ROJO SENCILLO
- › ASADO DE BODAS
- › TATEMADO DE COLIMA
- › ESPINAZO DE PUERCO CON ALBÓNDIGAS
- › CARNITAS CASERAS
- › CHORIZO DE HUETAMO
- › CHORIZO VERDE
- › LONGANIZA DE VALLADOLID, YUCATÁN
- › MORONGA MEXIQUENSE
- › TACOS DE MORONGA
- › MORONGA EN SALSA VERDE
- › ASIENTO
- › MANTECA DE CERDO
- › MANITAS DE PUERCO EN ESCABECHE
- › QUESO DE PUERCO
- › CHICHARRÓN
- › ENSALADA DE CHICHARRÓN
- › CHICHARRÓN EN SALSA VERDE
- › CHICHARRÓN EN SALSA DE JITOMATE

Véase también (para utilizar puerco como alternativa):
- › VERDE DE OAXACA (PP. 179 Y 180)
- › AMARILLO (PP. 182 Y 183)
- › MOLE VERDE (P. 177)

Notas:

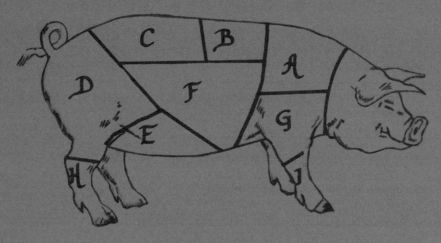

Cortes del cerdo

A - Espaldilla - Shoulder
B - Chuletas - Chops
C - Lomo - Tenderloin
D - Pierna - Ham
E - Falda - Bacon - Saltpork
F - Costillita - Spareribs
G - Pecho - Picnic
H - Pata - Hocks
J - Mano - Pig's feet

Sin duda alguna el puerco es la carne más popular de México, menos, tal vez, en el semiárido norte del país, donde el clima y la vegetación no se prestan para la crianza de cerdos. En la mayor parte de las culturas campesinas del mundo —excepto en las que lo prohíben por razones religiosas— un cerdo en el patio trasero es signo de abundancia, y con razón. "Un cerdo puede convertir el 35% de la energía de su alimento en carne, comparado con el 13% de los corderos y sólo el 6.5% del ganado", para mencionar el informativo y entretenido libro de Marvin Harris, *Good to Eat*; "... menos de cuatro meses después de la inseminación, una hembra puede dar a luz a 8 ó 10 lechoncitos que seis meses después pueden pesar más de 200 kg." Aunque estas cifras no se aplican exactamente al cerdo del patio mexicano, se le acercan —es una criatura consentida con desperdicios de la cocina, tortillas, suero cuando se hace queso o frutas como guayabas y zapotes.

En México todas las partes del cerdo se utilizan para el consumo de los humanos, excepto el pelo —el cual podría utilizarse para brochas, pero no se hace así. Mientras se matan los cerdos en rastros comerciales, van niños o mujeres mayores que negocian con las vísceras, las patas y la sangre. Se lavan los puercos con varias cubetadas de agua y rápidamente se los llevan los carniceros que tienen puestos en los mercados. Esa tarde o al día siguiente se comienza a quitar la piel. Se raspa casi toda la grasa del interior de la piel, a la que se le hacen cortes en forma de rombos, y se cuelga a secar durante la noche. Todo esto se fríe en grandes cazos para hacer la botana favorita de México, el chicharrón. Con la cabeza se hace queso de puerco, las patas se hacen en escabeche, las tripas grandes sirven para rellenar y hacer moronga o rellena, y las delgadas para hacer chorizo. La cola y el espinazo se hacen en guisos o con frijoles, mientras la asadera —pulmones, hígado, riñones, corazón, vejiga y matriz— se cuece, se fríe y se pica para hacer sabrosos tacos. La panza también se cuece, excepto en el estado de México, donde la rellenan e, irreverentemente, la llaman obispo.

El corte de la carne difiere un poco al de Estados Unidos (véase arriba el diagrama) y a muchos de los cortes se les da un nombre diferente, dependiendo de la región del país. La espaldilla se corta dejándola con todo y hueso adentro, que es un buen conductor de calor hacia la suculenta carne que lo rodea. El lomo se deshuesa, las chuletas se cortan delgadas y luego se aplanan para freírse, y las escalopas se cortan desde la pierna, abiertas como mariposa, y se aplanan para empanizarse o freírse. La parte carnosa y delgada que cuelga de la base del lomo, que se llama cabeza de lomo, también es suave y tiene justamente la cantidad adecuada de grasa.

El arte de la cocina mexicana

Carne de puerco cocida y deshebrada
| RINDE COMO 1 1/3 TAZAS |

El puerco cocido y deshebrado se utiliza para rellenar tacos, sobre antojitos o picado para chiles rellenos. No se necesita usar cortes caros; lo mejor es maciza de puerco con algo de grasa.

Ingredientes

450 g de carne maciza de puerco, cortada en cubos de 3 cm
1/3 de cebolla, rebanada
1 diente de ajo, pelado y rebanado
sal al gusto

» Ponga todos los ingredientes en una cacerola, cúbralos apenas con agua y hágalos hervir; baje el fuego y continúe el hervor hasta que la carne esté apenas tierna, no suave —como 25 minutos. Si tiene tiempo deje que el puerco se enfríe en el caldo. Cuélelo sin tirar el caldo.

Puerco deshebrado
» Deshebre la carne —si está demasiado fina perderá sabor— y deseche las membranas, fibras, etcétera. Está lista para usarse.
» Para los chiles rellenos pique la carne deshebrada no muy fina.
» Conserve el caldo para una sopa, arroz o salsa de carne.

Picadillo para chiles rellenos
| RINDE COMO 2 A 2 1/2 TAZAS |

Esta receta de picadillo, como la hace la señora Fagoaga, es particularmente deliciosa para rellenar chiles pasilla de Oaxaca, pero, naturalmente, también se puede usar con poblanos o anchos. También se utiliza para los tamales de acelgas (pp. 73 y 74).

Ingredientes

1 kg de maciza de puerco con algo de grasa, cortada en cubos de 5 cm
1/2 cebolla, cortada
sal al gusto
500 g de jitomates, picados sin pelar
2 dientes pequeños de ajo, pelados y picados
1/4 de cebolla, pequeña, picada
2 cucharadas de manteca derretida o aceite
2 clavos enteros
1 trocito de canela de 3 cm
2 cucharadas de vinagre
20 almendras peladas, picadas
1/4 de taza de pasas
1/3 de taza de perejil picado
1 cucharadita de azúcar

» En una cacerola ponga el puerco, 1/2 cebolla y sal; cúbralo apenas con agua, póngalo a cocer en olla de presión hasta que la carne esté suave pero no demasiado. Cuélelo sin tirar el caldo y déjelo enfriar. Regrese el caldo a la cacerola y redúzcalo a fuego alto hasta obtener 1 1/4 tazas. Deshebre la carne desechando las fibras y membranas pero conservando la grasa. Déjala a un lado.

» En el vaso de la licuadora licue los jitomates, ajos y 1/4 de cebolla picada hasta que estén tersos. Caliente la manteca, añada el puré de jitomate y cuézalo a fuego bastante alto, revolviendo de vez en cuando para evitar que se pegue, hasta que se reduzca —como 8 minutos. Agregue la carne y el caldo. Muela la canela y los clavos junto con el vinagre y añádalo a la mezcla de la carne. Agregue las almendras, pasas, perejil, sal al gusto, azúcar y continúe el cocimiento hasta que la mezcla esté casi seca.

Pierna de puerco estilo Apatzingán

Esta es una deliciosa manera de cocinar el puerco y puede comerse ya sea caliente o frío, en rebanadas delgadas, en sándwiches o tortas. La receta me la dio la señora Aurelia, quien cocina en el restaurante Posada del Sol en Apatzingán. Ella deshebra el puerco para sus famosas tostadas (p. 33). Aunque prefiere utilizar una pierna de puerco, yo la encuentro demasiado dura y seca, así que en México uso espaldilla de cerdo, una carne suculenta y un poco grasosa.

Ingredientes

2 1/4 kg de espaldilla de puerco
3 chiles guajillos
180 g de jitomates asados (véase p. 336)
1 cucharadita de azúcar
1/3 de taza de jugo de naranja, fresco
2 cucharaditas colmadas de sal o al gusto
9 dientes de ajo pequeños, pelados
4 pimientas, ligeramente machacadas
1 cebolla, grande, rebanada
1 naranja grande, cortada en rodajas delgadas
2 hojas de laurel
2 ramas grandes de tomillo
2 ramas grandes de mejorana
1 1/2 tazas de cerveza ligera

» Con la punta de un cuchillo afilado pique la carne por todos lados, y póngala en un recipiente donde apenas quepa (esto es importante para que la salsa no se reseque).
» Caliente el horno a 120 °C; coloque la parrilla en medio.
» Retire los tallos de los chiles secos, ábralos, raspe y tire las venas y semillas. Cubra los chiles con agua hirviendo y déjelos remojar 15 minutos —o hasta que se hayan hidratado y su cáscara dura se haya suavizado un poco.
» En el vaso de la licuadora ponga los jitomates asados, sin pelar, sal, jugo de naranja, ajos y pimientas, lícuelos hasta que estén algo tersos. Cuélelos, muélalos y páselos por un cedazo. Escurra los chiles remojados, páselos al vaso de la licuadora y lícuelos hasta que estén tersos.
» Vierta parte de la salsa sobre la carne, voltéela y agregue más salsa hasta que esté completamente cubierta. Encima ponga la cebolla y las rodajas de naranja, alrededor las hierbas de la carne y vierta la cerveza sobre ella.
» Cubra la cacerola con su tapadera o papel aluminio y hornéela durante 2 1/2 horas o hasta que la carne esté tierna pero no desbaratándose (el tiempo de cocimiento variará de acuerdo con la calidad de la carne y el grueso del recipiente).
» Retire la tapadera, raspe bien los lados y el fondo del recipiente y bañe la carne con la salsa. Aumente el calor a 190 °C y hornéela hasta que la superficie de la carne se haya dorado y la salsa se haya reducido, raspando los lados del recipiente y bañando la carne de vez en cuando —como 30 minutos. Cambie la carne a un platón, enjuague el recipiente con un poco de agua caliente, redúzcala y viértala sobre la carne.

Lomitos de Valladolid

| RINDE DE 4 A 6 PORCIONES |

En realidad este platillo se puede hacer con cualquier corte de carne —a mí me parece que el lomo es demasiado seco. Es una receta sencilla, la forma original de cocinar lomitos, dicen en Valladolid, donde están muy orgullosos de sus tradiciones culinarias —difiere notoriamente de la que me dio hace años una extraordinaria cocinera de Mérida, receta que era, en cambio, más sofisticada.

Como los jitomates juegan el papel más importante, junto con la carne, es indispensable que utilice los más maduros. Los chiles de árbol se pueden sustituir fácilmente por chiles secos yucatecos, con una ligera diferencia en el sabor.

Ingredientes

675 g de puerco para guisar, sin hueso, con algo de grasa, cortado en cuadritos de 2 cm
1 cucharadita colmada de sal
675 g de jitomates
2 chiles secos yucatecos ó 2 chiles de árbol
1 chile habanero
1/4 de cucharadita de orégano seco, de Yucatán si es posible
3 huevos cocidos, cortados en cuatro a lo largo
frijoles colados y fritos a la yucateca, para acompañar (p. 148)

» Ponga la carne en una cacerola gruesa, donde quepa en no más de dos capas. Póngale sal y colóquela sobre fuego muy lento para quitar un poco de líquido y derretir la grasa —como 15 minutos— sacudiendo el recipiente de vez en cuando y volteando los trozos. Coloque los jitomates enteros sobre la carne, tape el recipiente y continúe cociéndolo a fuego lento, volteando la carne una vez, hasta que esté suave pero no desbaratándose —como 15 minutos. Retire los jitomates, pélelos y póngalos en el vaso de la licuadora con los chiles secos. Muélalos hasta que estén casi tersos. Regrese el puré de jitomate a la cacerola, añada el chile habanero y el orégano y, sin tapar, continúe la cocción a fuego lento, revolviendo la carne y raspando el fondo de la cacerola de vez en cuando para que la salsa no se pegue, hasta que la carne esté suave y la salsa tenga una consistencia mediana (debe cubrir el reverso de una cuchara de madera), como 20 minutos. Si la salsa de jitomate se secara demasiado, agréguele un poco de agua. Sirva cada ración con rebanadas de huevo, frijoles y tortillas de maíz.

Chilayo

| RINDE DE 4 A 6 PORCIONES | COLIMA

Este es un guiso sencillo de puerco y chile y es una manera popular de cocinar el puerco en el estado de Colima. Comúnmente se sirve sobre morisqueta (p. 106). El uso del tomate verde es muy curioso y único; se pone en el guiso entero, con todo y su cáscara. Las cáscaras le dan un sabor muy delicado y original. En Colima se usaría el espinazo de puerco, pero le sugiero que use costillas cortadas en trozos de 5 cm. El chilayo es sencillo pero delicioso.

Ingredientes

- 1 kg de costillas cortadas en trozos de 5 cm
- sal al gusto
- 2 chilacates ó 2 chiles anchos y 3 guajillos
- 1 taza de agua
- 1 diente de ajo pelado
- 1/2 cebolla mediana, picada
- 1/8 de cucharadita de semillas de comino, trituradas
- 180 g de tomates verdes con cáscara

» En una cacerola grande ponga las costillas con el agua suficiente para cubrirlas apenas, añada sal al gusto y cuézalas descubiertas sobre fuego medio durante 10 minutos.

» Limpie los chiles, póngalos en un recipiente y cúbralos con agua caliente dejándolos hervir como 5 minutos. Déjelos a un lado remojándose 5 minutos más.

» Ponga 1/2 taza de agua en el vaso de la licuadora, añada el ajo, cebolla y cominos, y muélalos completamente. Añada la 1/2 taza de agua restante y los chiles poco a poco.

» Agregue los ingredientes molidos a la carne. Corte los tomates verdes en cuarterones dejando las cáscaras intactas y añádalos al sartén. Deje que la carne continúe cociéndose sin tapar hasta que esté suave, la salsa se haya reducido y la grasa haya subido a la superficie —como 45 minutos, dependiendo de la cacerola y de la calidad de la carne. La salsa quedará bastante espesa y cubrirá bien el reverso de una cuchara de madera.

El arte de la cocina mexicana

Lomo adobado estilo Jalisco

| RINDE 6 PORCIONES COMO PLATO PRINCIPAL | JALISCO

En México un lomo de puerco con una delgada capa de grasa encima es lo que generalmente se utiliza para este tipo de receta. Sin embargo, si no se cuece a baja temperatura y con algo de líquido, tiende a quedar bastante seco. Esta receta es ideal porque todos los sabores se absorben con esta manera de cocerse. El lomo adobado se utiliza en frío, cortado en rebanadas muy delgadas para hacer tortas de santuario (p. 284).

Se puede usar parte del centro del lomo, quitándole el hueso, desde luego antes de rebanarlo.

Ingredientes

- 6 chilacates ó 3 anchos y 3 guajillos
- 4 tazas de agua, aproximadamente
- 3 dientes de ajo, pelados y picados
- 2 pimientas, trituradas
- 2 clavos enteros, triturados
- 1 trozo de canela de 1 1/2 cm, triturado
- 1 hoja de laurel, desbaratada
- 2 ramitas de mejorana
- 2 cucharadas de ajonjolí ligeramente tostado
- 2 cucharaditas de sal o al gusto
- 2 cucharadas de vinagre suave
- 1 3/4 ó 2 kg de lomo de puerco con hueso y algo de grasa (véase sugerencia arriba)

» Limpie los chiles. Póngalos en un sartén pequeño, cúbralos con agua y póngalos a hervir. Cuézalos lentamente durante 5 minutos, retírelos del fuego y déjelos remojar otros 5 minutos. Luego cuélelos desechando el agua del cocimiento.

» En el vaso de la licuadora ponga 1 1/2 tazas de agua con los demás ingredientes excepto el puerco; mézclelos hasta que queden tersos. Ponga en la licuadora los chiles de 2 en 2 para que queden bien licuados. (Si la cáscara de los chiles está muy dura y no resulta un buen puré, pase la salsa por un colador fino.) Pique la carne por todas partes con la punta de un cuchillo afilado y cúbrala con una capa gruesa de la pasta. Si tiene tiempo déjela reposar durante dos horas para que se sazone.

» Ponga la carne en una cacerola gruesa donde apenas quepa —si es demasiado grande, la salsa se consumirá. Agregue 2 1/2 tazas de agua, tápela y cuézala a fuego lento hasta que la carne esté medio cocida —como 40 minutos.

» Destápela, aumente el calor ligeramente y continúe su cocimiento raspando el fondo y los lados de la cacerola y bañando la carne con la salsa, hasta que se reduzca y forme una pasta espesa y la carne esté tierna pero no desbaratándose —como 30 minutos. Déjela enfriar.

Nota: Es imposible dar el tiempo exacto de cocimiento porque mucho depende de la calidad del puerco.

Puerco en mole rojo sencillo

| RINDE 6 PORCIONES |

Si desea preparar este mole con puerco en lugar de pollo (p. 176) escoja costillas cortadas en trozos de 5 cm de largo, que tengan algo de grasa, o bien parte de éstas y parte de puerco para guisar. Aunque se puede usar aceite para freír la salsa, la manteca le da mejor sabor.

Ingredientes

1 1/4 kg de puerco (véase sugerencia arriba) cortado en trozos de 5 cm
1 cebolla pequeña, picada
2 dientes de ajo, pelados y picados
2 pimientas
sal al gusto
la salsa del pollo en mole rojo sencillo (p. 176)

» En un sartén ponga la carne y demás ingredientes, menos la salsa, cúbralos con agua, póngalos a hervir y continúe el hervor hasta que el puerco esté casi tierno pero no totalmente cocido, como 25 minutos.
» Cuele y mida el caldo; redúzcalo a 7 tazas o añada agua para completarlas.
» Prepare la salsa y termine de cocinar el mole según las instrucciones de la página 176.

Asado de bodas

| RINDE DE 6 A 8 PORCIONES | SEÑORA GRACIELA MARTÍNEZ DE FLORES

El asado de bodas es poco conocido fuera de Durango y Coahuila en el norte de México. Allá en el campo, como su nombre lo indica, no hay fiesta de bodas que pueda tener lugar sin incluirlo en su menú. La señora Graciela Martínez de Flores, una muy respetada autoridad en materia de cocina en México, originaria de esa región, nos dio la receta. Es "muy del rancho", me dijo, y los platillos tradicionales son casi un ritual, como el de la misma ceremonia de la boda. La comida es bien pesada: con siete sopas (sí, siete sopas) —secas y caldosas: arroz, macarrones, coditos, estrellas y conchas de pasta, fideos en caldo y consomé de pollo. El asado es seguido por barbacoa de cordero y también incluye chicharrones (aunque en otros lugares su preparación se llamaría carnitas) y todo se come con tortillas. Cuando se sirve este *asado* va sin adornos.

Ingredientes

LA CARNE
1 kg de puerco con algo de grasa, cortado en cubos de 2 1/2 cm
1/4 de cebolla mediana, rebanada
2 dientes de ajo, pelados
sal al gusto

LA SALSA
6 cucharadas de manteca
4 chiles anchos limpios
el caldo de puerco
180 g de tomates verdes
4 dientes de ajo, pelados
1 rebanada de bolillo seco
1/2 tortilla dura
1/8 de cucharadita de comino, triturado
30 g de chocolate
2 hojas de laurel
1/4 de cucharadita de orégano
el zumo de una naranja
sal al gusto

» Ponga el puerco en una cacerola; agregue la cebolla, ajos y sal al gusto. Cubra la carne con agua, tape la cacerola, y póngala a hervir; cuézala lentamente durante 25 minutos. Retire 1 1/2 tazas del caldo y manténgalo caliente en un recipiente. Continúe cociendo la carne, sin tapar, hasta que esté tierna pero no suave y el agua se haya absorbido —como 15 minutos (el tiempo de cocimiento variará de acuerdo con el corte de carne y su calidad).

» En un sartén derrita 3 cucharadas de manteca y fría los chiles de cada lado, muy brevemente, hasta que su interior tenga un color tabaco opaco —como 3 segundos. Retírelos del sartén y añádalos al caldo. Fría los tomates verdes y los ajos hasta que estén dorados y páselos al caldo. Por último fría a fuego muy lento el pan y la tortilla hasta que estén crujientes y de color café. Agréguelos al caldo. Remoje el contenido durante 15 minutos o hasta que los chiles estén suaves.

» Vierta la mezcla en el vaso de la licuadora, añada los cominos y el chocolate en pedazos, licúela hasta que esté tersa.

» Funda el resto de la manteca en una cacerola gruesa y fría los trozos de puerco hasta que estén dorados, como 10 minutos. Agregue los ingredientes licuados, laurel, orégano, las cascaritas de naranja, sal al gusto y cuézalo a fuego lento, raspando el fondo y los lados de la cacerola hasta que la salsa haya espesado y la manteca suba a la superficie de la salsa —como 20 minutos. Sírvalo con tortillas de maíz.

Tatemado de Colima
| RINDE DE 8 A 10 PORCIONES |

En muchas partes de México un mole es el platillo de fiesta para una boda o bautizo, o para un domingo como agasajo especial, mientras que en Colima es el tatemado.

La palabra "tatemar" es la versión hispanizada de las palabras en náhuatl que significan "algo que poner al fuego". Aunque ahora se acostumbra cocinar la carne en una cazuela tapada, sobre fuego y con brasas también por encima —a dos fuegos— originalmente debe de haberse cocido en un horno en la tierra. En Colima las cocineras usan chiles anchos (llamados pasillas allá) y guajillos juntos, que se pueden sustituir por chilacates.

En Colima el vinagre que se utiliza es suave, hecho con la bebida de la palma fermentada, llamada tuba, que se encuentra en todo el litoral del Pacífico. Cuando la carne está cocida debe haber mucha salsa espesa en la cazuela —sirva bastante; la salsa es tan importante como la carne.

Ingredientes

2 1/4 kg de espaldilla de puerco con el hueso intacto y algo de grasa
2 tazas de vinagre
6 dientes de ajo, pelados y triturados
1 cucharada de sal o al gusto
8 pimientas
1 chamorro
125 g de chiles anchos aproximadamente y 125 g de guajillos, aproximadamente, ó 250 g de chilacates
1 litro de agua
1 pedacito de jengibre, picado
las hojas de tres ramitas de tomillo
1 cucharada de semillas de los chiles
1/4 de cucharadita de semillas de cilantro

PARA SERVIRLO
cebollas encurtidas para tatemado (p. 277)
lechuga picada
rábanos rebanados
tortillas de maíz

» Pique la carne de puerco por todos lados con la punta de un cuchillo afilado y colóquela en un recipiente hondo. En el vaso de la licuadora ponga el vinagre, ajo, sal y pimientas, lícuelos hasta que queden tersos.
» Vacíelos sobre la carne y déjala marinar durante 2 ó 3 horas en un lugar fresco.
» Caliente el horno a 130 °C.
» Limpie los chiles; aparte una cucharada de semillas. Cubra los chiles con agua caliente y déjelos remojar durante 20 minutos. Escurra el líquido de la carne y póngalo en el vaso de la licuadora; ponga la carne en una cacerola. Poco a poco vaya agregando los chiles a la licuadora hasta que queden tersos. Pase la salsa por un colador fino y tire el desperdicio. Vierta una taza de agua en el vaso de la licuadora junto con el jengibre, tomillo, semillas de chile y de cilantro; muélalos bien, agregue la pasta a los chiles licuados y póngala sobre la carne.
» Ponga el resto del agua en la cacerola, tápela y cuézala durante una hora. Aumente la temperatura a 150 °C, voltee la carne y hornéela durante 2 horas o hasta que esté tierna pero no desbaratándose. Retire la tapadera; debe haber mucha salsa alrededor de la carne. Suba la temperatura a 205 °C, regrese la carne al horno sin tapar, con el lado grasoso hacia arriba para que se dore ligeramente y la salsa se reduzca un poco. Sírvalo con tortillas calientes cubierto con los encurtidos, lechuga y rábanos.

Espinazo de puerco con albóndigas

| RINDE DE 4 A 5 PORCIONES ABUNDANTES |

SEÑORITA MODESTA GARCÍA, TACÁMBARO, MICHOACÁN

Aunque siempre pienso que este es un platillo perfecto para un día de invierno, el hecho es que lo comí por primera vez un día de verano durante la época de lluvias en las montañas de Michoacán. Eran casi las tres de la tarde cuando íbamos hacia la casa de mi amigo, en medio de una lluvia torrencial que doblaba los pinos casi hasta el suelo a lo largo de la carretera. Como teníamos hambre empezamos a hablar de comida y a hacernos conjeturas sobre lo que comeríamos. Mi amigo dijo que era un secreto pero que estaba seguro de que yo no lo había comido antes. Cuando por fin nos estábamos sentando a la mesa, nos sirvieron en tazones hondos un caldoso guiso rojo de puerco y albóndigas, con garbanzos y verduras y con una montaña de morisqueta encima (p. 106). Era una especialidad de la señorita García, quien sirvió pequeñas empanadas fritas de haba para acompañarlo. Ciertamente no lo había comido antes, pero desde entonces lo he comido muchas veces.

Ingredientes

LAS ALBÓNDIGAS
375 g de carne de puerco con algo de grasa, medio molida
2 pimientas, trituradas
2 clavos, triturados
2 dientes de ajo, pelados y finamente picados
sal al gusto

LOS CHILES
2 chiles anchos limpios, ligeramente tostados
2 chiles guajillos limpios, ligeramente tostados
2/3 de taza de agua, aproximadamente
1 diente de ajo

LA CARNE
750 g de costillas de puerco, cortadas en cuadritos de 5 cm
1/4 de cebolla mediana, rebanada
2 dientes de ajo, pelados y picados
sal al gusto

LAS VERDURAS
1 taza de garbanzos cocidos (p. 148) y el agua del cocimiento
2 zanahorias medianas, peladas y rebanadas
180 g de ejotes limpios y cortados por la mitad
2 calabacitas pequeñas, cortadas a lo largo en ocho partes

» Prepare las albóndigas. Mezcle el puerco molido con las pimientas, clavos, ajos y sal al gusto. Forme bolas de 2 1/2 cm de diámetro y póngalas a un lado.
» Ponga los chiles en un sartén pequeño, cúbralos con agua, póngalos a hervir y cuézalos durante 5 minutos. Retírelos del fuego y déjelos remojar durante 5 minutos más. En el vaso de la licuadora ponga 2/3 de taza de agua con el ajo y los chiles escurridos, y lícuelos hasta que estén absolutamente tersos. (Si los chiles guajillos están un tanto viejos y su piel dura, es posible que no se desbaraten bien; en ese caso, pase la salsa por un colador fino antes de agregarla a la carne.)
» En una cacerola grande ponga las costillas con la cebolla, ajos y sal. Cúbralas con agua, póngalas a hervir y cuézalas a fuego lento. Agregue el puré de chile y continúe el hervor durante 25 minutos. Añada las albóndigas, garbanzos y verduras y cuézalos 30 minutos; para entonces, la carne, las albóndigas y las verduras estarán suaves (no *al dente*, por favor: este es un guisado).

Carnitas caseras

| RINDE DE 6 A 8 PORCIONES |

ESTADO DE MÉXICO

Entusiasta como soy de las carnitas tradicionales, suculentos trozos de puerco crujientes y dorados, me inclino por prepararlas de esta manera. La receta fue publicada en *Gastronomía mexiquense*, una colección de recetas del Estado de México, donde se sugería que se sirvieran con tortillas de maíz y guacamole. Esto me parece demasiado pesado y prefiero la salsa a la mexicana, que es muy fresca.

Debe calcular como 250 g de carne por persona porque tendrá una buena cantidad de hueso. Las costillas cortadas en cubos de 5 cm y algo de carne para guisar, sin hueso y con algo de grasa, serían lo ideal. Si comienza con una sopa seca de arroz y una ensalada, esta cantidad debe servir para 6 personas como plato principal o para 8 como botana.

Difiero de la receta original sólo en cuanto a dejar la cebolla todo el tiempo de cocimiento (las instrucciones indican que se saque) y por utilizar una naranja entera en lugar de usar sólo la cáscara.

Ingredientes

- 4 cucharadas de manteca
- 1 1/2 kg de carne de puerco (véase sugerencia arriba), cortada en cubos de 5 cm
- 1/2 cebolla, rebanada
- 4 ramitas de mejorana
- 4 ramitas de tomillo
- 3 hojas de laurel, en pedacitos
- 10 pimientas, trituradas
- 1 naranja cortada en ocho
- 1 taza de leche
- sal al gusto

» Caliente la manteca en un recipiente grueso, agregue la carne y fríala revolviéndola y volteándola de vez en cuando hasta que esté ligeramente dorada —como 8 minutos. Añada la cebolla y mézclela bien. Cuézala durante 8 minutos más, hasta que la carne esté bien dorada (retire la cebolla si se ha quemado). Agregue los demás ingredientes, cubra el recipiente y cueza la carne a fuego lento hasta que esté suave, no desbaratándose —como 20 minutos, dependiendo de la calidad de la carne. Debe haber bastante jugo. Retire la tapadera, aumente el fuego y fríala revolviendo y raspando el fondo del recipiente hasta que los jugos se hayan absorbido —como 10 minutos.

» Escurra el exceso de grasa y sírvase como se indicó.

» Estas carnitas se pueden preparar con tiempo, hasta antes de freírlas por última vez, pero deben mantenerse tapadas para que la carne no se seque.

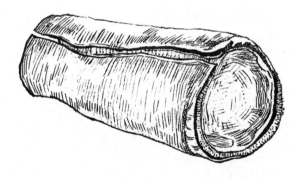

El arte de la cocina mexicana

El chorizo mexicano

Los chorizos de Toluca tienen renombre desde principios del siglo XVIII, cuando el duque de Linares, para celebrar el nacimiento del segundo rey Borbón de España, Felipe Pedro, en 1713, mandó hacer un monumento a la glotonería. Él quiso que todas las regiones de la Nueva España estuvieran representadas por sus especialidades; entre ellas destacaban los chorizos de Toluca. Fray José Gil escribió algunos poemas en esa ocasión titulados *Al suntuoso paraíso de la glotonería* (no puedo imaginar lo que sus superiores eclesiásticos pensaron del tiempo que ello le restó a sus devociones), en los cuales los chorizos de Toluca y Metepec (un pueblo cercano donde se fabrican las mejores cazuelas de barro) representan ¡"las ubres de nuestro pueblo"!

De hecho, a través de su historia, el Valle de Toluca, con una altitud de 2700 metros, ha sido famoso por la calidad de su maíz, el cual se creía que tenía un mayor valor nutricional que el cultivado en altitudes más bajas. (Esta no es la opinión del fraile errante y comentador, Thomas Gage, quien en el siglo XVII tomó como excusa para beber chocolate y comer golosinas cada dos horas el hecho de que los alimentos cultivados en esas altitudes no eran nutritivos.) Esta fue la comarca donde el padre de la Malinche (la compañera e intérprete de Cortés) pastaba su ganado, corderos y puercos. La Malinche escribió a Cortés para que intercediera por él ante el rey de España a fin de que su padre pudiera poseer la tierra. De hecho fue la primera región de importancia en Nueva España donde se criaron cerdos.

De acuerdo con antiguos libros de cocina, originalmente los chorizos se sazonaban con hierbas, jengibre, semillas de cilantro, pimientas gordas, clavos y cominos. La carne se marinaba en vino blanco con sal —a uno le advertían que la sal nunca debía tocar la carne directamente— y se dejaba reposar durante 48 horas. Para darle color se le agregaba paprika y, con frecuencia, chile ancho —llamado jaral en esa zona. Tradicionalmente, los tramos que forman la cadena de chorizos se hacían de 7 a 8 cm de largo, atados con ixtle, una fibra del maguey, cuando eran vendidos por su peso; para venderlos por pieza y cocerlos con arroz —se hacía una distinción poco común— se hacían más pequeños.

Ahora hay muchas variaciones a la receta: se le agregan almendras, piñones o nueces a las versiones más lujosas; menos chile y más paprika para la exportación; se agrega chile de árbol al picante *chorizón con furia*. Existe el chorizo "del pobre", llamado longaniza, fabricado en una sola tira larga, con carnes de inferior calidad —a menudo con una mezcla de puerco y res— e incluyendo las venas y semillas de los chiles.

Hay un dicho local que dice que uno come chorizo tres veces, pero al mismo tiempo. En primer lugar por su inefable y apetitoso aroma, en segundo por su color, el cual se acentúa durante el proceso del cocimiento; y en tercero por su textura al hincar los dientes en la carne. Aunque generalmente van cocidos, los chorizos pueden ser secados completamente y comerse crudos.

Aunque los chorizos de Toluca y sus alrededores están considerados como los mejores de México, existe una rivalidad entre las distintas regiones del país. En el norte y noroeste la carne se muele finamente, en ocasiones dos veces, y el sazonamiento es mucho menos complicado. En Yucatán la longaniza, especialmente la de Valladolid, está hecha con puerco finamente molido sazonado con achiote junto con otras especias, y se ahúma en delgadas envolturas de 30 cm de largo a medio llenar, con los extremos retorcidos en lugar de atados.

Como en *Las cocinas de México* ya apareció una receta para hacer chorizos del tipo de los de Toluca, las recetas que siguen son de longaniza, un chorizo verde del Estado de México que apareció hace sólo 20 años, y otro, por el que tengo predilección, que viene de la tierra caliente de Michoacán.

Notas sobre las tripas para el chorizo

Los intestinos delgados del puerco conocidos como "tripas para chorizo" son los que se utilizan en las siguientes recetas. Por lo general se venden parcialmente congelados y empacados con mucha sal. Antes de usarlos es necesario enjuagarlos bien, dos veces en agua un poco acidulada —aproximadamente una cucharada de vinagre para 4 tazas de agua— dejándolos remojar en la segunda agua durante 30 minutos. Me parece que en este punto es más fácil cortar las tripas en trozos de 1 ó 1.25 m de largo. Sumerja cada tira, una a la vez, permitiendo que el agua corra por dentro; se inflará y podrá ver si tiene rupturas o perforaciones. Si la tripa se desinfla en algún punto, córtela en dos por donde está rota. Ate firmemente con un nudo doble el final de cada tira y a partir de ese extremo, oprimiendo, extraiga el aire y el agua. Cuelgue las tripas para que se escurran durante 15 minutos antes de empezar a rellenarlas; no permita que se sequen.

Puede, naturalmente, preparar su propio chorizo y en lugar de ponerlo a secar dentro de las tripas, puede empacarlo y congelarlo después de haberlo dejado sazonar en el refrigerador. Naturalmente, no tendrá el mismo sabor, y piense en el orgullo gastronómico de tener su propia cadena de chorizos en exhibición en su cocina, anunciando su presencia con el agradable olor a hierbas.

Los embutidos de plástico, como no permiten la respiración, no son recomendables porque el relleno no podrá escurrir ni sazonarse.

Cómo rellenar las tripas

Si aún no lo ha hecho, ate con un nudo doble un extremo de cada tira; abra el otro extremo y colóquelo sobre la salida de un embudo y gradualmente repliegue la tripa tanto como pueda. Invierta el embudo y, desde el extremo atado, oprima la tripa y expulse el aire antes de empezar a rellenarla. Ponga en el embudo un poco de la mezcla del chorizo y fuércela hacia adentro con los dedos o con alguna cuña que apenas quepa en la abertura del embudo. Rellene con firmeza, oprimiendo y distribuyendo bien la mezcla con la mano. El chorizo debe sentirse firme pero no con más relleno del que debe tener. Deje un tramo corto del extremo abierto de la tripa sin rellenar para poder atarla con un buen nudo.

A mí se me hace más fácil no retorcer la tripa para formar los eslabones; prefiero al ir avanzando atar cada eslabón al acabar de rellenarlo. Ate los chorizos cada 8 cm, ya sea con un pedacito de cordón o con tiras de hojas de maíz.

Con una aguja perfore en varios lugares cada tramo para que pueda escurrir mejor —aunque esto sólo lo hago en climas húmedos.

El arte de la cocina mexicana

Chorizo de Huetamo

| RINDE DE 15 A 16 ESLABONES DE 8 CM | HUETAMO, MICHOACÁN

Nunca puedo acabar de decidirme, pero por el momento mi chorizo favorito viene de un pueblecito de la tierra caliente de Michoacán. Allí hay un choricero en particular que hace los chorizos más deliciosos, y muy amablemente me proporcionó la receta. De particular interés para mí fue la textura de la carne molida, y noté que las perforaciones en el disco de su molino eran de poquito más de 1/2 cm de diámetro.

He aquí algunos consejos:

» No reduzca la cantidad de manteca; la necesita para dar sabor. De todos modos se saldrá durante el cocimiento.
» Una vez que las tripas han sido rellenadas, me gusta atar los chorizos con tiras secas de hojas de elote —se ven más pintorescos. Si no tiene hojas disponibles entonces use un cordel.
» Siempre seco mis chorizos un máximo de 3 días en algún lugar fresco y ventilado, después los almaceno. Si el aire está húmedo, haga lo que hice una vez en Nueva York: durante la noche los colgué frente a un pequeño ventilador al lado de una ventana abierta.
» Antes de almacenarlos cubra los chorizos con una ligera capa de manteca. Es mejor congelarlos en ese momento. Si los deja mucho tiempo en el refrigerador tienden a secarse demasiado.
» ¿Cuántas veces ha tratado de pelar un chorizo con el relleno adherido a la piel? Para remediar eso frote el chorizo con las manos húmedas. La piel pronto se desprenderá.
» Si compra a su carnicero el puerco molido, pídale que le deje ver los discos para que pueda escoger el apropiado y la carne no resulte molida ni muy gruesa ni demasiado fina. Si prefiere molerla usted y tiene el aditamento especial en su licuadora, probablemente tenga dos discos de donde escoger (por lo menos mi *KitchenAid* tiene dos), así es que el dilema se presenta de nuevo: normalmente uno es demasiado fino y el otro demasiado grueso. Primero muélala con el más grande de los dos discos, luego use su proccsador y procese una pequeña cantidad cada vez, muy brevemente, para obtener la textura mediana que se requiere. Pero no la procese hasta obtener un puré.

Ingredientes

1 kg de puerco molido (véase comentario arriba)
250 g de unto molido
180 g de chiles guajillos o 120 g de guajillos más 60 g de puyas
1 taza de vinagre suave mezclado con 1/2 taza de vinagre fuerte
6 dientes de ajo, pelados y picados
1 hoja de laurel, en pedacitos
las hojas de 3 ramitas de mejorana
las hojas de 3 ramitas de tomillo
1 cucharadita colmada de orégano seco
8 pimientas trituradas
4 clavos enteros, triturados
2 pimientas gordas, trituradas
1 1/4 cucharadas de sal gruesa
2 m de tripa de puerco aproximadamente, cortada en 3 tiras (véase comentario arriba)
1 pedazo de cordón o tiras de poco menos de 1/2 cm de hojas de maíz para atarlos

» Ponga la carne molida y la grasa en un recipiente de vidrio, esmalte o acero inoxidable.
» Limpie los chiles, y si está usando los guajillos anchos, conserve algunas venas; si no, deséchelas. Ponga los chiles en una olla, cúbralos con agua y hágalos hervir a fuego lento. Retírelos del fuego y déjelos remojar durante 5 minutos. Escúrralos y cámbielos a un recipiente de

esmalte o vidrio. Cúbralos con una taza de vinagre y déjelos marinar durante una hora.
» En el vaso de la licuadora ponga el resto del vinagre junto con los ajos, hierbas, especias y sal; muélalos hasta que estén tersos. Al terminar el tiempo de remojo de los chiles agregue una tercera parte de ellos al vaso de la licuadora y muélalos hasta que estén tersos, agregando gradualmente más chiles y el vinagre en que se marinaron hasta obtener una salsa espesa. La salsa debe ser picante. Si no, añada algunas de las venas que conservó y lícuelas totalmente. Agregue agua sólo si es absolutamente necesario para liberar las aspas de la licuadora.
» Con sus manos, incorpore bien la pasta de chile a la carne. Cubra el recipiente y déjela reposar en el refrigerador durante la noche o hasta 18 horas, revolviendo la mezcla de vez en cuando. Rellene las tripas de acuerdo con las instrucciones de la página 205.

Chorizo verde

| RINDE COMO 16 CHORIZOS DE 8 CM | TOLUCA

El chorizo verde hecho con puerco molido, hierbas, verduras y chiles empezó a hacerse en los pueblos de los alrededores de Toluca hace como 30 años —tal vez surgió debido al gran aumento en los precios de los chiles y la paprika; de cualquier forma fue una invención inspirada. Los chorizos verdes más rústicos que cuelgan frente a los puestos en el área recreativa de La Marquesa, en las afueras de Toluca, siempre han sido demasiado grasosos; los chorizos comerciales vienen empacados en plástico y, lo que hay que evitar a cualquier precio, se tiñen con pinturas artificiales o sazonan con una mezcla de pipián de mala calidad, alta en sales y conservadores. Así que hágalos usted; son deliciosos. Este tipo de chorizo debe comerse solo, en un taco con arroz blanco, para apreciar todos los sabores.

Ingredientes

1 kg de puerco molido (véanse comentarios de la p. 206)
270 g de unto de puerco molido
1/2 taza de vinagre suave mezclado con 1/2 taza de vinagre fuerte
6 dientes de ajo, pelados y picados
1 cucharadita de orégano
1 hoja de laurel
3 clavos enteros, triturados
10 pimientas trituradas
1 1/4 cucharadas de sal
1/4 de cucharadita de semillas de comino trituradas
1/4 de cucharadita de semillas de cilantro trituradas
2 chiles poblanos sin venas ni semillas y chiles serranos al gusto
1 taza de cilantro picado
1 taza de perejil picado
2 tazas de acelgas picadas, sin tallos
2 m aproximadamente de tripa de puerco, cortada en 3 trozos (véase p. 205)

» Coloque la carne molida y el unto en un recipiente de vidrio, esmalte o acero inoxidable.
» En el vaso de la licuadora vierta 1/2 taza de vinagre, agregue los ajos, orégano, laurel, clavos, pimientas, sal, cominos y semillas de cilantro; muélalos tan finamente como sea posible. Añada el resto del vinagre y los chiles, y muélalos; agregue poco a poco el resto de los ingredientes hasta formar un puré terso.
» Con la mano, incorpore esta pasta a la carne hasta que esté bien distribuida. Cubra el recipiente y refrigérelo durante la noche para que se sazone, revolviendo de vez en cuando (¡sólo mientras esté despierto!).
» Prepare y rellene las tripas en la misma forma que para hacer chorizo de Huetamo (p. 206).

El arte de la cocina mexicana

Longaniza de Valladolid, Yucatán

| RINDE COMO 9 PIEZAS DE 40 CM | OTTO PENICHE, CASA DE LOS ARCOS, VALLADOLID

Esta es una longaniza muy poco común, muy sazonada, y con forma de salchicha, pero muy delgada. Tradicionalmente se hacía con puerco, pero algunas veces se utiliza res; esta no tiene tan buen sabor ni textura. Cerca de Valladolid la longaniza se ahúma sobre improvisados y rústicos ahumadores hechos con tanques de aceite, con una barra encima, sobre la cual cuelgan las tiras de longaniza, con sus extremos retorcidos, para que la grasa escurra. El contenido de grasa se necesita al principio para dar sabor y textura. Se quema leña verde y el procedimiento es lento, ya que toma de 10 a 12 horas. La empacadora que ahúma mi chorizo lo hace en tres horas, pero si se utiliza un ahumador doméstico —varían muchísimo en tamaño y fuerza— tendrá que experimentar un poco.

Naturalmente su sabor está al máximo justamente después de ser ahumada, pero para almacenar la longaniza por algún tiempo se aconseja cubrir el exterior con manteca y congelarla (se mantendrá bien durante meses). Si se la deja secar demasiado, sin dar estos pasos, perderá su color rojo oscuro, se encogerá y se verá poco apetitosa.

Ingredientes

- 85 g de semillas de achiote (1/2 taza escasa)
- 1 1/2 cucharadas de pimientas gordas enteras
- 1 cucharada colmada de pimienta
- 2 clavos enteros
- 1 cucharada escasa de orégano seco yucateco
- 2 cucharaditas de sal
- 1/2 taza de vinagre blanco, fuerte
- 1 cebolla morada pequeña, picada
- 8 dientes de ajo pequeños, pelados y picados
- 565 g de puerco sin hueso, limpio de nervios y membranas, molido muy finamente dos veces
- 125 g de unto de puerco, molido finamente dos veces
- 9 tiras de tripa de puerco de 40 cm

» Muela el achiote en pequeñas cantidades, junto con la pimienta gorda, clavos, orégano, la pimienta y sal, en un molino eléctrico para especias o para café. Cierna las especias en una coladera fina y muela otra vez.

» En el vaso de la licuadora ponga el vinagre junto con la cebolla y los ajos; muélalos hasta que estén tersos.

» En un recipiente de vidrio, esmalte o acero inoxidable, coloque la carne y el unto mezclándole las especias molidas (con las manos; se mancharán de color naranja, pero se quita lavándoselas). Cúbrala y colóquela en la parte baja del refrigerador o en un lugar fresco de 12 a 18 horas, revolviéndola de vez en cuando.

» Mézclela bien antes de empezar a rellenar las tripas. Llénelas solamente a medias dejando como 8 cm vacíos en cada uno de los extremos de cada tira. Empareje la longaniza con las manos y, sin apretar, tuerza las puntas. Ahúmelas siguiendo las instrucciones que se dieron arriba.

Pollo en salsa de fresadilla y chipotle

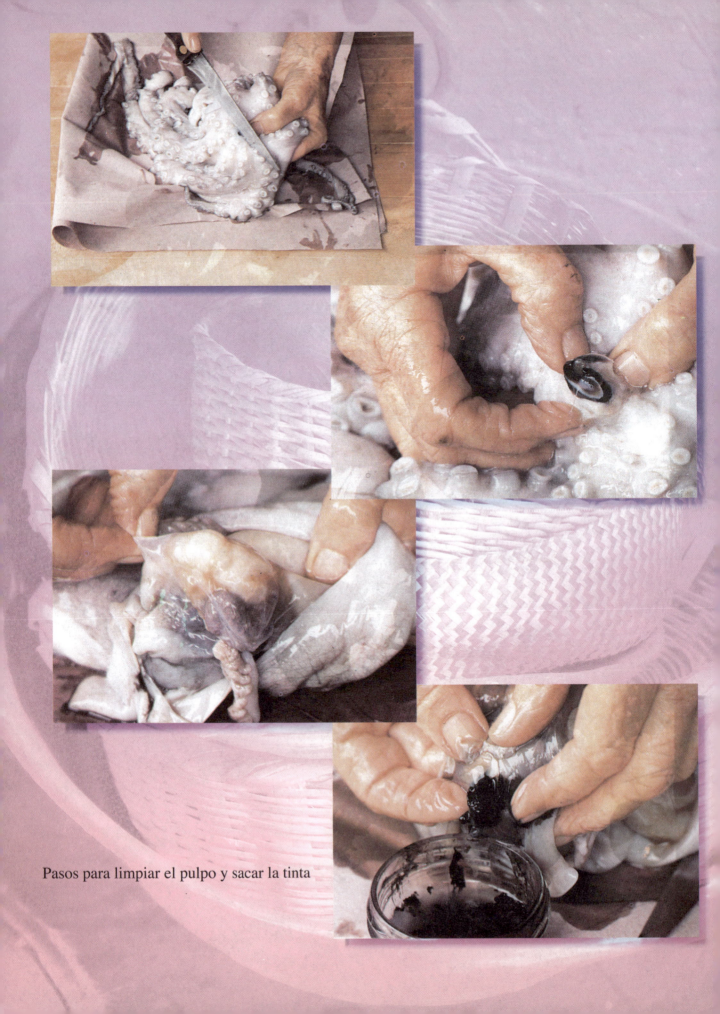

Pasos para limpiar el pulpo y sacar la tinta

Camarones enchipotlados y pulpo en escabeche

Proceso para limpiar el calamar

Chichilo negro de Oaxaca

Proceso para preparar panuchos

Huevos reales

Panuchos y tamales colados

Moronga mexiquense
| RINDE COMO 2 1/2 KG |

Leer sobre la moronga y, más aún, hacerla, no es para gente delicada (que debe ignorar las próximas páginas), pero si le gusta la salchicha francesa de sangre, el *boudin*, entonces su equivalente mexicano y las recetas para prepararlo en tacos serán una revelación. Naturalmente no hay ama de casa que piense hacer su propia moronga —así como las francesas por lo general no hacen sus propios patés o terrines—, pero hasta los años treinta las recetas para hacerla estaban incluidas en los libros de cocina, sobre todo para las cocineras del campo, quienes tenían que utilizar todo lo que un puerco sacrificado en casa podía ofrecerles.

Cuando los españoles introdujeron los puercos a México a principios de la época colonial y establecieron los criaderos de cerdos en el Valle de Toluca, siguieron los métodos tradicionales españoles para hacer chorizo y moronga, pero hace mucho que estos han tomado verdaderas características mexicanas.

La moronga, rellena o morcilla —cualquiera que sea el nombre— es una salchicha hecha con los intestinos gruesos del cerdo rellenos con la sangre. Las recetas para prepararlas varían de región en región, pero para mí la más exótica de todas es la morcilla, una especialidad de Valladolid, Yucatán, donde se sazona con chilmole (el recado o pasta sazonadora con especias y chiles quemados) y se enriquece con sesos de puerco o ternera. En Michoacán a la rellena (llamada *zoricua* en tarasco) se le da sabor únicamente con ruda y la fragante cáscara de la lima dulce. En este caso los intestinos se cortan y cuecen con la sangre y se sirven como un guisado para tacos. Recetas como estas deben esperar libros regionales más detallados.

A mí me enseñó a hacer moronga don Chabelo, originario de Metepec, un pueblo cercano a Toluca, quien la ha hecho en su casa comercialmente durante muchos años. Fue él quien me enseñó cómo lavar y voltear los intestinos para que la membrana grasosa que los cubre se vuelva hacia adentro para mejorar y enriquecer el sabor de la moronga. Don Chabelo utiliza la punta dura, angosta y tubular de la penca del maguey (véase la ilustración de la p. 208) como un embudo para rellenar, y la puntiaguda aguja de la punta para probar si la moronga está cocida.

Don Chabelo obtiene sus ingredientes de carniceros vecinos, pero aquí donde vivo, en Zitácuaro, me he encontrado sola, frente a mafiosos acostumbrados a recolectar diariamente y sin oposición, cabezas, tripas, pezuñas, etcétera.

Mis amigos carniceros me dijeron: "No te aflijas. Ven al rastro a las cuatro de la tarde en punto y yo veré que consigas todo lo que necesitas". Por supuesto que estaba allí en punto; no había un solo puerco a la vista, y mucho menos un carnicero. En la pila donde los pelan, el agua estaba fría, sólo unas reses estaban de pie, abandonadas en los corrales, y había muchas moscas. A las 4:30 llegó el primer signo de vida y un joven sin camisa con un largo cuchillo sostenido en el cinturón. "Deben estar aquí", dijo, refiriéndose a los puercos y a los hombres, supuse. "Son las 4:30, deben estar aquí", repitió. Se fue y miró, ignorándome; luego se sentó y afiló su cuchillo. Eran más de las 5:00 cuando los cerdos empezaron a llegar en camionetas y grandes camiones; uno a uno, los hombres que hacen la matanza empezaron a entrar. No podían empezar hasta que el agua estuviera caliente para rasurarlos; a las 5:30 empezaron. En lugar de matar a un puerco y despojarlo de las vísceras como yo esperaba, mataron a varios. Cada uno tenía que ser raspado y pelado por completo. Yo moví mis cubetas ruidosamente, vi alrededor para ver si había competencia, mientras los muchachos me decían: "Un momento, un momento, señora, no tardan". Finalmente llegó el momento, pero he aquí mi suerte: decidieron darme las tripas de puercos jóvenes y delgados, con nada de grasa. Cuando el sol se ponía a las 6:30 salí del rastro acompañada por saludos y apretones de manos y "cuando quiera, señora, a sus órdenes".

Aunque los intestinos gruesos (reservan los delgados para hacer chorizo) habían sido lavados en el rastro, definitivamente tenían olor. Los lavé en varias cubetas con agua, volteé lo de adentro hacia fuera, como don Chabelo me había indicado para que la delicada membrana grasosa estuviera dentro cuando la moronga se cocinara. Fueron necesarios dos cambios más de agua y todavía un tercero al que le exprimí el jugo de muchas naranjas agrias, y luego dejé las cáscaras y tripas remojando toda la noche. (Las naranjas se pueden sustituir por limones o vinagre.) Por la mañana, después de otra lavada, estaban completamente inodoros.

El arte de la cocina mexicana

El intestino se extiende por partes para formar cientos de pliegues de cada lado; esto forma una moronga bulbosa, bastante grotesca, pero para los aficionados esta es la mejor parte.

La preparación de la moronga no es un trabajo para medrosos. Si usted no mata su propio puerco y no tiene la intención de ir al rastro por la sangre, ordénela a través de su carnicero; probablemente vendrá empacada, medio congelada en paquetes de 2 kg (de acuerdo con Jacques Pepin en el libro La Méthode, *página 208).*

Ingredientes

EL CALDO PARA COCINAR LA MORONGA
1 olla grande con capacidad para más de 7 litros de agua
1 manojo pequeño de hierbabuena
8 cebollas de rabo, con lo verde picado
2 cucharadas de sal

LA MORONGA
2 1/2 m de intestinos gruesos, aproximadamente, cortados en tiras de 60 cm
2 litros de sangre de puerco
2 cucharadas de sal
1 taza bien apretada de hojas de hierbabuena, finamente picada
2 tazas sin apretar de hojas de cebolla de rabo, finamente picadas
1/2 taza de cebolla finamente picada
1 cucharada de orégano
1/4 de taza de ajos finamente picados
375 g de unto de puerco cortado en tiras de 1/2 cm
8 pedazos de cordel de 25 cm para atar

» En una olla grande caliente el agua a fuego lento, agregue la hierbabuena, cebolla y sal mientras prepara la moronga.
» Pase agua a través de cada tramo de intestino para asegurarse de que no tenga roturas o partes delgadas que puedan romperse durante el cocimiento. Si encuentra algunas, corte la parte débil en dos tramos. Ate firmemente con una jareta un extremo de cada tramo y cuélguelos todos para que se escurran mientras mezcla los otros ingredientes como sigue.
» Si no está utilizando la sangre comercial que viene empacada (la que ya estará colada), deberá pasar la sangre por un colador grueso. Desbarate los coágulos ya sea con las manos u oprimiendo a través del colador, desechando el residuo fibroso de la sangre y dejando caer la sangre en un recipiente hondo. Mezcle el resto de los ingredientes, excepto el unto y el cordel por supuesto, y revuélvala bien.
» Meta el embudo en un extremo del intestino y sujételo con firmeza —si no se ajusta bien, puede resbalarse y salirse con facilidad. Introduzca una tira del unto y meta como 1/2 taza de la mezcla de sangre.
» Asegúrese de que llegue hasta el final del intestino; use una vara para ayudarse a meterla. Si el relleno no entra fácilmente, tome los dos extremos de la tripa y mueva la sangre hacia arriba y hacia abajo hasta que se suelte. Añada un trocito de unto cada vez que pone un poco de sangre. También revuelva la mezcla de la sangre cada vez que sumerja la taza en ella porque las hojas y demás ingredientes tienden a asentarse. No rellene demasiado los intestinos porque se reventarán durante el cocimiento. Deje como 5 cm sin rellenar en cada extremo para permitir la expansión, y con la jareta amarre otro fuerte nudo.
» Levantando las tiras de moronga por ambos lados colóquelos con cuidado dentro del agua, que debe estar soltando el primer hervor. No permita que hierva. Un cocimiento lento asegurará (a menos que la moronga haya sido sobrerrellenada o tenga algún punto débil que no fue detectado) que no se reventará y la moronga resultará más suave y más jugosa.
» Deje cocer las partes más angostas durante 1 hora y las bulbosas de 1 1/4 a 1 1/2 horas.
» Haga una prueba perforando la piel con una aguja gruesa. Si el líquido que sale es de color café rojizo continúe cociéndola. Si no tiene color, entonces la moronga está ya cocida. Retírela y escúrrala; vea las siguientes recetas para servirla. No es aconsejable guardar la moronga en el refrigerador más de uno o dos días; después de este tiempo se puede congelar (hasta como un mes), pero al cocerla sale algo granulosa.

Tacos de moronga
| RINDE 12 TACOS |

Los tacos de moronga recién hecha son un lujo en la ciudad, pero siempre se encuentra en los pueblos de los alrededores de Toluca en el Estado de México. Yo creo que la mejor forma de apreciar el sabor y la textura de la moronga es en estos sencillos tacos. Son una excelente botana antes de una comida, para acompañar un tequila.

Ingredientes

3 cucharadas de manteca
500 g de moronga (p. 209), picada gruesa, con o sin piel
12 tortillas calientes
6 cucharadas de cebolla finamente picada
6 cucharadas de cilantro, picado grueso

» Funda la manteca en un sartén, agregue la moronga, fría a fuego lento y menéela de vez en cuando hasta que las partes grasosas estén ligeramente doradas, soltando la grasa —como 10 minutos.
» Haga sus tacos añadiendo bastante cebolla y cilantro picado.

Moronga en salsa verde
| RINDE COMO 4 PORCIONES | CENTRO DE MÉXICO

En los alrededores de la capital este platillo es muy popular, muy sabroso y muy económico. Tradicionalmente se sirve con tortillas de maíz recién hechas.

Ingredientes

3 cucharadas de manteca
500 g de moronga mexiquense (p. 209) pelada y cortada
  en rebanadas de 1 1/2 cm
3 cucharadas de cebolla finamente picada
2 tazas de salsa de tomate verde (p. 258)
sal al gusto

» Caliente la manteca en un sartén, agregue las rebanadas de moronga y fríala a fuego lento hasta que esté bien dorada —como 5 minutos. Voltee las rebanadas, añada la cebolla y continúe friendo y moviendo el sartén hasta que estén doradas por el segundo lado —de 3 a 4 minutos (tenga cuidado: la cebolla debe estar translúcida y reblandecida pero no dorada). Agregue la salsa, añada sal al gusto, y cocínela moviendo el sartén y raspando el fondo para evitar que se pegue —como 5 minutos. La salsa debe tener una consistencia medio espesa que cubra ligeramente una cuchara de madera.

El arte de la cocina mexicana

Asiento

"Asiento" es el nombre que se da en Oaxaca al residuo que queda en el fondo del cazo al freír el chicharrón: "migas" de puerco y la manteca, todo dorado oscuro.

El asiento es utilizado en Oaxaca para enriquecer la masa de maíz para hacer chochoyotes (p. 55), por ejemplo, para untar tortillas y para la deliciosa botana de Tortillas con asiento (p. 39).

Si no vive cerca de donde se hace chicharrón, el sustituto más fácil es el de seguir las instrucciones para hacer manteca (véase abajo). Vacíe el líquido claro que es la manteca dejando en el recipiente unos crujientes pedacitos de grasa e igual cantidad de manteca. Continúe friendo a fuego lento hasta que ambos tengan el color del café con leche —como 10 ó 15 minutos— teniendo cuidado de no quemar la grasa. Déjelo a un lado hasta que la grasa se haya espesado ligeramente. El asiento se conservará de manera indefinida en el congelador.

Manteca de cerdo

| RINDE COMO 4 TAZAS, POCO MENOS DE 780 G |

La manteca de puerco se usa mucho en la cocina tradicional mexicana y gran cantidad de las mejores cocineras que conozco insisten en utilizarla (y están saludables y delgadas), aun cuando la mayoría de las personas la han cambiado por aceites vegetales. Sea como sea, la manteca es absolutamente necesaria para hacer tamales y para freír frijoles y es preferible para freír la masa de los antojitos; puede sustituirla por aceite en algunos moles y para cocinar arroz.

El sabor de la manteca hecha en casa es incomparable y, lo que es más importante, usted sabe que no está consumiendo conservadores. Es fácil de hacer y se mantiene indefinidamente en el refrigerador.

Paula Wolfert, en su libro *The Cooking of South West France*, que es una obra maestra, dice: "Un hecho interesante que descubrí en una publicación del Departamento de Agricultura de Estados Unidos —Handbook 8-4 (revisión de 1979)— es que la grasa de aves derretida (ganso, pato y pollo) contiene 9% de colesterol y la manteca contiene 10%, comparada con la mantequilla, que contiene 22%. Puesto que se necesita menor cantidad de grasa de aves, aceite o manteca, que de mantequilla para freír carne o verduras, uno ingerirá mucho menos grasa saturada si utiliza estos medios para freír en lugar de mantequilla. Se necesita menor cantidad de estos porque la mantequilla se descompone y se quema a temperatura alta, mientras que las otras no".

1 kg de unto de puerco

» Caliente el horno a 165 °C. Tenga listos dos sartenes. Corte el unto en cuadritos, deseche cualquier pedazo de piel dura. Ponga una cuarta parte en el procesador de alimentos y procésela durante unos segundos para desbaratarla completamente. (No fuerce el procesador poniendo demasiada a un tiempo.) Ponga la grasa en uno de los sartenes y continúe con el resto.

» Coloque los sartenes sobre la parrilla superior del horno hasta que el unto se haya derretido —de unos 20 a 25 minutos. No permita que la manteca tome demasiado color; cuando esté fría debe tener un color blanco cremoso. Tendrá que revolverla ocasionalmente porque algo de manteca se adherirá al sartén. Cuélela y póngala en envases refractarios y deseche el residuo duro y grasoso (o déselo a los pájaros). Déjela enfriar.

Manitas de puerco en escabeche

| RINDE DE 4 A 6 PORCIONES | SEÑORA GUADALUPE MUÑIZ, EL VERGEL, ZITÁCUARO

Las manitas de puerco en escabeche se preparan en muchas partes de México sin esas diferencias que se encuentran en otros platos regionales. Es mejor prepararlas, por lo menos, con un día o más de anticipación.

La forma en que prefiero servir las manitas de puerco es como se preparan en la parte oriental de Michoacán, cubiertas con muchas verduras en escabeche y acompañadas con bolillos. Una pequeña ración de ellas es un refrescante plato para un almuerzo, una botana antes de una comida pesada con mole, o como platillo principal cuando hace calor. Las manitas se pueden deshuesar, poner encima de tostadas cubriéndolas con lechuga deshebrada, rajas de chile y rebanadas de aguacate y jitomate.

Para este plato, así como para muchos otros en México, se debe usar un vinagre afrutado.

Ingredientes

- 4 manitas de puerco (como 1 3/4 kg), partidas a lo largo y cada pedazo en 2 partes
- 1 cebolla pequeña, picada
- 1 diente de ajo, pelado
- 1 cucharada de sal
- 1 cucharada de vinagre fuerte
- 3 1/2 tazas de vinagre de piña
- 2 cucharaditas de orégano
- 2 hojas de laurel
- 4 ramitas de tomillo
- 4 ramitas de mejorana
- 4 chiles jalapeños en escabeche, enlatados, cortados en rajas
- 2 cucharadas del líquido de la lata
- 2 zanahorias medianas, peladas, rebanadas y medio cocidas (opcionales si no piensa usar las verduras en escabeche mencionadas arriba)

» Limpie bien las manitas y colóquelas en un recipiente hondo con la cebolla, ajo, sal y vinagre fuerte. Cúbralas con agua y cuézalas a fuego lento hasta que estén tiernas pero no desbaratándose —como 2 1/2 ó 3 horas. Recuerde que al enfriarse las partes gelatinosas se endurecen, así es que cuézalas el tiempo suficiente, pero no demasiado, para que no pierdan esas interesantes texturas.

» Enjuague las manitas brevemente y póngalas en un recipiente de vidrio o cerámica; cúbralas con el resto de los ingredientes. Pruébelas de sal y póngalas en un lugar fresco revolviéndolas y volteándolas de vez en cuando y asegurándose de que estén cubiertas por el vinagre. Sírvalas como se sugirió anteriormente.

El arte de la cocina mexicana

Queso de puerco

Aunque en algunos lugares la cabeza del puerco se utiliza casi exclusivamente para hacer pozole, en el Estado de México y sus alrededores se utiliza para hacer queso de puerco. La carne cocida y deshuesada se empaca en una cesta con fondo (véase ilustración, p. 213) llamada "tompiate" o "tompeate". Esta palabra proviene del náhuatl *tompiatl* y generalmente se refiere a una cesta de palma tejida en la que el contenido "queda como un guante" (*Diccionario de mexicanismos*, 1974). El contenido se oprime con algo pesado y se le deja pasar la noche para que cuaje y se vuelva compacto.

El queso de puerco se sirve como primer plato junto con chiles en escabeche, cuarterones de limón o chipotles encurtidos. Con rebanadas gruesas se hacen suculentas tortas y picado toscamente sirve para ponerlo en tostadas.

Aunque el queso de puerco se puede comer al día siguiente, prefiero dejarlo reposar uno o dos días más para que se sazone bien. Durará varios días en el refrigerador mientras el clima no esté demasiado caliente y húmedo. Gracias al vinagre duraría más tiempo, pero la carne empieza a tomar un sabor a "recalentado".

Puede empacarlo en cualquier molde hondo; yo uso con frecuencia un recipiente para *soufflé* cuando no tengo tompeates a la mano. Si está usando una cesta u otro molde para escurrirlo, colóquelo, antes de llenarlo, dentro de otro molde donde apenas quepa para que el queso de puerco pueda quedar gelatinoso y sazonarse en el líquido, ya que de otra manera se escurriría, lo que tendría como resultado una pérdida de sabor.

Ingredientes

LA CABEZA
1 cabeza pequeña ó 1/2 grande (de 3 a 3 1/2 kg) cortada en 8 pedazos
1 cebolla mediana, rebanada
4 dientes de ajo, pelados y triturados
6 pimientas
2 ramitas de tomillo
2 ramitas de mejorana
2 cucharadas de sal

PARA SAZONARLA
1/2 taza de vinagre fuerte
1/2 taza de vinagre de piña
6 dientes de ajo, pelados y picados
3 hojas de laurel, en pedacitos
4 clavos triturados
20 pimientas trituradas
las hojas de 4 ramitas de tomillo
las hojas de 4 ramitas de mejorana
1 1/2 tazas de caldo reducido del cocimiento de la cabeza
3 chiles jalapeños enlatados en escabeche, picados (opcional)
2 cucharadas del líquido de los chiles (opcional)
sal al gusto

» Primero prepare la cabeza para cocerla. Enjuáguela bien. Talle la piel hasta que esté perfectamente limpia, chamusque los pelos y lave bien las orejas. En una olla grande coloque la cabeza con el resto de los ingredientes, cúbrala con agua y póngala a hervir. Cuézala a fuego alto hasta que la carne se desprenda con facilidad del hueso pero sin sobrecocerla para que no pierda firmeza —de 2 1/2 a 3 horas.
» Escurra los pedazos de cabeza en una coladera conservando el caldo. Cuélelo y redúzcalo hasta obtener 2 tazas.
» Cuando la cabeza esté tibia, con cuidado retire todos los huesos asegurándose de que no hayan quedado algunas astillas. Deseche dos terceras partes de la grasa pura, pero naturalmente deje el cartílago de la oreja junto con el resto de la carne. Corte la carne en cuadritos de 2 cm; debe obtener como 7 tazas.
» En un recipiente ponga la carne con los ingredientes para sazonarla, menos los chiles, su jugo y la sal; mézclela bien. Caliéntela a fuego medio, hasta que la mezcla empiece a hervir, retírela del fuego, agregue los chiles, su jugo y pruébela de sal. (Recuerde que los alimentos fríos necesitan estar más sazonados.) Ponga la carne en el molde, cúbrala con un plato y coloque algo pesado encima. Cuando la carne se enfríe, métala en el refrigerador durante la noche. Si está usando un tompeate con cordel en la parte superior, átelo firmemente. Si no tiene cordel, solamente doble la canasta como un paquete y ponga el peso encima. Los carniceros con frecuencia cosen la parte superior del tompeate con una aguja larga y curva y un cordel fuerte, pero esto no es realmente necesario, ya que el peso mantiene los dobleces de la canasta en su lugar.

Chicharrón

A la piel del puerco, esponjosa y quebradiza, en México se le llama chicharrón y es sin duda la botana más popular, pero hacerlo requiere paciencia y habilidad.

Todo carnicero que sacrifica sus propios puercos o el que los manda matar al rastro, tendrá uno o dos días después de la matanza un altero de hojas doradas y onduladas sobre su mostrador y le ofrecerá una muestra al pasar, no importa cuán temprano sea. Tan pronto como matan al puerco y le rasuran las cerdas y el pelo, lo desuellan. Se raspa la grasa, excepto la que queda en el lomo y en el área del estómago y se le hacen cortes diagonales. Luego se cuelga en algún lugar ventilado para que se seque durante la noche. Al día siguiente, las pieles se introducen en tanques con manteca hirviente y el largo proceso de cocerlo lentamente tiene lugar —2 horas, digamos, para un pequeño y tierno puerco y de 3 1/2 a 4 horas para uno grande y duro. Ningún sazonador se agrega a la manteca hirviendo. Una vez cocidas, las pieles se escurren en armazones de metal. Cuando se enfríen, se sumergen de nuevo en manteca, mucho más caliente, y al momento se habrán inflado los millones de pequeñas células crujientes. Escurridas de nuevo, quedan listas para comerse.

Podrá escoger si prefiere lo delgado y sin grasa o bien de la parte más grasosa del centro, el estómago y los lados, mientras que el lomo tiende a tener adherida todavía un poco de carne. Depende de su gusto al comerlos como botana o de lo que requiera la receta: en escabeche, delgado; en salsa verde, más grasoso; etcétera.

La calidad del chicharrón que se encuentra en Estados Unidos varía tremendamente: en ocasiones el carnicero de un mercado mexicano o de algún supermercado preparará el suyo propio con un variado grado de destreza, mientras que algunos de las marcas empacadas pueden estar rancios y duros... y además caros.

Además de las siguientes recetas, el chicharrón se puede triturar formando migas gruesas y añadirlas a la masa de las gorditas, o como relleno de las gorditas con una salsa de chile, o agregado a la carne molida para albóndigas para hacerlas más sustanciosas y esponjosas, o cocido con frijoles de olla (p. 143), o utilizado para adornar el pozole de Guerrero.

El arte de la cocina mexicana

Ensalada de chicharrón
| RINDE RELLENO PARA 12 TORTILLAS PEQUEÑAS |

Esta ensalada puede servirse, ya sea sola, acompañada de tortillas calientes, o como parte de un platón mixto de botanas. Si el chicharrón se quiebra en pequeños pedazos, es un buen relleno para tacos, o también (lo que no es tradicional) envuelto en hojas de lechuga, como parte de una botana. El aguacate para esta receta debe estar maduro pero no demasiado suave.

Esta receta tiene que ser preparada en el último momento y comerse casi inmediatamente; de otra manera se vuelve pastosa.

Ingredientes

1 taza (como 180 g) de jitomates finamente picados, sin pelar
1/4 de taza de cilantro picado
2 cucharadas colmadas de cebolla, finamente picada
2 chiles serranos, muy finamente picados
sal al gusto
90 g de chicharrón, quebrado en pedazos de 2 cm
1 aguacate mediano, cortado en cuadritos
1 cucharada de jugo de limón (opcional)

» En un recipiente ponga los jitomates, cebolla, cilantro, chiles, un poco de sal, y mézclelos bien. Agregue los pedazos de chicharrón y aguacate y cuando estén mezclados añada el jugo de limón.

Chicharrón en salsa verde
| RINDE 4 PORCIONES |

Este es uno de los platillos más populares para un almuerzo y tiene menos calorías y colesterol que unos huevos *benedictine*, por ejemplo. No escoja el chicharrón más delgado para este plato; necesitará uno grasoso.

Ingredientes

750 g de tomates verdes
4 ó 5 chiles serranos o al gusto
1 diente de ajo pelado y picado
1/4 de taza de cilantro picado
2 cucharadas de manteca o aceite
3 cucharadas de cebolla, finamente picada
sal al gusto
180 g de chicharrón quebrado en pedazos chicos

- » Retire las cáscaras de los tomates verdes, enjuáguelos y póngalos en un recipiente con los chiles, cúbralos con agua, póngalos a hervir. Continúe hirviéndolos hasta que estén suaves pero no desbaratándose, como 10 minutos. Escúrralos y páselos al vaso de la licuadora con 1/4 de taza de agua del cocimiento, añada el ajo y el cilantro, y lícuelos hasta que estén tersos.
- » Caliente la manteca en un recipiente, agregue la cebolla y acitrónela durante 1 minuto. Añada la salsa y fríala a fuego alto, revolviéndola de vez en cuando hasta que se reduzca y espese —como 7 minutos. Agregue sal al gusto, los pedazos de chicharrón, y continúe el cocimiento hasta que el chicharrón esté apenas suave.
- » Sírvalo con tortillas de maíz y frijoles refritos (p. 144).

Chicharrón en salsa de jitomate
| RINDE RELLENO SUFICIENTE PARA 12 TACOS PEQUEÑOS |

Esta receta es igualmente popular para preparar chicharrón con jitomates en lugar de tomates verdes. Se sirve normalmente como almuerzo con tortillas calientes, pero unos frijoles refritos no quedan fuera de lugar. Si el chicharrón se corta en pedazos más pequeños es un buen relleno para tacos.

La salsa se puede hacer con anticipación, agregando el chicharrón 5 minutos antes de servirlo —de cualquier manera, se supone que debe estar suave y no crujiente para este tipo de plato.

Ingredientes
- 2/3 de taza de agua, aproximadamente
- 750 g de jitomates, asados (véase p. 336)
- 2 chiles serranos asados (véase p. 350)
- 1 diente de ajo, pelado y picado
- 1 cucharada de manteca derretida o aceite
- 2 cucharadas de cebolla finamente picada
- 125 g de chicharrón, grasoso y delgado, cortado en pedazos chicos (véase p. 215)
- sal al gusto

- » En el vaso de la licuadora ponga 2/3 de taza de agua, añada los jitomates sin pelar, los chiles y el ajo; lícuelos durante unos segundos para formar un puré con textura. Caliente la manteca en un sartén hondo, agregue la cebolla y fríala sin dorarla durante 1 minuto. Añada la salsa y cuézala a fuego alto, revolviendo y raspando el fondo del sartén para que no se pegue, hasta que se reduzca y espese —como 5 minutos. Agregue el chicharrón y mézclelo bien, la salsa debe cubrirlo; si no, añada un poco de agua. Sazónelo al gusto y cuézalo 5 minutos más o hasta que el chicharrón esté bastante suave.

El arte de la cocina mexicana

VIII Res

- CARNE ASADA A LA TAMPIQUEÑA
- LA SÁBANA
- MACHACA
- CARNE MACHACA, Y MACHACA CON HUEVO
- COCIDO OAXAQUEÑO
- COCIDO O CALDO DE RES MICHOACANO
- ROPA VIEJA
- SALPICÓN DE RES
- CARNE ENCHILADA
- CHICHILO NEGRO
- VITUALLA
- CARNITA CON CHILE
- APORREADA DE HUETAMO
- BISTECES EN CHILE PASILLA
- BISTEC ENCHORIZADO
- PACHOLAS
- CARNE APACHE
- RIÑONES EN SALSA DE CHILE PASILLA
- PANZA DE RES
- PANZA DE RES EN VERDE
- PANZA GUISADA PARA TACOS
- CHAMBARETE DE RES EN GUAJILLO

Notas:

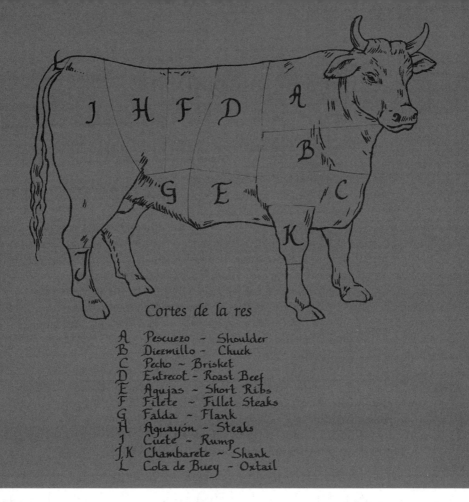

Cortes de la res

- A Pescuezo – Shoulder
- B Diezmillo – Chuck
- C Pecho – Brisket
- D Entrecot – Roast Beef
- E Agujas – Short Ribs
- F Filete – Fillet Steaks
- G Falda – Flank
- H Aguayón – Steaks
- I Cuete – Rump
- J, K Chambarete – Shank
- L Cola de Buey – Oxtail

En las regiones del norte de México, donde una gran extensión de tierra se dedica a la crianza de ganado, la carne de res es, por mucho, la carne más importante; más al sur el puerco y el pollo toman su lugar, y en segundo orden el borrego y la cabra. Me refiero, por supuesto, a las comidas típicas de todos los días, no a las de las comunidades cosmopolitas de la capital o a los restaurantes especializados que se encuentran en ciudades más grandes.

Es raro que se deje añejar la res —de hecho, se prefiere la fresca— y por lo tanto tiende a ser un poco dura pero de muy buen sabor, y esto se refleja en los métodos tradicionales para cocinarla. Por ejemplo, en un menú provinciano (excepto en los restaurantes especializados) nunca encontrará un grueso *porterhouse* asado en las brasas. Los bisteces se cortan de cualquier parte carnosa del animal y luego se aplanan para hacerlos aún más delgados y para ablandarlos. Las carnes como el pecho para sopas y guisados se hierven primero —con frecuencia en la olla de presión; de otra manera llevaría siglos cocerlas— y luego se guisan en una salsa de chile o con verduras en una sopa, o bien se deshebran y sazonan para un salpicón (p. 228).

La cecina o tasajo (en Oaxaca) es carne fresca, cortada muy delgada, formando largas tiras, secadas al aire durante un día, de manera que estén aún flexibles y algo húmedas. Entonces la carne se asa —queda algo correosa pero con un sabor excelente— y se come con salsa y tortillas de maíz o deshebrada y cocida con jitomates, chiles y huevos para la *aporreada*. En el norte se corta en rebanadas delgadas y se sala, se pone a secar hasta que está casi dura y luego se golpea hasta casi deshacerla para hacer la machaca. Es fácil hacer la propia y es una buena comida para un día de campo.

Aunque los riñones y el hígado se utilizan, no son tan populares como la panza, que se usa en todo el país en la famosa sopa llamada "menudo", cuyas recetas varían en cada región. La cola de res se vende con la asadura, al igual que la muy renombrada arrachera, el diafragma, llamado "fajita" en Texas. Esta es considerada como el corte del carnicero; ellos saben apreciar el sabor de las carnes menos conocidas.

Para mi gusto, la carne más suculenta y deliciosa de todas es la de una cabeza de res hecha en un horno para barbacoa. Se empaca la cabeza entera dentro de hojas dobladas de maguey y se sazona sólo con sal. En el oriente de Michoacán se le llama rostro y es muy apreciada. *Muchos de los cortes mexicanos se identifican con sus contrapartes americanas, pero lo que confunde es que en cada región un corte de carne tiene un nombre diferente. (Véase la ilustración de arriba.)*

El arte de la cocina mexicana

Carne asada a la tampiqueña

| RINDE 6 PORCIONES | RESTAURANTES LOREDO

Dos de los platillos de carne más populares en México son sin duda la carne asada a la tampiqueña y la sábana. Ambas fueron inventadas por el fundador de la cadena de restaurantes Loredo, José Inés Loredo. Nacido en la Sierra Huasteca, llegó a la ciudad de México en 1941 y fundó el Tampico Club, el cual fue famoso primero por sus mariscos y luego por estos dos platillos de carne, que llevan los mejores productos de su tierra de origen.

La receta para la carne asada ha sido interpretada de muchas maneras por otros restauranteros y sin duda ha sufrido modificaciones en los mismos restaurantes Loredo, pero he aquí la receta como se sirve ahora. Se abre un filete de res formando una tira delgada que se asa rápidamente y se sirve con dos enchiladas verdes, rajas de chile poblano, un cuadro de queso panela asado, un pequeño tazón con frijoles charros, servidos a un lado y salsa mexicana por separado. Es perfecto para la cocina de un restaurante que tiene muchos ingredientes ya preparados, y es el mejor ejemplo que conozco de un "plato combinado" —lo que, por lo general, es para mí anatema.

Para este receta, se abre una rebanada gruesa de filete como de 8 cm de ancho para formar una tira de menos de 1 cm de grueso.

Ingredientes

- 6 rebanadas de filete *mignon* de 180 g cada una, limpia de nervios y membranas
- sal y pimienta recién molida, al gusto
- gotas de jugo de limón (opcional)

» Con el lado cortado de la carne frente a usted y sujetándola firmemente, haga un corte horizontal hasta 1/2 cm antes de llegar al otro lado. Ábrala y córtela de ambos lados, volteándola (a menos que sea ambidextro), haga un segundo corte para abrirla por ambos lados. Voltee la carne y corte de nuevo. Continúe volteando y cortando hasta que tenga una tira pareja de aproximadamente 1/2 cm de grueso. Sazone la carne ligeramente de ambos lados; si no la va a cocinar de inmediato, enróllela y guárdela en un lugar fresco.

» Cuando ya vaya a cocinarla, caliente sobre fuego muy alto una plancha ligeramente engrasada. Eche un poco de agua sobre la plancha; esta debe sisear y saltar con furia cuando la plancha está lista. Gotee jugo de limón en ambos lados de la carne y ásela rápidamente por los dos lados. Tomará como 2 minutos de cada lado para que quede medio roja; o cuézala al gusto.

Para acompañar la carne

Las rajas de chile

Ingredientes

- 4 chiles poblanos grandes
- 3 cucharadas de aceite
- 1 cebolla mediana, cortada en lunitas
- 4 dientes de ajo pelados
- 3 hojas de laurel
- 6 pimientas
- 1/2 taza de agua
- 3 cucharadas de vinagre blanco de vino
- sal al gusto

» Corte una rebanada de la parte superior de los chiles en crudo, con el tallo, si lo tienen, y tírela. No pele los chiles pero córtelos por la mitad, retire las semillas y las venas y deséchelas. Córtelos en rajas delgadas. Caliente el aceite en un sartén, añada las rajas de chile, cebolla, ajo, hojas de laurel y pimientas; cubra el sartén y fríalas durante 8 minutos, moviéndolas de vez en cuando. Agregue el resto de los ingredientes con sal al gusto y cuézalas sin tapar, a fuego medio durante 5 minutos. Las rajas deben estar todavía *al dente*. Déjelas reposar para que se sazonen si el tiempo lo permite y recaliéntelas cuando la carne esté lista para servirse.

» Las rajas de chile se pueden preparar con tiempo; de hecho, mientras reposan mejora su sabor.

Enchiladas verdes

Ingredientes

12 tortillas de maíz pequeñas
1 1/2 tazas de salsa de tomate verde, cocida (p. 258)
1/2 taza de queso fresco, desmoronado
1 cebolla mediana, cortada en medias lunas delgadas

» Siga la receta (p. 30) en la sección de tortillas. Una vez frita la tortilla y bañada en la salsa, no la rellene con pollo. Dóblela, póngale queso fresco desmoronado y cebolla cortada en lunitas.

Salsa mexicana

Ingredientes

1 1/2 tazas de salsa mexicana, aproximadamente (p. 267)
1 aguacate mediano, pelado, sin hueso y cortado en cuadritos, para poner encima en el último momento

Queso asado

En México se utiliza un queso panela cuadrado que se puede asar sin derretirse ni perder su forma. Corte el queso en 6 cuadros como de 8 cm. Un momento antes de servir el plato áselo brevemente por ambos lados para que quede ligeramente dorado.

Frijoles charros estilo Loredo

Ingredientes

3 cucharadas de manteca o aceite
1 1/4 tazas (como 325 g) de jitomates picados sin pelar
1/4 de taza de cebolla, finamente picada
3 chiles serranos, finamente picados o al gusto
3 1/2 tazas de frijoles negros de olla y su caldo (como 250 g), secos
sal al gusto
60 g de chicharrón, quebrado en pedazos pequeños

» Caliente la manteca, añada los jitomates, cebolla y chiles, y fríalos durante 5 minutos, revolviendo para evitar que se peguen. Agregue los frijoles y su caldo poco a poco, machacándolos para formar un puré de textura gruesa (o lícuelos muy brevemente). Deben tener la consistencia de una salsa espesa; si no la tienen agregue agua. Ponga sal al gusto. Antes de servirlos mezcle el chicharrón en cada tazón.

El arte de la cocina mexicana

La sábana

| RINDE 1 PORCIÓN |

RESTAURANTES LOREDO

Si ordena una sábana en alguno de los restaurantes Loredo, se encontrará con un pedazo de carne aplanada, extremadamente delgada, con forma de óvalo, que mide como 30 cm de largo por 18 cm de ancho. La habrán cocido durante un instante en una plancha muy caliente y será servida con frijoles negros y una muy picante salsa arriera.

Ingredientes

1 rebanada de filete *mignon* de 180 g, como de 7 a 8 cm de grueso
1/8 de cucharadita de jugo de limón, aproximadamente
sal y pimienta recién molida al gusto
frijoles fritos (véase abajo)
salsa arriera (véase abajo)

» Coloque la carne entre dos hojas de plástico y golpéela, forzándola hacia afuera y dándole forma ovalada; alise las orillas con la uña del pulgar como lo demuestra el chef en la fotografía. Dóblela como un paquete y golpéela de nuevo hasta obtener el tamaño deseado. Desprenda el plástico de encima y repóngalo con papel encerado. Voltee la carne y reponga la segunda hoja de plástico con papel encerado; déjela a un lado hasta el momento de usarla.

» Caliente la plancha. Cuando esté muy caliente, engrásela ligeramente. Retire el papel de encima. Sazone la carne con jugo de limón, sal y pimienta. Levante el papel de abajo y voltee la carne sobre la plancha. Quite el papel y cueza la carne durante 2 segundos, voltéela con dos espátulas para que no se rompa por la mitad, y cuézala 2 segundos más. Sírvala inmediatamente, extendida si es posible, en un plato grande, con frijoles y salsa por separado.

Nota: El plástico no se rompe al ser golpeado, pero se funde al contacto con el calor; por eso se cambia por el papel.

Frijoles refritos
» Cueza frijoles negros de olla (p. 143) y refríalos (p. 144), hasta que formen una pasta muy floja.

Salsa arriera
» Esta salsa es muy picante y concentrada, y debe servirse por separado. Se hace moliendo o picando finamente muchos chiles serranos crudos; se les pone un poco de jugo de limón y se sazonan con sal.

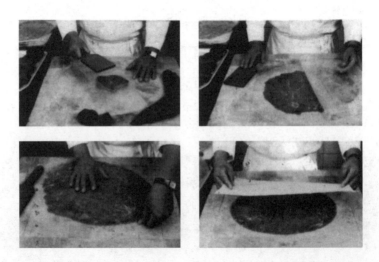

Machaca

| RINDE COMO 450 G Ó 4 1/2 TAZAS YA DESHEBRADA |

En Sonora la carne seca o machaca se hace con rebanadas delgadas de lomo de res, salado y secado al aire; tiene un sabor muy concentrado y uno puede volverse adicto a ella (a menos que lleve una dieta sin sal). Es fácil de preparar y los resultados serán superiores a la hecha comercialmente en ambos lados de la frontera. Si hay mucha humedad en el aire cuelgue la carne frente a un ventilador eléctrico o póngala en el horno a muy baja temperatura. Naturalmente, para un cocimiento rápido es mejor utilizar fuego de carbón o leña, pero si eso fuera imposible, un asador común es suficiente.

Al hacerla por primera vez quizás desee preparar una cantidad menor, pero tome en cuenta que el peso de la carne se reduce a la mitad y que además, una vez deshebrada, puede durar casi indefinidamente.

Ingredientes

1 kg de lomo con algo de grasa, cortado en rebanadas como de 1/2 cm de grueso
3 cucharadas colmadas de sal medio molida, aproximadamente

» Limpie la carne de nervios, piel y membranas, y cúbrala con sal por ambos lados. Haga dos perforaciones en la parte superior de cada rebanada y con una jareta cuélguelas en un lugar muy ventilado y seco. Tarda tres días en secarse. (Véase sugerencia arriba.) Para servirla tenga lista una parrilla caliente o el asador y tueste la carne como 2 minutos de cada lado —el color cambiará de un rojo oscuro a un café dorado.

» Cubra la carne con agua fría y déjela remojar durante 30 minutos. Escúrrala. Corte la carne en trozos de 4 cm aproximadamente y ponga 3 ó 4, no más, en el vaso de la licuadora. En velocidad alta y como por 30 segundos, desbarate la carne hasta formar hilos. Continúe con el resto y extiéndala para que se seque. Cuando de nuevo esté completamente seca, puede almacenarla en la gaveta para verduras de su refrigerador.

Carne machaca, y machaca con huevo

| RINDE 4 TAZAS ESCASAS |

La carne machaca y la machaca con huevo son rellenos populares para burras (p. 293) o chivichangas en Sonora. Esta cantidad debe ser suficiente para 12 burras ó 15 chivichangas, dependiendo, claro, del tamaño de las tortillas de harina utilizadas. La carne machaca se puede preparar con tiempo y recalentarla con sólo un poco de agua, pero si va a agregarle huevos, hágalo en el último minuto. La salsa de jitomate norteña (receta a continuación) es el acompañamiento correcto.

Ingredientes

- 4 cucharadas de manteca o aceite
- 1 taza escasa de papas cocidas, cortadas en cuadritos
- 3 dientes de ajo, pelados y picados finamente
- 1/2 taza de cebolla, finamente picada
- 250 g de carne seca (como 2 1/4 tazas) (véase receta anterior)
- 2 chiles verdes (de Sonora–Magdalena), asados, pelados y cortados en rajas (véase p. 350)
- 2 jitomates medianos, sin la parte superior y rallados
- 1/4 de taza de agua
- pimienta recién molida al gusto

CON HUEVO
- 3 huevos ligeramente batidos

» Caliente la manteca o aceite en un sartén, agregue las papas y fríalas hasta que tengan un color dorado claro; retírelas de la grasa. En la grasa caliente, fría el ajo por algunos segundos y retírelo. Añada la cebolla y fríala, sin dorarla, como por 30 segundos. Agregue la carne seca, mézclela bien y fríala un minuto más. Añada los chiles y los jitomates, y fríalos durante 1 minuto. Añada el agua, tape el sartén y cocine la mezcla durante 3 minutos, revolviéndola de vez en cuando para evitar que se pegue. Agregue las papas y el ajo, sazónela con pimienta y, revolviéndola, caliéntela bien como por 1 minuto. Si está utilizando huevos, mézclelos con las papas, ajo y pimienta y cuézalos hasta que estén cuajados.

Salsa de jitomate norteña

| RINDE 1 1/2 TAZAS |

Esta salsa de jitomate es muy sencilla y bastante picante, para servirse con burras y chivichangas, especialmente las hechas con machaca (p. 293). Esta salsa se puede preparar con anticipación, y conservar durante varios días en el refrigerador si el clima no es demasiado caliente y húmedo.

Ingredientes

- 450 g de jitomates muy maduros
- 1/4 de taza de agua
- 3 chiles piquín o cualquier chile seco picante, al gusto
- 2 dientes de ajo, pelados y picados
- sal al gusto

» Cubra los jitomates con agua fría, póngalos a hervir y continúe hirviéndolos hasta que la piel se abra y los jitomates estén suaves —como 15 minutos, según el tamaño. Vierta el agua en el vaso de la licuadora, añada los chiles enteros y el ajo y lícuelos hasta que estén bastante tersos. Agregue los jitomates enteros y escurridos (con o sin cáscara, como quiera) y mezcle la salsa hasta que esté casi tersa. Sazónela con sal al gusto.

Cocido oaxaqueño
| RINDE 8 PORCIONES |

Cada región de México tiene su propio guiso de carne y verduras, con pequeñas variaciones en los ingredientes o en la forma en que se sirve. La versión de Oaxaca, precedida por un plato de arroz blanco y acompañada por una picosa salsa de chile con mucho sabor, proporciona, para un grupo numeroso, un excelente platillo para un día de otoño o invierno —no vale la pena hacerlo para dos personas. Tradicionalmente se sirve en tres tiempos: primero el caldo, luego el arroz (cocido por separado), luego el plato de verduras, y al final la carne deshebrada con tortillas de maíz y salsa de chile. Debe remojar los garbanzos desde la noche anterior.

Se puede usar cualquier corte de carne magra que se pueda deshebrar; a mí me gusta agregarle un hueso o dos para dar más sustancia al caldo y respaldar su delicioso sabor.

Ingredientes

LA NOCHE ANTERIOR
125 g de garbanzos

AL DÍA SIGUIENTE
1 kg de carne sin hueso para guisar (véase comentario arriba)
1 trozo de hueso de chambarete y un pedazo de hueso poroso con tuétano
1 cabeza de ajo pequeña, cortada por la mitad
1 cebolla pequeña, rebanada
6 ramas grandes de hierbabuena
6 ramas grandes de cilantro
sal al gusto
1 cucharadita escasa de orégano, de Oaxaca si es posible
180 g de zanahorias, peladas y cortadas en cuarterones a lo largo
1 chayote mediano, pelado y cortado en rebanadas gruesas
4 papas pequeñas, cortadas por la mitad, sin pelar
1 pequeña col (como 500 g), cortada en 8 gajos
125 g de ejotes, limpios de hebras y cortados por la mitad
250 g de calabacitas, limpias y cortadas en gajos a lo largo
1 plátano macho maduro (como 250 g), cortado en rebanadas sesgadas, sin pelar
1 receta de arroz blanco (p. 104)
salsa de chile pasilla de Oaxaca (p. 261)
tortillas de maíz

» Ponga la carne y los huesos en una olla grande, con el ajo, cebolla, hierbabuena y cilantro. Cuele los garbanzos y agregue a la olla el agua en que se remojaron; ponga los garbanzos en un pedazo de manta de cielo y colóquelos dentro de la olla. Cubra los ingredientes con agua sobrepasándolos 5 cm. Agregue sal, tápelos y póngalos a hervir. Continúe el hervor hasta que la carne esté suave, de 1 a 1 1/2 horas. Cuélela conservando el caldo. Deje enfriar la carne. Deshébrela, quitando todas las membranas y nervios. Añada el orégano, tápela y manténgala caliente.

» Las verduras deben cocerse en dos partes para que se cuezan sólo hasta que estén tiernas, ni *al dente* ni pastosas —como 20 minutos para las zanahorias, chayote y papas; como 8 minutos para la col y ejotes. Las calabacitas tomarán como 10 minutos y el plátano como 15, dependiendo de su madurez. Manténgalas calientes en un platón en donde se puedan acomodar atractivamente. Sírvalas de inmediato como se sugirió o en cualquier otro orden.

Nota: La carne deshebrada que haya quedado se puede utilizar para hacer salpicón (p. 228) o ropa vieja (p. 227).

Cocido o caldo de res michoacano

| RINDE DE 6 A 8 PORCIONES | SEÑORA LIVIER RUIZ DE SUÁREZ

Esta es una sopa/guiso sustanciosa hecha con varios cortes de carne con hueso, hueso con tuétano y un trozo de ubre para enriquecer el caldo. Tradicionalmente, y es como pienso que es mejor, se cuece en una olla grande de barro. Se sirve en grandes tazones con salsa picante de jitomate (p. 260) y tortillas calientes de maíz. La señora Suárez, mi mentora en cocina michoacana, dice que con frecuencia dentro del caldo cuelga una bolsa de manta de cielo con arroz, sin apretarlo, para hacer una delicada morisqueta que sirve antes del guiso —otra comida hecha en una sola olla. Las verduras deben estar cocidas, no desbaratándose ni *al dente*.

Ingredientes

- 1 1/4 kg de carne —chambarete, pecho y costillas— cortadas en cubos de 5 cm
- 1 hueso grande con tuétano
- 1 pedazo de ubre (opcional; si está disponible)
- 1 cebolla pequeña, picada
- 3 dientes de ajo, pelados
- sal al gusto
- 1 jícama mediana (como 375 g), pelada y cortada en cuadritos
- 1 chayote mediano (como 375 g), pelado y cortado en gajos
- 2 zanahorias medianas, peladas y cortadas en 4 partes a lo largo
- 1 col pequeña, cortada en gajos
- 6 papas pequeñas sin pelar
- 2 calabacitas, limpias y cortadas en cuarterones a lo largo
- 8 ejotes, limpios y cortados a la mitad
- 3 elotes pequeños, cada uno cortado en 3 trozos
- 3 ramas grandes de hierbabuena

» Ponga la carne, el hueso y la ubre en una olla de barro grande. Añada la cebolla, ajo y sal al gusto. Cúbrala con agua 8 cm sobre el nivel de la carne y póngala a hervir. Cuézala a fuego lento hasta que la carne esté suave, como 1 hora. Agregue la jícama, chayote y zanahorias y continúe la cocción durante 30 minutos, luego agregue el resto de los ingredientes y cuézalos hasta que estén tiernos pero no demasiado suaves. Sírvalo en tazones hondos con bastante caldo y verduras.

Ropa vieja
| RINDE 2 TAZAS |

"Ropa vieja" es el expresivo nombre para esta sabrosa forma de utilizar el sobrante de carne y verduras del guiso anterior. Naturalmente, hay otras versiones regionales de este plato. Por lo general se usa como relleno para tacos y en este caso prefiero que los tacos sean fritos y se sirvan con salsa de jitomate (p. 260) y mucha col rallada, con una cucharada de crema y con queso desmoronado encima.

Ingredientes

- 2 cucharadas de manteca o aceite
- 4 cucharadas de cebolla picada finamente
- 1 diente de ajo, pelado y picado finamente
- 1 1/4 tazas de jitomates picados finamente
- 3 chiles serranos, picados finamente
- 1 1/4 tazas de carne deshebrada del cocido o caldo de res michoacano (véase p. 226)
- 1/4 de taza de caldo de res
- 1/4 de cucharadita de orégano seco
- sal al gusto
- 1 taza colmada de verduras cocidas, cortadas en cuadritos (véase arriba)
- 2 cucharadas de cilantro picado

» Caliente la manteca en un sartén, añada la cebolla y el ajo, y acitrónelos hasta que estén translúcidos, sin dorarlos —como 2 minutos. Agregue los jitomates y los chiles, y cuézalos durante 3 minutos más a fuego bastante alto. Añada la carne, caldo, orégano y sal al gusto. Cuézala a fuego medio, revolviéndola de vez en cuando, durante 3 minutos —debe quedar húmeda pero no demasiado jugosa. Agregue las verduras y el cilantro, y revolviendo continúe la cocción hasta que la mezcla esté casi seca.

Salpicón de res

| RINDE 4 PORCIONES O RELLENO SUFICIENTE PARA 18 TACOS |

SEÑORA MARÍA ALEJANDRE DE BRITO,
ZITÁCUARO, MICHOACÁN

Esta es una sencilla y deliciosa manera de cocinar falda de res. Generalmente se sirve con tortillas de maíz, pero también se pueden hacer unos muy buenos tacos fritos. Servido con ensalada sería un buen plato para el almuerzo o el *lunch*.

Ingredientes

LA CARNE
560 g de falda
1 cebolla pequeña picada
3 ramas de cilantro
2 dientes de ajo, pelados y picados
sal al gusto

PARA SAZONARLO
2 cucharadas de manteca o aceite
1/2 taza de cebolla finamente picada
2 dientes de ajo, pelados y finamente picados
625 g de jitomates, sin pelar y finamente picados
4 chiles serranos enlatados, en escabeche, o al gusto
3 cucharadas colmadas de cilantro picado
1/4 de taza del caldo en que se coció la carne
sal al gusto

» Corte la carne en trozos de 5 cm. Ponga la carne en una cacerola con la cebolla, cilantro, ajos y sal, cúbrala apenas con agua y hiérvala hasta que esté —como 25 minutos. Deje la carne para que se enfríe en el caldo. Cuélala conservando el caldo.

» Caliente la manteca en un sartén, añada la cebolla y los ajos, y acitrónelos —como 3 minutos.

» Agregue los jitomates picados y continúe cociéndolos a fuego alto, revolviéndolos de vez en cuando para evitar que se peguen hasta que la mezcla se haya espesado y reducido —como 8 minutos. Agregue la carne deshebrada, chiles, cilantro y caldo, pruébelo de sal y cuézalo tapado a fuego medio durante 5 minutos más.

Carne enchilada

| RINDE DE 4 A 6 PORCIONES | GUERRERO

La carne de puerco o de res, cortada en rebanadas delgadas o aplanadas, sazonadas con pasta de chile, es uno de los platillos típicos en muchas regiones de México, con ligeras variaciones en la receta: muchas personas usan solamente chile guajillo; otras jugo de naranja agria en lugar de vinagre y diferentes proporciones de hierbas y especias.

Una vez sazonada la carne, es mejor dejarla orear durante algunos días para que penetren bien los sabores y la pasta no se adhiera al sartén o a la parrilla. Preparada en esta forma, se fríe o se asa y se sirve con rebanadas de aguacate, frijoles y tortillas de maíz o con una ensalada. Esta receta proviene de un librito encantador sobre la cocina de Chilapa, Guerrero, y la receta fue proporcionada por la señorita Carmen Villalba; le hice pequeños ajustes un poco más realistas.

Ingredientes

- 60 g de chiles anchos
- 60 g de chiles guajillos
- 1/4 de taza de vinagre suave
- 4 pimientas trituradas
- 3 clavos enteros, triturados
- 1 rajita delgada de canela, como 1 1/2 cm
- 1/2 cucharadita de orégano seco
- 1 jitomate pequeño (como 125 g)
- 1 1/2 cucharaditas de sal o al gusto
- 1/4 de taza de agua
- 500 g de carne de res, cortada en rebanadas delgadas

» Limpie los chiles secos quitando venas y semillas, y colóquelos en un recipiente. Vierta agua hirviendo sobre ellos y déjelos remojando hasta que estén suaves y carnosos; no los deje demasiado tiempo porque el sabor se quedará en el agua —de 10 a 15 minutos, dependiendo de lo secos que estén. Ponga el vinagre en el vaso de la licuadora, agregue las pimientas, clavos, canela, orégano, jitomates y sal; lícuelos hasta que estén tersos. Añada el agua y los chiles escurridos, poco a poco, hasta formar una pasta tersa y espesa. Agregue un poco más de agua sólo si es absolutamente necesario para liberar las aspas de la licuadora. Ponga la carne en la salsa; debe quedar con una capa gruesa. Colóquela en una parrilla para que se seque, ya sea en algún lugar ventilado o en la parte inferior del refrigerador, hasta que la pasta se seque. Ásela brevemente por ambos lados.

Chichilo negro

| RINDE DE 6 A 8 PORCIONES | OAXACA

El chichilo negro es un sorprendente guiso de carne y verduras en una fragante salsa negra con olor a chiles negros y hojas de aguacate tostadas. Es uno de los siete moles de Oaxaca y se prepara en grandes ocasiones y fiestas en las aldeas del Valle Central en lugar del mole negro de Oaxaca que es mucho más pesado.

Antes siempre se hacía con chilhuacle negro, un chile regordete y de piel delgada, que en años recientes se ha vuelto escaso y muy caro, así que lo que ahora suele usarse son los chiles guajillos, asados hasta que se ponen negros.

El chichilo se sirve en platos de poco fondo —lleva carne, verduras y bastante salsa, con el toque final (como si fuera necesario) de rajas con limón (p. 273). Algunos frijoles de olla (p. 143) y tortillas de maíz acompañan este plato que, curiosamente, no es muy picante.

Ingredientes

LA CARNE
680 g de costillas o pecho de res, cortados en trozos de 5 cm
1 cabeza pequeña de ajo, con un corte a la mitad
1 cebolla mediana, rebanada
sal al gusto
450 g de carne de puerco maciza cortada en trozos de 5 cm

LAS VERDURAS
1 chayote grande (375 g), pelado y cortado en gajos con corazón y semilla
180 g de ejotes, limpios y cortados por la mitad

LA SALSA
1 chile pasilla de México
18 chilhuacles negros, o guajillos (véase comentario arriba)
250 g de jitomate
125 g de tomates verdes
12 dientes pequeños de ajo, sin pelar
1 cebolla mediana, en cuarterones
las semillas de los chiles
2 tortillas de maíz, secas
1 cucharada escasa de orégano seco, de Oaxaca si es posible
2 clavos enteros, triturados
3 pimientas gordas trituradas
1/4 de cucharadita o tres ramitas de mejorana
1/4 de cucharadita o tres ramitas de tomillo
una pizca de semillas de comino trituradas
3 cucharadas de manteca o aceite
100 g de masa para tortillas (p. 20)
8 hojas frescas o secas de aguacate
sal al gusto

- » Ponga la carne de res con el ajo, cebolla, sal al gusto y agua suficiente para cubrirla. Póngala a hervir, tape la olla y continúe el hervor como por 35 minutos. Añada el puerco y continúe el cocimiento hasta que ambas carnes estén suaves —como 25 minutos más. Cuélelas conservando el caldo.
- » Ponga el chayote en agua hirviendo y cuézalo durante 10 minutos, agregue los ejotes, cuézalos 10 minutos más. Escúrralos y conserve el agua del cocimiento.
- » Quite las semillas, pero no las venas de los chiles, conservando las semillas. En un comal caliente tueste los chiles pasilla y los chilhuacles durante unos segundos de cada lado, hasta que el interior se ponga de un color tabaco opaco. Si está usando chiles guajillos, aplánelos contra el comal y tuéstelos durante un minuto de cada lado, hasta que se hayan ennegrecido. Enjuague los chiles con agua fría, cúbralos con agua caliente y déjelos remojar durante 15 minutos.
- » Coloque los jitomates enteros y los tomates verdes sobre un comal caliente y, si hay lugar, al mismo tiempo, los ajos y la cebolla en cuarterones. Ase los tomates hasta que estén ligeramente quemados y pastosos, volteándolos de vez en cuando. Ase los dientes de ajo y la cebolla en cuarterones hasta que estén suaves. Póngalos a un lado. Coloque las semillas de los chiles en un sartén pequeño sobre fuego bastante alto, revuélvalas hasta que tomen un color café oscuro parejo. Ponga las tortillas, ya sea sobre la flama directa o sobre un comal caliente y, volteándolas de vez en cuando, deje que se quemen. Cuando estén totalmente quemadas, se encenderán; no las apague —échelas con las semillas de chile y déjelas quemar juntas. Báñelas con agua fría y déjelas remojar durante 5 minutos. Escúrralas.
- » Ponga una taza del agua donde se cocieron las verduras en el vaso de la licuadora y, gradualmente, licue los chiles, jitomates, tomates verdes, ajos pelados, cebolla, hierbas, especias, semillas de chile y tortillas; poco a poco y mezclándolas completamente. Agregue más agua de las verduras si es necesario.
- » Caliente la manteca en una cazuela, agregue los ingredientes de la licuadora y cuézalos moviendo y raspando el fondo de la cazuela de vez en cuando para que no se peguen, como de 15 a 20 minutos.
- » Ponga la masa en el vaso de la licuadora y mézclela con una taza de caldo hasta que esté tersa. Añádala a la cazuela y déjela hasta que empiece a ponerse espesa —como 5 minutos. Agregue las carnes cocidas, las verduras y el resto del caldo y continúe el cocimiento sobre fuego lento. Tueste las hojas de aguacate durante unos segundos —ya sea sobre la llama, o, si están en rama, sobre un comal caliente— y agréguelas al guiso; sazónelo y continúe cociéndolo y revolviéndolo de 10 a 15 minutos. La salsa no debe estar muy espesa, que apenas cubra el reverso de una cuchara de madera.
- » Este platillo puede ser preparado con varias horas de anticipación; se puede refrigerar y recalentar.

El arte de la cocina mexicana

Vitualla
| RINDE DE 6 A 8 PORCIONES |

Este es un platillo poco común con rasgos de cocina marroquí —naturalmente sin las maravillosas especias de Marruecos. La receta me la proporcionó la señora Alcocer, de Pátzcuaro, aunque probablemente proviene de Guanajuato, en donde ella nació. La palabra significa "provisión para la comida" aunque también puede significar "abundancia de comida y sobre todo de menestras o verduras" (*Diccionario Vox*). El *Diccionario de cocina mexicana* dice llanamente: "La conocimos [la receta] por los españoles". Es sustanciosa, constituye una comida por sí sola, y no hay que servir otra cosa excepto un postre.

La etapa final de la cocción y la presentación del plato pueden hacerse en un refractario no muy hondo que pueda llevarse a la mesa. Es mejor comer la vitualla tan pronto como esté hecha porque el arroz tiende a volverse pastoso. Una porción sería de 1 1/2 a 2 tazas de la mezcla de fruta y arroz, con pedazos de carne encima y una salsa picante de jitomate servida aparte.

Ingredientes

EL DÍA ANTERIOR
1/3 de taza de garbanzos secos (60 g)

LA CARNE
750 g de pecho sin hueso, con algo de grasa, cortada en cuadritos de 5 cm
250 g de chambarete de res sin hueso
1 hueso grande con tuétano, cortado en 4 pedazos
1 hueso poroso grande
1 cebolla pequeña, picada
3 dientes de ajo, pelados
2 cucharaditas de sal o al gusto
1 col pequeña, cortada en gajos

EL ARROZ
1 taza de arroz
2 tazas de caldo de pollo caliente (p. 84)
1/4 de cebolla mediana, picada
1 diente de ajo, pelado y picado

LA FRUTA
1/4 de taza de manteca o aceite
3 membrillos medianos (como 625 g) pelados, sin corazón y cortados en rebanadas gruesas
3 peras no muy maduras, peladas, sin corazón y cortadas en rebanadas gruesas
3 duraznos no muy maduros, pelados, sin hueso y cortados en rebanadas gruesas
3 cucharadas de azúcar
sal al gusto
salsa de jitomate, versión cocida (p. 260)

» En una olla grande remoje durante la noche los garbanzos cubiertos con agua.
» Al día siguiente ponga en una olla la carne, huesos, cebolla, ajo, y sal. Cúbrala con agua y póngala a hervir a fuego lento, sin tapar. Continúe el hervor hasta que la carne esté casi cocida, como 1 hora. Coloque las rebanadas de col sobre la carne y continúe el cocimiento hasta que la carne y la col estén cocidas —15 minutos más. Retire la col pero deje la carne en el caldo y manténgala caliente.

» Escurra los garbanzos conservando el agua en la cual se remojaron. Quítele a los garbanzos la pielecita que los cubre y regréselos a su agua. Póngala a hervir a fuego medio, aumente el calor y cuézalos hasta que estén tiernos pero no desbaratándose —como 40 minutos. (El tiempo de cocimiento dependerá de lo secos que estaban y del tiempo que llevaban almacenados.)
» Cubra el arroz con agua caliente y remójelo durante 10 minutos. Escúrralo, enjuáguelo y póngalo en una olla. Licue el caldo caliente con la cebolla y el ajo y viértalo sobre el arroz. Póngalo a hervir, tápelo, reduzca el fuego y, muy lentamente, cuézalo hasta que el agua se haya absorbido (véase morisqueta, p. 106). Todavía tapado retírelo de la lumbre para que vaporice. El arroz debe estar tierno pero no demasiado suave porque se volverá pastoso en el siguiente paso de la receta.
» En un sartén o cazuela grande caliente la manteca y fría ligeramente las frutas y el azúcar, sacudiendo para evitar que se peguen, y voltéelas una vez para que empiecen a dorarse ligeramente. Agregue los garbanzos, el arroz, y sal al gusto; fría la mezcla a fuego lento, volteándola, como por 5 minutos. Coloque la col encima, tape la cacerola y continúe el cocimiento durante 5 minutos más.

Carnita con chile

| RINDE 4 PORCIONES | FAMILIA GONZÁLEZ, TEQUILA, JALISCO

Carnita con chile era el almuerzo favorito de mis amigos, los González, durante su infancia. Es el ejemplo clásico de cómo una carne demasiado fresca y que por lo tanto está dura, puede ser cocinada. El método antiguo me parece fascinante, pero a pesar de que soy tan tradicionalista, le daré un procedimiento más moderno para cocinarla.

Los tomates de milpa son los requeridos en la receta original. Son tomates silvestres que crecen entre el maíz, y aunque tienen muchas semillitas, tienen un sabor particular que se ha perdido en el cultivo de los tomates más grandes. Tradicionalmente este plato se sirve con tortillas y frijoles de olla (p. 143), en este caso *peruanos*.

Ingredientes
- 375 g de tomates verdes pelados y enjuagados
- 3 ó 4 chiles de árbol, sin tallos
- 1 diente de ajo, pelado y picado
- 375 g de bisteces delgados, paloma o de aguayón
- sal al gusto
- 2 cucharadas de manteca o aceite

» En una cacerola ponga los tomates con los chiles secos, cúbralos con agua y póngalos a hervir. Continúe hirviéndolos durante 5 minutos, no más. Escúrralos, páselos al vaso de la licuadora, lícuelos con el ajo durante algunos segundos para obtener una salsa consistente.
» En una cazuela plana o sartén pesado, coloque una capa de rebanadas de carne sazonada con sal —tal vez tenga que hacerlo en dos partes—, póngalas a fuego lento dejando que la carne sude, voltéela una vez para que suelte el jugo y cambie su color a café claro —como 4 minutos de cada lado. Retire el jugo —debe haber como 4 cucharadas— y resérvelo.
» Aplane la carne con el tejolote de piedra y deshébrela en pedazos como de 3 cm, o bien:
» Desde el principio, aplane la carne y córtela en pedazos.
» El siguiente paso tendrá que hacerse en dos partes también, dependiendo del tamaño de su sartén y de la lumbre. Caliente la mitad de la manteca y fría la carne en una capa por ambos lados hasta que esté dorada.
» Retírela y fría la segunda capa con el resto de la manteca. Coloque toda la carne en el sartén, agregue la salsa y cuézala sobre fuego bastante alto, volteándola de vez en cuando para evitar que se pegue, durante 8 minutos o hasta que esté cocida y la salsa se haya reducido. Si la carne está dura, tape el sartén pero continúe sacudiéndolo y cuézala más tiempo, hasta 15 minutos. Antes de servirla añada el jugo de la carne y sal si es necesario.

Aporreada de Huetamo

| RINDE DE 4 A 6 PORCIONES | MICHOACÁN

La aporreada es carne seca deshebrada, guisada con jitomates, chile y huevos; es un plato que se encuentra por todas partes en la tierra caliente y en los alrededores de Huetamo —no se debe confundir con la aporreadilla de Apatzingán. Puede comerse a cualquier hora del día, desde el desayuno hasta la cena. La carne que se utiliza ha sido previamente cortada en rebanadas muy delgadas y secada al sol de manera parcial después de salarla. Por lo general se come con tortillas y frijoles. Es una comida sencilla de un lugar muy caliente y árido que no tiene a la mano una enorme variedad de ingredientes que ofrecer.

Ingredientes

LA SALSA
500 g de jitomates, asados (véase p. 336)
4 chiles serranos (o al gusto) asados (véase p. 350)
2 dientes de ajo, pelados y picados

LA CARNE
250 g de carne seca
3 cucharadas de manteca derretida o aceite
1 taza de cebolla, finamente rebanada
4 huevos, ligeramente batidos

» En el vaso de la licuadora ponga los jitomates, los chiles serranos y el ajo, y lícuelos durante unos segundos —debe tener cierta consistencia (en Huetamo este paso se haría en un molcajete).

» Ase la carne durante algunos segundos de cada lado, ya sea sobre fuego de carbón o leña, o sobre un comal extremadamente caliente. Cuando esté tibia, deshébrela finamente, quitando cualquier pedacito de tendón o cartílago. Debe obtener dos tazas bien apretadas.

» Caliente la manteca en un sartén grueso, agregue la carne deshebrada y la cebolla rebanada, fríalas, volteándolas de vez en cuando, hasta que la cebolla esté acitronada. Rompa los huevos sobre la mezcla o bátalos ligeramente, y revuélvalos hasta que estén firmes —como 4 minutos. Vierta la salsa y redúzcala sobre fuego alto, sin dejar de revolver hasta que la mezcla no esté ni demasiado seca ni demasiado jugosa —como 8 minutos.

Bisteces en chile pasilla

| RINDE 4 PORCIONES | SEÑORA ALCOCER

Este es un sencillo plato familiar que ejemplifica cómo cambian los tiempos en México.

La señora Alcocer, originaria del Bajío y que ha vivido muchos años en Pátzcuaro, tiene una sola sirvienta para todo, de modo que debe organizarse para reducir al mínimo el número de ollas y platos. Ella cuece la carne y la salsa juntas en la olla de presión y las sirve sobre la morisqueta (p. 106), eliminando así el plato de sopa seca. Deben servirse tortillas de maíz para sopear la salsa, y a mí me gusta además poner encima rebanadas gruesas de aguacate.

Ingredientes

- 5 chiles pasilla (como 45 g)
- 125 g de tomates verdes, pelados
- 1 diente de ajo, pelado y picado
- 1/4 de una cebolla pequeña, picada
- agua o caldo de carne según sea necesario
- 4 rebanadas (1/2 kg aproximadamente) de espaldilla de res con algo de grasa
- sal al gusto
- 3 cucharadas de manteca o aceite

» Limpie los chiles. Póngalos en un sartén pequeño cubiertos con agua caliente y hiérvalos durante 3 minutos. Déjelos remojar durante 8 minutos.

» Quite las cáscaras de los tomates verdes, cúbralos con agua y cuézalos a fuego lento hasta que estén suaves —como 8 minutos. Escúrralos y trasládelos al vaso de la licuadora junto con los chiles escurridos, ajo y cebolla, y lícuelos hasta que estén más o menos tersos —deben tener cierta consistencia—, agregue agua sólo para liberar las aspas de la licuadora. La salsa debe ser espesa.

» Sazone los bisteces, caliente la manteca en un sartén grande y áselos durante algunos segundos de cada lado, hasta que estén ligeramente dorados. Vacíe la salsa de chile sobre la carne y cuézala a fuego medio o en olla de presión hasta que la carne esté suave y la salsa se haya reducido y espesado. Añada un poco de agua o caldo si la salsa se ha resecado demasiado. Añada sal al gusto y sirva.

Bistec enchorizado

| RINDE 4 PORCIONES | YUCATÁN

Esta es una receta muy sencilla, típica de la cocina casera de Yucatán. La preparó para mí, entre muchos otros platillos, durante mi último viaje a la península de Yucatán, una amiga y gran cocinera, la señora Isela Alonso de Rodríguez.

Como muchos otros platillos de la región, la carne tiene sabor ahumado por ser asada sobre carbón o leña —se puede hacer en un asador o parrilla cualquiera.

Este bistec enchorizado se sirve generosamente con un simple arroz blanco morisqueta (p. 106) y frijoles colados (p. 148).

Ingredientes

PREPARACIÓN DE LA CARNE
2 cucharadas colmadas de recado rojo simple (pp. 320 y 321)
2 dientes de ajo, pelados y triturados
sal al gusto
1 cucharada de jugo de naranja, o vinagre suave
4 cucharadas de manteca o aceite
560 g de lomo de res con algo de grasa, cortado en rebanadas como de 1 cm de grueso
1/3 de cebolla finamente picada
1/2 taza de chile dulce o pimiento verde finamente picado
1 taza de jitomates, picados sin pelar

» Caliente la parrilla o el asador.
» Mezcle el recado rojo, ajo, sal al gusto y jugo de naranja. Si usa manteca mezcle 2 cucharadas con la pasta y unte los bisteces por ambos lados. Si está usando aceite unte la carne solamente con el recado. Deje la carne sazonar durante 1 hora.
» Una vez que la parrilla o asador esté caliente, coloque la carne justamente sobre o bajo el calor; si está usando aceite, engrase la carne con una brochita utilizando 2 cucharadas de aceite y ásela durante 3 minutos de cada lado. La carne debe quedar término medio. Córtela en trozos y colóquela en el procesador de alimentos. Procésela brevemente hasta obtener una textura gruesa, no tersa.
» Caliente el resto de la manteca o aceite, agregue la cebolla, pimiento y jitomates, y fríalos a fuego bastante alto hasta que se reduzcan —la mezcla debe ser húmeda y suave, ni seca ni jugosa—, como 8 minutos. Agregue la carne y cuézala revolviendo de vez en cuando, hasta que los sabores se hayan mezclado —como 5 minutos. Póngale sal y sirva como se sugirió al principio.

Pacholas

| RINDE COMO 14 PACHOLAS DE 8 CM DE MENOS DE 1/2 CM DE GRUESO |

FAMILIA SANDI,
GUADALAJARA

Las pacholas son "láminas" de carne molida, delgadas y arrugadas, de forma más ovalada que redonda. El nombre viene de la palabra náhuatl *pacholli*, que significa tortilla. Si ha leído sobre las raspadas de Jalisco en la página 27, verá que para hacerlas la capa cruda de la masa se desprende con un rodillo metálico que forma un óvalo arrugado de masa, como bisteces de metate —a esa también se le llama pachola. Para hacerlas hay que tener práctica y un metate, así que voy a dar una versión modificada.

Tradicionalmente se sirven con salsa de plaza (p. 265) y una ensalada de lechuga poco aderezada, pero puede ponerlas en un sándwich o llevarlas cocidas a un día de campo y allí recalentarlas sobre carbón. Ciertamente las pacholas hacen que la carne rinda mucho y son deliciosas.

Ingredientes

250 g de carne de res finamente molida
250 g de puerco finamente molido
1/2 bolillo
1/3 de taza de leche
1/4 de una cebolla pequeña
3 ramas grandes de perejil
1 huevo grande
sal al gusto
2 bolsitas de plástico
harina para las manos y el plástico
manteca o aceite para freír

» En el recipiente del procesador de alimentos coloque todos los ingredientes menos la harina y la manteca. Procéselos durante unos segundos hasta que la mezcla forme una pasta suave. Con 2 cucharadas de la mezcla forme una bola —tal vez tenga que enharinarse las manos para hacerla. Usando la prensa para tortillas y 2 bolsas de plástico, proceda como si hiciera tortillas (véase p. 20), enharinando ligeramente la superficie del plástico que estará en contacto con la carne. Coloque y oprima la bola sobre el plástico inferior, ponga la segunda bolsa sobre ella y oprima ligeramente con la placa superior de la prensa para formar un disco como de 10 cm de diámetro.

» Caliente 2 cucharadas de manteca en un sartén. Retire el plástico superior, enharine sus manos de nuevo, y con cuidado pase la carne al sartén —siguiendo el mismo procedimiento que se usa para hacer tortillas. Fría la pachola como 2 minutos del primer lado o hasta que esté ligeramente dorada, voltéela y fría el segundo lado durante 2 minutos. Recuerde que la carne, al tener una parte de puerco, debe cocerse completamente y no estar color de rosa cuando la coma. Las pacholas cocidas se reducen como 2 cm de diámetro. Escurra cada una sobre papel absorbente y manténgalas calientes. Haga el resto, agregando más manteca conforme sea necesario, un poco a la vez.

Carne apache

| RINDE 2 TAZAS |

PÁTZCUARO

Las tostadas de carne apache son "comida callejera" que siempre encontrará en Pátzcuaro y al norte del estado. Todos los ingredientes son muy finamente picados como para el cebiche del lugar, y las tostadas se adornan con col finamente rallada y rebanadas de jitomate. Una amiga del norte del estado agregó algunos ingredientes a la receta; su madre ponía angulas enlatadas encima de la carne apache.

Ingredientes

250 g de carne de res finamente molida
1/2 taza de jugo de limón
1/3 de taza de cebolla finamente picada
1 taza de jitomates finamente picados, sin pelar
1/4 de taza escasa de cilantro finamente picado
1/2 chile manzano, sin venas ni semillas
2 cucharadas colmadas de aceitunas, sin hueso, finamente picadas
1/3 de taza de pimiento morrón, pelado y cortado en cuadritos
3 cucharadas de aceite de oliva, ligero
sal y pimienta recién molida, al gusto

OPCIONAL
col rallada y rebanadas de jitomate
1 huevo crudo o rebanadas de huevo cocido

» Coloque la carne en un recipiente de vidrio, mézclele el jugo de limón, tápela y póngala en el refrigerador por lo menos durante 4 horas y hasta un día o dos. Revuelva la carne de vez en cuando para que "se cueza" parejo. Añada los demás ingredientes y sazónela al gusto.
» Sírvala sobre tostadas o raspadas, con la col, jitomate y huevo.

Riñones en salsa de chile pasilla

| RINDE 4 PORCIONES | SEÑORA LIVIER RUIZ DE SUÁREZ, JIQUILPAN, MICHOACÁN

Cuando encuentre en la carnicería riñones tiernos de ternera bien vale la pena preparar este sabroso platillo del norte de Michoacán. Frecuentemente se sirve sobre morisqueta (p. 106) y tortillas de maíz.

Ingredientes

700 g de riñones de ternera
1 cucharadita de sal (opcional)
1 cucharadita de vinagre (opcional)
3 cucharadas de manteca derretida o aceite
1/4 de cebolla finamente rebanada
sal al gusto
1 1/2 recetas de salsa de chile pasilla de Michoacán (p. 261)

» Quíteles la membrana exterior a los riñones, ábralos y retire la parte blanca de en medio. Rebánelos finamente.
» Un paso opcional para obtener un sabor más suave: cúbralos con agua, añada la sal y el vinagre. Déjelos reposar durante 30 minutos. Escúrralos desechando el agua en que se remojaron y seque los riñones con un trapo.
» Caliente la manteca en un sartén, agregue los riñones, cebolla y sal, y fríalos a fuego alto, revolviéndolos constantemente para que el jugo de los riñones se absorba y estos se empiecen a dorar —como 2 minutos. Añada la salsa de chile pasilla y cuézalos a fuego alto, revolviéndolos casi constantemente hasta que los riñones estén apenas tiernos, como 4 minutos.

El arte de la cocina mexicana

Panza de res

Desgraciadamente en Estados Unidos la mayoría de las personas sólo conocen la parte de la panza llamada *honeycomb tripe* (panal) —porque así lo recomiendan la mayoría de los libros—, pero hay varios tipos de panza, todos con diferente textura: existe la parte del estómago que se llama "callo" y que parece una toalla (en Yucatán de hecho la llaman "toalla"); también está la parte que cuelga en flecos, llamada "librillo" en México; y hay el cuello de la panza con una especie de cordón grueso. Así es que si es amante de la panza como lo soy yo, anime a su carnicero para que le ofrezca más variedad.

Cuando la panza se vende en Estados Unidos ya está cocida, desodorizada, lista para usarse. Pero ¡ay!, probablemente la panza ha sido despojada también de su grasa. Si tiene la suerte de encontrar alguna con grasa, déjesela para obtener más sabor.

Medio kilo de panza debe servir para 3 ó 4 personas, a menos que tenga entusiastas como yo que pueden comer fácilmente 1/4 de kg. Aunque toma mucho tiempo cocerla, no intente poner la panza en la olla de presión, porque se encogerá con el calor tan intenso —la panza necesita un cocimiento largo y lento, y para esto sería ideal el *Crock-Pot* o cualquier otra olla de lento cocimiento.

Ingredientes

1 kg de panza, cortada en cuadros de 4 a 5 cm
1 cebolla pequeña, rebanada
1 cabeza pequeña de ajo, con un corte por la mitad
3 pimientas
sal al gusto

» Ponga la panza en un recipiente grueso o alguna olla que cueza lentamente. Añada suficiente agua para sobrepasar la panza por 5 cm. Agregue el resto de los ingredientes y póngala a hervir. Continúe hirviéndola hasta que esté tierna, como 2 horas. Cuélela conservando el caldo en que fue cocida.

» A continuación aparecen las recetas para utilizar la panza cocida.

Panza de res en verde

| RINDE 4 PORCIONES | SEÑORA HORTENSIA FAGOAGA, XICOTEPEC DE JUÁREZ

Como me apasiona comer panza en cualquiera de sus formas —excepto la de mi nativa Inglaterra, con salsa blanca y cebollas—, me parece difícil creer que este plato, así como los tacos de panza, no pueda convencer a mucha gente. (Véase p. 240 para seleccionar y cocer la panza.) La salsa, como otras de esta parte de Puebla, tiene mucha textura debido a las semillas de calabaza martajadas más que molidas. Y esta salsa, como muchas de la cocina mexicana, juega un papel importante, tanto como el ingrediente principal, la carne; así que sirva suficiente salsa. Este plato se puede preparar con mucha anticipación, incluso el día anterior, pero algo de fresco sabor verde y del color se pierden al recalentarla al día siguiente. Sírvalo con tortillas de maíz.

Ingredientes

2 tazas de caldo de panza (véase p. 240)
2 dientes de ajo pelados y picados
1/3 de taza de cilantro picado, bien empacado
de 6 a 8 chiles serranos (o al gusto), asados y picados (véase p. 350)
2 cucharadas de manteca o aceite
150 g de semillas de calabaza crudas, peladas (como una taza)
750 g de panza cocida (véase p. 240), cortada en cuadros de 4 cm
sal al gusto

» Ponga 1 1/2 tazas de caldo en el vaso de la licuadora, añada los ajos, cilantro, chiles y mézclelos hasta que estén algo molidos. Caliente 2 cucharadas de manteca en un sartén, agregue las semillas, revuélvalas hasta que estén cubiertas por la manteca y fríalas a fuego medio sin dejar de revolverlas hasta que se inflen y empiecen a cambiar su color a un dorado pálido (no las deje tomar demasiado color porque la salsa no se verá ni sabrá como debe) —como por 10 segundos. Páselas al vaso de la licuadora y muela hasta obtener una pasta gruesa —como 3 segundos. Caliente el resto de la manteca en el sartén, agregue los ingredientes licuados, cuézalos a fuego medio, revolviendo y raspando el fondo del sartén de vez en cuando, hasta que la salsa se haya reducido y espesado —como 10 minutos. Añada los pedazos de panza, el resto del caldo y sal al gusto; cuézala durante 10 minutos más o hasta que la panza esté bien impregnada de los sabores.

Panza guisada para tacos
| RINDE RELLENO SUFICIENTE PARA 6 U 8 TACOS |

La panza cocida, cortada y sazonada en esta forma, es diferente en textura y sabor en relación con la manera común de servirla, y tal vez incluso se haga aceptable hasta para los más reacios a comerla. (Véanse las notas para escoger y cocer la panza en la p. 240.)

Esta cantidad debe ser suficiente para 6 u 8 tacos. Después de rellenarlos y antes de enrollarlos, póngales salsa verde (cruda) (p. 258).

Ingredientes

500 g de panza cocida (p. 240)
2 cucharadas de manteca o aceite
1/3 de taza de cebolla finamente picada
4 chiles serranos (o al gusto), finamente picados
1/3 de taza de hojas de epazote, sin apretar
de 2 a 3 cucharadas del caldo de la panza (p. 240) o caldo de pollo (p. 84), aproximadamente
sal al gusto

» Corte la panza en tiras angostas de 5 cm de largo. Caliente la manteca en el sartén, añada la cebolla, chiles, la mitad del epazote, y fríalos hasta que la cebolla esté acitronada —como 2 minutos. Agregue la panza, el resto del epazote y fría durante otros 2 minutos, revolviendo la mezcla para evitar que se pegue. Añada el caldo y sal al gusto; tápela y cocínela a fuego medio, sacudiendo el sartén de vez en cuando, durante 5 minutos.

Chambarete de res en guajillo

| APROXIMADAMENTE 6 PORCIONES | SEÑORA HORTENSIA VDA. DE FAGOAGA, ZITÁCUARO

Una llamada de emergencia a mi infalible vecina produjo esta receta para llenar un hueco en la nueva vida de este libro. Se trata de un guiso sencillo pero muy sabroso, típico de la región.

Por lo general el chambarete de res está bastante recio y sugiero, aunque no es la manera ideal, que se use una olla exprés para cocinarlo. Ahora en muchos mercados en vez de cortar el chambarete en rodajas con todo y hueso, están vendiendo la pura carne. En este caso hay que comprar la cantidad requerida de carne sola y aparte unos pedazos de hueso, con su cartílago, del mismo corte.

Si prefiere un guiso más picoso se puede usar puro chile puya.

Ingredientes

LA CARNE
750 g de carne y 400 g de hueso (vea arriba) de chambarete, cortado en trozos regulares
1 cebolla mediana, cortada en 6 piezas
1/2 cabeza de ajo, dientes separados pero sin pelar
sal al gusto

LA SALSA
12 chiles guajillo
10 chiles puya
la grasa del caldo de res
4 dientes de ajo, pelados
1/4 de cucharadita de cominos, machacados
2 ramitas de epazote, opcional

» Ponga la carne en una olla con la cebolla, ajo y sal al gusto y cubra bien con agua.
» Cueza hasta que la carne quede tierna: aproximadamente 40 minutos en olla exprés o (a veces) hasta 2 horas en una olla normal. Cuélelo midiendo el caldo que debe alcanzar hasta aproximadamente 4 tazas (1 litro). Desgráselo, apartando la grasa. Mientras tanto, limpie los chiles, abriéndolos y quitándoles las semillas y las venas.
» En un comal ase los chiles, teniendo cuidado de no quemarlos. Cúbralos con agua caliente y déjelos reposar hasta que estén suaves, alrededor de 20 minutos. Cuélelos.
» Meta 1/2 taza (125 ml) del caldo en la licuadora, agregue el ajo y el comino y muela bien.
» Caliente la grasa en una cazuela y fría lo molido un segundo. Ponga 1 1/2 tazas (375 ml) del caldo en la licuadora y muela los chiles bien, unos pocos a la vez, hasta obtener una salsa sin grumos. Agréguela a la cazuela por un cedazo y cocine a fuego moderado, meneándolo hasta que la salsa se reduzca y se sazone bien, aproximadamente 8 minutos.
» Agregue 2 tazas (500 ml) del caldo con la carne y el epazote y cocine a fuego moderado por unos 15 minutos más, añadiendo más sal al gusto. La salsa debe quedar medio espesa, pero si la prefiere más rala, agregue un poco más del caldo.

El arte de la cocina mexicana

IX

Platillos de huevo y queso

- › HUEVOS EN SALSA
- › HUEVOS RANCHEROS
- › HUEVOS A LA HACIENDA
- › HUEVOS CON CHORIZO Y JITOMATE
- › TORTITAS DE HUEVO CON CHILE VERDE
- › HUEVOS CUAUHTÉMOC
- › HUEVOS REVUELTOS A LA MEXICANA
- › HUEVOS AL ALBAÑIL
- › HUEVOS REVUELTOS CON COL
- › REQUESÓN REVUELTO CON SALSA DE JITOMATE
- › REQUESÓN REVUELTO A LA MEXICANA
- › CHILAQUILES MICHOACANOS
- › MINGUICHI I
- › MINGUICHI II
- › MINGUICHI III

Véase también:
- › HABAS GUISADAS CON HUEVO (P. 130)
- › APORREADA DE HUETAMO (P. 234)

Notas:
_____
_____
_____
_____
_____

La forma en que se preparan los huevos en México es muy sencilla y ligera si la compara con un almuerzo de huevos *Benedict*, llenos de mantequilla y que son "huevos sobre huevos". Estos platillos son saludables, tienen contraste en cuanto a sabor y textura. Utilizar requesón, que es bajo en colesterol, en lugar de huevos, como lo hacen algunas cocineras mexicanas, es un cambio interesante, y si esto es viejo o si es una novedad, nadie ha podido aclarármelo. En los minguichis, los chiles ofrecen un maravilloso contraste con el queso fundido.

Todas estas recetas se prestan a innovaciones usando ingredientes que sobraron y adaptándolos a su paladar, bolsillo y dieta.

Huevos en salsa
| RINDE 4 PORCIONES |

OAXACA

Por todo México los huevos y los jitomates se combinan en varias formas con mucho éxito. Esta manera de prepararlos es de Oaxaca. Es sencilla pero deliciosa.

Ingredientes

LA SALSA
3 dientes de ajo, pelados
1 ó 2 chiles serranos, asados (véase p. 350) o al gusto
3/4 de taza de agua fría
500 g de jitomates, asados (p. 336)
1 cucharada de aceite
2 ramas de epazote
sal al gusto

LOS HUEVOS
6 huevos grandes
3 cucharadas de cebolla finamente picada
sal al gusto
2 cucharadas de aceite

» Ponga los ajos, chiles y agua en el vaso de la licuadora y muélalos hasta que estén tersos, agregue poco a poco los jitomates sin pelar y mézclelos hasta que estén casi tersos. Caliente una cucharada de aceite en un sartén grueso, añada el puré de jitomate, epazote y sal, y cuézalo a fuego alto revolviendo de vez en cuando y raspando el fondo del sartén, hasta que se reduzca ligeramente —como 5 minutos. Mantenga la salsa caliente.
» En un recipiente quiebre los huevos y mézcleles la cebolla y la sal.
» Caliente el aceite en un sartén grande, añada los huevos y cuézalos hasta que estén firmes. Voltéelos —deben quedar como una *omelette* en pedazos— y cuézalos del otro lado.
» Recaliente la salsa y cuando esté hirviendo, agregue los trozos de huevo, oprimiéndolos para que la salsa los cubra —como 3 minutos. Sírvalos con tortillas calientes de maíz.

Huevos rancheros
| RINDE 4 PORCIONES |

Fuera de México estos huevos son tal vez los más conocidos; son un muy buen almuerzo. Deben prepararse en el último momento.

Ingredientes

aceite para freír
4 tortillas de maíz de 12 cm
4 huevos grandes
1 1/3 tazas de salsa ranchera (p. 259) caliente, ó 1 1/3 tazas de salsa de tomate verde cocida (p. 258), caliente
rajas de un chile poblano grande (p. 349)
4 cucharadas de queso fresco o añejo, desmoronado

» Tenga 4 platos calientes para porciones individuales.
» Caliente suficiente aceite en un sartén pequeño, fría las tortillas durante 2 segundos por ambos lados; deben estar bien calientes pero no doradas. Retírelas y escúrralas sobre papel absorbente y colóquelas sobre los platos calientes. Fría los huevos de uno en uno, agregando aceite conforme sea necesario y colóquelos sobre cada tortilla. Vierta aproximadamente 1/3 de taza de salsa sobre cada huevo; póngales las rajas de chile y queso. Sírvalos de inmediato.

Huevos a la hacienda
| RINDE 4 PORCIONES (COMO 1 1/2 TAZAS DE SALSA) | SEÑORA MARÍA LUISA MARTÍNEZ

Estos huevos son como los rancheros, pero un poco más elegantes. Son un plato muy sustancioso para un almuerzo; 1 huevo grande debe ser suficiente para una persona.

Ingredientes

LA SALSA
1/4 de taza de agua
500 g de jitomates asados (p. 336)
3 chiles serranos, asados (p. 350)
1 cucharada de cebolla finamente picada
1 diente de ajo pelado y picado
2 cucharadas de aceite
3 chiles poblanos, asados, pelados y cortados en rajas (pp. 349)
sal al gusto

PREPARACIÓN DE LOS HUEVOS
aceite para freír
4 tortillas de maíz de 12 cm
4 cucharadas colmadas de frijoles refritos (p. 144)
4 huevos grandes
4 rebanadas de queso Chihuahua

» Caliente el horno a 180 °C. Caliente un refractario grande ó 4 chicos.
» Ponga el agua en la licuadora con los jitomates, los chiles serranos, cebolla y ajo; lícuelos unos segundos, hasta que estén casi tersos —la salsa debe tener cierta consistencia y no quedar tersa ni espumosa. Caliente el aceite en un sartén, añada las rajas de chile y un poco de sal, y fríalas a fuego medio revolviéndolas de vez en cuando, durante 3 minutos; cambiarán de color pero no deben quedar cafés. (Aparte algunas de las rajas para poner encima.) Agregue el puré de jitomate y cuézalo a fuego alto, revolviendo y raspando el fondo del sartén, hasta que la salsa se haya espesado y reducido —como 4 minutos. Añádale sal al gusto y manténgala caliente.
» Caliente aceite en un sartén pequeño y fría las tortillas una por una durante 2 segundos de cada lado, hasta que estén bien calientes pero no doradas.
» Retírelas y escúrralas sobre papel absorbente. Extienda sobre ellas una cucharada colmada de frijoles y colóquelas sobre el platón caliente. Continúe con el resto agregando más aceite conforme sea necesario. Fría los huevos uno por uno y colóquelos sobre las tortillas. Vierta aproximadamente 1/3 de taza de salsa de jitomate caliente sobre cada huevo, póngales encima una rebanada de queso y hornéelos el tiempo suficiente para que se funda el queso sin que se dore. Sírvalos inmediatamente.

Huevos con chorizo y jitomate
| RINDE 2 1/2 TAZAS PARA SERVIR 4 PORCIONES |

Los huevos cocidos con chorizo son un desayuno popular o bien un plato para un almuerzo. Si el chorizo está demasiado sazonado, agregando jitomates el sabor se suaviza un poco; si contiene mucha grasa, la manteca o aceite puede omitirse.

Ingredientes
- 2 cucharadas de manteca o aceite
- 2 cucharadas de cebolla finamente picada
- 180 g de chorizo, pelado y desmoronado
- 180 g de jitomate, finamente picado sin pelar (como 3/4 de taza)
- sal al gusto
- 5 huevos grandes, ligeramente batidos

» Caliente la manteca en un sartén, añada y fría la cebolla ligeramente sin dorarla, durante 1 minuto. Agregue el chorizo desmoronado y fríalo a fuego lento hasta que haya soltado la grasa y la carne esté empezando a dorarse. Aumente el calor, añada los jitomates y cuézalos hasta que el jugo se haya absorbido —como 4 minutos. Agregue sal a los huevos y luego añádalos al jitomate. Cuézalos a fuego medio, revolviéndolos y volteándolos casi constantemente, hasta que los huevos estén bien cuajados —como 5 minutos. Añada sal al gusto y sírvalos inmediatamente con tortillas de maíz.

Tortitas de huevo con chile verde
| RINDE 4 PORCIONES | JALISCO

Durante una reciente visita a Tequila, hablando con una de las antiguas familias, les pregunté sobre la comida de su infancia. Esta receta era una de sus favoritas para el almuerzo, una comida fuerte que a menudo incluía carne y siempre frijoles. Un huevo por persona debe ser suficiente, acompañado con frijoles y tortillas de maíz.

La *omelette* debe ser delgada —olvide a los franceses y su "*baveuse*"— para que pueda ser enrollada y cortada en pedazos pequeños. Puede hacer tortillas individuales ó 2 grandes.

Ingredientes
- 500 g de jitomates
- 1/4 de taza de cebolla finamente rebanada
- 4 cucharadas de manteca o aceite
- 4 huevos grandes
- sal al gusto
- 2 chiles poblanos grandes, hechos en rajas (pp. 349)
- 1/2 taza de agua

» Coloque los jitomates en un sartén, cúbralos con agua y póngalos a hervir; continúe hirviéndolos hasta que estén suaves pero no desbaratándose —como 10 minutos. Escúrralos y páselos, sin pelar, al vaso de la licuadora, tirando el agua en que se cocieron. Añada la cebolla y muélalos hasta que estén casi tersos; la mezcla debe tener cierta textura.

» Para hacer 4 tortillas individuales caliente 1 1/2 cucharaditas de manteca en un sartén de 15 cm. Bata ligeramente uno de los huevos agregándole sal al gusto. Fríalo hasta que esté firme pero no seco. Enróllelo con firmeza y córtelo diagonalmente en 4 pedazos. Continúe con el resto de los huevos. Manténgalos calientes.

» Caliente el resto de la manteca en un sartén más grande, añada las rajas de chile y cuézalas a fuego muy lento, revolviendo de vez en cuando hasta que empiecen a cambiar de color —como 5 minutos. Agregue el puré de jitomate, sal al gusto y cuézalo hasta que la salsa se reduzca y espese —como 8 minutos. Añada el agua y déjala hervir, agregue los trozos de huevo, caliéntelos a fuego lento —como 4 minutos.

» Sirva las tortitas con frijoles refritos (p. 144) o de olla (p. 143) acompañadas con tortillas calientes.

Huevos Cuauhtémoc

| RINDE 4 PORCIONES | SEÑORA MARÍA LUISA MARTÍNEZ

Huevos, frijoles y queso se combinan en forma poco común en este platillo, llamado así en honor del emperador azteca. Es un platillo muy bueno para un almuerzo; los frijoles se pueden preparar con tiempo y al final se deja el cocimiento de los huevos con el queso. Aunque se requieren frijoles negros, de hecho se puede usar cualquier frijol omitiendo el epazote.

Es un platillo bastante fuerte y un huevo debe ser suficiente para una persona. Tortillas calientes es todo lo que se necesita para acompañarlo.

Ingredientes

250 g de jitomates, asados (p. 336)
3 cucharadas de cebolla finamente picada
2 dientes de ajo, pelados y picados
3 cucharadas de manteca derretida o aceite
2 chiles de árbol
2 tazas de puré de frijol negro (p. 143)
1 rama grande de epazote (opcional)
sal al gusto
4 huevos grandes
125 g de queso Chihuahua, en rebanadas delgadas o rallado

» En el vaso de la licuadora ponga los jitomates sin pelar, cebolla y ajo, y muélalos hasta que estén tersos.

» Caliente la manteca en un sartén, agregue los chiles y fríalos durante 1 minuto, oprimiéndolos para que se abran. Agregue el puré de jitomate friéndolo hasta que se reduzca —como 3 minutos.

» Añada el puré de frijol, el epazote y sal al gusto; cuézalo suavemente hasta que apenas empiece a hervir (el puré debe cubrir ligeramente el reverso de una cuchara de madera). Uno a uno, quiebre los huevos sobre el puré —o para no correr riesgos, quiebre el huevo sobre un platito y deslícelo adentro de la mezcla. Tape el sartén y cueza los huevos hasta que las claras estén casi opacas —como 7 minutos. Coloque el queso sobre los huevos, tape de nuevo el sartén y cuézalos hasta que los huevos estén firmes, tan firmes como le gusten, y el queso se haya fundido.

El arte de la cocina mexicana

Huevos revueltos a la mexicana
| RINDE 4 PORCIONES |

Esta es la manera más sencilla y popular de cocinar huevos al estilo mexicano.

Ingredientes

6 huevos grandes
sal al gusto
4 cucharadas de manteca derretida o aceite
1 taza de jitomates finamente picados, sin pelar
3 cucharadas de cebolla finamente picada
4 chiles serranos, finamente picados

» Quiebre los huevos en un recipiente y mézclelos un poco con la sal (no los bata). Caliente la manteca en un sartén grande. Añada los jitomates, cebolla, chiles y mézclelos bien, fríalos a fuego lento, revolviendo de vez en cuando, durante 3 ó 4 minutos o hasta que la mayor parte del líquido se haya absorbido. Añada los huevos y revuélvalos constantemente hasta que estén firmes —como 4 minutos. Sírvalos de inmediato con tortillas de maíz.

Huevos al albañil
| RINDE 4 PORCIONES |

Hace algunos años me pidieron que escribiera un artículo sobre los desayunos y almuerzos mexicanos. Como necesitaba algunas recetas diferentes para hacer huevos, consulté a la señora María Luisa Martínez, mi guía para platillos poco conocidos. Me dio esta y las dos recetas que aparecen en las páginas 247 y 249.

No hay, naturalmente, límite para las variantes que hacen los albañiles, chefs y cocineras cuando se encuentran con tortillas secas, varias salsas y muchos huevos en la cocina. Todo lo que se necesita además de eso es un poco de imaginación y un buen apetito para apreciar estos maravillosos platos sencillos y muy sabrosos. Los huevos al albañil deben servirse con un tazón de frijoles de olla (p. 143) y tortilla de maíz.

Ingredientes

4 chiles pasilla
4 chiles guajillos o puyas
1 1/4 tazas de agua, aproximadamente
2 dientes de ajo, pelados y picados
3 cucharadas de cebolla finamente picada
3 cucharadas de manteca o aceite
sal al gusto
5 huevos grandes

GUARNICIÓN
4 cucharadas de queso fresco o añejo desmoronado
3 cucharadas de cebolla picada finamente

» Limpie los chiles. Aplánelos y tuéstelos ligeramente sobre un comal, de uno en uno, a fuego medio, oprimiéndolos hasta que el interior se vuelva de un color tabaco opaco. Tenga cuidado de no quemarlos o la salsa saldrá amarga. Cúbralos con agua caliente y déjelos remojar durante 15 minutos o hasta que los chiles se hayan rehidratado y su piel esté suave.

» En el vaso de la licuadora, vierta 1 1/4 tazas de agua con el ajo, cebolla y chiles escurridos, y muélalos hasta que estén casi tersos —la salsa debe tener cierta textura. Caliente la manteca en un sartén grande, agregue la salsa y sal, cuézala sobre fuego alto hasta que se reduzca y espese y la superficie esté china —de 5 a 6 minutos. Agregue los huevos (no los bata) y sal al gusto; revuélvalos dentro de la salsa. Cuézalos a fuego medio, volteándolos hasta que los huevos estén cuajados.
» Póngales la guarnición encima y sírvalos con frijoles y tortillas (véase comentario en p. 250).

Huevos revueltos con col
| RINDE 4 PORCIONES | VALLE DE JUÁREZ, JALISCO

Conocí esta receta cuando visitaba una comunidad muy modesta, dentro de los límites de Jalisco, junto a Michoacán. Es poco común y es una manera de extender la ración —por razones de dieta o económicas. Si prefiere, como yo, los huevos más picantes, deje las venas en los chiles secos o use los guajillos delgados llamados puyas. Utilice manteca si puede, porque hay mucha diferencia en el sabor. Sírvalos con tortillas calientes de maíz.

Ingredientes
- 5 huevos grandes
- sal al gusto
- 2 cucharadas de manteca o aceite
- 3 cucharadas de cebolla finamente picada
- 3 chiles guajillos limpios, cortados en pedazos
- 3 jitomates pequeños, finamente picados sin pelar
- 2 1/2 tazas de col bien apretada, finamente rallada

» Bata los huevos ligeramente con sal al gusto. Caliente la manteca, añada la cebolla y trozos de chile seco, y fríalos despacio, sin dorar, durante un minuto. Agregue los jitomates y la col y siga friéndolos hasta que algo del jugo se haya absorbido y la col esté reblandecida —como 6 minutos. Mezcle los huevos y cuézalos volteando la mezcla con suavidad, hasta que los huevos estén cuajados —como 4 minutos. Añada sal al gusto y sírvalos con tortillas de maíz calientes o bolillos.

Requesón revuelto con salsa de jitomate

| RINDE 2 1/2 TAZAS PARA SERVIR 4 PORCIONES | FAMILIA BRITO, ZITÁCUARO, MICHOACÁN

El requesón cocinado con salsa de jitomate, al igual que los huevos revueltos a la mexicana, es una alternativa sabrosa en el menú de un almuerzo, especialmente para quienes no pueden comer demasiados huevos. Aunque los Brito por lo general lo preparan con salsa de jitomate, sugirieron un segundo método (la receta siguiente a esta) que es igual de bueno y más crujiente.

Para ambas recetas el requesón debe estar bien escurrido, casi seco. Si no lo está, oprímalo suavemente dentro de un trozo de manta de cielo para deshacerse de la humedad que sobra y luego extiéndalo para que se seque un poco más antes de usarlo. Aunque el requesón preparado de esta manera normalmente se come durante el almuerzo con tortillas de maíz, también es un excelente relleno para tacos fritos.

Ingredientes

4 cucharadas de aceite
3 cucharadas de cebolla finamente picada
2 1/2 tazas de requesón, bien apretado (450 g aproximadamente)
1/2 cucharadita de sal (o al gusto)
1 1/4 tazas de salsa ranchera (p. 259)

» Caliente el aceite en un sartén, agregue la cebolla y fríala ligeramente sin dorarla, como durante 2 minutos. Añada el requesón y sal, revolviéndolo durante 3 minutos. Agregue la salsa de jitomate y continúe el cocimiento a fuego medio revolviendo casi continuamente hasta que esté casi seco y al voltearlo con una cuchara la mezcla se desprenda fácilmente de la superficie del sartén —4 a 5 minutos. Sírvalo de inmediato con tortillas de maíz.

Requesón revuelto a la mexicana

| RINDE 2 1/2 TAZAS PARA SERVIR 4 PORCIONES |

Ingredientes

4 cucharadas de aceite
1/3 de taza de cebolla finamente picada
4 ó 5 chiles serranos (o al gusto) finamente picados
1 1/4 tazas de jitomates finamente picados sin pelar
2 1/2 tazas de requesón bien apretado (450 g aproximadamente)
1/2 cucharadita de sal (o al gusto)

» Caliente el aceite en un sartén, añada la cebolla y los chiles, y fríalos sin dorarlos durante 1 minuto. Agregue los jitomates y continúe cociéndolos sobre fuego alto, revolviéndolos de vez en cuando, hasta que la mezcla esté bastante seca —como 4 minutos. Añada el requesón, sal, y mézclelo bien. Cuézalo a fuego medio hasta que empiece a tomar un ligero color dorado y al voltearlo con una cuchara se desprenda con facilidad del sartén —como 4 minutos. Sírvalo inmediatamente con tortillas de maíz.

Chilaquiles michoacanos

| RINDE 4 PORCIONES | SEÑORA MARÍA LUISA MARTÍNEZ, MICHOACÁN

Hace algunos años la señora Martínez preparó esta deliciosa receta para mí. Recuerdo que me dijo que cuando era niña, en Morelia, y se planeaba un día de campo, la cocinera de la familia preparaba los chilaquiles justamente antes de salir y entonces ellos los recalentaban, envueltos en tortillas de maíz, sobre un fuego de leña.

En la mayor parte de las recetas para hacer chilaquiles, las tortillas se fríen a medias, lo que las hace chiclosas cuando están en la salsa; es mejor dorarlas completamente y meterlas en la salsa en el último minuto para conservar lo crujiente. Al final se les agregan natas.

Ingredientes

aceite para freír
4 tortillas secas, cortadas en cuadros de 2 cm
250 g de tomates verdes sin cáscara, enjuagados
4 chiles serranos (o al gusto)
2 dientes de ajo, pelados y picados
sal al gusto
5 huevos grandes
3 cucharadas de natas o crema

» Ponga 2 cm de aceite en un sartén pequeño. Fría los pedazos de tortilla poco a poco, volteándolos hasta que tomen un color café dorado y estén muy crujientes. Escúrralos sobre papel absorbente.
» Coloque los tomates verdes y los chiles en una cacerola pequeña, cúbralos con agua y póngalos a hervir. Continúe hirviéndolos hasta que los tomates estén suaves pero no desbaratándose —como 10 minutos, dependiendo del tamaño. Escúrralos conservando una tercera parte del agua en que se cocieron. Póngala en el vaso de la licuadora añadiendo los tomates, chile y ajos, y lícuelos hasta obtener una salsa con cierta textura.
» Caliente 3 cucharadas de aceite en un sartén, agregue la salsa y fríala a fuego alto, agregando sal al gusto, hasta que se reduzca y espese —como 5 minutos.
» Quiebre los huevos en un recipiente, mézclelos ligeramente con un tenedor (no los bata), sazónelos con un poco de sal. Baje el fuego de la salsa y de manera gradual mézclele los huevos. Continúe revolviéndolos y volteándolos hasta que estén cuajados. Mézcleles la crema y por último los cuadros de tortilla. Retírelos del fuego y sírvalos inmediatamente con tortillas de maíz.

El arte de la cocina mexicana

Minguichi I

| RINDE 4 A 6 PORCIONES | FELICIANO BÉJAR (†), MICHOACÁN

Minguichi es la palabra tarasca que se usa en las partes norte y central de Michoacán para referirse al chile con queso. Hay muchas variedades —dependiendo, naturalmente, de lo que hay disponible—, la más rica es la que viene de Jiquilpan y Sahuayo en las magníficas zonas lecheras de la frontera con el estado de Jalisco. El *Diccionario de mexicanismos* lo describe así: "Jocoqui mezclado con queso y chile. Se usa especialmente en Michoacán y aunque es muy gustoso, lo usa casi exclusivamente la gente del campo".

El minguichi se come ya sea con tortillas de maíz para cucharearlo, ya sea con corundas, ambos como sopa seca. Esta versión me la dio Feliciano Béjar, a quien le encanta cocinar sus platos regionales; él nació en Jiquilpan.

Este plato es extremadamente sustancioso y mucho de su éxito depende de la calidad de la crema, la cual debe ser espesa y un poco ácida. Según la tradición, se hace con queso Cotija. A Feliciano le gusta agregarlo a los frijoles de olla (p. 143) y cucharearlo con tortillas de maíz.

Ingredientes

- 2 chiles anchos, pasillas o guajillos
- 2 cucharadas de aceite
- 2 tazas de crema espesa
- 250 g de queso Cotija, cortado en cuadritos de 1 1/2 cm

» Limpie los chiles con una servilleta húmeda, ábralos, raspe y deseche las venas y semillas. Aplánelos bien. Caliente el aceite en un sartén, baje el fuego y fría los chiles lentamente de ambos lados hasta que cambien su color interior por un café tabaco claro, teniendo cuidado de no quemarlos —como 3 minutos de cada lado. Escúrralos y déjelos enfriar. Una vez fríos, deben estar crujientes. Desmorone los chiles en pedacitos y apártelos.

» Agregue la crema al aceite en el que se frieron los chiles y redúzcala a fuego medio, revolviéndola de vez en cuando hasta que espese y se vuelva color café claro —como 10 minutos. Tenga cuidado de no sobrecocer la crema porque se corta. Añada el queso y cuando empiece a fundirse retírelo del fuego. Revuélvalo de nuevo, póngale los chiles encima y sírvalo inmediatamente.

Minguichi II

| RINDE 4 A 6 PORCIONES | SEÑORA LIVIER RUIZ DE SUÁREZ, MICHOACÁN, FRONTERA CON JALISCO

Esta receta viene de Sahuayo/Villa de Juárez, donde la señora Suárez nació y creció. Al igual que en la receta anterior, tradicionalmente se usaba el queso Cotija (Cotija es un pueblo del área en la que se originó este queso), el cual mantiene su forma cuando se fríe. Cuando probé este minguichi por primera vez, la señora Suárez lo sirvió con chiles serranos toreados y la segunda vez con corundas y salsa de chile pasilla, una deliciosa combinación de sabores y texturas.

Ingredientes

- 1 1/2 cucharadas de mantequilla sin sal o aceite
- 125 g de queso añejo, cortado en cuadritos de 1 1/2 cm
- 3 chiles serranos finamente picados (opcional)
- 2 tazas de crema espesa

» Caliente la mantequilla en un sartén, agregue el queso y fríalo con cuidado, volteándolo de vez en cuando hasta que tenga un rico color dorado —como 2 minutos, añadiendo los chiles opcionales 1 minuto antes. Agregue la crema y cuézala a fuego medio, revolviéndola casi constantemente, hasta que espese. Sírvalo con tortillas de maíz o como se mencionó antes.

Minguichi III
| RINDE 4 PORCIONES |

URUAPAN, MICHOACÁN

Esta receta de Uruapan, Michoacán, es otra deliciosa variación sobre el tema del chile con queso. Se come como los otros, ya sea con tortillas de maíz o corundas. Añada sólo un mínimo de sal a los chiles y a la salsa después de probar lo salado de su queso. Aunque se requiere queso añejo o Cotija, estos casi no se funden, así es que yo uso un queso fresco, algo seco. Este plato, como el Minguichi I, debe quedar bastante líquido.

Ingredientes

- 250 g de tomates verdes, sin cáscara, enjuagados
- 1 chile serrano (o al gusto)
- 1 1/2 cucharadas de aceite
- 2 cucharadas de cebolla finamente picada
- 1/2 taza de rajas de chile poblano (p. 349) (como 2 chiles)
- sal al gusto
- 180 g de queso añejo o fresco, cortado en cuadritos de 1 1/2 cm
- 1/2 taza de crema espesa
- 1 taza escasa de totopos dorados (p. 26)

» En una olla coloque los tomates y el chile serrano, cúbralos con agua y póngalos a hervir. Continúe hirviéndolos hasta que estén suaves pero no desbaratándose —como 10 minutos. Escúrralos y cámbielos al vaso de la licuadora con 1/4 de taza del agua en que se cocieron. Muélalos hasta que quede una mezcla tersa.

» Caliente el aceite en un sartén, añada la cebolla y las rajas de chile con una pizca de sal; tape el sartén y cuézalas a fuego medio hasta que estén suaves —como 4 minutos. Agregue la salsa y cuézala a fuego bastante alto hasta que se reduzca y espese —como 4 minutos. Agregue el queso y la crema y caliéntelos, revolviendo de vez en cuando; al empezar el hervor póngale encima los totopos. Sírvalo inmediatamente.

El arte de la cocina mexicana

X

Salsas, chiles y verduras en escabeche

- › SALSA VERDE (CRUDA)
- › SALSA DE TOMATE VERDE, COCIDA
- › SALSA RANCHERA
- › SALSA DE JITOMATE, SIERRA DE PUEBLA Y MICHOACÁN
- › SALSA DE JITOMATE
- › SALSA DE JITOMATE YUCATECA
- › SALSA DE CHILE PASILLA DE OAXACA
- › SALSA DE CHILE PASILLA DE MICHOACÁN
- › SALSA DE CHILE DE ÁRBOL
- › SALSA DE UÑA
- › SALSA X-NI-PEK
- › SALSA DE SUEGRA
- › SALSA PARA TORTAS AHOGADAS
- › SALSA DE PLAZA
- › SALSA PARA BARBACOA
- › SALSA DE CHILE GUAJILLO
- › SALSA DE CHILE CASCABEL
- › SALSA MEXICANA
- › GUACAMOLE
- › GUACAMOLE CON TOMATE VERDE
- › HONGOS EN ESCABECHE
- › CHILES ANCHOS EN ESCABECHE
- › CHILES JALAPEÑOS EN ESCABECHE
- › CHILES CHIPOTLES EN VINAGRE
- › RAJAS CON LIMÓN
- › CHILE MACHO
- › BOTANA DE JÍCAMA
- › PICO DE GALLO
- › PASTA DE CACAHUATE
- › CEBOLLAS EN ESCABECHE
- › CEBOLLAS ENCURTIDAS PARA TATEMADO

Véase también:
- › SALSA DE JITOMATE NORTEÑA (P. 224)
- › SALSA VERDE PARA ENJOCOCADAS II (PP. 32-33)

Notas:

_____
_____
_____
_____

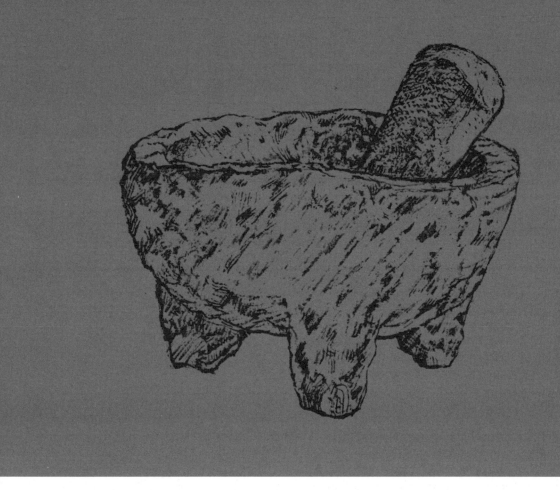

No es secreto que muchos mexicanos viajan a lugares lejanos con latas de chiles jalapeños, chipotles adobados o salsa picante entre su equipaje. Para muchos compatriotas una comida no es una comida sin el más importante de los condimentos nacionales. ¡Y se vuelven adictos, como puedo atestiguar después de mis muchos años en México!

La salsa de molcajete, o salsa de mesa —a diferencia de la salsa cocida que forma parte de un platillo principal— brinda a la comida no sólo acento, vida y color, sino también vitaminas. La salsa o escabeche siempre contiene chiles de una u otra forma —frescos, secos o ahumados— y con pocas excepciones la salsa es cruda, aunque los ingredientes en algunas salsas primero se asan o hierven.

Aunque las salsas puedan comerse dentro de una tortilla enrollada, como taco, tal cual, y las verduras en escabeche puedan servirse como botana, o como bocadillo con las bebidas, es más común que se sirvan sobre arroz, o con carnes y pescados fritos o asados o sobre antojitos (aunque no sobre enchiladas y chilaquiles, los que ya tienen su propia salsa). Generalmente no se sirven con tamales, aunque Michoacán tiene sus excepciones con los uchepos y las corundas. Los tamales, en la parte norte del estado, se sirven con salsa de jitomate y sancocho de verduras encima, y en Oaxaca, los tamales de frijol se sirven con salsa de chile pasilla.

Las variedades regionales de salsas y escabeches no tienen límite y aunque este capítulo sea extenso sólo da una idea de lo que se puede encontrar viajando por el país.

El arte de la cocina mexicana

SALSA DE MOLCAJETE O DE MESA

Salsa verde (cruda)
| RINDE 2 TAZAS |

Hay una salsa verde que se encuentra principalmente en los estados de Hidalgo y de México, para servir con barbacoa y carnitas, en la cual todos los ingredientes se muelen en crudo.

Esta receta es de una salsa más común, que sale con mejor textura y gusto si se hace en molcajete. También se pueden asar los tomates y chiles y molerlos con un poco de agua.

Este tipo de salsa es mejor cuando se come el mismo día que se hace.

Ingredientes
- 450 g de tomates verdes sin cáscara, enjuagados
- 1/2 taza de cilantro picado
- 4 chiles serranos (o al gusto)
- 1 diente de ajo grande, pelado y picado
- 2 cucharadas de cebolla picada
- 1/2 cucharada de sal (o al gusto)

» Coloque los tomates en una cacerola, cúbralos con agua, y póngalos a hervir. Continúe cociéndolos hasta que tomen un color verde claro y desteñido y estén suaves pero no desbaratándose —como 5 minutos. Déjelos enfriar.

» Vierta 1/2 taza del agua en que se cocieron en el vaso de la licuadora, añada el cilantro, chiles, ajo, cebolla y sal, y lícuelos hasta que estén casi tersos. Escurra los tomates y agréguelos al vaso de la licuadora; mézclelos durante unos segundos sólo para deshacerlos. La salsa debe tener cierta textura.

Salsa de tomate verde (cocida)
| RINDE COMO 2 1/4 TAZAS |

Esta salsa es multiusos. A lo largo del libro se hace referencia a ella en muchas recetas que provienen de las regiones del centro de México.

Ingredientes
- 450 g de tomates verdes, sin cáscara
- 8 chiles serranos
- 2 cucharadas de cilantro picado (opcional)
- 1 diente de ajo pelado y picado
- 1 1/2 cucharadas de aceite
- sal al gusto

» En una cacerola ponga los tomates verdes y los chiles, cúbralos con agua y póngalos a hervir; continúe cociéndolos hasta que los tomates verdes estén suaves pero no desbaratándose —como 10 minutos, dependiendo del tamaño. Retírelos del fuego. Escúrralos conservando 1/3 de taza del agua en que se cocieron.

» En el vaso de la licuadora ponga el agua del cocimiento, agregue los chiles, cilantro y ajo, y lícuelos hasta que estén casi tersos. Añada los tomates verdes y mézclelos durante 10 segundos, no más, suficientes para obtener una salsa bastante tersa.

» Caliente el aceite en un sartén. Agregue la salsa y redúzcala a fuego alto hasta que espese y sazone —como 8 minutos. Añada sal al gusto.

Salsa ranchera
| RINDE 1 1/2 TAZAS | CENTRO DE MÉXICO

Esta es una buena salsa de jitomate que se usa como base para los huevos rancheros (pp. 246 y 247) o para sazonar carne deshebrada para tacos, etcétera. Se puede usar una mayor o menor cantidad de chiles serranos, al gusto.

Esta salsa se conservará bien en el refrigerador durante algunos días, dependiendo de lo caliente y húmedo del clima.

Ingredientes

- 2 dientes de ajo pelados y picados
- 1 kg de jitomates, asados (p. 336)
- 8 chiles serranos, asados (p. 350)
- 2 cucharadas de aceite
- 2 cucharadas colmadas de cebolla finamente picada
- 1/2 cucharadita de sal (o al gusto)

» En el vaso de la licuadora ponga los ajos, los jitomates sin pelar, los chiles frescos, y lícuelos hasta obtener una salsa con una ligera textura. Caliente el aceite en un sartén grueso, añada la cebolla y acitrónela ligeramente —como 3 minutos. Agregue los ingredientes licuados y sal, y cuézala a fuego alto, raspando el fondo del sartén de vez en cuando, hasta que se reduzca y espese ligeramente —como 8 minutos. La salsa estará jaspeada de café; eso está bien, significa sabor y se ve más interesante.

Salsa de jitomate, sierra de Puebla y Michoacán
| RINDE 1 1/2 TAZAS | CENTRO DE MÉXICO

Esta salsa de jitomate se usa con muchos de los antojitos de la sierra de Puebla y Michoacán —pintos (pp. 54 y 55) y enchiladas. Para esto es esencial tener buenos jitomates maduros; si no los encuentra escoja otra salsa para sus antojitos.

Ingredientes

- 680 g de jitomates
- 4 chiles serranos (o al gusto)
- 2 dientes de ajo pelados y picados
- 3 cucharadas de aceite
- sal al gusto

» Coloque los jitomates con los chiles en una cacerola y cúbralos con agua; póngalos a hervir cociéndolos sobre fuego alto hasta que estén bastante suaves pero no desbaratándose —como 5 minutos, dependiendo del tamaño. Déjelos a un lado.

» Ponga en el vaso de la licuadora los ajos, chiles y 1/3 de taza del agua del cocimiento, y mézclelos hasta que se deshagan —como 5 segundos. Agregue los jitomates sin pelar y lícuelos durante algunos segundos; la salsa debe quedar con textura. Caliente el aceite en un sartén, añada la salsa y cuézala a fuego alto, revolviéndola de vez en cuando y raspando el fondo de la cazuela, hasta que se reduzca y el sabor a ajo crudo haya desparecido —de 6 a 8 minutos. Agregue sal al gusto.

El arte de la cocina mexicana

Salsa de jitomate

| RINDE 2 TAZAS | SEÑORITA EFIGENIA HERNÁNDEZ GONZÁLEZ, MICHOACÁN

Esta es una sencilla salsa de mesa que se debe comer el mismo día en que se hace y hacerla solamente cuando los jitomates están maduros y jugosos. Es mejor, naturalmente, hacerla en molcajete, pero si va a usar una licuadora asegúrese de no licuarla demasiado; debe tener cierta textura. Se siguen los mismos pasos utilizando cualquiera de estos métodos.

Esta salsa se usa como condimento para carne deshebrada, tacos o sobre tostadas.

Ingredientes

2 dientes de ajo pelados y picados
4 chiles serranos, asados (véase p. 350)
1/2 kg de jitomates, asados
sal al gusto
1/3 de taza de cebolla finamente picada
1/3 de taza de cilantro picado sin apretar

» Muela los ajos, chiles y sal hasta obtener una pasta con textura gruesa. Agregue poco a poco los jitomates sin pelar, moliéndolos bien cada vez. La salsa debe tener una textura gruesa y los pedacitos de cáscara del chile y el jitomate deben verse. Añada el cilantro y la cebolla, y sírvala.

Versión cocida
» Para usarla con uchepos, etcétera, omita la cebolla y el cilantro y añada 2 cucharadas de aceite.
» Caliente el aceite y cueza la salsa a fuego alto hasta que se reduzca y espese —como 5 minutos.

Salsa de jitomate yucateca

| RINDE COMO 1 1/2 TAZAS |

Las cocineras yucatecas preparan su salsa de jitomate de diferentes maneras para acompañar papadzules (pp. 42 y 43) o dzotobichayes (p. 72 y 73). Mucho dependerá del lugar de donde provienen. La cocinera maya del pueblo hará su *chiltomate* asando los jitomates en las piedras calientes de un horno de barbacoa, el *pib*, luego los machacará con chile en un mortero de madera llamado *kokoic* (véase ilustración en la p. 274). La cocinera urbana de Mérida, probablemente, hervirá los jitomates, los licuará y colará en un colador fino y los freirá con cebolla y chile. Todavía hay otro método, que damos a continuación y que combina los dos anteriores con los mejores resultados.

Ingredientes

450 g de jitomates, asados (véase p. 336)
2 cucharadas de aceite
1/4 de una pequeña cebolla, rebanada
sal al gusto
1 chile habanero

» Licue los jitomates sin pelar durante algunos segundos; deben tener algo de textura. Caliente el aceite en un sartén, añada la cebolla y fríala durante 1 minuto hasta que esté acitronada —no la dore. Agregue los jitomates licuados, sal y el chile entero; cuézala hasta que se reduzca a 1 1/4 tazas. Sírvala caliente.

Salsa de chile pasilla de Oaxaca
| RINDE 1 2/3 TAZAS |

Sin duda la salsa de mesa predominante en Oaxaca es la hecha con el ahumado chile pasilla de Oaxaca, que es muy picante pero que tiene un sabor inolvidable y persistente. Esta salsa se sirve con carnes asadas, sobre antojitos, con frijoles, sopas, etcétera. Claro, es mucho mejor hacerla en molcajete.

Ingredientes

250 g de tomate verde (tomate de milpa en Oaxaca)
3 chiles pasilla de Oaxaca pequeños o chipotles moras ó 2 chipotles
1/2 cabeza de ajo asada (véase p. 329), los dientes separados y pelados
sal al gusto

» Retire la cáscara de los tomates, enjuáguelos, córtelos en cuartos y añada agua cubriéndolos sólo hasta la mitad. Tápelos y cuézalos a fuego medio hasta que estén muy suaves —aproximadamente 10 ó 15 minutos. Escúrralos conservando el agua, y agregue más agua si es necesario para obtener 1/2 taza de líquido. Ponga los chiles enteros sobre una flama o un comal y tuéstelos de cada lado durante 2 minutos aproximadamente. Enjuáguelos con agua fría y muélalos un poco en la licuadora, sin venas ni semillas (sólo si quiere que no piquen mucho). Añada a la licuadora el agua de la cocción, ajo, y sal, y licue hasta que la salsa esté suave. Agregue los tomates cocidos y muela ligeramente. La salsa debe tener una consistencia media —si está muy espesa, añada un poco de agua; si está muy aguada, se hará más espesa con un poco de tiempo.

Salsa de chile pasilla de Michoacán
| RINDE 1 1/4 TAZAS | SEÑORA LIVIER RUIZ DE SUÁREZ, MORELIA

Esta salsa es de la parte norte de Michoacán que colinda con Jalisco. Es deliciosa servida con morisqueta (p. 106) y queso Cotija desmoronado; con corundas o uchepos con crema; o con Minguichi II (p. 254) de esa área; o con riñones (p. 239). Se conserva bien y también se puede congelar.

Ingredientes

3 chiles pasilla
2 cucharadas de aceite
2 tomates verdes pequeños, sin cáscara y enjuagados
3/4 de taza de agua
2 dientes de ajo sin pelar
1/4 de una cebolla pequeña, finamente picada
1/4 de cucharadita de sal (o al gusto)

» Limpie los chiles con una servilleta húmeda para quitarles el polvo, etcétera. Caliente el aceite en un sartén y fría los chiles enteros ligeramente, sin quemarlos, volteándolos de vez en cuando hasta que estén tostados y firmes al tacto —como 5 minutos.
» Retire los chiles con una cuchara perforada y escúrralos sobre papel absorbente. En el mismo aceite fría los tomates verdes enteros y los ajos hasta que estén ligeramente dorados y suaves por dentro —como 5 minutos. Ponga el agua en el vaso de la licuadora, agregue los tomates verdes, los ajos pelados y los chiles fritos desmoronados con sus venas y semillas. Lícuelos durante algunos segundos para formar un puré con textura. Caliente el mismo aceite en el sartén, añada la cebolla y fríala suavemente hasta que esté acitronada, sin dorarla —como 1 minuto. Agregue los ingredientes licuados y sal; fríalos, revolviendo de vez en cuando y raspando el fondo del sartén, hasta que la salsa se haya reducido, espesado y sazonado —como 5 minutos.

El arte de la cocina mexicana

Salsa de chile de árbol

| RINDE COMO 2 TAZAS | SEÑORA SEVERA NÚÑEZ. LA GARITA, MICHOACÁN

Esta es una maravillosa salsa rústica que evoca la verdadera comida sencilla y campirana de México. Lo tostado le da el sabor ahumado y el molcajete su textura única. Es conveniente hacerla de esta manera si tiene un molcajete, una mano fuerte y tiempo para deleitarse con el aroma. Si no, licue los ingredientes, pero no demasiado.

El chile de árbol puede sustituirse por puyas, pero necesitará tostarlos más tiempo. Este es el ejemplo por excelencia de una salsa de mesa cruda, de una salsa de molcajete.

Ingredientes

250 g de tomates verdes sin cáscara, enjuagados
8 chiles de árbol ó 4 puyas
2 dientes de ajo, pelados
sal al gusto
1/3 de taza de agua caliente

» Coloque un comal o sartén grueso sobre fuego medio y tueste los tomates verdes hasta que se quemen un poquito y su interior esté suave —como 10 minutos. Retírelos. Baje el fuego y ponga la mitad de los chiles en el comal, voltéelos constantemente (si tienen tallo, ayúdese con él); cambiarán a un color más claro pero no deben quemarse. Tueste la segunda mitad, despedácelos y póngalos en el molcajete desechando algunas de las semillas. Añada los ajos, sal, un poquito de agua y empiece a molerlos hasta que las cáscaras sean pedacitos muy pequeños. Agregue los tomates verdes poco a poco, alternándolos con agua, y muélalos hasta que queden medio molidos; se verán, en efecto, algunos pedazos de piel.

Salsa de uña

| RINDE 2 TAZAS | COLIMA

La salsa de uña es la salsa mexicana típica con pequeñas diferencias. Se usa de la misma forma que un condimento y se sirve con casi todo. La cocinera que me dio la receta me dijo que debe hacerse 2 horas antes para que los sabores tengan tiempo de mezclarse.

Ingredientes

1 1/2 tazas de jitomates finamente picados sin pelar
1/2 taza de rábanos finamente picados
1/3 de taza de cebolla finamente picada
3 chiles serranos finamente picados
2 cucharadas de cilantro finamente picado
1/2 cucharadita de sal (o al gusto)

» Mezcle todos los ingredientes y déjelos macerar durante 2 horas antes de usarla. El agua no es necesaria porque la salsa produce su propio jugo.

Salsa *x-ni-pek*
| RINDE COMO 1 2/3 TAZAS | YUCATÁN

Esta salsa es tan picante que hasta a un perro le ardería la nariz con ella. Es una buena variante de la salsa mexicana, especialmente por la fragancia del chile habanero. Si no tiene naranja agria, prepare el sustituto sugerido (p. 340).

Ingredientes

1 taza de jitomates picados finamente sin pelar
1/2 taza de cebolla morada finamente picada
1/2 taza de cilantro sin apretar finamente picado
1 chile habanero, finamente picado
1/2 taza de jugo de naranja agria (véase sugerencia arriba)
sal al gusto

» Mezcle todos los ingredientes en un recipiente de vidrio y déjelos reposar para que se sazonen durante 30 minutos antes de usarse. Es mejor comerla el mismo día, aunque se conservará por 3 días en el refrigerador.

Salsa de suegra
| RINDE 2 TAZAS | COLIMA

De acuerdo con la tradición local, la cocinera le hace esta salsa a su yerno porque es muy picante.
 Esta salsa debe tener una consistencia burda y gruesa y se usa con frijoles, arroz o carnes asadas. Es mejor comerla recién hecha, pero se conservará bien en el refrigerador durante algunos días sin echarse a perder. No se debe congelar.

Ingredientes

250 g de tomates verdes, enjuagados y sin cáscara
180 g de jitomates no maduros
2 cucharadas colmadas de la parte verde de las cebollitas de Cambray, finamente picada
3 chiles serranos, picados
2 cucharadas de cilantro finamente picado
1/2 cucharadita de sal (o al gusto)
1/3 de taza de agua

» Corte los jitomates en pedazos, poco a poco agréguelos a los demás ingredientes en el vaso de la licuadora, lícuelos durante unos segundos hasta que la salsa tenga cierta consistencia.

Salsa para tortas ahogadas
| RINDE 2 3/4 TAZAS | JALISCO

Esta salsa se usa primordialmente en Jalisco para untar una telera rellena con carnitas que se llama torta ahogada (p. 284), pero puede usarse como una salsa para todo, como un cátsup, y mucho mejor, si usted quiere, con mariscos y carnes.

Uno de los ingredientes es una salsa típica llamada Tamazula. Es un condimento popular, embotellado, originalmente fabricado en el pueblito de Tamazula en el estado de Jalisco. Es agradablemente picante y ácida, así es que sugiero sustituirla por un vinagre suave.

Si le parece que la salsa es demasiado fuerte reduzca el número de chiles.

Ingredientes

500 g de jitomates
1 taza de agua o pulque
1 hoja de laurel
1 clavo entero, triturado
5 dientes de ajo, pelados y picados
6 pimientas trituradas
1/8 de cucharadita de semillas de comino, trituradas
1 cucharadita de mostaza amarilla
1 cucharada de vinagre de piña
2 cucharadas de salsa Tamazula (véase comentario arriba) o vinagre de piña
1 cucharadita de sal
20 chiles de árbol, tostados

LO DE ENCIMA
1/3 de taza de cebolla finamente picada
1 cucharadita colmada de orégano

» Coloque los jitomates en una cacerola, cúbralos con agua y póngalos a hervir. Cuézalos hasta que estén bastante suaves pero no desbaratándose —de 5 a 8 minutos, dependiendo del tamaño. Escúrralos y déjelos a un lado.

» En el vaso de la licuadora ponga el agua, laurel, clavo, ajos, pimientas, cominos, mostaza, vinagre, salsa Tamazula y sal; mézclelos hasta que estén bien molidos. Retire los tallos de los chiles tostados, quíteles algunas semillas, agréguelos a la salsa y lícuelos hasta que la salsa esté tersa. Agregue los jitomates escurridos y sin pelar y muélalos hasta que estén bien molidos. Cuele la salsa en un colador fino y vacíela en una salsera. Añada la cebolla y el orégano. La salsa queda aguada.

Salsa de plaza
| RINDE COMO 2 1/4 TAZAS | JALISCO

Esta salsa de jitomate es de Jalisco. Es una salsa fresca y ligera que se usa con antojitos, tortas, etcétera. Son indispensables buenos jitomates maduros; si no los tiene a la mano prepare otro tipo de salsa.

Naturalmente esta salsa es mejor cuando se come recién hecha, porque sólo se conserva pocos días, especialmente si el clima es cálido y húmedo. La salsa queda muy aguada.

Ingredientes

500 g de jitomates
1 cebolla pequeña, rebanada
1 chile serrano
1 cucharadita de azúcar
1 cucharadita de sal
1 cucharada de vinagre fuerte
2 cucharadas del líquido de los jalapeños enlatados en escabeche
1/3 de taza de cebolla finamente picada
1/2 cucharadita de orégano

» Coloque los jitomates en una cacerola, cúbralos con agua y cuézalos durante 5 minutos.
» Escúrralos y, sin pelar, páselos al vaso de la licuadora, agregue la cebolla, chile, azúcar, sal, vinagre y el líquido de los chiles enlatados; muélalos hasta que estén casi tersos. Vierta la salsa en una salsera y encima póngale cebolla y orégano.

Salsa para barbacoa
| RINDE 2 1/4 TAZAS | SEÑORA MARÍA GUADALUPE MEDINA DE ITURBE, HIDALGO

Aunque esta salsa viene de Hidalgo, donde nació la señora Iturbe, la probé comiendo tacos de barbacoa en un pequeño restaurante en Jungapeo, donde también sirven la mejor pancita, un menudo hecho con el estómago y las patas del borrego hecho barbacoa en un hoyo en la tierra. La salsa es muy picante.

Ingredientes

450 g de tomates verdes sin cáscara, enjuagados
5 chiles moritas tostados
10 chiles de árbol, tostados
2 dientes de ajo pelados y picados
2 cucharadas de cebolla finamente picada
1/4 de cucharadita de orégano
1/8 de cucharadita de comino, triturado
1/2 cucharadita de sal (o al gusto)

» En una cacerola ponga los tomates verdes, cúbralos con agua y póngalos a hervir. Continúe el hervor durante 5 minutos.
» Desmorone los chiles secos dentro del vaso de la licuadora quitándoles algunas semillas al hacerlo. Añada el resto de los ingredientes menos los tomates y lícuelos hasta que estén tersos con 1/2 taza del agua en la que se cocieron los tomates (habrá pedazos de la piel de los chiles, pero está bien). Agregue los tomates cocidos y muélalos durante 3 segundos, sólo lo suficiente para desbaratarlos pero sin molerlos. La salsa no debe quedar demasiado tersa; debe tener una textura como si hubiera sido hecha en molcajete.

Salsa de chile guajillo
| RINDE COMO 2 TAZAS | SEÑORITA ANTONIA ORTIZ, HIDALGO

Para los que no quieran molestarse en tostar los chiles, he aquí una fácil y muy buena salsa para servirse con tacos, carnes asadas o sobre el arroz.

Ingredientes

450 g de tomates verdes sin cáscara, enjuagados
5 chiles guajillos
1 diente grande de ajo, pelado
1 cebolla rebanada
sal al gusto

» Coloque los tomates y los chiles secos en una cacerola, cúbralos con agua y póngalos a hervir durante 5 minutos. Déjelos remojar 5 minutos. Páselos con una cuchara perforada al vaso de la licuadora. Añada los ajos y la cebolla y lícuelos brevemente —como 5 segundos. Agregue sal al gusto. La salsa debe tener textura.

Salsa de chile cascabel
| RINDE 1 1/4 TAZAS |

Una de mis salsas de mesa favoritas es la de chile cascabel hecha con jitomate, y que fue publicada en *Las cocinas de México*. Aquí está otra versión, esta con tomate verde.

Lo que resalta en ambas es el sabor a nuez de los chiles tostados y de sus semillas. Naturalmente este tipo de salsa se hace mejor en el molcajete, pero eso es para los verdaderos aficionados que desean dedicarle mucho tiempo. Es más fácil hacerla en la licuadora con cuidado de no licuarla demasiado. Si la desea más picante, deje algunas de las venas de los chiles.

Ingredientes

250 g de tomates verdes sin cáscara, enjuagados
10 chiles cascabel
2 dientes de ajo, pelados
1/2 cucharadita de sal o al gusto
1/2 taza de agua

» Ase los tomates a fuego lento sobre un comal hasta que se chamusque un poco la piel. Limpie los chiles, córtelos a la mitad y quíteles venas y semillas. Tire las venas, a menos que quiera una salsa más picante; tueste las semillas.
» Tueste unos cuantos pedazos de chile a la vez, oprimiéndolos con una espátula, primero por el exterior durante 2 segundos, luego por el interior durante 4 segundos. Después de este tiempo deben estar opacos, de un color café-naranja en el interior y cuando se enfrían deben estar crujientes. Tenga cuidado de no calentar demasiado el comal, porque los chiles se quemarán y la salsa quedará amarga.
» En el vaso de la licuadora ponga los ajos, sal, agua y los chiles desmoronados. Licue durante unos segundos para desbaratar los chiles; agregue los tomates y las semillas de los chiles, y muélalos hasta que queden con cierta textura.

Salsa mexicana
| RINDE 1 1/4 TAZAS |

La salsa que se sirve con mayor frecuencia para acompañar tacos, arroz, carnes o pescado es la fresca salsa mexicana (en algunas áreas del norte se refieren a ella como "pico de gallo").

Esta salsa debe hacerse solamente cuando los jitomates están muy rojos y maduros y de preferencia debe comerse el mismo día. Un día después se ve un poco marchita.

Ingredientes
- 3/4 de taza de jitomates finamente picados, sin pelar
- 1/3 de taza de cebolla finamente picada
- 3 chiles serranos (o al gusto), finamente picados
- 1/4 de taza sin apretar de cilantro picado
- sal al gusto
- 3 cucharadas de agua, aproximadamente

» Mezcle bien los jitomates, cebolla, chiles y cilantro, agregue sal al gusto y añada el agua. Antes de usarla déjela reposar durante 30 minutos a temperatura ambiente para que se sazone.

LEGUMBRES Y CHILES EN ESCABECHE
Guacamole
| RINDE COMO 2 TAZAS | CENTRO DE MÉXICO

La palabra guacamole proviene de las palabras en náhuatl *ahuacatl* (aguacate), y *molli* (mezcla o preparación). Como mejor queda el guacamole es como botana en tacos con tortillas de maíz recién hechas, y qué tan bueno resulte dependerá mucho de la calidad de los aguacates. Aunque le deje el hueso o le agregue jugo de limón —lo que echa a perder el equilibrio de los sabores— no se conservará bien por mucho tiempo, así es que prepárelo en el último momento. Hágalo en el molcajete enfrente de sus invitados: es todo un espectáculo. Si no tiene molcajete, recurra a la licuadora para la base solamente y desbarate aparte los aguacates con una cuchara de madera o, como lo hacían en los viejos tiempos, con las manos. Debe tener cierta textura.

Ingredientes
- 3 cucharadas de cebolla finamente picada
- 4 chiles serranos o al gusto, finamente picados
- 2 cucharadas colmadas de cilantro picado
- 1/2 cucharadita escasa de sal o al gusto
- 3 aguacates grandes (un poco más de 750 g)
- 2/3 de taza de jitomate finamente picado sin pelar

LO DE ENCIMA
- 2 cucharadas de cebolla finamente picada
- 1 cucharada colmada de cilantro finamente picado
- 2 cucharadas de jitomate finamente picado

» Si es posible use un molcajete. Muela la cebolla, chiles, cilantro y sal hasta formar una pasta. Corte los aguacates por la mitad, retire los huesos (no los tire), con una cuchara de madera saque la pulpa. Desbarate la pulpa volteando la mezcla para que se sazone y distribuya bien. Mézclele el jitomate picado y adorne el guacamole con la cebolla, cilantro y jitomate adicionales. Coloque los huesos encima como decoración y sírvalo en el molcajete inmediatamente o durante los siguientes 15 minutos. Si usa licuadora, muela la base, vacíela en un plato y continúe como se describió anteriormente.

El arte de la cocina mexicana

Guacamole con tomate verde
| RINDE 2 TAZAS |

ESTADO DE MÉXICO

En algunas ocasiones he comido este guacamole en hogares del Estado de México, en la parte que colinda con Morelos. Es una variación interesante de la versión popular y resulta particularmente indicada cuando los jitomates no están en su punto.

Ingredientes

3 cucharadas de cebolla finamente picada
4 chiles serranos, finamente picados
2 cucharadas colmadas de cilantro finamente picado
2 hojas de aguacate tostadas hasta que están crujientes (opcional)
1/2 cucharadita escasa de sal (o al gusto)
180 g de tomates verdes, asados (p. 337)
3 aguacates grandes (como 750 g)

LO DE ENCIMA
2 cucharadas de cebolla finamente picada
1 cucharada colmada de cilantro finamente picado

» Si es posible utilice un molcajete. Muela la cebolla, chiles, cilantro, hojas de aguacate y sal, y forme una pasta. Agregue los tomates asados, pocos a la vez, molidos tanto como sea posible. Corte los aguacates por la mitad, retire los huesos pero no los tire. Con una cuchara de madera saque la pulpa y desbarátela dentro de la mezcla, volteándola desde el fondo para que se sazone y distribuya bien. Coloque los huesos encima. Adórnelo con la cebolla y cilantro y sírvalo inmediatamente.

» Si usa la licuadora, muela la cebolla, chiles, cilantro, hojas de aguacate y sal; agregue los tomates y mézclelos muy brevemente —debe tener textura—, y al final desbarate los aguacates (no los licue).

Hongos en escabeche

| RINDE COMO 2 1/2 TAZAS | SEÑORA HORTENSIA FAGOAGA

Una vez que comienza la época de lluvias en México, hacia fines de mayo, sabemos que pronto va a haber muchas variedades de hongos que inunden el mercado. Entre ellas están las variedades de *clavaria* y *ramaria*, hongos "coral" que en verdad parecen brazos de un fino coral. En México los llaman pata de pájaro o escobetilla, porque se parecen a las escobetas que sirven para tallar las cacerolas, o a la pata de pájaro. La mejor manera para apreciar su textura crujiente es en escabeche. Naturalmente, cualquier tipo de hongo puede utilizarse, ajustando el tiempo de cocimiento. Estos hongos son una magnífica botana para acompañar las bebidas, o como parte de una entrada.

Ingredientes

450 g de pata de pájaro, o cualquier otro hongo
sal al gusto
2 cucharadas de aceite
1 taza de cebolla rebanada
3 dientes de ajo
2 chiles jalapeños, cortados a lo largo en 6 rajas
3 ramitas de mejorana
3 ramitas de tomillo
2 pequeñas hojas de laurel
1 1/2 tazas de vinagre de piña
2 cucharaditas de azúcar
2 cucharadas de aceite de oliva

» Enjuague bien los hongos y quite los extremos sucios de los tallos. Separe o corte los hongos en tiras, incluyendo los tallos. Coloque los hongos en un sartén con sal y agua para apenas cubrirlos, póngalos a hervir y continúe el cocimiento hasta que estén suaves, como 30 minutos. Escúrralos conservando el agua. Caliente el aceite en un sartén, agregue la cebolla, ajos y chiles, y fríalos a fuego lento hasta que la cebolla esté acitronada. Añada el resto de los ingredientes menos el aceite de oliva, hiérvalos durante 20 minutos. Mézclele el aceite de oliva, añada sal al gusto y déjelos enfriar. Guárdelos en el refrigerador durante 2 ó 3 días, hasta 10, antes de servirlos.

El arte de la cocina mexicana

Chiles anchos en escabeche

| RINDE COMO 9 TAZAS | SEÑORA MARÍA DOLORES TORRES YZÁBAL

Esta receta la compartió conmigo muy generosamente —pues se trata de una receta atesorada por su familia— mi querida y buena amiga María Dolores, una maravillosa cocinera por derecho propio, dedicada a la comida tradicional de México. La receta rinde mucho, pero el lector querrá hacer esta cantidad porque es deliciosa con arroz, carnes frías o asadas, o solamente como botana, y se conserva bien.

Para este platillo utilice chiles anchos, grandes, flexibles y que no estén viejos.

Ingredientes

- 500 g de chiles anchos
- 3/4 de taza de aceite
- 375 g de cebolla rebanada (como 2 tazas)
- 24 dientes de ajo
- 4 tazas de vinagre de piña
- 125 g de azúcar morena o piloncillo rallado (como 1/2 taza)
- 20 pimientas
- 6 ramitas de mejorana
- 6 ramitas de tomillo
- 6 hojas de laurel
- 1 1/2 cucharadas de sal o al gusto

» Limpie los chiles con una servilleta húmeda. Haga un corte por un costado del chile, raspe y deseche las venas y semillas. Abra los chiles y, con unas tijeras, corte la orilla gruesa en la base de los tallos y aplánelos. Corte cada chile en dos pedazos a lo largo.

» Caliente un poco del aceite en un sartén y fría los pedazos de chile de uno en uno, oprimiéndolos con una espátula dentro del aceite para que la parte interior cambie a un color café tabaco claro. Si están carnosos se empezarán a ampollar. Fríalos como 3 ó 4 segundos de cada lado pero no los deje quemar. Retírelos y escúrralos. Conforme los vaya friendo, añada un poco de aceite si es necesario. En el mismo aceite fría la cebolla y el ajo hasta que la cebolla esté acitronada. Escúrralos bien.

» En un sartén por separado caliente el vinagre y el azúcar, agregando las pimientas, hierbas y sal. Cuando el azúcar se haya disuelto, ponga a hervir la mezcla ligeramente. Retírela del fuego.

» Extienda una capa de chiles sobre un recipiente de vidrio o porcelana, agregue una capa de cebolla y ajo. Vierta sobre ellos un poco de la mezcla de vinagre. Continúe formando capas hasta que todos los ingredientes hayan sido utilizados y vacíe el resto del vinagre encima. Tápelos para que se sazonen y déjelos en un lugar fresco y ventilado o en la parte baja del refrigerador, de 8 a 10 días. De vez en cuando oprima los chiles dentro de la marinada pero no los revuelva ni los voltee.

Chiles jalapeños en escabeche
| RINDE 7 TAZAS | VERACRUZ

En los años 70, cuando estuve en Pánuco, Veracruz, en una de mis muchas expediciones culinarias, probé los mejores jalapeños en escabeche que jamás había comido, preparados por el hijo de un amigo, Arnulfo Pérez. Los habían hecho el día anterior y aún estaban crujientes y todos los sabores se habían combinado. El señor Pérez había usado el orégano de hoja delgada y larga del norte del país, pero puede usarse el orégano mexicano, el normal. Yo prefiero utilizar la mitad de vinagre fuerte y la mitad de vinagre suave. Uso pequeñas cebollas de rabo o la cebolla común y corriente, cortada en 8 gajos. Si puede encontrar jalapeños de diferentes tonos y colores —al madurar van del color verde al naranja y rojo— cómprelos, porque se ven más atractivos.

Estas legumbres en escabeche se conservarán bien y por muchos días en el refrigerador, aunque por ser tan populares y usarse de tantas formas, desaparecerán más pronto de lo que piensa.

Ingredientes

500 g de chiles jalapeños, enjuagados
500 g de zanahorias, peladas
3 cucharadas de sal
1/3 de taza de agua
5 dientes de ajo pelados y cortados
10 pimientas, machacadas
1 cucharadita de comino, machacado
4 clavos enteros, machacados
16 hojas de laurel
las hojas de 2 ramitas frescas de tomillo ó 1/8 de cucharadita si está seco
1 1/2 cucharaditas de orégano
1/2 taza de aceite
500 g de cebollas de rabo (véase especificación arriba)
3 tazas de vinagre de piña
1 taza de vinagre fuerte
10 dientes de ajo, pelados
6 ramitas de tomillo
1/2 cucharadita de azúcar o de piloncillo

» Retire los tallos de los chiles y corte cada uno en 4 partes a lo largo. Retire las semillas (para que salgan menos picantes retire también las venas) y póngalos en un recipiente grande. Rebane las zanahorias sesgadamente, de menos de 1/2 cm de grueso y añádalas a los chiles. Agregue la sal y mézclelos bien. Déjelos que se maceren durante 1 hora.

» Ponga el agua en el vaso de la licuadora con los ajos cortados, pimientas, cominos, clavos, 10 hojas de laurel, hojas de tomillo y 1/2 cucharadita de orégano; lícuelos totalmente. Caliente el aceite en una cacerola grande y honda. Agregue las especias licuadas y las cebollas de rabo, y fríalas hasta que el líquido se haya evaporado y las cebollas de rabo estén translúcidas, no doradas —como 10 minutos. Cuele los chiles y las zanahorias, conservando el jugo; agréguelos a la cacerola. Sobre fuego bastante alto fría las verduras, revolviéndolas durante 10 minutos. Añada el jugo de los chiles y zanahorias, los vinagres, ajos enteros, las 6 ramitas de tomillo, las 6 hojas de laurel restantes, el resto del orégano y el azúcar. Póngalos a hervir y continúe el cocimiento durante 8 minutos. Páselos a un recipiente de vidrio y déjelos enfriar antes de guardarlos en el refrigerador.

Chiles chipotles en vinagre

| RINDE COMO 3 TAZAS |

En la cocina mexicana los chipotles en vinagre son rivales, en cuanto a popularidad, de los jalapeños en escabeche, ya sea como encurtido o condimento, ya sea cocidos como parte de un platillo. Se pueden usar los chipotles mecos, secos (de color café claro) o los más pequeños, moras. Deben reposar 10 días después de su preparación para que se sazonen. Para servirlos, ponga unos cuantos en un plato con un poco de su líquido, espolvoréelos con orégano y 1 cucharadita de aceite de oliva como lo hacen en Aculco, Puebla.

Ingredientes

125 g de chiles chipotles o moras
1/3 de taza de aceite
2 tazas de cebolla rebanada
4 dientes de ajo, pelados y cortados en rajitas
4 hojas de laurel
4 ramitas de mejorana
4 ramitas de tomillo
2 1/2 tazas de vinagre de piña
1 1/2 tazas de agua
1 1/2 cucharaditas de sal
6 cucharadas de piloncillo rallado o azúcar morena

PARA SERVIRLOS
orégano
aceite de oliva

» Enjuague bien los chiles secos —no los remoje— y séquelos. Perfórelos dos veces de cada lado con un tenedor y déjelos a un lado. Caliente el aceite en un sartén, añada la cebolla y los ajos, fríalos revolviendo de vez en cuando hasta que empiecen a acitronarse —como unos 20 segundos. Agregue los chiles y continúe friéndolos y revolviéndolos durante 8 minutos. Añada las hierbas, vinagre, agua, sal y azúcar, y cuézalos durante 15 minutos, o más si los chiles están duros. Cámbielos a un recipiente de vidrio o porcelana, póngalos en un lugar fresco o en la parte inferior del refrigerador durante 10 días, volteándolos desde el fondo cada día y oprimiéndolos dentro del líquido, el cual debe casi cubrirlos.
Sírvalos con un poco de orégano y aceite de oliva, al gusto.

Rajas con limón

| RINDE COMO 1 1/2 TAZAS | OAXACA

En Oaxaca el chile de agua, aparentemente inocente pero muy, muy picante, es asado, pelado, cortado en rajas y marinado en jugo de limón con cebolla, sal y orégano. Se usa como un escabeche fresco, con arroz blanco, carnes asadas y guisados, así como con enfrijoladas.

En el centro de México el muy picoso chile manzano, o perón, se usa de la misma manera pero a veces sin asar.

Las rajas con limón se comen algunas horas después de haber sido preparadas para dar tiempo a que se mezclen los sabores —lo ácido del limón parece cortar lo picante. Se conservan bien en el refrigerador durante algunos días.

Ingredientes

1 taza de chiles de agua en rajas, asados, pelados y limpios (p. 345)
1/3 de taza de mitades de cebolla rebanada finamente
1/3 de taza de jugo de limón
1/4 de cucharadita de orégano, de preferencia oaxaqueño
sal al gusto

» En un recipiente de vidrio mezcle todos los ingredientes, déjelos marinar durante varias horas.

Chile macho

| RINDE 1/2 TAZA | SIERRA DE PUEBLA

Haga esta salsa en pequeñas cantidades ya que el chile de veras es macho —ferozmente fuerte— pero no se conserva bien. Se usa como condimento en la sierra y es particularmente buena sobre los pintos (pp. 54 y 55).

Ingredientes

10 chiles serranos, enjuagados y picados
1 diente de ajo, pelado y picado
1/4 de taza bien apretada de cilantro picado
1/2 cucharadita de sal (o al gusto)
1/3 de taza de agua

» Muela todos los ingredientes hasta hacer una salsa con textura. Si los chiles son demasiado grandes, necesitará un poco más de agua para molerlos bien. La salsa no debe estar muy aguada.

Botana de jícama

| RINDE DE 3 1/2 A 4 TAZAS | SEÑOR JOSÉ GARCÍA COLÍN, ZITÁCUARO, MICHOACÁN

Frente a la oficina municipal de Zitácuaro siempre vemos estacionado el carrito de frutas del señor García, donde hace buen negocio vendiendo vasos de papel llenos de frutas de brillantes colores. Un día me di cuenta de que estaba rebanando una muy buena jícama, la primera que veía yo en esa época de otoño. Cuando le pregunté que de dónde provenía, me lo dijo y luego procedió a explicarme que estaba a punto de preparar una botana de jícama y cacahuates que había sido la preferida de su patrón cuando trabajó en California por un tiempo.

Ingredientes

- 1 jícama mediana (de 450 a 560 g), pelada y rebanada
- 2 cucharadas de cebolla picada finamente
- 3 cucharadas de jugo de limón
- 1 taza de cacahuates pelados
- 4 chiles de árbol, asados
- 2 cucharadas de queso añejo desmoronado

» En un platón extienda una capa de jícama rebanada, póngale cebolla y jugo de limón.

» Caliente un sartén sin engrasar, y extienda una capa de cacahuates sobre la superficie. A fuego medio, menee y revuelva los cacahuates hasta que estén bien tostados —como 10 minutos. Ponga 1/2 taza de ellos en el vaso de la licuadora con uno de los chiles tostados y muélalos hasta formar migas gruesas; continúe en esta forma con el resto. (Si los hace todos al mismo tiempo, una parte se hará polvo, así que es mejor mezclarlos por partes.)

» Ponga encima de la jícama los cacahuates, chiles y queso, y sírvala para acompañar bebidas.

Pico de gallo

| RINDE DE 4 A 6 PORCIONES | SEÑORA BEATRIZ TIRO, JALISCO

La jícama cortada en cuadritos con naranja es una típica botana de Jalisco, donde se sirve por costumbre —con palillos— con un trago de tequila o cerveza. El pico de gallo se sirve con frecuencia también al final de una comida como postre, a pesar de la sal, pero omitiendo el polvo de chile. (*El polvo de chile piquín se vende en la mayor parte de las tiendas de abarrotes mexicanas, pero la paprika picante es un buen sustituto. No debe usarse el polvo de chile comercial mezclado con otros sabores.*)

Ingredientes

2 tazas de jícama pelada y cortada en cuadritos de 1 1/2 cm
1 1/2 tazas de gajos de naranja, pelados
1/4 de taza de jugo de limón fresco
1/4 de cucharadita de sal
chile piquín en polvo, al gusto

» Mezcle todos los ingredientes excepto el chile en un recipiente de vidrio y déjelos macerar durante 3 horas, revolviendo la mezcla de vez en cuando. Espolvoréela con chile en polvo y sírvala.

Nota: En Estados Unidos y a lo largo de la frontera mexicana se da este nombre a la salsa mexicana cruda.

El arte de la cocina mexicana

Pasta de cacahuate

| RINDE DE 2 1/2 A 3 TAZAS | SEÑORA HORTENSIA FAGOAGA, SIERRA DE PUEBLA

Esta pasta se usa como un condimento, picosísimo, dice la señora Fagoaga, a falta de una palabra mejor; se sirve sobre arroz, frijoles refritos, huevos o tortillas de maíz recién hechas y untadas con natas o crema agria. Si no la desea tan picante, reduzca el número de chiles. Esta pasta es muy concentrada, de modo que rendirá mucho y se conservará durante semanas, volviéndose más seca y de fuerte sabor.

Se puede hacer con la mitad de pepitas; 250 g miden como 1 3/4 de taza y se tostarán como en 3 minutos en lugar del mayor tiempo que se requiere para tostar los cacahuates.

Ingredientes

250 g de cacahuates pelados
15 g (como 1/2 taza) bien apretada de chiles de árbol
1/3 de taza de vinagre de piña
1/3 de taza de vinagre fuerte
1 diente de ajo grande, pelado y picado
3/4 de taza de agua
1 cucharadita de sal o al gusto
1/3 de taza de aceite

» Caliente un sartén grueso sin engrasar, añada los cacahuates y tuéstelos lentamente hasta que estén dorados —como 10 minutos.

» En el mismo sartén tueste los chiles secos (con sus tallos) sobre fuego muy bajo, revolviéndolos casi constantemente, hasta que empiecen a dorarse y a oler. Tenga cuidado de no quemarlos porque la pasta resultará amarga. Retire los tallos y desmorónelos dentro del vaso de la licuadora.

» Agregue al vaso los vinagres, ajo, agua y sal, y muélalos brevemente. Añada una tercera parte de los cacahuates, muélalos durante algunos segundos para partirlos. Agregue otra parte y haga lo mismo liberando las aspas con una espátula. Muela la última parte revolviendo la mezcla de vez en cuando hasta obtener una pasta con una textura granulosa.

» Caliente el aceite en un sartén, añada los ingredientes mezclados y fríalos a fuego medio, revolviendo y volteando la pasta constantemente hasta que esté bastante seca y a punto de desmoronarse y haya adquirido un color azafrán oscuro —como 15 minutos. Guárdela en un lugar fresco y seco; no es necesario refrigerar la pasta.

Cebollas en escabeche

| RINDE DE 6 A 7 TAZAS | YUCATÁN

No hay en Yucatán ningún hogar respetable, o restaurante si es el caso, cuya cocina no tenga una vitrolera con rodajas de cebolla en escabeche para los panuchos, escabeche de pavo o pescado, o para acompañar pollo asado o pescado frito. Si no tiene a la mano estas cebollas, puede improvisar, como lo harían también en Yucatán. Remoje bien las cebollas, desflemadas en agua caliente, con jugo de naranja agria y sazónelas con orégano y chile, preferiblemente de Yucatán.

Las cebollas preparadas de esta manera deben dejarse macerar durante algunos días para que los sabores se integren.

Ingredientes

1 kg de cebollas, peladas y rebanadas en rodajas delgadas
1 cucharada colmada de sal
4 clavos enteros
4 pimientas gordas
1 cucharada de orégano seco, yucateco si es posible, tostado y desbaratado entre las manos
2 chiles *x-cat-ik* u otros chiles grandes güeros, asados, sin pelar y enteros
4 cabezas de ajo, enteras, asadas y los dientes separados sin pelar
2 tazas de vinagre blanco
1 taza de vinagre de piña
1 cucharadita de pimientas, un poco trituradas

» Ponga las cebollas en un recipiente de vidrio, cúbralas con agua hirviendo y escúrralas. Regréselas al recipiente, agregue el resto de los ingredientes y revuélvalos bien.

Cebollas encurtidas para tatemado

| RINDE 4 TAZAS | COLIMA

Aunque tradicionalmente estas cebollas adornan un plato de tatemado de Colima (p. 201), son muy buenas sobre una ensalada o sobre tostadas.

Ingredientes

450 g de cebollas moradas, peladas, cortadas en rodajas delgadas
1/2 taza de jugo de limón fresco
1 1/2 cucharaditas de sal

» Ponga todos los ingredientes en un recipiente de vidrio o porcelana, déjelos que se maceren durante 2 horas antes de usarlos. Se conservarán durante varias semanas en el refrigerador.

XI

Pan, pan dulce y tortillas de harina

- › BOLILLOS
- › MOLLETES
- › TELERAS
- › TORTA MEXICANA
- › TORTA DE SANTUARIO
- › TORTA AHOGADA
- › GALLETAS MARINAS
- › CONCHAS
- › PAN DE MUERTO
- › ROSCA DE REYES
- › TORTILLAS DE HARINA INTEGRAL
- › TORTILLAS DE HARINA
- › BURRAS
- › CHIVICHANGAS

Notas:

Los primeros granos de trigo que se sembraron en México vinieron en el primer barco con los conquistadores. Los sembraron en las tierras altas en los alrededores de la capital y más tarde en los llanos del noroeste de Sonora. El primer uso que se dio al trigo al principio fue el de hacer ¡hostias para la comunión! Aunque hacer pan se ha convertido en una industria sumamente comercializada en diversas partes del país, todavía muchas panaderías lo fabrican en sus hornos de vapor en la trastienda. En el campo, donde se puede conseguir madera dura para quemar en los hornos, en especial de encino, y en donde todavía existe la tradición de construir hornos de tabique o adobe para hacer pan, hay una gran cantidad de panaderías familiares. En su mayoría son los hombres los que hacen el pan, pero curiosamente, en Tamiahua, en el estado de Tamaulipas, son las mujeres las que realizan esta tarea con grandes hornos en la cocina que está en la parte trasera de la casa.

El arte de la cocina mexicana

Bolillos

Si hay algo que los visitantes recuerdan de la comida de México son los crujientes bolillos. En los grandes centros urbanos el pan se hornea en hornos de vapor alimentados con diesel, pero en los pequeños pueblos y aldeas el pan aún se hace en hornos de leña construidos de adobe o tabique que no sólo agregan sabor, sino que también forman una buena costra sin la ayuda del vapor. De cualquier manera, es triste ver que del otro lado de la frontera están aprendiendo algunas de las técnicas rápidas y ahora usan demasiada azúcar para acelerar el largo proceso de la levadura y la formación de una costra más dorada. En estas pequeñas panaderías, la masa se mezcla y se deja reposar para que levante sobre grandes mesas de madera; no hay recipientes, no hay termostato en el horno y no hay básculas para pesar —todo es hecho al cálculo, aun cuando usan 44 kg de harina para cada horneada de bolillos.

(La harina utilizada para hacer los bolillos en México, por lo menos en el centro y en el sur, no es alta en gluten, así que se puede utilizar cualquier harina.)

La receta que damos es la que se utilizó cuando hice mi capacitación en una panadería. El azúcar que se usaba para empezar era mínima y fácilmente se podía omitir dado el tiempo tan largo que se requería para que la masa levantara —eran los tiempos en que los grandes panaderos se ocupaban más del buen sabor que de la rapidez. Cada panadero tiene su técnica para hacer sus bolillos y estas técnicas varían mucho. Aquí doy un método sencillo pero efectivo.

Si esta receta le parece muy elaborada utilice la receta para pan francés de su preferencia y siga las instrucciones para formar los bolillos. No vale la pena preparar una cantidad menor de esta siembra; además se conservará en el refrigerador y puede servir para otras horneadas.

| RINDE 375 G DE MASA |

Ingredientes

SIEMBRA
1/4 de cucharadita de levadura ó 1/8 de polvo de levadura seca
1 cucharadita de azúcar (opcional)
1/2 taza de agua tibia
1/2 cucharadita de sal
250 g de harina, y un poco más para trabajar la masa
grasa para el recipiente

» Bata la levadura y el azúcar con dos cucharadas de agua. Disuelva la sal en el resto del agua.

Amasado en batidora

» Ponga la harina en el recipiente de la batidora eléctrica; primero añada la levadura y luego el agua salada, reservando un poco para ver cuánto líquido necesita. Se bate la masa con el gancho de la batidora hasta obtener una pasta firme, tersa y ligeramente pagajosa —como 2 minutos. Espolvoree un poco de harina sobre los lados del recipiente, bata la masa un poco para que se desprenda. Enharine ligeramente la mesa de trabajo, y amase hasta formar una especie de cojín redondo. Deje reposar la masa brevemente mientras limpia y engrasa el recipiente. Regrese la masa, cúbrala con un plástico engrasado y una toalla gruesa, y déjela en un lugar fresco —como a 15 °C— durante la noche o por lo menos durante 8 horas.

Amasado a mano

» Sobre la superficie de trabajo forme un círculo con la harina, haciendo un "pozo" en el centro. Agregue la levadura y mézclela con la harina. Gradualmente añada el agua salada, reservando un poco, y amase con las manos recogiendo la masa con una espátula. Añada el resto del agua si es necesario para formar una pasta unida. Amase espolvoreando un poco de harina si es necesario hasta que la masa esté tersa, ligeramente pegajosa y firme —de 2 a 3 minutos. Dé a la masa la forma de un cojín redondo. Pásela a una charola engrasada y enharinada, cúbrala con un plástico engrasado y una toalla, déjela en un lugar fresco, como a 15 °C para que levante durante la noche o de 8 a 12 horas.

| RINDE DE 24 A 26 BOLILLOS DE 12 CM |

Ingredientes

LA MASA PARA EL PAN
1 kg de harina y adicional para la superficie de trabajo
250 g de siembra
4 cucharaditas de levadura desmoronada ó 2 cucharaditas de levadura seca
2 tazas de agua tibia, aproximadamente, y un poco más para la levadura
2 cucharaditas de sal (o al gusto)

Amasado a máquina

» Ponga la harina en el recipiente de la batidora. Deshaga la siembra en trozos pequeños y añádalos. Mezcle levadura con 2 cucharadas del agua oprimiendo los terrones con el reverso de una cuchara de madera y añádala a la harina.

» Disuelva la sal en el agua restante y gradualmente agréguela a la harina; bata conservando un poco del agua con sal hasta ver cuánta se absorbe. Bata con el gancho de la batidora hasta obtener una masa tersa, flexible y un poco pegajosa —como 2 1/2 minutos. Espolvoree un poco de harina sobre el recipiente y bata brevemente hasta que la masa se desprenda de la superficie.

Amasado a mano

» Sobre la mesa de trabajo coloque la harina formando un círculo y haga un cráter en el centro. Deshaga la siembra en pequeños pedazos y póngalos en el pozo. Mezcle la levadura con 2 cucharadas del agua, oprimiendo todos los terrones con el reverso de una cuchara de madera, ponga en el pozo y gradualmente amase la harina del rededor. Disuelva la sal en el agua y poco a poco mézclela con la harina, conservando un poco hasta ver cuánta se absorbe. Recoja la masa con una espátula de plástico hasta que tenga una masa unida. Empiece a amasar, agregando un poco de harina si fuera necesario hasta obtener una masa tersa, flexible y ligeramente pegajosa —como 5 minutos.

Primera subida

» Dé forma de cojín redondo a la masa, colóquela en un recipiente o charola engrasados, cúbrala con un plástico engrasado y una toalla, y déjela en un lugar tibio —lo ideal son 20 °C— hasta que casi haya triplicado su volumen, de 2 1/2 a 3 horas.

Segunda subida

» Coloque la masa sobre una superficie ligeramente engrasada, desínflela de un golpe, forme de nuevo con ella un cojín redondo. Póngala otra vez en el recipiente o charola, cúbrala como hizo anteriormente, déjela hasta que su volumen casi se triplique —como 2 horas.

» Póngala sobre una superficie ligeramente enharinada y forme un rollo largo como de 5 cm de diámetro. Corte la masa en 24 trozos —cada uno debe pesar un poco más de 60 g. Ruede cada pedazo bajo las palmas de las manos, haciendo bolas redondas como se ilustra, y con ellas forme los bolillos.

» Primero prepare las charolas para hornear los bolillos. Necesitará como 4 grandes; deben estar bien engrasadas y enharinadas. Para el método 2 también necesitará una tabla bien enharinada para pasarlos de allí a la charola de hornear. Caliente el horno a 200 °C a la mitad del tiempo del periodo de subida.

Método para formarlos

» Aplanando la masa y dándole la forma de un óvalo, doble una tercera parte hacia el centro, aplane con fuerza, luego doble la masa y aplánela con el "talón" de la mano. Ruédela entre las manos una o dos veces para apretarla, dejando fuera un poco en cada extremo para formar las orejitas redondeadas.

El arte de la cocina mexicana

ÚLTIMA SUBIDA, CORTE Y HORNADA

Última subida: método 1

» Una vez formados los bolillos a la manera clásica habrá una unión en la parte inferior. Voltéelos hacia arriba y con cuidado colóquelos sobre las charolas preparadas para que se esponjen. Durante el leudo y hornada la unión se abrirá y al expandirse dará la forma del bolillo.

» Deje las charolas a una temperatura de 20 °C para que la masa crezca la mitad de su volumen, durante 1 hora.

» Caliente el horno a 200 °C. Cuézalos en la parte superior del horno de 15 a 20 minutos o hasta que los bolillos tengan un color dorado pálido y suenen huecos cuando se les den golpecitos por debajo.

Última subida: método 2

» Si prefiere haga un corte en la masa a la manera clásica, coloque los bolillos formados, con la unión hacia arriba, sobre una tabla enharinada y déjelos subir hasta que alcancen otra vez como la mitad de su tamaño —como 1 hora, a 20 °C. Con cuidado voltéelos con la unión hacia abajo, sobre las charolas preparadas, y haga un corte profundo como aparece en la ilustración, ya sea con una navaja o con un cortador de masa convencional.

» El horno debe estar ya caliente; hornee los bolillos a 200 °C hasta que tengan una corteza dorada y suenen huecos cuando se les dan golpecitos por debajo —de 10 a 15 minutos.

Molletes

| RINDE 6 PORCIONES |

Fue en la ciudad de México donde probé los molletes por primera vez, en donde aún se sirven como un almuerzo económico, pero rico. Se supone que fueron inventados por una cocinera que deseaba utilizar el pan del día anterior y frijoles refritos. A los bolillos se les quita un poco de migajón, se rellenan con frijoles refritos, se cubren con queso fundido y se sirven, ya sea con salsa mexicana (p. 267), ya sea con salsa verde cruda (p. 258). Puede utilizarse cualquier pan con costra o trozos de 10 cm de pan francés.

Ingredientes

6 bolillos (p. 280)
6 cucharadas, aproximadamente, de mantequilla fundida (opcional)
2 tazas de frijoles refritos (p. 144), recalentados
250 g de queso Chihuahua rallado
2 tazas de cualquiera de las salsas mencionadas

» Caliente el horno a 190 °C.
» Engrase una charola en la cual se puedan acomodar en una capa los bolillos cortados por la mitad.
» Corte los bolillos por la mitad, horizontalmente, y quíteles un poco de migajón. Póngales mantequilla en ambas mitades. Hornéelos hasta que estén ligeramente dorados por el exterior, como 10 minutos. Rellénelos con bastantes frijoles refritos, póngales queso y regréselos al horno hasta que el queso se funda pero sin que se dore. Sírvalos de inmediato con las salsas por separado.

Teleras

Las teleras son panes algo aplanados marcados por la mitad con una o dos incisiones profundas hechas con un rodillo delgado. El nombre vino de Andalucía donde se fabricaba para los trabajadores un pan de segunda clase con trigo entero al que llamaban telera. En México se acostumbra hacer las teleras con harina blanca, la misma que se utiliza para los bolillos. Las teleras se abren horizontalmente y se rellenan con capas de ingredientes (véanse las recetas que siguen) para hacer las tan renombradas tortas mexicanas.

» Siga la receta para hacer bolillos hasta el punto de cortar la masa en 24 pedazos. Entonces, tomando una bola de la masa —podrá hacer dos a la vez después de haber adquirido práctica— aplánela con la mano o un rodillo delgado y déle forma ovalada. Oprima con fuerza a lo largo de la mitad de la masa, una o dos veces, como prefiera, hasta que parezca que la masa se separa; póngala boca abajo en la charola preparada y déjela en un lugar tibio, sin cubrir y a una temperatura de 20 °C, durante 1 hora. La masa casi debe duplicar su tamaño. Para hornearlas colóquelas con las hendiduras hacia arriba y siga las instrucciones para hacer bolillos.
» Deben estar cocidas en 15 ó 20 minutos a 400 °C.

Torta mexicana

No conozco otro sándwich que uno pueda llevar a un día de campo y que dé tanto placer y sorpresa a los que no lo conocen. Una torta está llena de texturas y sabores. Aunque cualquier cosa se puede poner en una torta, esta es mi versión favorita.

Generalmente se usan teleras (véase arriba) cortadas horizontalmente y sin parte del migajón, pero de hecho cualquier pan con corteza o un trozo de *baguette* vaciada se puede usar.

En una de las caras del pan extienda frijoles refritos (p. 144) y póngale algunas rajas de chiles jalapeños en escabeche o chipotles en adobo.

Ingredientes

AGREGUE
1 capa de crema ácida
varias capas delgadas de jamón cocido, pollo, puerco adobado o queso de puerco
1 capa de jitomates rebanados
1 rebanada gruesa de cualquier tipo de queso

» Cubra la otra cara con una capa gruesa de aguacate machacado y una rociada de sal al gusto. Luego junte las dos partes y cómase su torta con las dos manos y muchas servilletas.

El arte de la cocina mexicana

Torta de santuario
| RINDE 1 TORTA GORDA | JALISCO

Se cree que se dio este nombre a la torta porque se vendía a los hambrientos devotos que salían del santuario después de la misa.

Esta versión de Jalisco es tan buena como la torta más conocida y popular de la ciudad de México; las dos son rivales y superan a cualquier sándwich submarino norteamericano que conozca.

Aunque en Jalisco se usa una telera —cortada horizontalmente, rellena de crujientes capas y remojada en salsa— cualquier pan con costra puede utilizarse, así como un trozo ahuecado de *baguette*. Pero pongo énfasis en lo crujiente porque no querrá un pan dulzón y suave como el pan de caja, que se desbarataría bajo el peso del relleno.

No existen los buenos modales para comer esta torta. Se necesitan dos manos y muchas servilletas para darle una buena mordida a través de todas las capas.

Ingredientes

1 telera cortada horizontalmente y sin parte del migajón
2 cucharadas colmadas de frijoles refritos (p. 144) para untar
varias rebanadas delgadas de lomo adobado estilo Jalisco (p. 198)
una buena capa de lechuga finamente rebanada
una capa delgada de rábanos finamente rebanados
algunas rebanadas de cebolla desflemada en agua salada durante 1 hora
2 ó 3 cucharadas de salsa de plaza (p. 265)

Torta ahogada

En Guadalajara se usa un bolillo salado conocido como *fleiman*. Corte una telera horizontalmente, como si fuera a hacerse una torta de santuario; retire parte del migajón. Rellénela con carnitas de manera abundante (p. 203) y báñela por completo con la salsa que aparece en la página 264.

Galletas marinas

| RINDE 25 GALLETAS DE 6 CM | YUCATÁN

A una o dos cuadras de donde me hospedaba en Mérida hay una pequeña panadería, la Panadería Santa Teresita, donde la variedad de pan es modesta comparada con las panaderías del centro de México. El pan francés de Yucatán tiene buen sabor de levadura pero es suave y pálido. Hay una buena cantidad de hojaldre relleno con pasta de almendra, de calabaza o jamón con queso amarillo, que se adorna con azúcar. Pero por lo que siempre voy es por una bolsa de galletas redondas pálidas y crujientes hechas con masa de levadura bien fermentada, aún más ligera que la de los palillos de pan. (Mi predilección por panes crujientes es tal vez exagerada, pero me han sacado adelante en muchos viajes largos.) Pedí la receta, la cual me dieron con exactitud y sin demora.

El tiempo de cocción variará dependiendo del horno. Lo importante es que se conserven pálidas y crujientes todo el tiempo. Después de cocidas deben ser almacenadas en envases herméticos y durarán semanas, incluso meses. No obstante, tienden a perder lo crujiente, así es que antes de usarlas métalas al horno durante 30 minutos a 180 °C.

Se pueden hacer con manteca o con mantequilla; yo prefiero usar mitad y mitad.

Ingredientes

1 1/2 cucharaditas escasas de sal
1 cucharada colmada de mantequilla sin sal, suavizada
1 cucharada colmada de manteca, y un poco más para engrasar las charolas, etcétera
1 1/4 tazas de agua tibia, aproximadamente a 45 °C
4 cucharaditas colmadas de levadura desmoronada
ó 2 cucharaditas colmadas de levadura seca
500 g de harina y un poco más para amasar

» Tenga 3 charolas grandes bien engrasadas.
» Mezcle la sal y la grasa en una taza de agua y revuelva hasta que la sal se haya disuelto y la mantequilla esté derretida. Ponga la levadura desmoronada en un recipiente pequeño. Agregue 2 cucharadas del agua que sobró y con el revés de una cuchara de madera bata la mezcla hasta que esté tersa. Sobre la superficie de trabajo forme un círculo con la harina haciendo un cráter en el centro; vacíe la levadura batida en el centro y empiece a incorporar la harina que la rodea, rociando la mezcla con el agua grasosa y salada. Mezcle bien y forme una bola. Enharine ligeramente la mesa y empiece a amasar hasta que la masa cobre vida y esté tersa y elástica —como 3 minutos.
» Dé a la masa la forma de una salchicha de 5 cm de diámetro y luego córtela en 25 pedazos con un raspador de plástico —por lo general yo los peso para que sean del mismo tamaño; cada uno debe pesar como 30 g. Entre las palmas de las manos haga una pequeña bola como de 3 cm de diámetro. Sobre las charolas engrasadas coloque las bolas dejando 5 cm entre ellas. Unte las palmas de las manos con más manteca o mantequilla y ponga una capa delgada en el exterior de las bolas para que no se resequen. Cubra las charolas con plástico engrasado y colóquelas en un lugar tibio, entre 24 y 28 °C, para que fermenten y se levanten como la mitad de su tamaño —alrededor de 1 hora.
» Caliente el horno a 165 °C. De nuevo engrásese las manos y oprima firmemente cada bola para formar un círculo de masa como de 6 cm de diámetro y menos de 1/2 cm de grueso. Cúbralas con plástico engrasado y déjelas subir a la misma temperatura durante 40 minutos. Al final de este tiempo se habrán levantado ligeramente y su superficie estará suave y esponjosa.
» Hornéelas cambiando las charolas de arriba para abajo cuando lleven la mitad del tiempo de cocimiento, hasta que estén secas y crujientes y todas tengan un color claro —como 1 1/4 horas.

El arte de la cocina mexicana

Conchas

| RINDE COMO 16 CONCHAS DE 12 CM DE DIÁMETRO |

Si hay un pan dulce típico del desayuno mexicano (o de la merienda), es la concha —o *chicharrón*, dependiendo del diseño de azúcar en la superficie— que aprendí a hacer, hace algunos años, durante mi entrenamiento en una panadería de la ciudad de México. La masa es ligeramente dulce y esponjosa; está hecha con un alto porcentaje de levadura y huevos pero baja en grasa. Por esta razón tienden a secarse de un día para otro. No importa; parece que aumentan su sabor. Para suavizarlas sumérjalas rápidamente en un poco de leche y póngalas en el horno muy caliente durante unos minutos. Parecerán recién hechas. A través de los años he encontrado que no hay dos panaderos que usen el mismo método para hacer la masa, pero las proporciones son más o menos las mismas, dependiendo naturalmente de la política económica de la panadería. Yo me quedo con esta receta, la cual, a través de los años, ha demostrado ser la mejor, tomando en cuenta, desde luego, las ventas en "mi" panadería.

No vale la pena preparar una cantidad menor de siembra; además se puede congelar la parte que no se utilice, luego descongelarla y permitir que suba para una futura hornada de conchas. El periodo largo del reposo de la masa ayuda a obtener un mejor sabor (en cualquier caso, la receta del pan de levadura se puede acelerar y, preferentemente, demorar, para ajustarla a la rutina diaria). Después de formar las conchas y dejarlas para la subida final, aumentarán sólo la mitad de su volumen pero en el horno se expandirán espectacularmente.

Ingredientes

LA SIEMBRA
250 g de harina, y un poco más para el recipiente
15 g de levadura u 8 g de levadura en polvo
2 cucharadas de agua tibia, aproximadamente
2 huevos grandes, ligeramente batidos

LA MASA
500 g de harina, y un poco más para amasar
180 g de azúcar
1/2 cucharadita de sal
45 g de mantequilla sin sal, suavizada (3 cucharadas)
1 taza de huevos ligeramente batidos (como 4 grandes)
1/4 de taza de agua tibia

LA COSTRA DE AZÚCAR
125 g de harina
125 g de azúcar glass
60 g de manteca vegetal o mantequilla sin sal a temperatura ambiente
2 cucharadas de cocoa
1 cucharada de canela molida

» Engrase y enharine una charola para horno.
» Cierna la harina en el recipiente de la batidora eléctrica. Desmorone la levadura en un recipiente pequeño, agregue el agua tibia y bata hasta que quede a punto de crema, con el revés de una cuchara de madera. Añada la levadura y los huevos a la harina y bata con el gancho de la batidora durante 2 minutos. La masa debe estar suave y pegajosa. Ponga un poco más de harina en el recipiente y bata durante algunos segundos más para que la masa se desprenda de la superficie.

» Espolvoree la mesa de trabajo con bastante harina, deposite la siembra y déjela reposar unos segundos. Enharínese las manos y dé a la masa la forma de un cojín ovalado. Colóquela sobre la charola y hágale encima 3 cortes diagonales. Cúbrala con un plástico enmantequillado y déjela en un lugar tibio —es ideal a 25 °C— hasta que duplique su tamaño en 1 1/2 horas, dependiendo de la temperatura. Corte la masa en 2 partes iguales (hay que pesarlas para cerciorarse). Rompa una de esas partes en pedazos y póngala en el recipiente de la batidora. Guarde la otra mitad para otra hornada de conchas (véase p. 286).

» Agregue el resto de los ingredientes a la masa menos 60 g de azúcar. Bata la masa durante 5 minutos a alta velocidad. Añada el resto del azúcar y bátala otros 3 minutos; la masa debe estar suave, pegajosa, con la superficie brillante, formando una pasta unida. Agregue un poco de harina al recipiente para ayudar a que la masa se desprenda de la superficie. Coloque la masa en una superficie enharinada y rápidamente déle la forma de cojín redondo. Enmantequille otro recipiente grande (dejando libre el de su batidora para el largo periodo de fermentación), espolvoree con harina y coloque el cojín de masa en él. Cúbralo con plástico enmantequillado y una toalla, y déjelo en un lugar tibio durante 2 horas, hasta que haya doblado su tamaño. Al término de este periodo, colóquelo cubierto aún con la toalla, en la parte menos fría del refrigerador, y déjelo sazonar y subir lentamente por lo menos durante 8 horas. (Se puede dejar hasta 16 horas.)

» Antes de terminar este periodo prepare la cubierta de azúcar. Cierna juntas la harina y el azúcar. Corte la grasa en pequeños pedazos y con los dedos mézclela con la harina y el azúcar. Amásela hasta que esté tersa. Divídala en 2 partes; en una mezcle la cocoa, y la canela en la otra. Déjelas cubiertas para que no se sequen.

 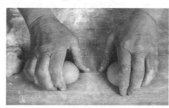 

» Ponga la masa en una superficie enharinada y rápidamente forme sobre ella un cojín.

» Divídala en 4 porciones y cada una de ellas en 4 más, para hacer 16 partes de masa. A mí me gusta pesarlas —deben pesar como 60 g cada una— para asegurar que todos los panes ya terminados tengan el mismo tamaño.

» Enmantequille bien 3 charolas. Forme una bola rodando cada pedazo de masa (véanse las fotografías de arriba) y colóquela en una de las charolas dejando 8 cm entre cada una para permitir la expansión.

» Divida cada cubierta en 8 porciones y forme bolas como de 2 1/2 cm de diámetro. Enharine ligeramente la palma de la mano izquierda o derecha, con la que trabaje mejor, oprima la bola hasta formar un círculo de 8 cm de diámetro. Presione con firmeza sobre una de las bolas de masa, aplanándola un poco. Enharine la palma de nuevo y continúe con la siguiente hasta que todas las bolas tengan su cubierta. Tome un cortador especial para decorar conchas, si lo tiene, o trace el dibujo con un cuchillo pequeño; oprima para formar el modelo de la concha o *chicharrón* (véanse las fotografías). Ponga las conchas en un lugar tibio, sin cubrir, para que se esponjen medio tanto de su tamaño original —de 2 1/2 a 3 horas.

» Coloque dos parrillas en la parte superior del horno y caliéntelo a 190 °C. Cuando las conchas se hayan esponjado, hornéelas como 12 minutos o hasta que se doren ligeramente alrededor de la cubierta y estén esponjosas al tacto. Lo mejor es comérselas el mismo día. Si no, lea arriba la nota sobre cómo guardarlas y "revivirlas".

El arte de la cocina mexicana

Pan de muerto

Tanto para la gente religiosa como para la que no lo es, los días de Todos Santos y Fieles Difuntos —Días de Muertos, como se les llama comúnmente en México— constituyen una de las festividades más importantes del año. La gente viaja cientos de kilómetros para llevar flores y alimentos a las tumbas de sus familiares difuntos, y sin hacer de ello una ocasión de tristeza, se reúne para comer. En algunas casas se monta un altar decorado con flores amarillas, el cempazúchil (*Tagetes erecta*), velas, calaveras de azúcar; frutas, tamales, mole, chocolate y pan de muerto. En la capital y sus alrededores los panes son de diversos tamaños, redondos, y decorados con "huesos" estilizados a los lados de un nudo central que representa un cráneo. En algunas partes de Oaxaca el pan toma forma humana, y en Michoacán se hacen "monos", pequeñas figuras de animales, entre otros.

Las recetas para hacer este pan varían muchísimo dependiendo de la situación económica de la familia o del antojo de los panaderos. No he encontrado otra mejor que esta que me fue dada hace algunos años cuando era aprendiz —informalmente— en una de las principales panaderías de la ciudad de México. Esta cantidad sirve para hacer uno grande —como de 30 cm de diámetro, que es impresionante— y como tres pequeños, que siempre son unos buenos regalitos. La temperatura del horno es para un pan grande; debe aumentarse a 200 °C para otros más pequeños.

La siembra puede hacerse con anticipación o el día anterior. (Lo que quede puede congelarse pero es mejor usarlo de inmediato.) De hecho, la mezcla final puede amasarse y conservarse en el refrigerador durante la noche —cosa que yo hago para obtener un mejor sabor— y regresarse a temperatura ambiente antes de darle forma y de la última subida.

Doy una traducción exacta de las medidas del sistema métrico, a sabiendas de que con la masa para pan, un poco de variación aquí y allá no cambia significativamente el producto final.

Ingredientes

LA SIEMBRA
500 g de harina, y un poco más para trabajar
15 g de sal (1 1/4 cucharaditas)
60 g de azúcar (1/3 de taza)
30 g escasos (3 cucharadas escasas) de levadura desmoronada
    ó 1 1/2 cucharadas escasas de levadura seca
1/2 taza más 2 cucharadas de agua
3 huevos grandes, ligeramente batidos
mantequilla sin sal para engrasar el recipiente

» En un recipiente ponga la harina, sal, azúcar, levadura y agregue gradualmente el agua y los huevos. (Por ser fresca, los panaderos mexicanos no se molestan en batir la levadura —es al gusto.) Continúe batiendo hasta que la masa tenga una consistencia cohesiva; debe ser pegajosa, elástica y brillante —como 5 minutos. Colóquela sobre una tabla enharinada y déle la forma de un cojín. Enmantequille y enharine un recipiente limpio. Coloque en él la masa y cúbrala con un plástico engrasado y una toalla. Consérvela en un lugar tibio —lo ideal serían 20 °C— hasta que la masa doble su volumen, como 2 horas.

Ingredientes

LA MASA FINAL
la siembra quebrada en pedacitos
250 g de azúcar (1 taza)
210 g de mantequilla sin sal (14 cucharadas) suavizada,
    y un poco más para engrasar las charolas
500 g de harina y un poco más para trabajar
8 yemas ligeramente batidas con 2 cucharadas de agua
1/4 de taza de agua, aproximadamente
1 cucharadita de agua de azahar y/o la raspadura de 1 naranja

Ingredientes

EL BRILLO
4 yemas ligeramente batidas
1/4 de taza de mantequilla fundida, aproximadamente
1/3 de taza de azúcar, aproximadamente

» Engrase abundantemente 4 charolas para el horno (para ambos panes). Ponga la siembra, el azúcar y la mantequilla en un recipiente, mézclelos bien añadiendo gradualmente la harina y las yemas de manera alternada. Añada el agua de azahar o raspadura de naranja —debe terminar con una masa pegajosa tersa y brillante que apenas conserve su forma (en vista de que los huevos, harinas y climas varían, tendrá que reducir o aumentar el líquido). Coloque la masa sobre una superficie ligeramente enharinada y forme un cojín redondo.

» Lave el recipiente de la batidora, enmantequíllelo, enharínelo, y coloque en él la masa. Cúbrala con un plástico engrasado y una toalla, y déjela en un lugar tibio —lo ideal serían 20 °C— durante 1 1/2 horas aproximadamente, hasta que casi doble su tamaño, o bien consérvela en la parte baja del refrigerador durante toda la noche.

» La masa debe estar a temperatura ambiente antes de intentar trabajarla. Colóquela en una tabla ligeramente enharinada, córtela en dos partes iguales. Deje una a un lado para darle forma después. Tome 3/4 partes de la masa y forme una bola tersa. Oprímala para formar un círculo como de 20 cm de diámetro —debe tener como 2 1/2 cm de espesor. Oprima alrededor para formar un borde angosto —como el ala de un sombrero— y póngalo en una de las charolas. Cúbralo con un plástico engrasado y déjelo en un lugar tibio (como a 20 °C) para que aumente la mitad de su tamaño otra vez —como 1 hora. Divida la otra cuarta parte de la masa en 4 partes iguales. Con una de las partes haga una bola tersa, con las otras tres haga tiras como de 20 cm de largo con bolas que semejen unos huesos (véanse fotografías abajo). Pase las cuatro piezas a otra charola engrasada, cúbralas con un plástico engrasado y déjelas subir durante 1 hora.

» Repita estos pasos para formar el segundo pan con la parte de la masa que quedó. Caliente el horno a 190 °C. Al terminar el periodo en que deben doblar su tamaño coloque cuidadosamente sobre el pan las tiras de masa que forman los huesos y la bola redonda en el centro para formar el cráneo, y con fuerza oprima con el dedo para formar las cavidades de los ojos. Barnice la superficie del pan con yemas batidas y hornéelo en la parte superior del horno hasta que esté dorado y esponjoso —de 15 a 20 minutos. Apague el horno, abra la puerta y déjelo reposar durante 5 minutos más. Sáquelo, barnícelo con mantequilla derretida y póngale azúcar encima.

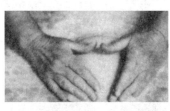

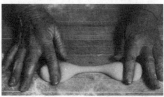

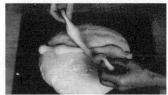

El arte de la cocina mexicana

Rosca de reyes

El 6 de enero, Día de Reyes, en México se acostumbra que los niños reciban regalos. A la hora de la cena o merienda, se sirve un pan de levadura semidulce. Escondido dentro de él habrá, dependiendo del tamaño de la rosca y del número de comensales, uno o dos muñecos miniatura, que antes eran de fina porcelana importada y ahora son de plástico. La persona a quien le toca el muñeco debe hacer una fiesta el 2 de febrero, Día de la Candelaria. Alguna otra persona encontrará un haba dentro de la masa y tendrá que llevar las bebidas.

» La masa para la rosca de reyes es exactamente igual a la del pan de muerto y la cantidad hará 2 roscas grandes o tres medianas.
» Se usa fruta cristalizada para decorarla y algunas veces para mezclarla con la masa. Con frecuencia se usan higos, cáscara de naranja y biznaga; es cuestión de gustos.
» Las instrucciones para hornearla son las mismas que para la receta anterior. Se empieza después del periodo largo de la subida.
» Divida la masa en dos o tres porciones. A cada una déle la forma de una salchicha y una los extremos humedeciéndolos con agua y oprimiéndolos firmemente. Colóquelas en las charolas preparadas. Déjelas reposar hasta que doblen su tamaño, a una temperatura de entre 20° y 25° C.

Otro método para formarla
» Dé a la masa la forma de un cojín redondo. Haga un hoyo en el centro con el puño y estire la masa para formar un círculo uniforme. Deje suficiente espacio en el centro para que la masa pueda doblar su tamaño sin cerrarse.

---

fruta cristalizada para la decoración, opcional (véase arriba)
4 yemas de huevo ligeramente batidas
4 cucharadas de mantequilla sin sal, fundida, para barnizar
1/3 de taza de azúcar para la superficie
1 receta de masa para pan de muerto (véanse pp. 288 y 289)

» Se decora la superficie con la fruta, se deja en un lugar tibio hasta que casi doble su tamaño.
» Caliente el horno a 200 °C. Barnice las roscas por arriba con las yemas batidas y hornéelas hasta que estén doradas —como 15 minutos. Sáquelas y barnícelas con la mantequilla fundida, espolvoréelas con azúcar y regréselas al horno durante 5 minutos más. Déjelas enfriar.

Tortillas de harina integral
| RINDE COMO 10 TORTILLAS DE 14 Ó 15 CM |

En México ahora se venden tortillas de harina integral empacadas de varias marcas conocidas. Tienen muy buen sabor y textura y cuando se tuestan hasta estar doradas, son unos excelentes totopos para comer con cualquier botana, para acompañar frijoles refritos, etcétera. Estas tortillas son fáciles de hacer; en realidad no importa si no las puede hacer perfectamente redondas —sino hasta que haya tenido una constante práctica diaria. Después de todo, quien objete que no son redondas sus tortillas no necesita ser invitado de nuevo.

Es mejor, pero no esencial, utilizar harina con un alto contenido de gluten; simplemente añadiendo a la mezcla un poco de harina con gluten o gluten concentrado la masa se vuelve lo suficientemente flexible para ser extendida al tamaño requerido. Cuando se cuecen deben volverse opacas con puntos color café. Estas tortillas se pueden congelar y pueden hacerse uno o dos días antes para recalentarse en un comal o plancha caliente.

Ingredientes

1/2 cucharadita colmada de sal molida
1/2 taza de agua tibia, aproximadamente
150 g de harina (como 1 1/3 tazas)
90 g de harina integral (como 2/3 de taza)
1 cucharada colmada de gluten concentrado (opcional: véase comentario arriba)
60 g de grasa vegetal, cortada en pedacitos y suavizada
   pero no derretida

» Mezcle la sal con el agua tibia hasta que se disuelva. Sobre una tabla de amasar mezcle las dos harinas y con los dedos incorpore gradualmente la grasa hasta que la mezcla esté grumosa. Gradualmente se añade la mayor parte del agua, conservando como 2 cucharadas hasta ver cuánta se absorbe. Forme con la masa un cojín redondo, agregando más agua si es necesario para obtener una pasta elástica pero no pegajosa. Amásela durante 2 minutos.

» Dé a la masa la forma de una salchicha y córtela en 10 partes iguales. Con ellas haga bolas como de 4 cm de diámetro. Engrásese las manos y también las bolas para mantenerlas elásticas y déjelas cubiertas con un plástico engrasado por lo menos durante 30 minutos.

» Caliente el comal o plancha a fuego medio.

» No es necesario enharinar la mesa de trabajo. Tome una de las bolas de masa, prénsela con los dedos para formar un círculo como de 8 cm de diámetro. (Véanse fotos en las pp. 292 y 293.)

» Con el mismo rodillo angosto, y en forma circular, extienda la masa para formar un disco de 13 cm de diámetro. Para hacerlas hay dos métodos, el primero de los cuales permite más fácilmente conservar la forma redonda: estire gradualmente la masa desde el centro sobre el dorso de la mano y adelgace las orillas hasta que mida 15 cm; o bien continúe extendiéndola con el rodillo sobre la mesa. Coloque la tortilla sobre el comal caliente —debe sisear un poco cuando la masa lo toque. Si la masa se quema y humea, baje el calor inmediatamente y espere unos segundos antes de proseguir. Cueza el primer lado de la tortilla durante 10 segundos; casi toda debe estar opaca y algo jaspeada. Voltéela y cuézala por el segundo lado durante 8 segundos más, hasta que la tortilla esté opaca, pero no seca y dura, y luego 2 segundos más por el primer lado para asegurarse de que la masa está cocida. En una servilleta, coloque una sobre otra.

» Para recalentarlas a la hora de servirlas coloque las tortillas una por una sobre un comal bastante caliente y déjelas de 6 a 8 segundos de cada lado. Para tostarlas, hornéelas sobre una charola durante 20 minutos a 150 °C, dependiendo naturalmente del grueso de las tortillas. También puede hacerse sobre el comal, pero necesita tener cuidado de no quemarlas.

Nota: Cuando estas tortillas están tostadas son quebradizas y no son apropiadas para hacer tostadas.

El arte de la cocina mexicana

Tortillas de harina
| RINDE 10 TORTILLAS DE 45 CM |

Sonora es famoso, si no por otra cosa, por sus enormes tortillas de harina, delgadas como papel, que llegan a medir 50 cm de diámetro. Las llaman tortillas de agua y vulgarmente se les dice "tortillas de sobaco", porque son lanzadas con extraordinaria destreza de un brazo al otro, alcanzando los sobacos. Las mujeres de los barrios pobres de Hermosillo, y estoy segura de que las de muchos otros lugares del campo, hacen sin dificultad tortillas con 2 kilos de harina justamente antes de la comida del mediodía. Se cuecen en segundos en comales grandes. Una vez cocidas, se doblan en cuatro, como una servilleta, y se sirven como pan, ya sea durante el desayuno o la comida del mediodía.

Además de la enorme habilidad requerida, es necesario tener los ingredientes correctos. Las cocineras de ambos lados de la frontera, en Arizona y Sonora, confían plenamente en la marca de harina *Rose*, hecha con el trigo rojo de invierno que tiene un contenido de proteína del 11.8% aproximadamente, lo cual es importante; en vez de esto se pueden añadir 2 cucharadas de gluten concentrado. Aunque las familias antiguas deben haber usado manteca de cerdo, las cocineras modernas dicen que la manteca vegetal da mejores resultados para hacer tortillas de este tamaño. La manteca, e incluso una mezcla de manteca y grasa de res, puede utilizarse para hacer tortillas más chicas.

Ánimo, no tiene que hacer lo que hacen las señoras de Sonora; puede hacer una tortilla modificada como la hago yo. No importa si no forma un círculo perfecto —toma años de práctica perfeccionarlas, tal como sucede con la pasta de hojaldre. Si después de todo esto no adquiere el gusto por hacerlas, los supermercados venden tortillas de harina adecuadas para comer con la comida norteña.

Ingredientes

500 g de harina (4 tazas escasas) (véase comentario arriba), más 2 cucharadas de gluten (el gluten se compra en tiendas naturistas)
125 g de manteca vegetal, suavizada (como 1/2 taza)
1 cucharadita escasa de sal
1 taza de agua tibia, aproximadamente

» En la mesa de trabajo forme un círculo con la harina o póngala en el recipiente de su batidora eléctrica; mezcle la grasa con las puntas de los dedos. Disuelva la sal en el agua y agréguela poco a poco para ver cuánta se absorbe. Con un raspador recoja toda la harina hacia el centro de la mesa y forme una pasta homogénea; amase a mano o con el gancho de la batidora hasta obtener una pasta muy tersa y elástica —como 4 ó 2 minutos, respectivamente.
» Divida la masa en 10 trozos como de 90 g cada uno y forme una bola como de 5 cm de diámetro. Cubra las bolas con un plástico engrasado, envuélvalas y déjelas en un lugar tibio durante 20 minutos —a 21°C en tiempo de calor— o como 35 minutos en un lugar más fresco.

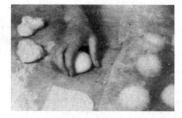

» Caliente un comal o plancha sin grasa.
» Tome una de las bolas y aplánela sobre la mesa de trabajo. Luego, con un rodillo delgado (bolillo), extiéndala en forma circular, como se muestra en la fotografía de la página siguiente, hasta obtener un disco como de 15 cm de diámetro. Estire la tortilla ligeramente en forma circular sobre el dorso de la mano enconchada. Luego, dejándola sobre una mano, trabaje la orilla estirándola poco a poco. Repita la operación y estire la tortilla con ambas manos hasta obtener una tortilla delgada y grande. No importa mucho el tamaño.

 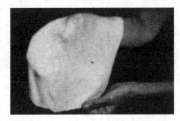 

» Coloque con cuidado la tortilla sobre la superficie caliente; debe sisear en cuanto la masa toque la superficie. Después de unos segundos voltéela y cuézala del otro lado. Entonces, al ponerse opacas, algunas partes se vuelven transparentes; déle vueltas de tal manera que las partes crudas se cuezan. No la deje más de unos segundos para que no le resulte una tortilla dura en lugar de una blanda. Dóblela en cuatro y cúbrala con una servilleta para mantenerla caliente.

| 20 TORTILLAS DE 20 CM |

» (Para hacer tortillas más pequeñas, siga la misma receta para mezclar la masa.)
» Corte la masa en 20 pedazos y forme con cada uno una bola de entre 4 y 5 cm. Cúbralas con un plástico bien engrasado y déjelas reposar como en la receta anterior.
» Al terminar el periodo de reposo, tome una de las bolas (deje cubiertas las demás) y prénsela con las manos. Usando un rodillo extiéndala en forma circular como se muestra en la fotografía (arriba), tratando de hacer la tortilla tan redonda como sea posible. Se extiende como hasta 20 cm y se cuece sobre un comal o plancha, como en la receta anterior.

Burras

Las burras (llamadas burritos en Estados Unidos) son tacos del noroeste de México hechos con tortillas de harina en lugar de tortillas de maíz. Se rellenan, se enrollan y se sirven con una simple salsa de jitomate, la salsa de jitomate norteña (p. 224). Tradicionalmente las burras se rellenaban con carne de res seca guisada con chile colorado, pero también pueden rellenarse con carne machaca con o sin huevo (p. 224).

Otros rellenos para burras
» Tiras de queso: 500 g de queso cortado en tiras largas.
» Chorizo frito: 500 g de chorizo.
» Huevos revueltos con chorizo: 250 g de chorizo para 7 huevos grandes.
» Chorizo frito con papas: se preparan 3 tazas de relleno para molotes (p. 47 y 48).
» Frijoles y queso: un puré de frijoles medio fritos (p. 144), con queso fundido en el último momento (250 g de frijoles garbancillos para 125 g de queso).

Chivichangas

Las chivichangas, llamadas *chimichangas* en Estados Unidos, comúnmente se hacen con tortillas de harina muy grandes, las cuales se doblan como un sobre o se enrollan y fríen hasta que crujen. Se rellenan y sirven en la misma forma que las burras. Se tiene que aumentar la cantidad de relleno como en una cuarta parte.

XII

Postres, helados y dulces

- FLAN A LA ANTIGUA
- FLAN DE CAFÉ
- CHONGOS ZAMORANOS
- HUEVOS REALES
- NATILLAS DE VICKI
- QUESO DE NÁPOLES
- BUDÍN DE LIMÓN
- TORTA DE PIÑA DE LOS VIRREYES
- COCO DE AGUA
- COCADA BÁSICA
- COCADA CON PIÑA
- LIMONES RELLENOS DE COCADA
- COCADA ENVINADA
- ATE DE GUAYABA
- MEMBRILLATE
- GUAYABAS EN ALMÍBAR
- NIEVE CREMOSA DE GUAYABA
- DULCE DE ZAPOTE NEGRO
- HELADO DE ZAPOTE NEGRO
- HELADO DE CHIRIMOYA
- HELADO DE CHICOZAPOTE
- HELADO DE MAMEY
- HELADO DE GRANADA CHINA
- HELADO DE MANGO

Notas:

Los postres tradicionales mexicanos son, casi sin excepción, muy dulces; se basan en los llamados postres "conventuales" de España y Portugal, ricos en almendras, piñones, huevos y mucha azúcar. Las pastas de frutas —los ates—, originarias del Medio Oriente, se introdujeron en México vía la España morisca, como también lo fue la caña de azúcar.

Las monjas de la época colonial pueden ser consideradas como las innovadoras de la nueva cocina criolla (de entonces) que se desarrolló cuando empezaron a utilizar los ingredientes que encontraron en el Nuevo Mundo, mezclándolos con los que habían traído de España pero usando las técnicas culinarias clásicas. Camotes, piñas, zapotes, semillas de calabaza y amaranto, para mencionar unos cuantos, fueron incorporados a los postres y dulces que hoy existen.

Además de los postres mencionados, las frutas cristalizadas, frutas cocidas en piloncillo hasta darles un color café oscuro, y las miniaturas de frutas de colores, confeccionadas con mazapán de almendras o pepitas, se sirven con frecuencia en la merienda, al anochecer, con café o té, mientras que los panes de levadura o los tamales dulces son para el desayuno o la cena.

Para mi gusto, el final perfecto de una abundante comida mexicana es una ensalada de frutas tropicales combinadas, cada una cortada en forma diferente, o nieves cremosas a base de frutas (diferentes de los helados con huevo) o sorbetes. Aquí es donde usted tiene la posibilidad de romper con la tradición impunemente, pero puede pensar en agregar un flan para quienes consideran que la comida no está completa sin él.

No hay grandes técnicas que enseñar aquí; aunque muchas recetas de postres mexicanos toman mucho tiempo para hacerse, no son, con todas sus fanfarrias, más complicadas que las de un postre austriaco o francés.

Flan a la antigua

| RINDE 8 PORCIONES | JOSEFINA VELÁZQUEZ DE LEÓN

No sería una exageración decir que el flan es el postre más popular de México y el que los extranjeros siempre consideran que es el final de una comida mexicana. Hasta cierto punto están en lo correcto. A la vez que delicioso, es suave y reconfortante después de una comida picante, y uno nunca parece cansarse de él —siempre y cuando esté bien hecho, naturalmente.

Evite las recetas que requieren leche enlatada o sólo una brizna de huevo, y goce de la calidad rica y satinada de este clásico flan acaramelado.

A mí me gusta hacer un caramelo quemado, muy oscuro, que proporcione un buen contraste para un flan que no debe estar demasiado dulce.

Si tiene tiempo, haga este flan el día anterior para darle tiempo de cuajarse y que sea más fácil de cortar. Yo utilizo el molde mexicano para flan, pero puede usar cualquier clase de molde e improvisar un baño María. Asegúrese de que el agua esté muy caliente al empezar a cocer el flan y de que cubra por lo menos una tercera parte del molde.

El tiempo de cocimiento dependerá de lo hondo del molde; si es de menos de 8 cm probablemente tome menos tiempo.

Ingredientes

EL CARAMELO
3/4 de taza de azúcar

EL FLAN
1 litro de leche
1 pizca de sal
1/2 taza de azúcar
1 raja de canela o de vainilla
1 pedacito de cáscara de naranja o de limón (opcional)
4 huevos
6 yemas

» En un sartén pequeño y grueso caliente el azúcar a fuego lento hasta que el caramelo empiece a disolverse. Sacuda el sartén ligeramente (sin revolver) hasta que toda el azúcar se haya derretido. Aumente el fuego y deje burbujear el caramelo hasta que tome color.

» Vacíelo dentro del molde y gírelo rápidamente en todas direcciones, ladeándolo en forma circular hasta que la superficie —el fondo y como 5 cm de los costados— queden ligeramente cubiertos con el caramelo. Si este se espesa demasiado, caliente el molde a fuego bajo o sobre agua caliente, dependiendo del material, y continúe forrando el molde. Déjelo enfriar.

» Ponga la leche, sal, azúcar y canela o vainilla en una cacerola, revuélvalos y póngalos a hervir hasta que el azúcar se haya disuelto. Déjelo hervir lentamente teniendo cuidado de que no se derrame, hasta que la leche se haya reducido a 1 1/3 tazas. Déjelo enfriar.

» Coloque la parrilla en la parte más baja del horno calentado a 165 °C.

» Bata juntos las yemas y los huevos y mézclelos con la leche tibia. Cuélela y vacíela en el molde para flan y póngala a baño María dentro del horno. Después de 2 horas se prueba con una aguja larga o con un palillo; si sale limpio, el flan está cocido. Retírelo del horno y déjelo reposar en el agua como 15 minutos más. Retírelo y déjelo enfriar completamente antes de refrigerarlo.

» Para desmoldarlo introduzca por toda la orilla una espátula delgada con extremo redondo y ladee suavemente el molde de un lado a otro para ver si el flan se ha desprendido. Si el caramelo se ha endurecido en el fondo del molde, colóquelo en un recipiente con agua caliente durante unos momentos y haga el intento de nuevo. Coloque el platón —debe tener orilla para contener la miel— sobre el molde, inviértalo rápidamente, y rece para que el flan salga entero.

» Sirva un triángulo de flan con bastante caramelo.

Flan de café

| RINDE 6 A 8 PORCIONES |

El flan de café es una variante deliciosa del postre clásico. Y algo que no es tradicional: a mí me gusta al servirlo ponerle un poco de Kahlúa encima y poner aparte crema batida sin endulzar para los que no están a dieta. A mí me gusta el caramelo muy oscuro porque hace un buen contraste con el flan.

Un flan siempre es mejor si se prepara el día anterior porque así tiene tiempo de cuajarse y se desmolda más fácilmente. De hecho se conserva muy bien en el refrigerador durante algunos días.

Aunque yo utilizo una flanera, un molde mexicano de hoja de lata con su propio baño María, cualquier molde es adecuado improvisando el baño María en una cacerola o cualquier recipiente lo suficientemente hondo para que el agua cubra por lo menos una tercera parte del molde.

Ingredientes

EL CARAMELO
3/4 de taza de azúcar

EL FLAN
1 litro de leche
1 pizca de sal
1/2 taza de azúcar
1/2 cucharadita de extracto de vainilla
2 cucharadas de café instantáneo (no descafeinado)
4 huevos
6 yemas

» En un sartén grueso, a fuego lento, caliente el azúcar para el caramelo hasta que empiece a disolverse. Sacuda ligeramente el sartén, sin revolver, hasta que el azúcar se haya fundido. Aumente el calor y revuelva el caramelo mientras burbujea y toma color. Vacíe el caramelo dentro del molde y mueva este rápidamente en todas direcciones, ladeándolo en forma circular de un lado a otro, hasta que toda la superficie y como 5 cm de los lados queden cubiertos con una capa delgada. Si el caramelo se espesa demasiado antes de llegar a este punto, caliente el molde sobre fuego lento hasta que el caramelo se deslice suavemente y se pueda continuar cubriéndolo.

» Vierta la leche, sal y azúcar en una cacerola gruesa y póngala a hervir ligeramente, revolviendo de vez en cuando, hasta que el azúcar se haya disuelto. Siga hirviéndola con cuidado para que no se derrame —hasta que se haya reducido como 1/2 taza. Mezcle la vainilla y el café pulverizado y déjelo enfriar.

» Coloque la parrilla en la parte más baja del horno calentado a 165 °C.

» Bata juntos los huevos y las yemas, agréguelos a la leche cuando esté tibia. Cuélela sobre el molde preparado y cuézala a baño María con el agua hirviendo, durante 1 3/4 horas. El tiempo de cocimiento dependerá de la profundidad del molde del flan. Si es de menos de 5 cm probablemente lleve menos tiempo. Pruébelo introduciendo una aguja larga o un palillo; si sale limpio, el flan está cocido. Déjelo enfriar durante 15 minutos dentro del baño. Retírelo y déjelo enfriar completamente antes de refrigerarlo.

» Para desmoldar el flan introduzca cuidadosamente por la orilla una espátula delgada de punta redonda, ladeando el molde de un lado a otro para ver si se ha desprendido. Si el caramelo se ha endurecido en el fondo del molde, colóquelo en un recipiente con agua caliente por corto tiempo y haga el intento de nuevo. Desmóldelo en un platón un poco hondo y vierta el resto del caramelo alrededor.

Chongos zamoranos

| RINDE 8 PORCIONES | INSPIRADA POR LA SEÑORA JOSEFINA VELÁZQUEZ DE LEÓN

Se supone que los chongos se hicieron por primera vez en Zamora, una rica área lechera que está en el norte de Michoacán. La palabra chongo significa nudo —el cabello atado en la base de la nuca con forma de nudo— y cuando, después del largo periodo de cocimiento, están ya cortados en pedazos, los chongos semejan pequeños nudos. Difícilmente encontrará chongos hechos en casa; la mayor parte de los restaurantes adquieren los enlatados que son demasiado dulces y "rechinan" al masticarlos. Obviamente obtendrá mejores resultados usando leche bronca; la cuajada será más firme y utilizará menor cantidad de cuajo. La leche homogeneizada y pasteurizada necesitará mayor cantidad de cuajo de la recomendada por el fabricante de las pastillas o líquido. (Si puede, adquiera cuajo en forma líquida; las pastillas varían mucho en efectividad.)

Si los chongos no se cocinan a una temperatura muy baja, se desintegrarán en el suero. Para hacerlos utilizo una cazuela de barro, que es ideal porque me parece que los recipientes de metal esmaltado conservan demasiado el calor para que se cuezan bien. No trate de hacerlos con leche descremada porque saldrían "pobres". No vale la pena hacer una pequeña cantidad de chongos; además de que uno se vuelve un poco adicto a ellos, se mantienen muy bien en el refrigerador por algunos días.

Ingredientes

2 litros de leche
cuajo líquido o en tabletas (véanse las instrucciones del fabricante)
2 cucharadas de agua si es necesaria
1/2 taza de piloncillo rallado o azúcar morena
1 trozo de canela de 5 cm en tiras

EL ALMÍBAR
2 tazas de agua
2 tazas de piloncillo rallado o azúcar morena
1 trozo de canela de 5 cm, despedazado

» Caliente la leche a 50 °C (o siga las instrucciones del fabricante del cuajo). Si está usando tabletas, tritúrelas y disuélvalas en el agua cuando la leche alcance la temperatura correcta, no antes. Mezcle el cuajo con la leche y revuélvala durante 20 segundos para que se distribuya uniformemente.

» Tápela y déjela en un lugar tibio. Aunque la leche se cuaje en mucho menos tiempo, es mejor dejarla de 2 a 3 horas. Para probar si la leche se ha cuajado como debe, ponga un dedo sobre ella. La leche cuajada no debe adherirse a la piel, sino separarse con facilidad de ella.

» Corte la leche cuajada en triángulos o rectángulos, espolvoréelos con azúcar, inserte rajitas de canela en el suero donde la leche cuajada se separa. Ponga el recipiente a fuego muy lento; tal vez tenga que usar placas de asbesto, y deje hervir la leche lo más bajo que pueda, de manera que las burbujas no rompan la leche cuajada. Manténgala a fuego lento hasta que la leche cuajada esté casi dura y se haya encogido un poco —como 3 horas. Déjelos enfriar completamente. Retire los cuajos del suero, córtelos en trozos más pequeños si lo desea y escúrralos por completo.

» Mientras los chongos se están cociendo prepare el almíbar. En una cacerola gruesa vierta el agua, el azúcar y la canela. Cuézalas a fuego lento, removiendo de vez en cuando hasta que el azúcar se haya disuelto. Continúe el hervor hasta que se reduzca 1 1/2 tazas —de 15 a 20 minutos. Déjelo enfriar.

» Cuando los trozos de leche cuajada estén completamente fríos y escurridos, colóquelos en un platón —por encima estarán bastante tersos y por debajo tendrán una especie de burbujas color café. Vierta la miel alrededor y déjelos macerar durante 1 hora antes de servirlos. Siempre guárdelos en el refrigerador.

Huevos reales
| RINDE 4 PORCIONES |

Los huevos reales son de los típicos postres llamados de convento que fueron introducidos en México en la época colonial por monjas de España y Portugal. Utilizaban enormes cantidades de huevos y almendras para hacerlos y eran sumamente dulces. Sin embargo, para esos cánones, este postre no es demasiado dulce. De hecho los huevos reales son una especie de esponja sin harina ni azúcar, humedecida y endulzada con la miel con la que se bañan al final.

Para hacer este postre yo utilizo mi molde de flan, el cual tiene 15 cm de diámetro y es ideal. Pero cualquier molde estará bien siempre y cuando las yemas batidas no se extiendan demasiado; lo ideal sería que las yemas tuvieran 4 cm de profundidad antes de cocerse y de 2 a 2 1/2 cm después de cocidas.

Asegúrese de que el agua del baño María esté muy caliente cuando ponga el molde listo dentro de él, para que los huevos no se separen; el agua debe llegar por lo menos hasta una tercera parte del molde.

Los huevos reales se pueden preparar con bastante anticipación; se conservarán bien en el refrigerador durante algunos días.

Ingredientes

mantequilla sin sal para engrasar el molde

LOS HUEVOS
5 yemas
1 pizca de sal
1 cucharada de agua

EL ALMÍBAR
3/4 de taza de agua
1/2 taza de azúcar
1 trozo de canela de 5 cm, en rajas
1 1/2 cucharadas de pasas
2 cucharadas de jerez seco o ron
1 cucharada de piñones o almendras en tiras

» Caliente el horno a 180 °C y coloque la parrilla en la parte más baja. Enmantequille abundantemente los lados y el fondo del molde. Ponga en la batidora eléctrica las yemas, sal y agua, bátalas durante 5 minutos o hasta que estén a punto de listón: cuando cuelgan gruesas cintas del batidor. Vacíe la mezcla en el molde preparado, tápelo y póngalo en el baño María ya caliente. Horneélo hasta que la mezcla esté firme y esponjosa al tacto —como 40 minutos.

» Retire los huevos del horno y déjelos enfriar. Mientras tanto, prepare el almíbar. Ponga el agua en una cacerola, añada el azúcar y, a fuego lento, revuélvala hasta que se disuelva. Agregue la canela y póngala a hervir. Continúe con un hervor fuerte hasta que la mezcla se espese ligeramente —como 5 minutos. Usando una espátula redondeada, con cuidado desprenda los huevos de los lados y del fondo del molde y voltéelos sobre una tabla. Con un cuchillo afilado córtelos en 4 ó 6 secciones triangulares y colóquelas en una sola capa en la cacerola con el almíbar caliente. Añada las pasas y caliente a fuego lento para que los huevos se inflen y absorban el almíbar. Pase los pedazos a un platón y acomódelos en una sola capa. Mezcle el jerez y los piñones con el almíbar y viértalo sobre los huevos reales. Déjelos enfriar y macerar durante 2 horas antes de servirlos.

Natillas de Vicki
| RINDE 5 TAZAS |

TEQUILA, JALISCO

En Tequila, Vicki tenía un pequeño restaurante donde uno podía comer bien, comida sencilla a un precio moderado. El nombre del postre es engañoso. Hablando con precisión, las natillas se refieren a una *crème anglaise*, y esto debe llamarse jericalla, pero así es. Cualquiera que sea el nombre, es un tipo de flan cocido en baño María (se puede improvisar uno con una charola para asar). Vicki insiste en que se use leche bronca para hacer las natillas, pero no es realmente necesario. He reducido la taza de azúcar que ella utiliza a 3/4 de taza.

Este postre puede comerse tibio o a temperatura ambiente. En el refrigerador se conserva muy bien durante algunos días, pero al servirlo debe estar a temperatura ambiente.

Ingredientes

mantequilla sin sal para engrasar las tazas para el flan
1 litro de leche
3/4 de taza de azúcar
1 pizca de sal
1 pizca de bicarbonato
2 huevos
3 yemas

» Caliente el horno a 180 °C, coloque la parrilla en la parte baja del horno. Vierta en la charola 3 cm de agua y póngala a calentar en el horno. Enmantequille los moldes para el flan.
» Coloque la leche y el azúcar en una cacerola y a fuego lento revuelva hasta que el azúcar se haya disuelto. Agregue la sal y la pizca de bicarbonato. Bata los huevos y las yemas y revolviendo añada 1/4 de taza de leche caliente hasta que la mezcla esté tersa; cuélela al resto de la leche caliente y revuélvala bien. Llene los moldes preparados para el flan y hornee hasta que las natillas estén cuajadas y bien doradas en la superficie —aproximadamente de 1 a 1 1/2 horas.

Queso de Nápoles

| RINDE 8 PORCIONES |

FAMILIA GONZÁLEZ, TEQUILA, JALISCO

Este es uno de esos postres concentrados y empalagosos que tanto gustan, y viene de un libro de cocina familiar de una de las familias más antiguas de Tequila. Una vez horneado se infla como un pastel, y si se envuelve correctamente se conservará en el refrigerador durante algunos días. Aun cuando tradicionalmente se come solo, un poco de crema batida sin endulzar o frutas sancochadas no le vendrían mal.

Ingredientes

60 g de almendras peladas y picadas gruesas
1 1/2 litros de leche
375 g de azúcar granulada (como 1 1/2 tazas)
1/4 de cucharadita de bicarbonato
mantequilla sin sal para el refractario
6 claras
15 almendras peladas, partidas por la mitad

» En un molino de café o especias muela una tercera parte de las almendras picadas hasta obtener una pasta de una consistencia harinosa y con cierta textura.
» A fuego lento disuelva en la leche el azúcar y el bicarbonato. Aumente el fuego y déjela hervir, revolviéndola de vez en cuando hasta que empiece a espesar —como 20 minutos. Mezcle las almendras molidas con la leche y continúe cocinando hasta que la leche esté bastante espesa; al revolverlo debe poder ver el fondo del recipiente —como 30 minutos. Vacíelo a un recipiente grande y déjelo enfriar.
» Caliente el horno a 200 °C. Engrase abundantemente un refractario, lo ideal es de 20 x 20 x 5 cm.
» Cuando la mezcla esté tibia agregue las claras de una en una, batiendo bien en cada ocasión. Cuando todas hayan sido incorporadas, póngala en el refractario preparado, adórnela con las mitades de almendra y hornéela hasta que esté esponjosa pero firme al tacto y con un color dorado oscuro —como 30 minutos. Déjala enfriar, de preferencia durante toda la noche antes de servirlo.

Budín de limón

| RINDE DE 6 A 8 PORCIONES |

LA COCINERA POBLANA, 1877

Esto se parece más a un pastel de almendra que a un budín. Si desea servirlo como postre caliente, sugiero que prepare una salsa de limón para acompañarlo.

Un molde hondo, de 15 cm de diámetro, es ideal. La mezcla se inflará y luego disminuirá a la mitad de su tamaño original.

Ingredientes

**125 g de almendras limpias
6 yemas
1 clara
125 g de azúcar (1/2 taza)
raspadura de 2 limones grandes
1/3 de taza de polvo de bizcocho
2 cucharadas de mantequilla sin sal**

» Enmantequille muy bien el molde. Caliente el horno a 180 °C. Coloque la parrilla en la mitad del horno.

» Ponga las almendras en la licuadora y muélalas de tal manera que queden con textura. Bata las yemas y la clara a punto de listón —de 5 a 7 minutos. Agregue el azúcar gradualmente, de cucharada en cucharada, y después la raspadura de limón y las almendras molidas.

» Vacíe la mezcla en el molde preparado, póngale encima el polvo de bizcocho y luego la mantequilla. Hornéela hasta que la "esponja" esté firme —de 20 a 25 minutos. Para ver si está listo introduzca una aguja; si sale perfectamente limpia, el budín está cocido. Apague el horno y deje allí el budín durante 5 minutos más. Déjelo en algún lugar fresco libre de corrientes de aire y no intente desmoldarlo hasta que esté completamente frío. Desmóldelo con cuidado ya que es muy delicado.

Torta de piña de los virreyes
| RINDE DE 8 A 10 PORCIONES |

Hace algunos años estaba escribiendo un comentario sobre un libro fascinante que tengo entre mi colección, *La cocinera poblana*, volúmenes I y II (publicados en Puebla en 1877), y tropecé con una receta que he reconstruido (más que adaptado). A mí que no me gustan particularmente los postres de arroz dulce (habiendo quedado saturada de budín de arroz durante mi infancia en Inglaterra), me volví loca por éste.

No es empalagosamente dulce, como muchos de los postres conventuales mexicanos —que en su mayoría vienen de España y Portugal— y tiene la agradable textura crujiente de la piña y las almendras.

Tenga cuidado de no sobrecocer el arroz hasta que se vuelva pastoso; naturalmente tampoco debe estar *al dente*. Una vez cocida, la torta debe tener un espesor como de 4 cm, así es que necesitará un refractario en el que quepa; lo ideal es que sea de 20 x 20 x 5 cm. Puede comerse el día que se prepara, pero es mejor después de estar un día en el refrigerador. Siempre sírvala a temperatura ambiente, no fría, y báñela con el almíbar al servirla ó 5 minutos antes. Este también debe estar a temperatura ambiente.

Ingredientes

- 2 tazas de agua
- 2 tazas de piloncillo rallado o azúcar morena
- 1 trocito de 5 cm de canela, en rajitas
- la raspadura de 1/2 limón
- 3 tazas de piña en cuadritos más el jugo que escurre
- 3 cucharadas de jugo de limón
- 1 cucharada de mantequilla sin sal
- 150 g de arroz, cocido, escurrido y frío
- 30 g de almendras (1/3 de taza escasa) peladas, en tiras, y tostadas
- 60 g de pasas (como 1/3 de taza)
- 4 huevos grandes, con la clara y la yema por separado
- 1 clara de huevo
- 30 g de piñones (como 1/4 de taza)
- 1 cucharada de azúcar glass, cernida

» En una cacerola ponga el agua, azúcar y canela; caliéntela y revuélvala hasta que el azúcar se haya disuelto. Agregue la raspadura de limón y póngala a hervir; continúe el hervor durante 10 minutos. Añada la piña y su jugo y cuézala a fuego medio hasta que esté transparente y suave —como 10 minutos.

» Escurra la piña. Regrese al recipiente el jugo de la piña junto con el de limón y cuézalos a fuego alto hasta que se reduzcan como a 1 1/4 tazas y queden como almíbar espeso —como 15 minutos. Déjelo enfriar. Caliente el horno a 190 °C y coloque la parrilla en la parte superior. Enmantequille bien el refractario.

» Mezcle el arroz frío con la piña, almendras y pasas. Bata las claras hasta formar picos suaves (que cuando voltee el recipiente boca abajo no se desprendan), pero sin que queden demasiado secas. Bata bien las yemas y agréguelas al arroz y las claras batidas. Con cuidado, vierta la mezcla sobre el refractario preparado, póngale encima los piñones y hornéela hasta que la superficie quede esponjosa y dorada —de 20 a 25 minutos. Espolvoree la torta con el azúcar glass y déjela enfriar. Sirva cada porción con bastante almíbar a temperatura ambiente (véase comentario arriba).

Coco de agua *(Cocos nucifera)*

Naturalmente, usted puede adquirir coco rallado sin endulzar de buena calidad, pero en ocasiones, para algunas recetas especiales (o donde no se puede encontrar) es mejor comprar un coco entero para prepararlo usted mismo.

Primero necesita un coco maduro pero no reseco, no uno de pulpa delgada como los que venden en las playas tropicales. Asegúrese de que los "ojos" en la parte superior estén intactos. Sacúdalo para asegurarse de que tiene bastante agua en el interior.

Perfore dos de los "ojos" con un punzón —uno para que penetre el aire, y el otro para que salga el líquido. Saque el agua y pruébela. Si está rancia, seguro la pulpa también lo estará, así es que tire todo. Si está dulce, consérvela para hacer la cocada (receta a continuación).

Caliente el horno a 190 °C. Coloque el coco entero sobre la parrilla superior y hornéelo hasta que se abra —como 15 minutos. Sáquelo y golpéelo fuertemente por todos lados con un martillo para desprender la pulpa de la cáscara. Ábralo completamente y desprenda la pulpa que todavía esté adherida a la cáscara.

Con un pelador de papas filoso, pele y tire la capa dura color café. Ralle la pulpa del grueso requerido. (Utilice un rallador mediano, ni demasiado fino ni demasiado grueso. No lo ponga en el procesador de alimentos con las aspas de metal —estas picarán la pulpa y nunca obtendrá una cocada satisfactoria.) Pese o mida la pulpa; un coco de buen tamaño debe pesar como 500 g de pulpa ó 6 tazas sin apretar. La pulpa que sobre la puede congelar; el agua que sobre la puede beber —es un buen diurético.

Nota: El líquido obtenido del coco es agua, y la sustancia lechosa extraída de la pulpa es la leche; si prensa fuertemente la pulpa rallada, obtendrá la crema.

Cocada básica
| RINDE COMO 4 TAZAS |

Ingredientes
1 1/2 tazas de agua de coco o agua
500 g de azúcar (2 tazas)
500 g de coco rallado sin azúcar (ver arriba)

» En una cacerola gruesa ponga el agua y el azúcar, caliéntela a fuego medio y revuélvala hasta que el azúcar se disuelva. Luego ponga el almíbar a hervir a fuego alto, revolviéndolo mientras espesa para que no se queme, hasta que alcance el punto de hebra (110 °C en el termómetro para dulce) —como 15 minutos. Agregue el coco y mézclelo muy bien hasta que se haya impregnado del almíbar, y continúe la cocción revolviendo y raspando el fondo del recipiente hasta que esté transparente y la mezcla se desprenda de la superficie de la cacerola —como 15 minutos.
» Vacíela sobre una charola plana para que se enfríe y luego úsela para rellenar limones (receta a continuación).

Nota: Un poco de jugo y raspadura fina de la cáscara de algún cítrico pueden agregarse para darle más sabor.

Chiles frescos

Chiles secos comunes

Chiles secos poco conocidos

Diversas especies de hongos

Hojas aromáticas empleadas en la cocina regional

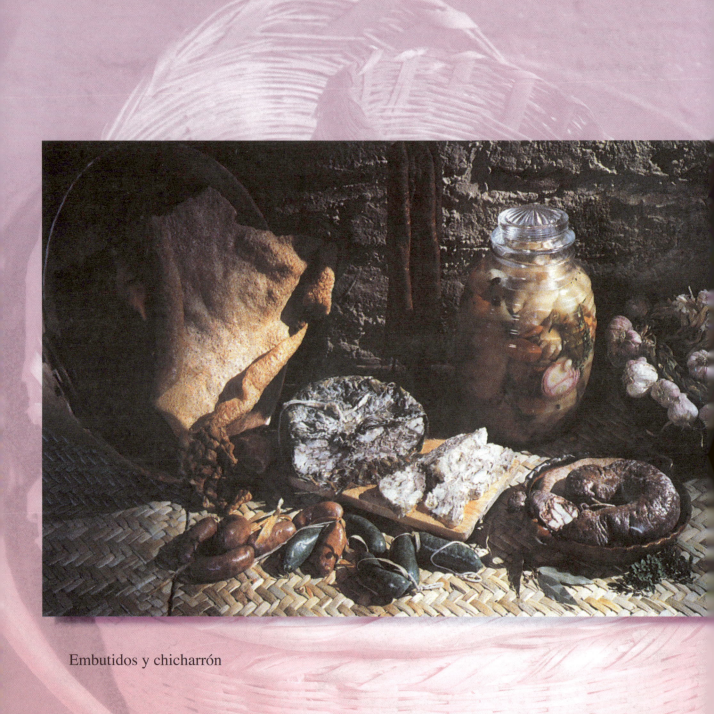

Embutidos y chicharrón

Algunas clases de verduras y hierbas

Ingredientes y especias para la comida mexicana

Cocada de piña

| RINDE DE 8 A 10 PORCIONES |

Sin duda, de los postres de coco este es mi favorito; la piña proporciona el contraste perfecto al sabor de todo lo demás.

Si prefiere una cocada más consistente, aumente 125 g de azúcar (1/2 taza) y 1 taza de piña.

Al igual que la receta anterior, la cocada se conservará durante 1 mes en el refrigerador. Debe servirse a temperatura ambiente. El molde más adecuado es uno de 23 x 23 x 5 cm por lo menos.

Ingredientes

1 piña grande, limpia, sin corazón (como 1 kg de pulpa)
750 g de azúcar (como 4 tazas)
500 g de coco rallado (véase p. 304)
5 yemas, bien batidas y coladas

PARA LA DECORACIÓN
1/3 de taza de almendras, peladas y cortadas por la mitad

» Corte la piña en cuadritos. Ponga una pequeña cantidad a la vez en el vaso de la licuadora y muélala hasta que esté casi tersa pero con cierta textura. Esto debe rendir como 6 tazas.

» Ponga el puré de piña en un sartén grueso a fuego medio, agréguele el azúcar. No deje de moverlo mientras esta se disuelve. Aumente el calor y hierva hasta que alcance una temperatura de 95 °C en el termómetro para dulce, justamente antes de llegar al punto de hebra. Añada el coco y revuélvalo hasta que quede bien incorporado a la piña.

» Continúe el cocimiento a fuego alto, revolviendo y raspando el fondo de la cacerola hasta que la mezcla espese —como 15 minutos. Agregue como 2/3 de taza de esta a las yemas y revuélvalas muy bien. Regrésela al sartén y mézclela con rapidez dejándola a fuego alto y sin dejar de revolver hasta que la mezcla empiece a secarse por la orilla y se vea el fondo de la cacerola —como 10 minutos más.

» Vacíela en un molde que tenga por lo menos 4 cm de profundidad, alise la superficie con una espátula, decórela con las almendras y colóquela bajo un asador muy caliente, a 5 cm del fuego, para que se dore. Deje que se enfríe antes de servirla.

Limones rellenos de cocada
| RINDE 12 LIMONES |

Este es un postre o golosina extraordinario y delicioso. No es para los que quieran hacer cosas rápidas, sino para los que deseen conservar una tradición culinaria y para los que quieran crear algo hermoso, tanto para la vista como para el gusto. La primera vez que probé estos limones rellenos (fuera de los que hacen comercialmente, los cuales tienden a estar resecos y con un brillante color artificial) fue en casa de una gran amiga y cocinera, María Dolores Torres Yzábal. Fueron ella, su ayudante Alicia, de Puebla, y *La cocinera poblana*, quienes me ayudaron a perfeccionar esta receta. María Dolores me dijo que su madre solía preparar los limones en una miel espesa pero que no los rellenaba —es un postre tradicional sonorense. Siempre preparo 2 limones de más —uno en caso de que alguno se rompa, el otro para probar su textura y comprobar que ya no está amargo.

La receta sólo saldrá bien con limones pequeños, de cáscara delgada, como los mexicanos o los *key limes*. La variedad persa, de piel gruesa y que se consigue con más facilidad, no es apropiada. Tampoco sirven si les dan brillo con cera, un absurdo truco que se está haciendo copiando uno de los peores hábitos del vecino del norte.

Si vive en un área donde se cultiven cítricos, se dará el lujo de tener las flores y las hojas para el sabor y la decoración final. Si no, su imaginación puede ejercitarse —no es difícil cuando un postre es tan "glamuroso" como este. Si tiene de dónde escoger, seleccione limones que estén poco menos que maduros y muy verdes, no los que están a punto de volverse amarillos.

La cocinera poblana, publicado en 1877, aconseja tener los limones siempre cubiertos con agua durante el cocimiento o periodo de remojo, así como en el almíbar; es de esta manera como toman un color verde-verde.

Una vez cocidos en el almíbar, los limones se conservarán indefinidamente si se tapan; si están expuestos al aire, se secan en pocos días y se vuelven duros, en especial si el clima está muy seco. La cocada se puede hacer y conservar en el refrigerador e incluso se puede congelar, y descongelar cuando los limones estén listos para ser rellenados unas horas antes de servirlos.

Ingredientes

- 14 limones pequeños (véase comentario arriba)
- 1 1/2 tazas de azúcar
- 3/4 de taza de agua
- 2 cucharadas de agua de azahar ó 4 flores y/u hojas de un cítrico (opcional)
- 1 1/2 tazas de cocada (p. 304)
- 12 flores de un cítrico (opcionales, para la decoración)

TENGA LISTO:
un recipiente de esmalte o acero inoxidable donde quepan los limones cubiertos con agua
un recipiente de cristal o porcelana donde quepan los limones cubiertos con agua

- » A los limones córteles una rebanada gruesa del extremo del tallo y deséchela. Llene el recipiente con suficiente agua hirviendo para cubrir los limones, añádalos, tápelos, póngalos a hervir a fuego alto durante 1 minuto. Retire los limones y póngalos en agua fría. Repita el procedimiento, cambiando el agua. (Es importante cambiar el agua en cada etapa para eliminar el sabor amargo.)
- » De uno en uno, retire los limones del agua fría, extraiga tanto jugo y semillas como sea posible, y vuelva a ponerlos en el agua. Utilizando unas tijeras afiladas y puntiagudas, corte alrededor las membranas duras que forman las divisiones. Con cuidado voltee el interior hacia afuera y retire el resto de las membranas adheridas a la piel. Raspando, retire toda la médula que sea posible —no se aflija si no sale todo la primera vez; tiene otra oportunidad. De nuevo coloque en agua fresca cada limón, todavía al revés, después de haberlo limpiado.
- » Coloque los limones limpios en un recipiente con agua hirviendo, cúbralos y hiérvalos durante un minuto, cámbielos a agua fría y repita el procedimiento.
- » Voltee los limones al derecho, póngalos en agua hirviendo, cúbralos y hiérvalos durante 5 minutos, y de nuevo póngalos en agua fría. Repita esto una vez más y luego pruebe en un pedacito de la piel; debe estar suave pero no demasiado. Si aún están un poco duros, hiérvalos 5 minutos más. Cúbralos con agua fría mientras prepara el almíbar.

- » En una cacerola mezcle el azúcar con el agua y revuélvala sobre fuego lento hasta que se disuelva. Póngala a hervir a fuego alto para que hierva y espume el almíbar. Cuando este alcance el punto de hebra delgada —a 110 °C en un termómetro para dulce—, agregue los limones y el agua de azahar; cúbralos y cuézalos durante 5 minutos a fuego medio. Retírelos del fuego y déjelos enfriar completamente dentro del almíbar. Deje que se sequen antes de rellenarlos con la cocada. A cada limón le caben como 2 cucharadas de cocada. Decórelos con las flores y/o las hojas y sírvalos.

Cocada envinada

| RINDE DE 8 A 10 PORCIONES |

Esta es una cocada ligera, pero si desea que quede un poco más firme, agregue de 125 a 250 g más de azúcar a la misma cantidad de agua y coco. Como este es un "postre de platón" —en el que se va a servir— es mejor usar un molde que por lo menos tenga 3 cm de profundidad. Cabe perfectamente en uno de 23 x 23 cm. Una vez cocida se conservará durante un mes en el refrigerador. Siempre debe servirse a temperatura ambiente.

Ingredientes

1 1/2 tazas de agua de coco (véase p. 304)
500 g de azúcar (2 2/3 tazas)
500 g de coco rallado, sin azúcar
4 yemas batidas y coladas
3 cucharadas de jerez medio seco o Madeira

PARA LA DECORACIÓN
1/3 de taza de pasas
1/3 de piñones o nueces

» En una cacerola gruesa ponga el agua y el azúcar y, revolviéndola, caliéntela a fuego medio hasta que el azúcar se haya disuelto. Déjelo hervir a fuego alto, meneando el almíbar para que al espesar no se queme y alcance el punto de hebra delgada (110 °C en un termómetro para dulces) —como 15 minutos. Agregue el coco y mézclelo hasta que quede bien impregnado del almíbar, y continúe la cocción revolviendo y raspando el fondo del recipiente hasta que el coco esté transparente —como 10 minutos. Añada como 2/3 de taza de la mezcla a las yemas batidas y revuélvalas rápidamente. Luego regrese la mezcla de los huevos a la cacerola, revolviéndola rápidamente hasta que quede bien incorporada.

» Continúe la cocción hasta que la mezcla se endurezca y se desprenda del fondo de la cacerola. Añada el jerez o Madeira y cuézala unos momentos más. Vacíela en un molde de 3 cm de profundidad y alise la superficie con una espátula.

» Coloque la cocada bajo el asador caliente como a 5 cm del fuego y déjela tomar un color café dorado. Decórela con pasas y nueces y deje que se enfríe.

Ate de guayaba

| RINDE COMO 4 PORCIONES DE 750 G |

La mayor parte de los países latinoamericanos y algunos del Caribe tienen sus ates o pastas de frutas. Originales del Medio Oriente, fueron traídos al Nuevo Mundo a través de la España morisca. Aunque los ates se pueden hacer con una variedad de frutas, los más populares en México son los de guayaba y membrillo. Una rebanada de ate, solo o acompañado de queso fresco, es un postre típico.

La guayaba amarilla (*Psidium guajava*) es originaria de la América tropical, probablemente de México y Colombia, según el eminente botánico Máximo Martínez. Es una fruta que, con raras excepciones, tiene mejor sabor cocida que cruda, ya que el sabor se acentúa una vez cocida.

Las guayabas pequeñas y redondas tienen más sabor que las variedades grandes y llamativas y desde luego, son mucho mejores para hacer ate. Como con cualquier conserva de fruta, mientras más fresca está la fruta, mejor, no sólo por el sabor, sino porque el contenido de pectina es más alto y la conserva cuaja en menos tiempo.

Algunos de los lugares en donde más se cultiva son ciertas áreas de Michoacán, que tiene un clima benigno. Conforme avanza el invierno y las guayabas maduran, las cocineras sacan sus grandes cazos de cobre (la mayor parte de ellos hechos en el pueblo de Santa Clara del Cobre). Como a los cazos de cobre de todas partes, si no están en uso constante, en la superficie se les forma una película color negro verdusco que debe limpiarse perfectamente antes de usarlos. Esto se hace con limón o naranja agria, sal gruesa o ceniza.

Todos estos postres son menos complicados de lo que parecen, pero hacerlos sí toma mucho tiempo. No vale la pena hacer una pequeña cantidad; además, una vez hecho, el ate puede conservarse en un lugar fresco por muchos meses. Algunos los he almacenado durante 2 años; se oscurecen e intensifican su sabor.

Para este ate puede usar cualquier tipo de molde o aro de madera.

Si no tiene un recipiente especial para hacer conservas, puede utilizar cualquier cacerola gruesa y honda, pero si es demasiado honda el ate tomará todo el tiempo del mundo para espesarse.

Ingredientes

3 kg de guayabas
1 1/2 litros de agua
2 kg de azúcar (como 12 1/2 tazas)

» Enjuague las guayabas y quíteles la flor marchita; no las pele.
» Corte horizontalmente cada guayaba y con una cuchara pequeña retire el centro carnoso con las semillas.
» Ponga las mitades vacías en una cacerola y la pulpa con semillas en otra. Añada 1 litro de agua a las mitades y 2 tazas a la pulpa. Cueza ambas a fuego medio; para que brote el hervor (si la fruta hierve mucho en esta etapa, baja la fuerza de la pectina). Hierva la pulpa durante 5 minutos. Hierva las mitades durante 10 minutos —deben quedar bastante suaves pero no pastosas.
» Cuele las mitades conservando el líquido en que se cocieron. Colóquelas en el recipiente del procesador de alimentos, o en un metate, y muélalas hasta obtener un puré con cierta textura; tendrá que hacer esto en cuatro porciones. Ponga el puré y el líquido que reservó en un cazo. Pase la pulpa y el líquido a través de un colador fino, extrayendo el mayor número posible de semillas —algunas se pasarán, pero no se preocupe: añadirán textura y fibra. Agregue el líquido espeso al recipiente. Añada el azúcar al cazo y, sobre fuego lento, revuelva hasta que el azúcar se disuelva.
» Aumente el fuego y cueza tan rápido como sea posible, revolviendo de vez en cuando para evitar que la mezcla se queme, y luego constantemente cuando comience a espesar. (Necesitará una cuchara de madera con el mango largo porque el ate brinca ferozmente y puede quemarse la mano.) Cuando la mezcla espese, se endurezca y se desprenda de los lados del recipiente, el ate está listo, Puede tomar hasta 1 1/2 horas.
» Mientras está caliente, vacíe el ate en moldes de no más de 5 cm de hondo y déjelos enfriar en un lugar fresco y seco. En cuanto se hayan endurecido, sáquelos de los moldes y continúe secándolos en algún lugar seco y ventilado, volteándolos una o dos veces al día, dependiendo de la humedad; esto puede llevarle de una a dos semanas. Almacénelos en un lugar fresco y seco entre capas de papel de estraza o de preferencia sobre petatitos de palma tejida (como los franceses que se utilizan para presentar quesos).

Membrillate

| RINDE COMO 6 CUADROS DE 10 X 10 X 5 CM | SEÑORITA ESPERANZA (†), ZITÁCUARO

Este método para hacer membrillate me lo dio la señorita Esperanza, quien es infalible cuando se trata de hacer conservas. Su padre fue supervisor de varios ingenios azucareros en la tierra caliente donde se cultivaba la caña al suroeste de Zitácuaro, Michoacán. Muchas cocineras, me dijo, agregan cierta cantidad de jalea de tejocote para acelerar el proceso. Pero si trata a la fruta con el respeto que se merece y hace resaltar sus cualidades de la siguiente manera, los aditivos no son necesarios.

Ingredientes

2 1/2 kg de membrillo
9 tazas de agua, aproximadamente
1 3/4 kg de azúcar

» Enjuague la fruta en agua fría. Quítele los residuos que tenga de las flores marchitas. No la pele. Corte los membrillos en 4 partes y retire el corazón con las semillas, etcétera; consérvelas. Parta la fruta en trozos grandes.

» Corte los corazones en trozos grandes. Coloque la mitad en el recipiente del procesador de alimentos con 1 1/2 tazas del agua y muélalos hasta formar un puré con una textura gruesa. Haga lo mismo con el resto de los corazones. Deje reposar el puré durante 2 horas.

» Cuele los corazones en una coladera fina, oprimiéndolos bien para extraer la mayor parte del jugo. Vierta el jugo en el cazo (o cacerola) junto con el azúcar y 2 tazas del agua. Revuelva sobre fuego lento hasta que el azúcar se haya disuelto. Aumente la lumbre un poco y cueza la mezcla sin que hierva rápido, hasta que tome un color caramelo claro —de 20 a 30 minutos.

» Mientras tanto, ponga la fruta con 4 tazas de agua fría en otro recipiente y cuézala a fuego medio hasta que esté suave (no permita que hierva rápido) —como 20 minutos. Pase una pequeña cantidad a la vez al recipiente del procesador de alimentos, o al metate, y muélala hasta obtener un puré espeso con algo de textura. Manténgalo caliente.

» Cuando la mezcla del cazo esté lista, añada el puré de la fruta y revuélvalo hasta que quede bien mezclado en la miel.

» Cuézalo a fuego alto, revolviendo y raspando el fondo del cazo, pero tenga cuidado, ya que al ir espesando, brinca, y puede quemarle la mano —al revolverlo cúbrase el brazo con una toalla si es necesario. Cueza la mezcla hasta que se formen grandes trozos que caigan de la cuchara cuando se saca del ate y hasta que se desprenda de los lados del cazo —como 25 minutos.

» El ate tendrá un color café rojizo pálido y se oscurecerá hasta tomar un color ámbar oscuro al almacenarse y secarse. También se reducirá mientras se seca.

» Siga las instrucciones de la receta anterior para desmoldar y almacenar.

Guayabas en almíbar
| RINDE DE 4 A 6 PORCIONES |

Las guayabas cocidas de esta manera, la cual resalta su sabor admirablemente, se pueden usar de muchas formas: como postre con crema batida, con una compota de frutas secas (ciruelas, chabacanos, etcétera), con una ensalada de frutas, para tartaletas o para mi versión de nieve con crema. Durante el otoño las guayabas están en su punto.* Las mitades de guayaba, sin semillas, también son excelentes rellenas de cocada. (*Las cocinas de México*, p. 273.)

Ingredientes

500 g de guayabas redondas y amarillas (véase comentario en pp. 308 y 309)
2 tazas de agua
2 trocitos de canela de 3 cm
1/2 taza de azúcar morena
la cáscara de 1/2 limón
1 cucharada de jugo de limón

» Enjuague las guayabas y quite solamente las flores marchitas y secas de la base; no las pele.
» Corte las guayabas horizontalmente. Ponga el resto de los ingredientes en una cacerola donde las guayabas quepan en una capa —pueden encimarse ligeramente. Hierva los ingredientes durante 8 minutos. Coloque las guayabas con el lado abierto hacia abajo dentro del almíbar caliente y hiérvalas durante 5 minutos. Voltéelas y cuézalas durante 5 minutos más. Los "cascos" deben estar suaves. Déjelas enfriar dentro del almíbar.
» Cuando estén tibias, retire el centro, páselo por una coladera fina y regrese el jugo al almíbar. Sírvalas a temperatura ambiente como se sugirió anteriormente. Yo no retiro ni la canela ni la cáscara de limón.

* *Nota:* Con el cambio en el clima, todo el año.

Helados de frutas

México, con sus numerosos microclimas, cultiva una gran variedad de frutas tropicales, la mayor parte originarias del lugar, y otras introducidas provenientes de diferentes países. He incluido aquí algunas recetas y descripciones de las que se encuentran con más frecuencia.

Aunque con algunas de estas frutas se preparan postres muy empalagosos —de los cuales no doy recetas ya que no estoy de acuerdo con mis amigos mexicanos amantes de lo dulce—, creo que son más exitosas en nieves de frutas. Sirviendo un surtido se logra un postre fascinante y colorido. (Yo preparo pequeñas cantidades de cada una y las guardo congeladas para la comida o cena indicada.)

La cantidad de azúcar depende mucho del gusto; siempre recuerde que lo frío disminuye el sabor, dulce o salado. Aunque estas nieves pueden usarse de inmediato, su sabor mejora cuando se las deja madurar, de 12 a 24 horas. La clara de huevo es opcional y da una textura ligera y espumosa. La crema también es opcional en algunas y esencial en otras, y da riqueza y cuerpo a la nieve sin llegar a convertirla en un verdadero helado de crema.

Si usted gusta como yo de una nieve con una textura más gruesa, puede picar parte de la fruta en lugar de molerla toda.

Nieve cremosa de guayaba
| RINDE COMO 3 1/2 TAZAS |

La nieve hecha con guayabas crudas es insípida, así es que inventé esta heterodoxa pero deliciosa versión. Es mucho mejor, naturalmente, agregando crema, y es más tersa si no le importa agregar una clara de huevo cruda.

Ingredientes
- 500 g de guayabas cocidas según la receta anterior
- 1/2 taza de azúcar morena
- 1/3 de taza de agua
- 1 pizca de sal
- 2 cucharadas de jugo de limón
- 1 clara batida hasta que espume y/o 1/2 taza de crema (opcional)

» Quite la canela, pero no la cáscara de limón, del líquido del cocimiento. Ponga las guayabas y su líquido en el recipiente del procesador de alimentos, agregue el azúcar, agua, sal y jugo de limón; haga un puré texturizado. Páselo a la máquina para hacer helados. Cuando la mezcla esté completamente fría y se eche a andar la batidora automática, agregue la clara y la crema batiéndolas hasta que la nieve tome forma, siguiendo las instrucciones de la máquina.

Zapote negro

El zapote negro (*Diospyros ebenaster*) o zapote prieto es una de las varias frutas de invierno originarias de la América tropical que llevan el nombre de zapote aunque no todas pertenecen a la misma familia botánica. Es una fruta redonda y regordeta; el tamaño promedio es como de 10 cm de ancho por 8 cm de alto. Tiene una cáscara delgada de color verde, y cuando está maduro la pulpa es brillante y de color chocolate oscuro; tiene de 3 a 8 semillas brillantes casi del mismo color, dispersas entre la pulpa. Tiene un delicado sabor dulce —como ningún otro que conozco— y debe comerse cuando está maduro y muy suave. En México el zapote negro por lo regular se come crudo, hecho puré con jugo de naranja, aunque yo lo prefiero mezclado con varios jugos de cítricos, incluyendo el jugo de mandarina cuando es su época y jugo de limón, y, aunque no es lo tradicional, le pongo miel de abeja en lugar de azúcar para endulzarlo. Repito, yo uso miel de abeja antes de que se cristalice, en lugar del común almíbar.

Dulce de zapote negro
| RINDE COMO 2 1/2 TAZAS |

Esta receta sirve como base para el helado de zapote negro (receta a continuación), pero se come tal cual como postre.

Ingredientes

1 kg de zapotes negros
1/2 taza de jugo de naranja o mandarina
3 cucharadas de jugo de limón fresco
3 cucharadas de miel transparente de abeja

» Con cuidado quíteles la piel a los zapotes. Deseche las semillas y con la pulpa haga un puré algo terso. Incorpore los jugos y la miel, y para obtener un mejor sabor déjelos reposar de 1 a 2 horas. Sírvalo a temperatura ambiente, solo o con crema batida sin endulzar.

Helado de zapote negro
| RINDE COMO 2 TAZAS |

Ingredientes

1 1/2 tazas de dulce de zapote negro (receta anterior)
3 cucharadas de miel de abeja (o al gusto)
1 clara de huevo batida hasta que espume (opcional)
1 cucharada de jugo de naranja o, mejor, de mandarina (opcional)

» Mezcle el dulce de zapote con la miel y el jugo, y enfríelo en la máquina para hacer helados. Bátalo siguiendo las instrucciones para usarla; cuando la nieve esté bien fría y empiece a congelarse, agregue la clara y bátala hasta terminar de espumar y congelar.

Chirimoya *(Annona cherimola)*

La chirimoya, a la que a menudo se llama en inglés *custard apple*, es de la familia de las *annonaceae* — la guanábana y la anona también lo son—, las cuales se cultivan y usan en México. Son originales de la América tropical. Varían en tamaño, una pequeña mide como 8 cm de largo por 8 cm de ancho. Tienen forma triangular, con cáscara delgada, de color café verdoso oscuro que se oscurece más con el tiempo. La cremosa pulpa tiene numerosas semillas café oscuro —he contado 28 en una del tamaño mencionado.

Aunque la chirimoya casi siempre se come cruda y pelada, sirve para hacer una nieve deliciosa, parecida a un puré de manzana, que no necesita crema ni nada que la espese porque la textura de la fruta cuando está molida tiene suficiente cuerpo. De cualquier manera, todas estas frutas tropicales de pulpa pastosa necesitan un poco de jugo de limón para hacer resaltar o complementar su sabor.

1 kg de chirimoya rendirá como 1 3/4 de tazas aproximadamente una vez que la pulpa esté limpia y sin semillas.

Helado de chirimoya
| RINDE COMO 2 1/2 TAZAS |

Ingredientes

- 1 kg de chirimoya
- 1 cucharada colmada de azúcar
- 1/3 de taza de agua
- 1 cucharada de jugo de limón
- 1/4 de cucharadita de raspadura de cáscara de limón

» Enjuague y seque las chirimoyas. Ábralas verticalmente y saque la pulpa de la delgada cáscara. (Si la pulpa está empezando a mancharse de café junto a la cáscara, deseche esta parte, ya que tiende a ser dura y granulosa y echará a perder el sabor de la fruta.) Retire las semillas y muela la pulpa en el procesador de alimentos hasta que esté tersa. Disuelva el azúcar en el agua y ponga todos los ingredientes en la máquina para hacer helados siguiendo sus instrucciones.

Nota: Una vez que la nieve esté lista, envásela y guárdela en el congelador. Déjela "madurar" por lo menos 24 horas antes de usarla.

» Retírela del congelador 20 minutos antes de servirla (a menos que viva en un clima muy caliente).

Chicozapote *(Manilkara sapota)*

El chicozapote es la fruta del árbol del chicle, originario de la América tropical. Su temporada es el invierno; es regordete, con un tamaño promedio de 7 cm de diámetro por 5 cm de alto. Tiene una cáscara delgada color café claro, opaca (del mismo color de la del mamey) y la pulpa va de un tono crema a café claro.

Helado de chicozapote

Ingredientes

750 g de chicozapotes (como 6)
2 cucharadas de azúcar morena
1/2 taza de agua
1 cucharada de jugo de limón
1 clara de huevo, batida hasta que esté espumosa,
 y/o 3 cucharadas de crema (opcional)

» Limpie la fruta con una servilleta húmeda. Pártala, extraiga la pulpa y deseche las semillas. Haga un puré con la textura deseada —yo licuo como dos terceras partes y pico el resto. Se obtienen como 2 tazas de pulpa.

» Mezcle el azúcar con el agua y vierta todos los ingredientes en la máquina para hacer helados siguiendo sus instrucciones. Envase la nieve y guárdela en la hielera del refrigerador para que "madure" durante 12 horas. Sáquela del congelador como 10 minutos antes de servirla.

Mamey *(Pouteria sapota)*

Cuando está en su punto el mamey es una fruta exótica y deliciosa, con una cáscara dura café claro. Su forma es ovalada y un mamey de tamaño mediano medirá como 13 cm de largo por 8 cm de ancho y pesará como 500 g. La pulpa es dulce, tersa, delicada, con sabor a almendras, y su color varía de un salmón oscuro a un chabacano pálido. Tiene una semilla grande, alargada y brillante.

Es difícil escoger un buen mamey maduro sin abrirlo para ver si la pulpa tiene un color parejo.

Casi siempre se come crudo, pero muchos mexicanos amantes de lo "muy dulce" prefieren preparar un postre con él, mezclándolo con azúcar, huevos y soletas. Como creo que esto es un esfuerzo desperdiciado para algo tan sencillo y demasiado dulce, estoy en desacuerdo con muchos de mis amigos.

Aunque por sí solo no es muy bueno para hacer nieve, cuando se le incluye en un surtido de nieves de frutas tropicales da un color y contraste espectaculares. Un kilo de fruta rinde como 3 tazas de pulpa.

Helado de mamey

| RINDE COMO 3 1/2 TAZAS |

Ingredientes

1 kg de mamey
1/3 de taza de agua
1 cucharada de azúcar
2 cucharadas de crema ácida

» Abra la fruta verticalmente, saque la pulpa y deseche el hueso y la cáscara dura. Ponga todos los ingredientes en el recipiente del procesador de alimentos y haga un puré bastante terso.

» Ponga el puré en la máquina para hacer helados y siga las instrucciones del fabricante para hacer la nieve. Enváselo y guárdelo en el congelador, dejándolo "madurar" durante 12 horas. Retírelo del congelador 15 minutos antes de servirlo.

El arte de la cocina mexicana

Granada china *(Passiflora ligularis) (Granadilla)*

La granada china ("manzana dorada" en los países caribeños o africanos de habla inglesa) es la fruta de una de las pasionarias que dan fruta (hay otras que no dan fruta). Tiene una forma ovalada, el tamaño promedio es de 8 cm de largo por 5 cm de ancho, tiene una cáscara delgada y dura, frágil, que de un verde amoratado cambia a un naranja amarillento conforme madura. La pulpa gelatinosa se une a pequeñas semillas negras crujientes y comestibles. Una fruta rendirá poco menos de 1/4 de taza de pulpa. Por lo general la granada china se come cruda o se hace agua fresca con ella. También se puede utilizar para preparar una nieve de un fresco sabor. Me gusta dejarle como la mitad de las semillas para darle una consistencia crujiente, pero esto es opcional. Una vez colada, la pulpa se reduce como a la mitad.

Helado de granada china
| RINDE COMO 1 1/2 TAZAS |

Ingredientes

8 granadas chinas
1 cucharadita de azúcar
2 cucharadas de agua
1/8 de cucharadita de raspadura de limón
1/2 cucharadita de jugo de limón
1 clara de huevo, batida hasta que esté espumosa (opcional)

» Abra la fruta horizontalmente y saque la pulpa. Cuélela para retirar las semillas o lícuela hasta que esté tersa y espumosa. Mezcle el azúcar con el agua y vacíe todos los ingredientes en la máquina para hacer helados. Siga las instrucciones del fabricante. Envase la nieve, guárdela en el congelador, y déjala "madurar" durante 24 horas. Sáquela del congelador por lo menos 10 minutos antes de servirla.

Mango *(Mangifera indica)*

El mango es nativo de Ceilán, India y Malasia, y fue introducido a México probablemente durante el siglo XVII. Ahora se cultivan muchas variedades comercialmente y el más buscado y delicioso es el amarillo brillante mango de Manila con su pulpa tierna y jugosa y de hueso delgado. Ciertamente es el mejor para hacer nieve.

Es mejor escoger los que están un poco menos que maduros para una nieve con mejor sabor. Puede hacer una nieve muy tersa, o bien conservar parte de la fruta picada para darle textura al final.

Helado de mango
| RINDE DE 3 A 4 TAZAS |

Ingredientes
- 1 kg de mangos (véanse comentarios arriba)
- 2 cucharadas de jugo de limón
- 1/4 de cucharadita de raspadura de limón
- 1/4 de taza de agua
- 3 cucharadas de azúcar morena (o al gusto)
- 1/3 de taza de crema ácida, ligeramente batida
- 1 clara de huevo, batida hasta que esté espumosa (opcional)

» Pele los mangos y desprenda toda la pulpa de la semilla —no la desperdicie. Pique la pulpa y conserve 1/2 taza si desea una nieve con textura. Ponga todos los ingredientes menos la crema y la clara en el procesador de alimentos y procéselos durante unos segundos, hasta obtener un puré. Cámbielos a la máquina para hacer helados y enfríelos. Al empezar a batir, siguiendo las instrucciones del fabricante, agregue la crema, y la clara si gusta. Continúe batiendo hasta que se forme la nieve. Envase la nieve y guárdela en la hielera de su refrigerador, dejándola "madurar" durante 12 horas. Retírela del congelador 10 minutos antes de servirla.

El arte de la cocina mexicana

XIII

Condimentos
y otros ingredientes comúnmente utilizados

- › ESPECIAS Y OTROS CONDIMENTOS
- › NUECES Y SEMILLAS
- › VINAGRES
- › HIERBAS DE OLOR
- › MANTECA DE PUERCO Y ACEITES VEGETALES
- › CREMA
- › QUESOS MEXICANOS
- › FRUTAS Y VERDURAS MÁS COMUNES
- › FRUTAS CÍTRICAS
- › FRUTAS SECAS Y CUBIERTAS

Notas:

Muchas especias —con las excepciones notables de los chiles y de la pimienta gorda (*allspice*)— fueron introducidas a México en el siglo XVI durante la época colonial. En ese tiempo se usaban exclusivamente en los conventos y casas de los españoles más ricos. Bajo las hábiles manos de las monjas pronto se combinaron con los ingredientes nativos para formar el principio de una más elaborada cocina mestiza.

No es necesario decir que estas especias eran caras, por haber sido traídas desde el Oriente, a través de las Filipinas, a la costa occidental de México; y por tanto sólo estaban al alcance de las clases privilegiadas. No fue sino 100 años después o más cuando fueron aceptadas e incorporadas a las cocinas más modestas de los pueblos. Ahora las mujeres, aun las de las aldeas más alejadas, no pensarían en hacer sus moles para las fiestas sin, por lo menos, algunas de las especias requeridas por la costumbre, aunque estas no se usen en muchos lugares del noroeste, donde la comida generalmente no lleva muchas especias y los chiles que se utilizan son más suaves. Pero también esta diferencia está cambiando gradualmente con las nuevas olas de migración y la mejor transportación.

En la comida mexicana las especias se usan en cantidades pequeñas y de tal manera que se combinen en armonía sin que predomine una sola. Sirven para aumentar el sabor de los ingredientes y acentuar la profundidad y la complejidad global.

Nota: En la cocina mexicana las cantidades siempre se dan para especias enteras, no pulverizadas. Algunas veces se usan enteras y otras veces molidas o trituradas con otros ingredientes. En cualquier caso, siempre compre especias enteras y muélalas en el momento de usarlas para obtener el mejor sabor.

El arte de la cocina mexicana

»ESPECIAS Y OTROS CONDIMENTOS«

El achiote y los recados yucatecos

La península de Yucatán es afamada por tener una cocina muy diversa, pero de hecho, aparte de los mariscos, los ingredientes en sí mismos no son muy variados. *La manera* en que los ingredientes se preparan y, en particular, se sazonan, y la combinación de especias para lograr esa sazón es lo que crea esta sensación de diversidad.

El achiote es una semilla roja muy dura del árbol *Bixa orellana*, el cual es nativo de la América tropical. La semilla es molida y utilizada para dar color y sabor a los alimentos. Sin embargo, debe usarse sutilmente (he visto versiones de salsas hechas solamente con achiote y eran fuertes y desagradables). Muela las semillas en un molino eléctrico para especias tan finamente como sea posible. Luego cuélelas y muela el residuo una segunda vez. Aun así tiende a ser granulosa cuando se humedece.

En los mercados de Yucatán puede encontrar recados, pastas condimentadas ya preparadas. Estas pastas rojas, negras o cafés vienen empacadas en forma rectangular y en bolas de varios tamaños que van desde 2 hasta 4 cm de diámetro. Así es como las cocineras caseras las compran. De cualquier manera, entre las que preparan las suyas, no hay una receta exactamente igual a otra o igual a las publicadas en libros de cocina sobre el tema. Además hay una cantidad desconcertante de ellas: para cochinita, bisteces, asados, pescados, tamales, guisos o patos, entre otros. Sería inútil darlas todas aquí, así es que he escogido las más útiles —las que se aplican a las recetas en este libro.

Es mejor preparar sus propios recados. Algunas marcas comerciales varían en calidad y equilibrio de sabores, y algunas están hechas con almidones para hacerlos rendir más, así que hay que almacenarlos cuidadosamente.

La última vez que estuve en Yucatán, mi amiga y gran cocinera, Isela, había preparado muchos montoncitos de especias para mostrarme la diferencia, pero nunca pude ver la relación entre las cantidades de sus recetas y las que estaban en la mesa. De todas maneras, me he decidido por el más práctico, su *recado de toda clase*, agregándole el achiote necesario. Funciona perfectamente bien. Cuando lo prepare, siempre haga más del que necesita, ya que puede refrigerarlo o congelarlo indefinidamente.

Recado rojo simple
| RINDE 1/2 TAZA |

Una sencilla pasta de achiote para uso general y para cualquier receta de pibil (aunque aquí no aparece; véase Cochinita pibil en *Las cocinas de México*, pp. 142-143) se hace de la siguiente manera:

Ingredientes

- 4 cucharadas colmadas de semillas de achiote
- 1 cucharadita de orégano seco, yucateco si es posible
- 1 cucharadita de semillas de comino
- 1/2 cucharadita de pimientas enteras
- 12 pimientas gordas
- 3 cucharadas de agua, aproximadamente

» Mezcle las especias y muela una tercera parte a la vez —o tantas como su molino eléctrico pueda moler bien— tan finamente como sea posible. Cuélelas en un colador fino y muela el residuo una vez más. Forme una pasta espesa añadiendo el agua de manera gradual.
» Si no va a usar la pasta inmediatamente, forme un disco y divídalo en 4 partes. Envuélvalas bien y póngalas en el congelador. Así es fácil tomar un pedazo cada vez.
» Para diluirlo triture esta cantidad como con 20 dientes de ajo pequeños y sal al gusto, agregando jugo de naranja agria o, como sustituto, un vinagre suave.

Recado de toda clase
| RINDE 1/4 DE TAZA ESCASA |

Este es un condimento excelente para pollo, puerco, filetes o pescados que vayan a freírse, asarse o cocerse a la parrilla.

Ingredientes
2 cucharadas de pimienta chica
7 clavos enteros
8 pimientas gordas
1 cm de canela en palito
1/4 de cucharadita de semillas de comino
2 cucharadas de orégano ligeramente tostado, yucateco si es posible
el agua necesaria

» Ponga todos los ingredientes en el molino eléctrico para especias (menos el agua) y muélalos tan finamente como sea posible. Páselos por un colador fino y muela el residuo una vez más. Cámbielos a un recipiente pequeño y añada sólo el agua suficiente para formar una pasta espesa. Guárdela hasta que vaya a usarla o dilúyala para hacer una pasta ligera que podrá extender sobre carne o pescado.

Ingredientes
PARA UTILIZAR EL RECADO
1 cucharada de recado de toda clase
2 dientes de ajo, pelados y triturados
1 ó 2 cucharadas de jugo de naranja agria o vinagre suave
sal al gusto

» Mezcle el recado con el ajo y el jugo agregando sal al gusto.
» Antes de cocinarlos es mejor sazonar los alimentos durante 1 ó 2 horas, e incluso durante toda la noche, para que los sabores penetren.

El arte de la cocina mexicana

Recado rojo

| RINDE 1/2 TAZA ESCASA |

Este recado se puede utilizar para las recetas que aparecen en este libro, para tamales colados (p. 65), tamales costeños (pp. 68 y 69), pollo en escabeche rojo (p. 188) y bistec enchorizado (p. 236). Es mejor preparar más de lo que necesita porque puede guardarse indefinidamente en el refrigerador o congelador, listo para ser usado en el futuro.

Ingredientes
- 4 cucharadas de achiote molido
- 2 cucharadas de recado de toda clase (p. 321)
- 2 cucharaditas de sal o al gusto
- 6 dientes de ajo, pelados y triturados
- 4 cucharadas de agua o la suficiente para formar una pasta espesa

» Mezcle todos los ingredientes formando una pasta espesa. En este punto puede ser usada para tamales.
» Para extenderla sobre carnes dilúyala con naranja agria o vinagre y distribuya una capa ligera sobre lo que se va a cocinar.

Recado negro

El recado negro es de interés culinario porque está hecho con chiles verdes de Yucatán secos quemados —no es necesario decir que esta operación se debe llevar a cabo en lugares aislados. Este recado tiene una textura granulosa y se utiliza para el famoso relleno negro —un pavo sazonado con la pasta y rellenado con puerco también sazonado con ella.

Para decirlo brevemente, a los chiles secos de Yucatán se les sacan las semillas, se enjuagan con alcohol y se queman. Después se remojan en agua durante tres días, luego se escurren y muelen con tortillas quemadas, pimientas enteras y ajo. Se agrega algo de achiote y se diluye con jugo de naranja para sazonar la carne. (Hice el intento, bien lejos de la casa, de las vacas y de las gallinas, pero el viento cambió a medio camino y casi me ahogo.)

Pimienta gorda *(Pimenta dioica)*

Pimienta gorda, pimienta de Jamaica, malagueta y pimienta de la tierra (Tabasco) son los nombres que se dan a esta semilla que se usa extensamente en las partes central y sur de México para condimentar salsas, guisos y encurtidos. Las semillas secas varían entre café mediano y oscuro (deben ser recogidas antes de que maduren por completo) y su tamaño cambia ligeramente, teniendo como 1/2 cm de diámetro en promedio.

El árbol pertenece a la familia de los mirtos; sus brillantes hojas son alargadas, de un verde que va de mediano a oscuro, y son muy aromáticas; se utilizan en las cocinas de Tabasco y Yucatán, particularmente en los escabeches.

Aunque generalmente se acepta que es nativo de Jamaica y algunas islas caribeñas, también se cree que es natural de la costa de Tabasco, donde se le llama pimienta de la tierra. En náhuatl el nombre es *xocoxochitl*.

Anís *(Pimpinella anisum)*

En México las semillas de anís se usan sobre todo para dar sabor al almíbar de azúcar para postres y para la masa de algunos tipos de pan dulce; también aparece como un ingrediente sutil en algunas recetas de mole poblano. Curiosamente, he visto añadir una pizca de semillas de anís al cocer coliflor, cuyo sabor se eleva sutilmente, aunque sospecho que se incluye para reducir los efectos de esa verdura "gaseosa", y con masa de nixtamal para unos antojitos en Hidalgo.

Canela *(Cinnamomum verum)*

En México la canela es de color café claro, es la corteza laminada de un árbol nativo de Ceilán, ahora Sri Lanka. La canela de Ceilán se usa en muchas salsas y guisos, pero escasamente, ya sea en pedazos o molida con otras especias; trocitos enteros de corteza se utilizan en el almíbar de algunos postres o con fruta y en el café mexicano; en forma pulverizada se usa sobre budines, panes y dulces.

Esta variedad de canela es la verdadera. La otra, la de Saigón, disponible con más frecuencia fuera de los mercados mexicanos, es de color más oscuro, menos aromática y muy dura —lo que la hace más difícil de moler, y no se usa en México.

Clavo *(Syzygium aromaticum)*

El clavo, o clavo de especia (en caso de que alguien piense en un clavo para clavar), es en México el nombre del botón de la flor seca del árbol del clavo, nativo de la islas Molucas (Indonesia), pero que ahora se cultiva extensamente en el Caribe. Los clavos se usan mucho en la cocina mexicana en pequeñas cantidades, ya sea enteros o molidos con otras especias, en salsas, guisos, encurtidos, etcétera.

Semillas de cilantro *(Coriandrum sativum)*

Las semillas de cilantro no se usan mucho en las cocinas de México como se usaron a principios de siglo, aunque a veces son necesarias en algunas de las salsas más elaboradas, como en algunas de las recetas del mole poblano. La hierba misma se usa, sin embargo, en platillos crudos o cocidos en prácticamente todas las regiones de México.

El cilantro es una hierba nativa de la Europa mediterránea.

Comino *(Cuminum cyminum)*

Las semillas de comino (nunca el polvo) son necesarias en la cocina clásica mexicana. Se usan con otras especias en algunas, pero no en todas las regiones de México, y en muy pequeñas cantidades (las cantidades utilizadas al norte de la frontera son totalmente inaceptables al paladar mexicano), ya que, como el achiote, cuando se usa con exceso, crea un muy desagradable sabor.

Es una planta nativa de Egipto y el Mediterráneo y se cree que fue introducida en América del Norte a través de las islas Canarias.

Pimienta entera *(Piper nigrum)*

"Pimienta negra", "pimienta chica", "pimienta de Castilla", o solamente "pimienta", son los nombres que se dan en México a la pimienta negra, dependiendo de la región en que se usa. Se refieren a la *piper nigrum*, la fruta seca de una planta trepadora nativa de la India tropical, las Indias Orientales y otros lugares.

Se usa extensamente, en pequeñas cantidades, con la notable excepción de los recados o pastas condimentos de Yucatán, donde se usan en mayor cantidad. Pimientas como la Malatar o Pondicherry no deben usarse como sustituto porque tienen un sabor demasiado fuerte.

Sal

Aunque muchas cocineras en México han optado por la conveniencia de la sal de mesa, otras han persistido en utilizar la sal de grano, mucha de la cual se extrae de minas, lagos salados, o del mar en la costa de Baja California y la península de Yucatán. Como esta sal es más salada se utiliza en menor cantidad y además se tiene la certeza de que es pura.

Azúcar

El azúcar granulada común es la que generalmente se utiliza en México para postres y dulces, excepto cuando se requiere piloncillo, el azúcar no refinada con forma de cono. México produce casi toda su azúcar comercialmente, aunque todavía existen trapiches rústicos, muchos de los cuales se encuentran en los alrededores de los cañaverales más apartados, y es muy interesante visitarlos. Tan pronto como se corta la caña se acarrea con burros o mulas al molino que está allí mismo en los campos y se mete al triturador. El jugo se conduce a grandes tanques colocados sobre el fuego; cuando el almíbar está cocido se vacía en moldes que varían de 100 g hasta 1 kg, dependiendo del área y del consumo local. En Oaxaca al mismo azúcar se le llama *panela* porque se moldea en forma redonda como pan. El color va del caramelo hasta un café muy oscuro, y dicen que lo más oscuro es lo más natural.

Ocasionalmente se utiliza el mascabado, azúcar morena granulada y, naturalmente, el azúcar glass para pasteles y galletas.

»NUECES Y SEMILLAS«

Las nueces y otras semillas oleaginosas se han usado en la comida mexicana desde tiempos precolombinos para enriquecer guisos y salsas.

Almendras

Las almendras fueron introducidas en la cocina mexicana —aunque su cultivo en gran escala estaba prohibido— durante la época colonial. Los postres de origen español o portugués se basan mucho en ellas y también se usan para hacer rellenos de carne molida: los picadillos; cortadas en rajitas con carne: el claveteado; o en una salsa con pollo: el pollo en cuñete. Molidas con especias y chiles, las almendras forman una salsa deliciosa, el almendrado, para pollo, lengua, ternera e incluso pescado. Una pequeña cantidad de almendras fritas o tostadas se incluye entre los ingredientes de muchas recetas de mole.

Cacahuates

Aunque se cree que los cacahuates son nativos de Sudamérica, se han cultivado extensamente en México desde los tiempos precolombinos y, de hecho, el nombre *cacahuate* se deriva de la palabra náhuatl, *cacahuatl*. Tostados o hervidos con cáscara, pelados y fritos con sal y chile, se comen como botana. Tostados y molidos con chiles y especias, constituyen una sabrosa salsa para pollo: el encacahuatado, y pequeñas cantidades de cacahuates tostados se incluyen entre los ingredientes de muchas recetas de moles rojos o verdes. Con ellos también se hacen dulces: cubiertos con azúcar caramelizada se llaman "garapiñados", en caramelo duro se transforman en palanquetas.

Nuez encarcelada, nuez cáscara de papel, pacana

Las nueces encarceladas, o nueces cáscara de papel, se cultivan extensamente en el norte de México. Aunque se comen como botana, ya sea saladas o azucaradas, y en pequeñas cantidades en algunos moles regionales, se usan sobre todo en postres y pasteles.

Piñón

Los piñones se producen en México pero no en gran escala y son muy caros (limpiarlos es algo muy laborioso). Su uso principal es en dulces y pasteles, pero con frecuencia se usan para preparar recetas tradicionales de rellenos de carne molida, los picadillos, particularmente en Puebla.

Pepitas

Muchos tipos de semillas de calabaza, ya sean enteras o peladas, se usan en los platillos de México desde los tiempos precolombinos. Varían considerablemente en tamaño, desde las pequeñas y gorditas, chinchilla, como de 1 1/2 cm de largo, hasta las grandes, como de 4 cm de largo, con una banda verde claro por las orillas. Ambas se cultivan extensamente en Yucatán y las últimas también en la costa norte del Golfo.

Las pepitas peladas y tostadas son una de las botanas más populares (no sólo en México). Tostadas y molidas, enteras o peladas, son un ingrediente importante en muchos moles, verdes y rojos, pipianes, pozoles (Guerrero) y en la nutritiva salsa yucateca (contienen un gran porcentaje de vitamina E) llamada *sikil-p'ak*. Se mezclan con caramelo para hacer un dulce duro, la palanqueta. Una vez lavadas para quitarles su color verde, se muelen para hacer el mazapán (normalmente hecho con pasta de almendras) de Yucatán.

Ajonjolí *(Sesamum orientale)*

El sésamo es el ajonjolí (palabra de origen árabe.) Fue introducido en México por los españoles a principios de la época colonial; se cultiva y se usa extensamente para cocinar. Por lo general se usa entero, es grisáceo, y blanco perlado cuando ha sido pelado. El ajonjolí es indispensable para ciertos moles y pipianes, y proporciona una rica y espesa base para los otros ingredientes. También se utiliza sobre ciertos panes dulces y salados.

Nuez de Castilla

Los nogales fueron introducidos en México por los españoles durante la época colonial. Las nueces de Castilla se usan todavía en dulces y postres y en algunos guisos, los más elogiados entre estos son los chiles en nogada.

»VINAGRES«

Los vinagres que se utilizan en la cocina mexicana generalmente son muy suaves y afrutados. Muchas cocineras de provincia todavía preparan el suyo con piña y piloncillo (receta a continuación); en Tabasco se usan los plátanos muy maduros, mientras que en un puesto del mercado en Zitácuaro, por ejemplo, usan una mezcla de frutas, cualquiera que esté en temporada, y siempre tienen a la venta uno delicioso de color ámbar claro. Una vez que se obtiene una buena "madre" (véase abajo) se puede seguir haciendo vinagre para siempre, con cualquier fruta que a uno le guste.

Cómo hacer vinagre de piña

Cuando esté usando piña para otra cosa conserve la cáscara junto con un poco de pulpa. A la que agregará:

Ingredientes

4 cucharadas colmadas de piloncillo desmoronado
1 1/2 litros de agua

» Mezcle bien todo y colóquelo tapado en algún lugar caliente, cubriéndolo para que fermente. Debe empezar a fermentar 3 días después y la fermentación continuará hasta que el líquido se vuelva ácido. Al principio se pondrá turbio, pero mientras reposa se clarificará y gradualmente tomará un color ámbar oscuro. Esto puede llevar 3 semanas o más. Después de este tiempo una madre —un disco blanco y gelatinoso— deberá empezar a formarse. Déjelo hasta que esté bastante sólido —otras 3 semanas—, luego cuele el líquido y embotéllelo ya listo para usarse. Agregue a la madre más azúcar y agua —un poco más de piña si tiene, pero no es realmente necesario— y deje que forme más vinagre.
» Sí, necesita paciencia, pero vale la pena.

»HIERBAS DE OLOR«

Hierbas frescas

Las diferentes cocinas regionales de México están llenas de sabores sorpresivos, muchos de ellos debido a la abundante cantidad de hierbas silvestres (quelites, nombrados en la introducción del capítulo sobre verduras). Mientras más lejana y montañosa es el área, mayor es la variedad y más interesante es el uso de estas hierbas. Oaxaca proporciona un ejemplo de primera. Al arroz y a los frijoles se da sabor con chepil (*Crotolaria longirostrata*) y hierba de conejo (*Tridax coronopiifolia*); al caldo de guías, con piojo (*Galinsoga parviflora*); a un guiso de carne, con pitiona (*Lippia sp.*) (llamada *tarete* en Michoacán y usada sólo como remedio); un orégano con un ligero sabor a hierbabuena, y hoja santa para tamales y guisados verdes. La hoja santa (*Piper auritum*) con su hoja en forma de corazón y fuerte sabor a anís, es muy importante en las cocinas de Veracruz, Oaxaca y otras; se agrega a moles verdes, con ella se envuelve el pescado al vapor, y se usa para dar sabor a los tamales. El anís del campo se utiliza para cocer elotes en Hidalgo y Michoacán y la ruda se usa en un platillo de puerco también de Michoacán, para nombrar sólo unos cuantos ejemplos en esta gama tan diversa de cocinas regionales.

El arte de la cocina mexicana

Laurel, tomillo y mejorana

Los manojos de "hierbas de olor", como los venden en los mercados, consisten en ramitos de hojas de laurel (el arbusto *Litsea glaucescens*), tomillo (*Thymus vulgaris*) y mejorana (*Origanum majorana*).

Si solamente tiene el laurel más común fuera de México, *Laurus nobilis*, que es más fuerte de sabor, use la mitad de la cantidad estipulada.

Cilantro *(Coriandrum sativum)*

Aunque el cilantro es nativo del Viejo Mundo, se ha aceptado de todo corazón en la cocina de México y tanto las hojas como las semillas se utilizan —de diferentes maneras y en diferentes platillos. Las hojas tiernas y los pequeños tallos se usan en salsas crudas o cocidas, en algunos moles, mariscos, arroz y sopas.

Las hojas del cilantro son delicadas y deben ser almacenadas con cuidado. Si es posible, compre el cilantro con sus raíces —durará más tiempo. Envuelva las raíces y tallos principales con papel absorbente humedecido y las hojas en uno seco, luego colóquelo dentro de una bolsa de plástico en el refrigerador. Retire las hojas amarillentas diariamente.

Es interesante notar que hay dos plantas que no son pero tienen un fuerte sabor a cilantro. Una es una especie de *Peperomia* que se llama "tequelite" en los alrededores de Huejutla, "causasa" en Xicotepec de Juárez, "nacaquesquilitl" en Cuetzalan y "cilantro silvestre" en la Sierra de Juárez, Oaxaca. La otra es *Geringium foedium* de hoja larga y tiesa, usada en Tabasco, Campeche, etcétera, bajo el nombre de "perejil".

Epazote *(Teloxys [antes Chenopodium] ambrosioides)*

El epazote es, en mi opinión, la más mexicana de las hierbas de cocina. Aunque se la encuentra silvestre en muchas partes de Norteamérica y en Europa, sólo en México parece usarse casi para todo.

Las hojas frescas o todo el tallo con hojas (no seco, porque es insípido y pierde su aroma esencial), se usan extensamente en las cocinas del centro y sur de México. Es un *sine qua non* para cocer frijoles negros, para sopa de tortilla y otras sopas caldosas, para quesadillas, picado con elote fresco y con varias cosas más. También se usa como remedio contra la flatulencia y como vermífugo; además las hojas machacadas y esparcidas en el camino de las hormigas las hará desaparecer en segundos.

El epazote tiene una hoja puntiaguda, dentada, de color verde regular, con un sabor fuerte al que uno se vuelve adicto, y sus flores/semillas son minúsculas bolitas verdes como racimos que están alrededor de los extremos de los tallos.

Ajo *(Allium sativum)*

El ajo se utiliza ampliamente en la cocina mexicana, pero en general con moderación; rara vez se encuentra un fuerte sabor a ajo, excepto en platillos como la sopa de ajo y el pescado al mojo de ajo, platillos que son de origen español y no mexicano. En Oaxaca y Yucatán hay muchas recetas que requieren cabezas enteras de ajos asados; en primer lugar, las cabezas son muy pequeñas, y en segundo, al asarlos —después se pelan— el sabor se diluye considerablemente.

MÉTODOS DE PREPARACIÓN Y USO

Picado
Los dientes de ajo se pican finamente y se fríen hasta que están traslúcidos, acitronados, a menudo con cebolla como base para muchas salsas cocidas.

Machacado
Los dientes de ajo se pelan y se machacan en el molcajete o en la licuadora para las salsas crudas de mesa.

Asado o enterrado
Dientes de ajo sin pelar o pequeñas cabezas enteras se asan bien por fuera "vaporizándose" por dentro y luego se usan sin pelar o pelados.

Frito
En ocasiones una receta requerirá que fría algunos ajos pelados o en rajitas hasta que tomen un color café oscuro (no deje que se quemen porque el aceite tendrá un sabor amargo), y que luego los retire, pero esto no es frecuente.

Hoja santa *(Piper auritum* antes *sanctum)*

La hoja santa es una de las hierbas características para cocinar, principalmente en el sur y en la costa oriental de México. Hay varias especies de esta planta, incluyendo una con peciolos y venas moradas, en Veracruz.

La hoja o hierba santa, *tlanepa* (Veracruz), *momo* (Chiapas), y *acuyo o acoyo* (Tabasco) son algunos de los nombres locales que se dan a este arbusto. Aunque por lo general crece en tierras calientes, también puede cultivarse en la altura y clima de la ciudad de México; algunos amigos me han dicho que hay una variedad que crece a la orilla de los ríos de Texas.

A pesar de cierto sabor a medicina con ligeros rastros de anís, proporciona un maravilloso complemento al pescado —que a menudo se cocina envuelto en hoja santa, en Veracruz y Tabasco—, a los tamales y moles verdes de Oaxaca y Veracruz y al cuitlacoche de Oaxaca.

La hoja santa tiene una hoja grande con forma de corazón, hasta de 25 cm de largo por 20 a 25 cm de ancho; por arriba es de color verde oscuro y por el revés color verde claro con gruesas venas. La flor es alargada —hasta 10 cm—, muy delgada y de color blanco cremoso. La hoja santa casi siempre se utiliza fresca, pero en ocasiones, en Oaxaca, por ejemplo, la he visto seca.

Yerbabuena o hierbabuena *(Mentha sp.)*

La yerbabuena no se usa mucho pero se considera importante en algunos platillos de la cocina mexicana: en guisos caldosos de carne, en albóndigas, para cocer el pollo (en Oaxaca), para frijoles (en Yucatán), etcétera. Se utiliza como remedio casero para la indigestión.

Orégano *(Origanum spp.)*

De acuerdo con un estudio realizado hace algunos años, cuando solicité la información de la cantidad de oréganos que se cultivan en México, existen por lo menos 13 variedades. Las que conozco tienen diferencias ya sea en la forma de la hoja o en el sabor.

En el norte hay un orégano de hoja alargada (*Poliomintha longiflora*), en Oaxaca uno mucho más suave y con algo de sabor a hierbabuena (*Lippia geminata* o *Lippia berlandieri*), mientras que en Yucatán el orégano tiene una hoja mucho más grande, que cuando se seca y se tuesta tiene un color café tabaco oscuro. Todos los tipos se usan secos, con las hojas enteras, no pulverizadas. Se utilizan en muchos tipos de salsas, frescas y cocidas, para espolvorear sobre sopas, con algunas carnes asadas y guisos, y como remedio casero para el estómago.

Existe, sin embargo, una planta de hoja jugosa cultivada, que también se llama "orégano", "oreganón", "orégano extranjero", etcétera, y que se usa fresca en la península de Yucatán y en Tabasco, sobre todo con pescado. Es el *Plectranthus* [antes *Coleus*] *amboinicus* (que también he visto crecer en Hawaii). En algunas recetas yucatecas el orégano se tuesta antes de usarse: revuélvalo durante algunos segundos sobre un sartén sin grasa, a fuego medio, hasta que suelte su olor. Tenga cuidado: si lo deja quemar tendrá un sabor amargo.

Perejil *(Petroselinum crispum o carum)*

El perejil de hoja plana es el que se utiliza en la cocina mexicana, aunque en pequeñas cantidades, en albóndigas, algunos platos de arroz, guisados y sopas. El perejil rizado es conocido como *perejil chino* y se usa sobre todo en la comida internacional.

»MANTECA DE PUERCO Y ACEITES VEGETALES«

En México las cocineras tienen a su alcance muchos tipos de aceite: de maíz, semilla de girasol, cártamo, ajonjolí, y el más económico, de soya. Pero el uso de la manteca de puerco aún persiste en todos los tipos de cocina entre las cocineras más tradicionales, que no han oído, o no les interesa oír, acerca del colesterol (lo que más les interesa es el buen sabor de la comida).

En algunos de los estados del norte, Sonora y Tamaulipas por ejemplo, la grasa de res se utiliza para hacer tortillas de harina o antojitos de maíz, y he oído que algunas cocineras de Michoacán y Puebla usan la grasa del pollo para freír arroz o para preparar la salsa básica de un platillo de pollo.

Las mantecas vegetales se usan mucho para panes, para las grandes tortillas de harina de Sonora y con frecuencia se añaden a la crema para darle cuerpo y hacer que rinda más. Algunas cocineras están empezando a mezclar por partes iguales manteca de puerco y manteca vegetal al hacer tamales, pero el sabor no es tan bueno.

Una receta para hacer su propia manteca de puerco se da en la página 212, y si no la usa para otra cosa, úsela al menos para freír frijoles y antojitos —después de todo se comen sólo en pequeñas cantidades.

Aceite de oliva

El aceite de oliva no se utiliza en grandes cantidades en la cocina mexicana, con excepción de algunos platillos de pescado veracruzanos y en la península de Yucatán, así como en algunos otros platillos como el pollo en cuñete, que tienen marcadas raíces españolas.

La mayoría del aceite de oliva es importado y, por tanto, caro; no se ha mejorado la calidad de las marcas mexicanas pero existen unas muy buenas en Baja California.

»CREMA«

En México la crema, la verdadera, es espesa y ligeramente ácida, exactamente igual a la *crème fraîche*. Se usa para enriquecer salsas y en pequeña cantidad sobre muchos de los antojitos, platos de pasta y budines de tortilla.

En los centros urbanos más grandes también es posible adquirir una crema dulce comercial que se puede batir para repostería y postres.

En la rica zona lechera donde Michoacán y Jalisco se unen, a la crema se le llama jocoque (no hay que confundirla con el yogur libanés que lleva el mismo nombre). La leche, rica en grasa, se deja reposar durante la noche en ollas de barro en un lugar fresco. A la mañana siguiente se recoge la crema y se almacena pero no se refrigera. A esta se le añade más conforme pasa la semana, mientras se espesa y agria de manera natural.

Desafortunadamente mucha de la crema que se vende en los mercados de México ahora está adulterada con grasas vegetales que le dan cuerpo y, como es natural, la hacen rendir más. Al probarla pensará que está buena, pero he aquí una prueba para ver lo pura que es: bata un poco con mucha rapidez para hacer mantequilla. Lave los cuajos de mantequilla, cuélelos y fúndalos. Enfríelos en el refrigerador y verá cómo se separan las capas de mantequilla verdadera, grasas agregadas y colorante si lo tiene.

Cómo hacer nata

Para obtener la nata, se hierve leche bronca (no leche homogeneizada) y se deja enfriar. La crema sube formando una nata espesa; así es.

Si el tiempo lo permite, es preferible dejar la leche fresca reposar unas horas para que la crema suba antes de hervirla.

La nata se guarda en el refrigerador para usarla untando una tortilla, enriquecer salsas o para hacer galletas y pasteles, etcétera (las famosas cremas Devonshire y Cornwall son natas, pero mucho más espesas y grasosas debido al alimento de las vacas, principalmente de Jersey y Guernesey).

En los mercados puede ver pequeños puestos para desayunar donde hay platitos llenos de estas natas para extender sobre el pan dulce. También se utilizan para hacer pasteles o galletas, y cuando se baten, resulta una mantequilla inmejorable, sin bacterias, ya que ha sido hervida.

Si no puede encontrar una buena marca de crema, puede hacer la suya.

Cómo hacer crema ácida
| RINDE COMO 1 TAZA |

1 taza de crema "dulce"
3 cucharadas aproximadamente de *buttermilk* o yogur (no descremado)

» En un recipiente mezcle la crema y el suero y déjelos reposar cubiertos con una servilleta en un lugar tibio: en un horno con el piloto encendido o junto al calentador de agua. Debe cuajarse como en 8 horas pero no siempre es así, depende de la calidad de la crema y del suero. Una vez que se ha cuajado guárdela en el refrigerador durante otros 2 días para que se afirme.

»QUESOS MEXICANOS«

Los quesos mexicanos utilizados en la cocina tradicional no son muy complicados, en muchos casos son muy regionales y, cuando están bien hechos, deliciosos. Entre ellos hay unos quesos semisuaves que llevan el nombre del molde en el cual se formaron o el de otras características. El queso del morral se forma en moldes de poco fondo forrados con un material tosco que se asemeja a un morral o a una bolsa con jareta que deja una huella en la superficie del queso; el queso adobera está formado en un molde con la forma de un adobe pequeño; el queso enchilado tiene una superficie bien espolvoreada con chile pulverizado color naranja; el queso panela de forma redonda es como un pan medio aplanado; y muchos más. Pero los que se conocen y usan con más frecuencia son los siguientes.

Queso asadero

El queso asadero tiene forma aplanada, es suave y está trenzado como el *mozzarella*. Se hace en el norte de México con una proporción de leche agria; tiene un buen contenido de grasa, una acidez agradable y se funde bien. En Sonora se le conoce como queso cocido porque el cuajo se cuece para formar las madejas que luego se enredan como bolas. Este queso se utiliza para hacer queso fundido, para hacer chile con queso y para rellenar chiles.

Queso Chihuahua

Originalmente este queso se hacía en las comunidades menonitas de Chihuahua en forma de grandes ruedas selladas con el nombre de la comunidad. Ahora el genuino es raro, ya que los menonitas están emigrando a otros países, pero hay muchos sustitutos aceptables. Este queso se asemeja a un *Cheddar* suave, con una acidez agradable y una buena proporción de grasa que hace que se funda bien. El queso Chihuahua se usa para rellenar chiles, se ralla sobre sopas secas y pastas y para hacer queso fundido o chile con queso.

Queso Cotija

El queso Cotija (propiamente llamado añejo de Cotija por ser fabricado en el pueblo de Cotija, el cual se encuentra situado en el límite entre Michoacán y Jalisco) es muy seco, blancuzco, salado y con algo de acidez; viene en forma de barril y generalmente se ralla muy fino para semejar migas de pan. Se usa sobre antojitos, enchiladas, sopas y pasta; no se funde.

Queso fresco

El queso fresco es un queso suave con una acidez agradable que se funde y hace hebra cuando se calienta. Se fabrica con leche de vaca como los otros quesos aquí mencionados (los quesos de leche de cabra no son muy populares) y algunas veces se le llama queso ranchero; en una aldea hidalguense, cerca del rancho de un amigo, se le llama queso de metate porque tradicionalmente los cuajos se molían en el metate. El queso fresco se utiliza de muchas maneras diferentes: para comerse tal cual como botana con las bebidas; desmoronado sobre los antojitos, sobre enchiladas y en sopas; cortado en tiras para hacer chiles rellenos, etcétera.

Cómo hacer queso fresco

Voy a incluir la receta para aquellos entusiastas que siempre gustan de hacer su propio queso. No es difícil; lo mejor, naturalmente, es que pueda conseguir la leche bronca, pero si no, utilice lo que esté a su alcance. Tendrá que usar mayor cantidad de cuajo que la especificada por el fabricante. Tradicionalmente a estos quesos se les da una forma redonda de diferentes tamaños, pero puede usarse un molde perforado o, aún mejor, una pequeña canasta redonda. Como guía, un molde de 2 tazas que mida 12 cm de diámetro y menos de 5 cm de profundidad, tiene justamente el tamaño que se necesita para un queso hecho con 4 litros de leche; después de escurrido durante 2 días debe pesar como 500 gramos.

Ingredientes

3 litros de leche bronca ó 3 litros de leche homogeneizada más 1/4 de taza de yogur
el cuajo necesario (ya sea en pastillas o forma líquida)
1 cucharada de agua si se usan las pastillas
2 cucharaditas colmadas de sal molida fina

» Caliente la leche hasta que esté apenas un poco más que tibia —43 °C. Cuando se acerque a esta temperatura, pero no antes, triture la tableta en el agua hasta que se disuelva. Mezcle esto, o el cuajo líquido con la leche (y el yogur) y continúe revolviéndola durante 30 segundos. Tape el recipiente y déjela reposar en un lugar tibio. No la mueva sino hasta que esté completamente cuajada —yo la dejo entre 2 y 3 horas.

» Si al final de este tiempo hay una nata arrugada en la superficie de la leche, es que no se ha cuajado como debería. Puede ser que haya calentado demasiado la leche o que esta no alcanzara la temperatura indicada o que no tuviera el suficiente cuajo, o bien que la leche fuera ultrapasteurizada y las propiedades coagulantes se hubieran debilitado. Si la leche no tiene la capa arrugada, pruébela colocando un dedo sobre la superficie. El cuajo se sentirá firme y no se adherirá a su dedo.

» Corte la leche en cuadros como de 3 cm hasta el fondo del recipiente y luego córtelos verticalmente para romper los cuajos por completo. Déjelos reposar durante dos horas o más para que los cuajos se separen del suero. Con una cuchara perforada traslade los cuajos a 2 ó 3 bolsas de manta de cielo (para que se sequen con más rapidez —no use la manta de cielo de nylon porque quedarán hebras de nylon dentro del queso) y cuélguelos para que escurran en algún lugar ventilado, con un recipiente abajo para recolectar el suero. Conforme se sequen se volverán más firmes. Oprímalos ligeramente para ayudar al proceso del escurrimiento. Cuando estén muy firmes y un poco húmedos en el centro —de 36 a 48 horas, dependiendo de la humedad— coloque los cuajos en el recipiente del procesador de alimentos o, mejor, en metate.

» Agregue la sal y procéselos hasta que parezcan migas finas. Oprima los cuajos para asegurarse de que están compactos y colóquelos en el molde. Ponga el molde sobre una parrilla o canasta de poco fondo para que escurra. Voltee el molde después de 6 horas y déjelo escurrir. En cuanto el queso se sienta compacto, suavemente puede sacarlo del molde y dejarlo secar sobre una parrilla. Voltéelo cada ciertas horas y asegúrese de que está en un lugar tibio, no frío, y bien ventilado para que la fermentación tenga lugar —esto da al queso una acidez agradable. Este proceso toma como 2 días, luego guárdelo en el refrigerador para usarlo de inmediato.

Cómo hacer requesón

Dado que es una lástima desperdiciar cualquier cosa, puede hacer requesón con los residuos de leche que quedan en el suero después de retirar la mayoría de los cuajos. Coloque el recipiente con el suero a fuego lento y déjelo hervir despacio hasta que los residuos formen una capa en la superficie del líquido —como 2 horas. Retírelo del fuego y déjelo reposar durante unos 30 minutos.

Vacíe el contenido en una bolsa de manta de cielo fina, raspando los lados y el fondo del recipiente para recuperar los cuajos que se pudieran haber adherido, y cuélguela en algún lugar ventilado durante 24 horas para que se escurra. El requesón está listo una vez que las sobras del cuajo se hagan nata, sin haber perdido toda la humedad.

Quesillo de Oaxaca

Este es un queso cocido y trenzado, hecho y vendido en todos los mercados de Oaxaca, en todos los tamaños, desde 2 hasta 15 cm de diámetro. (Es una botana ideal para acompañar bebidas.) Por supuesto que también se fabrica comercialmente a gran escala en tamaños grandes para venderse en la ciudad de México y por todo el país.

El quesillo de Oaxaca tiene una consistencia más firme que la del asadero y un punto más alto de fundición. Se utiliza para hacer chiles rellenos, quesadillas, etcétera, y también se come crudo como ya se mencionó, así como finamente rallado en tortas.

Queso panela

El queso panela tradicional es un queso redondo y aplanado, marcado con el tejido de la canasta en la que se colocaron los cuajos para escurrirse. Lo probé hace algunos años y estaba en su punto. En aquel tiempo se hacía en todas las casas de la costa caliente de Jalisco. Allí la temperatura es lo suficientemente caliente para fermentar el queso, de manera que su textura es porosa y esponjosa.

Es el queso más sencillo de hacer. Coagule la leche de la manera acostumbrada (véase en la p. 333 la receta para hacer queso fresco), corte el cuajo en grandes pedazos y, con una cuchara perforada, trasládelo a una canasta para que escurra, y póngale abundante sal entre las capas de cuajo. Cuélguelo para que escurra durante la noche; ya escurrido, pero aún húmedo, déjelo en algún lugar tibio, sobre una parrilla para que se desarrolle la acidez, durante 12 a 24 horas.

Generalmente se come en rebanadas como botana o para poner encima de ensaladas, frijoles, etcétera.

»FRUTAS Y VERDURAS MÁS COMUNES«

Aguacate *(Persea americana y var.)*

El aguacate, que es originario de México, tiene una cáscara delgada, comestible —ya sea negra o verde cuando está maduro—, el hueso es grande y la pulpa es delgada y muy aromática. Naturalmente hay muchas variedades que son injertos hechos a los aguacates nativos, principalmente el Hass y el Fuerte. En las tierras bajas y más calientes del sureste de México hay unos enormes, alargados, con forma de pera y con una cáscara rojiza (*Chinene sehiedeane*), y la pagua, que tiene la cáscara dura —casi como concha— con una pulpa que no es tan aceitosa como la de las otras variedades, por lo que no es la indicada para hacer un buen guacamole.

Se puede decir que el aguacate es una de las frutas de México que se usa para todo; aunque principalmente se usa para hacer guacamole (pp. 267 y 268), también se licua para hacer sopas, calientes o frías, o para hacer una salsa caliente para carne. Se rebana para adornar mariscos, ensaladas y platillos de tortilla, e incluso para hacer helado (todavía no encuentro uno que me agrade por completo).

Un aguacate en su punto tiene la pulpa firme y compacta que cede un poco al tacto. Si hay un hueco entre la pulpa y la cáscara pruebe otro. La prueba final es sacudirlo. Si el hueso está suelto, no sirve ese aguacate. Incluso cuando parece estar en su punto, puede abrirlo y encontrar manchas color café; el sabor se habrá deteriorado. Por esta razón es mejor comprar más de los que necesita.

Realmente nunca necesita pelar todo el aguacate, lo cual resulta algo resbaloso. Ábralo, retire el hueso y con una cuchara de madera saque la pulpa.

Si va a guardar el aguacate para alguna otra cosa, deje el hueso para que se conserve el color y envuélvalo en una bolsa de plástico.

Para rebanar un aguacate corte la piel y la pulpa hasta el hueso con un cuchillo afilado, luego retire la cáscara; la rebanada debe desprenderse del hueso con facilidad.

Hojas de aguacate

Las hojas frescas o secas del aguacate se utilizan en algunos platillos en Oaxaca, Puebla, Veracruz y Morelos, para tamales, para sazonar carnes asadas y barbacoas, o para agregarlas a los guisados. Las hojas secas se tuestan rápidamente sobre la llama directa —despiden una maravillosa fragancia. Si no cuenta con ellas siempre puede acudir a amigos que vivan en otras partes del país y que las tengan y se las envíen, ya que secas se conservan durante meses.

Jitomates *(Lycopersicum esculentum)*

En el centro de México a los tomates rojos se les llama jitomates según la palabra náhuatl *xitomatl*, y tomate rojo en otras regiones para distinguirlo del tomate verde descrito en la página 337. La planta es originaria de México y Sudamérica. Durante todo el año se encuentran jitomates muy rojos y maduros, ya sean los grandes y redondos, de bola, ya sean el guaje o guajillo. Ocasionalmente uno se encuentra con una receta en Oaxaca o Campeche que requiere jitomates sin madurar (verdes), que no son lo mismo que los tomates verdes. Las cocineras mexicanas serán muy explícitas en cómo deben prepararse los jitomates para cierta receta: picados en crudo, hervidos, asados, guisados, pelados o sin pelar.

MÉTODOS DE PREPARACIÓN

Crudo
Para algunas salsas crudas como la mexicana, la de uña, etcétera; huevos revueltos, cocteles de mariscos, etcétera, los jitomates enteros se pican finamente, con semillas y todo.

Cocido
Los jitomates se cubren con agua y se hierven hasta que están suaves. Las cáscaras de los "guajillos" tienden a volverse más duras con este método de cocimiento y algunas cocineras los pelan antes de molerlos; sin embargo, esto no es realmente necesario si se cuenta con una buena licuadora, y además la salsa no tiene que tener tanta consistencia.

Asado
Este método se usa para hacer muchas salsas pueblerinas de mesa crudas, así como para hacer salsas cocidas de jitomate. Los jitomates enteros se colocan sobre un comal sin engrasar y se asan a fuego medio hasta que la cáscara se vuelve café oscuro, se le hacen manchas al quemarse y la pulpa se pone pastosa. Algunas cocineras los pelan pero la cáscara añade sabor y textura. Los jitomates preparados de esta manera dan a las salsas un sabor especial y algo dulce.

Enterrado
En los pueblos de la península de Yucatán, donde aún se cocina en un hoyo o *pib* hecho en la tierra, o en un horno para barbacoa, los ingredientes —jitomates, chiles, cebollas o ajos— se colocan sobre las piedras calientes en el fondo del hoyo (que no es profundo) y se asan por fuera mientras el interior, de hecho, vaporiza. Para seguir este método puede asarlos como se describió arriba.

Estofado
En Oaxaca, durante una reciente visita a esa región, vi a una cocinera usando este método que es especialmente bueno cuando los jitomates están algo secos. Corte los jitomates sin pelar en 8 trozos. Póngalos en un sartén con 1 cucharada de aceite y 1/4 de taza de agua (para 750 g), tápelos y déjelos cocer a fuego lento, sacudiendo el sartén de vez en cuando para asegurarse de que no se peguen, hasta que estén bien cocidos y pastosos. Pueden licuarse para hacer salsas.

Rallado
Aunque no se ha dado una receta que requiera que los jitomates se preparen así, lo incluyo como punto de interés que concierne a los métodos que se usan en Sonora. Corte una rebanada de la parte superior del jitomate y rállelo, abriendo la cáscara conforme avanza hasta que termine con esta aplanada en la palma de su mano.

Tomate verde *(Physalis spp.)*

Uno de los más fascinantes ingredientes de la cocina mexicana es el tomate verde; está cubierto con una cáscara que parece de papel y es originario de México. No debe confundirse con el jitomate común y corriente. El nombre varía de una región a otra: *miltomate* en Oaxaca, *tomate milpero* o *tomate de capote* en Colima, *fresadilla* en Nuevo León, etcétera. De vez en cuando a los muy pequeños se les llama tomatillos. En el Estado de México hay una variedad de mayor tamaño llamada *tomate manzano*, el cual es más jugoso y dulce.

En cualquier forma que vaya usted a prepararlos, primero retire las hojas y enjuáguelos, pero no es necesario quitarles la sustancia ligeramente pegajosa que está alrededor de la base. No intente pelarlos. Casi siempre los tomates verdes se cuecen, excepto para algunas salsas del centro de México que se sirven con carnes asadas o barbacoas o carnitas, en cuyo caso los tomates se muelen en crudo.

MÉTODOS DE PREPARACIÓN

Asado
Método 1: Para algunas salsas los tomates se colocan sobre un comal caliente y se cuecen hasta que están bastante suaves y el exterior está ligeramente quemado. Entonces se muelen para hacer salsas.

En Oaxaca los he visto cocidos con cáscara en cenizas calientes.
Método 2: Con todo y cáscara póngalos a asar en cenizas todavía calientes.

Cocido
Esta es por mucho la forma más común de prepararlos. Cúbralos con agua y póngalos a hervir; continúe hirviéndolos hasta que estén bastante suaves pero no pastosos ni abriéndose —de 10 a 15 minutos, dependiendo del tamaño.

En Oaxaca algunas cocineras los cortan en cuarterones y sólo añaden un poco de agua, ni siquiera suficiente para cubrirlos, y los cuecen lentamente. El agua y los jugos se usan para diluir la salsa. Es interesante hacer notar que las cáscaras poseen acidez y cuando se hace una infusión con ellas, el agua se puede usar como levadura en la masa para tamales.

Los tomates verdes no son jugosos y por tanto su peso es ligero.

Garbanzos *(Cicer arietinum)*

En México se utilizan los garbanzos para hacer varias sopas y guisados. También se pulverizan o se cuecen, se hacen puré para frituras y se sirven como postre dentro de un almíbar.

Por supuesto puede usar los enlatados, pero son precocidos y tienden a ser pastosos; además el líquido de lata no se puede utilizar satisfactoriamente. Si los cuece, puede usar el caldo en un guiso para darle más sabor y propiedades nutritivas.

Cómo cocer garbanzos
Una taza (como 180 g) de garbanzos secos duplicarán su tamaño cuando estén cocidos. Enjuáguelos en agua fría, escúrralos, cúbralos con agua caliente y déjelos reposar durante la noche. Ponga a hervir los garbanzos en su propia agua más otras 2 tazas y sal al gusto. Continúe cociéndolos a fuego lento hasta que estén suaves pero no desbaratándose —como 1 1/2 horas, dependiendo de lo viejos o secos que estén.

Método para cocerlos en la olla de presión
Coloque los garbanzos, el agua en que se remojaron y un poco más, pero sin sal; cuando suba la presión cuézalos durante 40 minutos.

Cualquiera que sea el método que utilice, cuando estén tibios frótelos entre las manos para desprender la cáscara delgada y deséchela. Están listos para usarse. Conserve el líquido del cocimiento para agregarlo a alguna sopa o guisado.

El arte de la cocina mexicana

Plátano macho *(Musa paradisiaca)*

Los plátanos machos se utilizan en las cocinas de algunas pero no todas las regiones de México; son un ingrediente particularmente popular en los estados sureños de Veracruz, Tabasco, Chiapas y Oaxaca.

Los plátanos machos son de forma triangular, largos, con un extremo puntiagudo. En México los plátanos machos siempre se usan maduros, ya sea que su cáscara esté aún amarilla o se haya puesto negra al madurar, cuando están más dulces. Por lo regular se pelan antes de cocerlos, con alguna excepción aquí y allá, como en algunos guisados y especialmente en el cocido oaxaqueño (p. 225). Aunque la manera más popular de comer el plátano macho es rebanándolo a lo largo y friéndolo —para acompañar el arroz, etcétera —, con él también se hace un puré (en Veracruz y Tabasco) para hacer empanadas rellenas de carne, se licua para hacer sopa o se aplana y fríe 2 veces para preparar una botana crujiente, y en Tabasco se hace vinagre con él.

Los plátanos machos más pequeños y dulces son los dominicos de Tabasco, los cuales son delgados y puntiagudos, así como la pequeña variedad de Oaxaca, llamada plátano de Castilla.

Cebollas *(Allium cepa)*

La cebolla que más se usa en la cocina mexicana es la grande y blanca (muy parecida pero más fuerte que la que se cultiva y se encuentra por todo Estados Unidos). La cebolla café no se cultiva en México y, en todo caso, se consideraría demasiado dulce. Desgraciadamente ya se están importando ambos tipos.

La cebolla de rabo, como a veces se la llama, es aún más fuerte de sabor y se utiliza, junto con casi toda la parte verde de arriba, en el cocimiento de frijoles y nopales, ya que se cree que disminuye la viscosidad de la materia que estos sueltan. Enteras, con las hojas verdes intactas, se asan para acompañar los tacos al carbón.

Las cebollas rojas o moradas, aunque pequeñas, se usan mucho en la cocina de la península de Yucatán y en algunos escabeches de Jalisco y Colima.

La cebolla de cambray (*cambray* significa "pequeño") se usa con algunas verduras para escabeche y se pica con parte de sus hojas verdes al hacer salsas en los estados de Jalisco, Colima y Sinaloa.

MÉTODOS PARA PREPARAR CEBOLLAS

Picada
Se usa para la base de muchas salsas cocidas o crudas y para adornar muchos tipos de antojitos. Deben ser picadas, no ralladas sobre una tabla donde dejan mucho de su sabor.

En ruedas
Las cebollas se rebanan finamente en ruedas, luego los anillos se separan y se usan sobre todo para guarnición o en escabeche yucateco.

Media luna
La cebolla se corta por la mitad horizontalmente, y cada mitad se corta en rebanadas delgadas para obtener las medias lunas.

Tajadas
La cebolla se rebana después de haber sido cortada verticalmente en cuarterones.

MÉTODOS PARA COCER CEBOLLAS

Acitronada
La cebolla se fríe lentamente hasta que está translúcida pero no muy cocida. Se usa así como base de muchas salsas cocidas y de verduras.

Frita
La cebolla se fríe hasta que toma un color dorado, un método usado en Oaxaca como base para una salsa.

Enterrada
Este es un término que se usa en Yucatán y significa que se debe poner dentro de la tierra. Las cebollas enteras y sin pelar se colocan sobre las piedras calientes del hoyo u horno para barbacoa hasta que están bien quemadas por fuera y la pulpa está cocida en el centro (realmente vaporizada). Por supuesto, esto puede hacerse sobre una parrilla o un comal.

Asada
Aunque la palabra significa asada en el horno, en la cocina mexicana se aplica con más frecuencia al asado exterior sobre un comal o parrilla. La cáscara quemada puede quitarse si está dura; si no, se deja para dar sabor.

»FRUTAS CÍTRICAS«

Limón *(Citrus aurantiifolia)*

Sin duda, en la cocina mexicana sobresale el pequeño limón verde claro de cáscara delgada (cuando está demasiado maduro se pone amarillo claro). Es más jugoso y tiene un sabor más delicado que el limón persa de color verde oscuro, tan popular entre los agricultores. (He visto unos —provenientes de Veracruz— perfectos en tamaño y apariencia, pero a los que desgraciadamente les dan brillo con cera, porque los agricultores tienden a adoptar el mal hábito de Estados Unidos de maquillar la fruta; con el resultado de que no se pueden usar las cáscaras.)

El limón se utiliza en todas las fases de la comida mexicana: en agua fresca, con la cerveza Tecate, con tequila o mezcal, en algunas salsas, en sopas, con sopas secas, con mariscos, con carnes y con algunas frutas frescas como la papaya.

Aunque los nombres se parecen, no hay que confundirse con el limón amarillo, que no se cultiva en México, excepto cuando algún aficionado lo planta ocasionalmente.

Lima agria *(Citrus limetta sp.)*

La lima agria es un pequeño fruto verde claro con un pezón pronunciado (por esta razón, algunas veces vulgarmente se le llama lima chichona). Es agria como su nombre lo indica y tiene una cáscara muy aromática. La lima agria se usa principalmente en la cocina de Yucatán, aunque también algunas veces se usa en Guerrero y en parte de Oaxaca. En verdad no hay un sustituto.

Lima *(Citrus limetta)*

La lima que se cultiva en muchas partes del México central se asemeja a la variedad de la lima agria, excepto porque la pulpa casi no tiene sabor, pero la cáscara es muy aromática. Se me ha dicho (pero no puedo probarlo) que es la misma variedad de cítrico con diferentes características (como la toronja) debido a las diferentes altitudes y tierras.

Las limas son muy populares hechas jugo, hacen una deliciosa tisana cuando se agregan enteras y sin pelar al agua hirviendo, y son la fruta de la época de Navidad, siempre incluidas con otras dentro de la piñata durante las Posadas y en la ensalada de Nochebuena.

Naranja agria, naranja de Cucho *(Citrus aurantium)*

La naranja agria se usa en muchas partes de la República Mexicana, de Sonora a Yucatán. Es una naranja algo chica y con una cáscara gruesa y arrugada, y generalmente tiene un color naranja brillante —aunque en Yucatán es de un verde amarillento— y es muy aromática. La pulpa es ácida, no muy jugosa pero llena de sabor.

Aunque se utiliza en la cocina de muchas regiones en poca cantidad, es realmente importante en Yucatán, donde se usa para diluir muchas de las pastas, condimentos con los que se da sabor al pescado y a las carnes, y toma el lugar del vinagre para encurtir cebollas, etcétera. Con ellas se prepara una maravillosa naranjada y se supone que es buena para enfermedades de la vesícula biliar.

Si esporádicamente puede conseguir estas naranjas y es "adicto" a la comida yucateca, entonces siempre tenga en el congelador algo de jugo, con una parte de raspadura muy fina de la cáscara. Si no, puede entonces hacer un sustituto —aunque realmente nada puede imitar el muy especial sabor de la fruta.

Sustituto de naranja agria
| RINDE COMO 1/2 TAZA |

Ingredientes
- 1 cucharadita de raspadura fina de toronja
- 2 cucharadas de jugo de naranja
- 2 cucharadas de jugo de toronja
- 4 cucharadas de jugo de limón

»FRUTAS SECAS Y CUBIERTAS«

En casi todos los mercados hay un puesto dedicado a las frutas secas o cubiertas. Las pasitas y ciruelas pasas son las que generalmente se usan, pero también se encuentran los higos secos, chabacanos, peras y dátiles, aunque en menores cantidades y muy caros.

Las frutas cubiertas de todo tipo son las que más gustan al paladar dulce del gran público mexicano: las cáscaras de naranja y toronja, chilacayote, higos, papaya, calabaza y acitrón son algunas de las más populares. Además de usarse en la elaboración de postres y pasteles, con frecuencia se comen solas como dulces o como postre al terminar la comida principal del día.

Biznaga o acitrón *(Echinocactus grandis)*

La biznaga se presenta en forma de barras. Aunque no tiene un fuerte sabor, cuando se pica en cuadritos da una agradable textura a los picadillos, rellenos de carne y tamales dulces. También se usa en panes dulces de levadura y en postres.

Ciruela pasa

Las ciruelas pasa se usan principalmente en panes de levadura, pasteles y repostería, pero también aparecen en el extraño y sabroso platillo de pollo en ciruela pasa (p. 187) y se usan para mechar grandes cortes de res o puerco para asados.

Pasas, pasitas

Las comunes pasas negras se utilizan en poca cantidad, sólo para dar un toque dulzón a los picadillos o a alguna salsa de carne como la del pollo en cuñete (p. 185).

XIV

Los chiles y cómo prepararlos

› CHILES FRESCOS › CHILES SECOS

Notas:

Sin duda, el cultivo del chile y su consumo han llegado a su apogeo en México. Aunque el cultivo del chile es muy extenso en muchos países —no sólo en el continente americano, sino también en Europa (en particular en Hungría), Asia y África—, México produce mucho mayor volumen y variedad de chiles, y el consumo por cabeza es mucho más alto que en cualquier otro país.

La palabra "chile" viene de la palabra náhuatl *chilli* y, curiosamente, la ortografía *chilli* ha llegado hasta la India, ya que los portugueses llevaron allá los chiles en el siglo XVI. Los españoles y portugueses se refirieron al chile como "pimienta de las Indias" y también usaron el vocablo *arawak aji* o *axi*, el cual aún se usa en el Caribe y Sudamérica.

Aunque muchos de los chiles son nativos de México, otros vienen de Sudamérica. Rastros de variedades cultivadas y algunas silvestres han sido encontrados en las cuevas cerca de Tehuacán, en el estado de Puebla, y otros se han hallado en Ocampo, en el estado de Tamaulipas, lo que demuestra que su cultivo es anterior al de los jitomates y el maíz.

Se ha citado a un escritor anónimo quien dijo que el chile es el rey y el alma de los mexicanos —alimento, droga, medicina y recreo—, mientras que Frances Toor, escribiendo en *Mexican Folkways* en 1947, hizo notar que el chile ha sido un factor constante en la vida mexicana desde tiempos prehistóricos y hasta el presente como condimento, medicina, tributo, objeto ritual, arma defensiva y pigmento. Ciertamente, el chile ha jugado un papel tan importante en la vida económica y social del país, que muchos mexicanos sienten que sin él su identidad nacional estaría en peligro de extinción.

A través de los siglos los chiles han estado bajo un minucioso escrutinio de los botánicos, pero si se siguieran todos sus hallazgos y se reunieran sus variadas clasificaciones, los resultados serían confusos, por decir lo menos. No hay un consenso completo sobre las variedades cultivadas actualmente en México —excepto sobre los que se cultivan comercialmente—, pero se cree que la mayor parte se deriva del *Capsicum annum*, planta originaria de México, con excepción del chile habanero (denominado *Capsicum chinese* o *sinense* —incorrectamente, ya que no se originó en China, sino probablemente en el trópico de Sudamérica) y el chile manzano o perón, *Capsicum pubescens*, que se cree que fue introducido en México de Sudamérica a principios de siglo.

Cuando yo estaba haciendo investigaciones para *Las cocinas de México* a fines de los años sesenta, un botánico dedicado a estudiar los chiles creía que había como 90 variedades en

México, pero esto nunca fue corroborado porque cada área —especialmente las más remotas en lugares montañosos— tenía sus propios chiles que raramente pudieron ser reproducidos en tierra y condiciones climatológicas diferentes. Para aumentar la confusión, se cree que la polinización puede llevarse a cabo aunque la mayor parte de los chiles sean hermafroditas.

Los nombres también confunden, porque con frecuencia el mismo chile lleva otro nombre en un lugar diferente, aun entre los que se cultivan comercialmente. En parte de Michoacán el chile ancho es conocido como pasilla; el chile gordo puede significar jalapeño en Veracruz y poblano en Jalisco. En el Bajío a un guajillo a menudo se le llama "cascabel" y en Jalisco al guajillo se le llama "mirasol" (incorrectamente, en mi opinión, porque casi siempre crece hacia abajo, no hacia arriba).

Para efectos de identificación he utilizado los nombres que se les dan en los mercados de la ciudad de México, punto central de distribución de la mayor parte, mas no de todos los chiles regionales. *En Estados Unidos no dé por buenas las etiquetas del distribuidor: son desconcertantes y con frecuencia están mal escritas. Un chile poblano fresco no es un pasilla, como a veces los etiquetan (la pasa es una cosa seca y arrugada como la ciruela pasa, y "pasilla" significa justamente seco y arrugado).* Se preguntará por qué tanto énfasis en los nombres correctos: si usa el chile equivocado, el equilibrio de sabores de un platillo puede cambiar de manera sustancial.

¿Podemos realmente saber cuán picante será un chile? En 1911, Scoville nos dio una guía probando una cantidad de chiles en personas que no los comían, pero mucho tiempo atrás, los aztecas tenían siete palabras para describir los grados de picor de los chiles de sus tiempos. Estoy segura de que las cosas han cambiado desde 1911, con las nuevas variedades, las tierras diferentes y los métodos de irrigación.

También hay mucha mala información sobre el tema de lo picante. Yo invitaría a la autora americana de la frase "un chile con hombros anchos no es tan picante" a que mordiera un manzano o un habanero. El chile manzano puede variar desde ferozmente picante en Michoacán hasta medianamente picante en Oaxaca y Chiapas. Durante mis 30 años de comer chile con regularidad, he sido constantemente sorprendida: me he cruzado con partidas de serranos, jalapeños e incluso habaneros (cultivados en el Caribe, no en México) suaves, así como con un chile poblano tan picante que me quitó la respiración, para mencionar algunas excepciones.

En México, comer chile es toda una aventura; los chiles no sólo se usan para hacer picante la comida, como condimento, como en muchas otras cocinas. Cada variedad tiene su sabor propio, algunos chiles son más fuertes o más perfumados que otros. Cada uno es tratado en forma diferente y desempeña un papel distinto en la cocina: los carnosos poblanos como verdura, los piquines como condimento, los jalapeños como encurtido, los serranos frescos en una salsa, los secos anchos, mulatos y pasillas para espesar una salsa, aportando sus diversos colores y sabores.

Los chiles pueden ser asados y pelados, como el poblano y el *anaheim* o chile magdaleno en el norte; asados y dejados enteros para dar sabor a una salsa, como la *x-cat-ik* de Yucatán; quemados y pulverizados, como el seco de Yucatán; ahumados como los chipotles, moras, moritas y pasillas de Oaxaca; asados, pelados y secados como los poblanos y magdalenos de Durango y Chihuahua; o sólo secados como los populares guajillos, puyas o cascabeles.

Lo picante de un chile está concentrado en la placenta —lo carnoso y blanco de la parte superior del chile justamente donde el tallo se une a la fruta y al cual se unen la mayor parte de las semillas— y en las venas, que van a los lados de los chiles. En sí, las semillas no son picantes, pero adquieren lo picante por su cercanía con las venas y la placenta. Por ejemplo, algunas recetas requieren que se tuesten las semillas de los chiles secos (moles, por ejemplo, y el pipián de Oaxaca) para espesar y dar sabor a la salsa, no para hacerla picante.

Un conocido botánico mexicano me dijo que no todos los chiles pueden mezclarse: hay *chiles peleados*. Él narraba que cuando su madre oía llegar a su esposo regresar a la casa con algunos amigos para embriagarse, ella rápidamente hacía una salsa de pasillas con serranos o de habaneros con chiles verdes yucatecos. Muy pronto, uno por uno iba presentando sus excusas y abandonaba la casa, muy pálido y desmejorado.

En el siglo XVI fray Bartolomé de las Casas dijo que sin chiles los indios no consideraban haber comido.

En seguida doy una descripción de algunos de los chiles, frescos y secos, que en México se utilizan en la comida de todos los días.

> Cuando trabaje con chiles, cuide de no tocarse los ojos (especialmente si usa lentes de contacto) antes de haberse lavado muy bien las manos.

»CHILES FRESCOS«

Chile de agua

Este es un chile oaxaqueño raramente vendido fuera de la región. No obstante, aparece en un importante escabeche de la cocina de Oaxaca y como tal merece una mención, para los que visitan Oaxaca o para los aficionados. El chile de agua es grande, de color verde claro y cuando madura toma un brillante tono naranja rojizo. Aunque los tamaños pueden variar tremendamente, un chile promedio medirá de 12 a 15 cm de largo y como 5 cm de ancho. Tiene un sabor fresco muy bueno, pero es extremadamente picante.

Los chiles de agua por lo general se preparan para una salsa o encurtidos primero asándolos, pelándolos y cortándolos en rajas, sin semillas ni venas.

Este chile se usa en ocasiones en su estado seco. Dado que no se consigue en Estados Unidos se puede sustituir por cualquier chile verde grande y picante.

Chilaca

Las chilacas son chiles largos y delgados que van del verde al verde negruzco y cuando están muy maduros son café oscuro; se cultivan principalmente en el Bajío. La mayor parte se seca para convertirla en chile pasilla. En su estado verde y fresco se usan en relativamente pequeñas cantidades en la ciudad de México y sus alrededores, mientras que en la cocina de Michoacán son un ingrediente importante. Ahí se les llama chile cuernillo o chile para deshebrar —esto último porque precisamente se deshebran después de haber sido asados y pelados.

La cáscara de este chile es brillante y la superficie está formada por ondulaciones verticales de poca profundidad. Tiene un excelente sabor y puede ser muy picante. Aunque los tamaños varían, un chile promedio mide como 16 cm de largo (sin contar el tallo) y 2 cm de ancho.

Asados y pelados, limpios de venas y semillas y deshebrados, se utilizan como verdura o en platos de verduras, con cebolla frita y papas, por ejemplo, con queso como relleno de tamales, o en una salsa de jitomate para acompañar corundas (p. 66) y puerco guisado.

Cómo escogerlos
Siempre escoja los chiles tersos y brillantes, no los que tienen un aspecto triste y cáscara arrugada. Además de perder su sabor le costará trabajo pelarlos.

Cómo prepararlos
Con pocas excepciones, estos chiles se asan y pelan para usarse en salsas, platos de verduras, etcétera, como se mencionó antes. Deje los tallos intactos para que pueda voltearlos con más facilidad; colóquelos directamente sobre la llama del quemador de gas o en el exterior sobre una parrilla de carbón o leña y deje que se doren y ampollen, volteándolos de vez en cuando para que se asen parejos. Tenga cuidado de no dejar que la pulpa se queme, ya que no es muy gruesa. Si usa una estufa eléctrica engrase los chiles ligeramente y colóquelos sobre el asador caliente volteándolos de vez en cuando para que se asen parejos.

Póngalos dentro de una bolsa de plástico y déjelos sudar durante 15 minutos. No deje que se enfríen antes de ponerlos en la bolsa porque esto dificultará el pelarlos. La cáscara debe desprenderse con facilidad. Enjuague los chiles brevemente; no los remoje porque su sabor disminuirá.

Con un cuchillo afilado corte la parte superior que tiene el tallo y deséchela. Corte el chile por un costado, retire las venas y semillas y deséchelas. Deshebre el chile en rajas delgadas —como de 1/2 cm— y ya están listas para usarse.

El arte de la cocina mexicana

Chile güero

En México a cualquier chile amarillo o verde pálido se le llama güero. Hay algunos bajo esta categoría (se mencionan después). Se utilizan frescos o enlatados pero no secos.

Chile caribe o fresno. Es un chile triangular, pequeño y amarillo, con una superficie tersa como cera. Uno de tamaño promedio mide como 7 cm de largo por 3 cm en su parte más ancha. Se usa sobre todo en los estados del norte y en Jalisco para encurtir con verduras o frutas, o enteros, cortado en un extremo para agregarse a guisados, salsas y a las lentejas para darles sabor. Puede ser suave o medio picante. En Jalisco he visto que en los mercados lo nombran a veces "chile húngaro", "California Gold # 5", e incluso "Anaheim", nombres que no he tomado en serio.

Chile x-cat-ik. La palabra *x-cat-ik* significa "rubio" en el lenguaje maya. Este es un chile yucateco que se cultiva y distribuye localmente. Es de color amarillo pálido, largo, delgado y puntiagudo y es de pulpa delgada. Uno de tamaño promedio mide de 11 a 13 cm de largo por 2 cm de ancho y varía de mediano a bastante picante. En la cocina yucateca por lo regular se usa asado, sin pelar y entero en las salsas o en las salsas de escabeches para pollo y pescado.

Chile largo o carricillo. Para mi manera de pensar este es el que tiene más sabor de todos los chiles güeros. Desafortunadamente su distribución es de temporada y supongo que es por el hecho de que la producción va a la industria empacadora. Es un chile largo y rizado, delgado, de cáscara también delgada, dura y tersa pero ondulada. Aunque se cultiva en la parte central de México, se utiliza en Veracruz, y se añade entero más por el sabor que por el picor. La mayor parte de los chiles que se producen se enlatan en un escabeche ligero y se etiquetan como "chiles largos".

Chile para rellenar amarillento. Tiene la misma forma que el poblano, pero la pulpa tiende a ser más delgada y la cáscara es de color amarillo verdoso. Es un chile local que no se distribuye extensamente, pero tiene un buen sabor, y es muy apreciado en Dolores Hidalgo, en el estado de Guanajuato, donde se cultiva.

Chile habanero

La planta del chile habanero en plena producción es un cuadro espectacular, con sus hojas anchas color verde oscuro brillante y sus chiles maduros colgando en racimos como linternas iluminadas color naranja. Cuando el chile se ha desarrollado tiene un color verde mediano y al madurar se vuelve amarillo y luego naranja. Parece haber sido pulido y es casi translúcido. Un habanero de tamaño promedio, cultivado comercialmente sólo en Yucatán y con una distribución muy limitada, mide como 4 cm de largo por 3 de ancho. Es considerado en México como el más picante de los chiles, aunque yo colocaría al manzano y al chile de árbol en la misma categoría. No sólo son excepcionales a la vista, sino también por su sabor bien definido, perfumado y persistente —tanto que muchas veces se usa en las salsas para darles sabor y no picor ("el chile da un paseo por la salsa", según mis amigas cocineras yucatecas).

Es imposible encontrar un sustituto adecuado para el chile habanero. El que más se le acerca se cultiva bajo diferentes condiciones climatológicas (lo que altera su apariencia física y le imparte un sabor más suave), es el *piment* de Haití —llamado *Scotch bonnet* en Jamaica y *chile Congo* en Trinidad— el cual llega a las tiendas caribeñas de Nueva York.

En México el chile habanero no se usa en estado seco, aunque sí en Estados Unidos.

Cómo seleccionarlos

El chile debe tener una cáscara tersa, sin arrugas. Al tacto debe estar firme alrededor del tallo y no suave.

Cómo prepararlos

Este chile se utiliza crudo en salsas frescas como la *x-ni-pek* (p. 263) y con las cebollas en escabeche (p. 277). Simplemente enjuague el chile y píquelo, incluyendo las venas y semillas.

Para hacer una salsa yucateca, sencilla y muy picante, el chile debe ser asado entero, luego triturado en un molcajete con jugo de limón y sal. Si la salsa es para frijoles colados (p. 148) o es una salsa de jitomate yucateca, el chiltomate, puede añadirse crudo o asado ligeramente para que suelte sabor.

Un chile habanero se deshebra por el extremo puntiagudo y se sumerge varias veces en la salsa sólo para dejar un ligero picor y sabor, "dando un paseo por la salsa".

Chile jalapeño

Los chiles jalapeños son probablemente los más conocidos en el mundo, dado que la mayor parte de la cosecha se enlata en escabeche. Hay una gran variedad de chiles jalapeños, pero su forma es inconfundible: es como un triángulo alargado y chato; van del verde mediano al verde oscuro; los hay con manchas negras y los hay "acorchados" con rayas verticales de color café claro. El chile jalapeño tiene nombres diferentes de acuerdo con el tipo y la estación en que se recolectan, o simplemente de acuerdo con la costumbre local: "chile gordo" en Veracruz, "chilchote" en la sierra de Puebla, "cuaresmeño" en el centro de México, y "tornachile" en antiguos libros de cocina. Un jalapeño promedio mide como 6 cm de largo y como 2 cm de ancho; puede variar entre picante y muy picante. Se utiliza en su estado maduro pero verde, o cuando cambia a rojo.

Cómo seleccionarlos

La cáscara de estos chiles, cuando están frescos, es tersa y brillante y la pulpa es firme al tacto. Cuando están arrugados y no brillan, han perdido su sabor fresco y su textura crujiente. Asegúrese siempre de que no haya deterioro alguno alrededor de la base del tallo.

Cómo prepararlos

Primero enjuague bien los chiles por si tienen rastros de insecticidas. Séquelos, córtelos en rajas y fríalos con cebolla para hacer una salsa de jitomate. Las semillas pueden ser desechadas si se prefiere.

Primero fríalos enteros con cebolla y ajo para hacer los chiles en escabeche antes de agregar las hierbas y el vinagre.

En Veracruz se los rellena con atún, sardinas o queso —son muy picosos. Para estas recetas (que no aparecen en este libro) los chiles son asados sobre la flama como los poblanos, pelados, abiertos, despojados de las semillas y rellenados. En ocasiones se rellenan con carne, se capean y se fríen como los chiles rellenos.

El arte de la cocina mexicana

Chile manzano

El chile manzano, llamando "perón" en Michoacán, "cera" en Veracruz, y "canario" en Oaxaca, es un chile carnoso, bulboso, con un tamaño promedio de 5 cm de largo y como 3 cm de ancho, y es uno de los más picantes que conozco.

Es un chile raro por varias razones: la planta, que puede crecer tan grande como un arbusto alto, soporta bien el frío y se cultiva en Michoacán, donde es picante, en las tierras altas de los alrededores del lago de Pátzcuaro, y en las altiplanicies de Chiapas, donde es más suave. Su flor es morada —lo normal es que la flor de chile sea blanca— y tiene semillas grandes de color negro. Muchos chiles maduran en color verde, luego amarillo y finalmente rojo, pero el manzano es diferente. Hay dos tipos de plantas, una en que las frutas verdes maduran tomando un color amarillo brillante, y otra que cambia del verde a un rojo brillante. Los verdaderos aficionados dicen que prefieren los amarillos porque tienen más sabor que los rojos, que, según dicen, son más picosos, si es que eso es posible.

La superficie de los chiles es tersa y brillante, y cuando están en escabeche parecen conservar su aspecto fresco durante más tiempo que otros tipos de chile. En Michoacán se utiliza el chile sin pelar, en escabeches y encurtidos, asado, pero no pelado; se usa molido en salsas; asado y pelado se rellena para hacer chiles rellenos, y en ninguno de estos casos se utilizan las semillas. Tampoco se usa seco.

Cómo seleccionarlos
Asegúrese de que la superficie esté tersa, brillante y firme al tacto; cuando está arrugada, opaca y suave, lo mejor del chile ha desaparecido. También cerciórese de que no haya deterioro alrededor de la base del tallo.

Cómo prepararlos
Enjuague y seque los chiles. Para utilizarlos en encurtidos frescos, retire los tallos, abra los chiles, deseche las semillas y córtelos en rajas. Es común macerar los chiles en jugo de limón con sal para cortarles un poco lo picante.

Para usar el chile manzano en una salsa de jitomate colóquelo entero sobre un comal caliente, y voltéelo de vez en cuando hasta que la cáscara esté ligeramente quemada y ampollada. Ábralos, deseche las semillas y las venas y mezcle el chile con los jitomates —sólo una pequeña parte del chile será necesaria para hacer una salsa picante.

Los chiles manzanos también se preparan como los poblanos para hacer chiles rellenos. Se asan y se pelan de la misma manera, se abren y se desechan las venas y semillas. Luego se cubren con agua caliente y se hierven durante un minuto. El agua se cambia, se le agrega un poco de sal y se dejan reposar durante 5 minutos más. Se escurren, se rellenan con picadillo de carne deshebrada o con queso, se capean y fríen. Se sirven en un caldillo de jitomate, igual que los chiles rellenos.

Chile poblano

El chile poblano también es conocido con los nombres de "chile para rellenar", "chile gordo" (Jalisco) y "jaral" (Estado de México). *En Estados Unidos se le llama, incorrectamente, "chile pasilla verde".*

Este es un chile triangular, grande, carnoso, brillante, terso, que va desde un verde regular hasta un verde oscuro y cuando madura se vuelve rojo intenso, varía de suave a picante y tiene un sabor particular. Uno de tamaño mediano mide como 11 cm de largo por 6 cm de ancho en la parte más ancha, y se distingue por una depresión profunda alrededor de la base del tallo. Con raras excepciones este chile se asa y se pela (las venas y semillas se desechan) antes de cocerse. Como verdura se rellena —chiles rellenos—, o bien se corta en rajas y se fríe con cebollas y papas; también se agrega a una salsa de jitomate con huevos o a un guisado de puerco; se usa como adorno para sopas; se mezcla con crema en una rica salsa o se licua para agregarse al arroz.

Cuando está maduro y se seca se convierte en chile ancho; asado y pelado cuando aún está verde, y luego secado, se convierte en chile pasado.

Cómo seleccionarlos
Siempre escoja los chiles que estén tersos y brillantes y no los que tienen una cáscara opaca y arrugada. Así, además de haber perdido sabor, serán más difíciles de pelar.

Cómo prepararlos
Como se mencionó anteriormente, con pocas excepciones el chile poblano se asa o se fríe (Colima) y se pela antes de usarse.

Deje el tallo intacto si lo tiene —facilita voltear el chile— y colóquelo directamente sobre la flama de la estufa de gas o sobre la parrilla del asador de leña o carbón. Si utiliza electricidad, cubra ligeramente los chiles con aceite y póngalos debajo y muy cerca de la parrilla. Voltee los chiles de vez en cuando para permitir que la cáscara se ampolle y queme ligeramente por todos lados. No deje que la pulpa se queme.

De inmediato colóquelos dentro de una bolsa de plástico y déjelos sudar durante 10 minutos. Esto ayuda a que se desprenda la cáscara.

Hecho esto, la cáscara se puede desprender con facilidad, lo cual debe hacerse sobre una coladera porque los pedacitos son duros y pueden obstruir el tubo del fregadero. Brevemente enjuague los chiles pero no los remoje en agua, o el sabor disminuirá sin duda alguna.

Para chiles rellenos
Dejando el tallo y la parte superior del chile intactos, cuidadosamente haga un corte a lo largo de un lado del chile. Abriéndolo hasta la mitad, con cuidado corte la placenta (la parte abultada y blanca que tiene las semillas) y deséchela. Retire las semillas restantes y las venas que corren a lo largo del chile, con cuidado de no romper la pulpa. Entonces está listo para rellenarse. Es mejor marcar los que estén picantes (porque varían), para la familia o los invitados a quienes así les gusten. Deben utilizarse de inmediato o después de haberlos guardado durante una noche, no más, porque perderán muchos de sus jugos y de su sabor.

Para rajas
Con un cuchillo afilado corte la parte superior del chile que está adherida al tallo. Corte el chile a lo largo de un lado y retire las venas y semillas. Corte rajas verticales de 1/2 a 1 cm de ancho.

Cuadritos de chile para adornar
Siga las instrucciones para hacer rajas pero corte la pulpa en cuadros de 1 1/2 cm. Derrita un poco de mantequilla en un sartén y fría los cuadros de chile, volteándolos de vez en cuando, como 3 minutos. Esto ayuda a quitarles el sabor a crudo.

El arte de la cocina mexicana

Chile serrano

El nombre de chile serrano o verde (no debe ser confundido con el chile verde de Yucatán) parece ser de uso general, con la pequeña excepción de la sierra de Puebla, donde con frecuencia se le llama tampiqueño.

Es un chile pequeño que va de verde mediano a oscuro, dependiendo de la variedad de semilla que se utilizó, y cuando madura se vuelve rojo brillante. Las nuevas variedades tienden a hacerlo más claro y de mayor tamaño —como de 5 cm de largo por 1 1/2 cm de ancho— mientras que los que no han sido mejorados (aunque a menudo tienen más sabor) son de un color verde más oscuro, son más puntiagudos y de menor tamaño; uno promedio medirá de 3 a 4 cm de largo y menos de 1 cm de ancho.

Todos tienen una cáscara brillante y tersa, y varían de picante a muy picante. Si bien generalmente se prefieren en su estado maduro, aunque todavía verdes, para hacer salsas crudas o cocidas, también se usan cuando están muy maduros y rojos.

Cómo seleccionarlos

La cáscara de los chiles debe ser tersa y brillante, no opaca y arrugada. Cuando llegan a este punto, han perdido su textura crujiente, y su sabor fresco.

Pueden tener unas manchas negras naturales que dependen del tipo de semilla utilizada. Vea que al tacto estén firmes y no suaves alrededor de la base del tallo.

Cómo prepararlos

Siempre enjuague los chiles porque no se sabe qué rastros de insecticidas les puedan quedar.

Para salsas crudas pique o licue los chiles sin quitarles las semillas ni las venas. Para una salsa cocida con tomate verde, hierva los chiles enteros con los tomates y luego muélalos.

Para hacer una salsa con jitomates o tomates verdes asados, ase los chiles en un comal o parrilla, volteándolos de vez en cuando, hasta que estén ligeramente tostados y ampollados.

Los chiles serranos toreados son los que han sido asados en un comal hasta que empiezan a cambiar de color y se suavizan; normalmente se dejan enteros para ser mordidos por los aficionados.

Chile verde del norte

El chile grande, largo y delgado que se usa en el noroeste de México, principalmente en Sonora pero también en Chihuahua, es denominado chile Magdalena, nombrado así por el pueblo de Sonora cerca del cual se cultiva en gran cantidad. De hecho es el mismo que el *Anaheim* o el chile de California. Es de color verde claro y por lo general es medio picoso. En México normalmente se asa y se pela, se deja entero pero sin venas ni semillas, y a menudo se rellena como los chiles rellenos, o se corta en rajas para hacer salsas de jitomate y chile con queso, en Chihuahua.

En Chihuahua también se asa, se pela y se seca para transformarlo en el negro y arrugado chile pasado.

Aunque casi siempre se usa en su estado maduro y verde, también se deja que tome un fuerte color rojo, y al secarlo se convierte en el chile seco del norte.

»CHILES SECOS«

Esta sección sobre los chiles secos no pretende ser exhaustiva —se llevaría un libro entero el hacerlo— pero sí describe algunos de los chiles más usados, sus características, sus usos y su forma de preparación. También se mencionan brevemente algunos de los chiles menos conocidos, los cuales son muy importantes en algunas de las cocinas regionales o de interés especial para los viajeros a estas regiones, además de los aficionados —los que escriben sobre comida y los chefs— que están en una constante búsqueda de más información sobre estos ingredientes únicos de México.

Secar los chiles, naturalmente, es una forma de preservarlos; como también lo es el ahumarlos, y en el norte de México existe otro método para secar los chiles pasados, que es desconocido y quizás inaceptable en otros lugares. Independientemente de que se sequen para su conservación, los chiles secos son una rica fuente de vitamina A.

Los métodos para tratar los chiles secos varían un poco de región a región y esto se menciona en cada receta. Por ejemplo, en algunas partes las cocineras tuestan los chiles ligeramente antes de remojarlos y molerlos para hacer una salsa cocida, mientras que otras los hierven en agua y luego los muelen. Los partidarios del primer método dicen que la salsa tiene mejor sabor y que son más digeribles.

Hay dos reglas importantes cuando se trata de la preparación de chiles carnosos como los anchos, mulatos y pasillas para salsas espesas y moles: no deben remojarse por más tiempo que el especificado porque su sabor se quedará en el agua del remojo. Segundo, nunca intente pelar los chiles después de haberlos remojado (sí, algunas personas en Texas recomiendan hacer esto) porque la cáscara da sabor y color y actúa como agente para espesar la salsa.

Cómo seleccionarlos y almacenarlos
Siempre trate de comprar los chiles que se venden sueltos para ver lo que está obteniendo; con mucha frecuencia se disfrazan los chiles secos de tercera categoría con un empaque adornado.

No se guíe por el nombre impreso en el paquete —muchos chiles están mal etiquetados. Si no tiene mucha experiencia en comprarlos, estudie las fotografías y las descripciones y decida usted mismo. Aunque los tamaños varían por naturaleza, los chiles de mejor calidad deben aproximarse al tamaño dado para cada tipo.

Los mejores chiles serán los de las cosechas más recientes y que están aún flexibles. Si están húmedos, sabrá que está pagando por la humedad, pero no importa; déjelos secar en un lugar ventilado o al sol.

Pero no los seque sino hasta que estén quebradizos; deben quedar flexibles. Aunque los chiles que han sido secados hasta que crujen pueden utilizarse, tendrán que ser remojados durante más tiempo y luego despojados de venas y semillas. Si intenta limpiarlos antes de remojarlos, se romperán en cien pedazos.

Evite comprar chiles con manchas transparentes en la cáscara; quiere decir que una palomilla ha estado devorando la pulpa de la cáscara; probablemente también haya puesto sus huevos en el interior y con el tiempo, la humedad y el calor, las larvas se desarrollarán.

Los chiles secos, almacenados como se debe, durarán años. Es mejor guardarlos en un lugar fresco y seco. De cualquier manera, inspeccione los chiles como cada mes para asegurarse de que no se han deteriorado. Abra uno y vea si tiene rastros de moho, el cual se extenderá con rapidez bajo condiciones muy húmedas y perjudica el sabor del chile. Si existe, debe desecharse o, de preferencia, quemarse.

El arte de la cocina mexicana

Chile ancho

El chile ancho —a veces confusamente llamado pasilla rojo en algunos lugares de Michoacán— es el chile que más se usa por todo México. (Durante mi última visita a Yucatán, vi que también allí se usa, pero en muy poca cantidad.) De hecho es el chile poblano madurado hasta volverse rojo oscuro y luego secado. En Estados Unidos se encuentra fácilmente. Un chile ancho de buena calidad es flexible, no seco y tieso, con una cáscara arrugada color café rojizo oscuro que todavía conserva algo de su brillo. Un buen chile tiene un tamaño promedio de 11 cm de largo por 7 cm de ancho. Mientras más se seca más se oscurece y es difícil que los distinga del chile mulato seco una persona que no esté totalmente familiarizada con los chiles. Para asegurarse abra uno y véalo contra la luz; debe ser café rojizo más que el café negruzco del mulato. Una vez que los chiles han sido remojados es más fácil notar la diferencia, ya que los tonos se acentúan. El sabor del ancho es decididamente más fuerte y afrutado que el del mulato, el cual es más suave y achocolatado.

Cómo seleccionar y almacenar estos chiles se ha mencionado en la página 351.

Preparación
Hay varios métodos diferentes para preparar estos chiles en las recetas de este libro y cada uno será indicado específicamente en ellas. Por lo general, el chile ancho no se utiliza en las salsas de mesa crudas o en salsas de molcajete como se les llama en México, con una excepción, un encurtido más que una salsa: la salsa de tijera —el chile crudo se corta en rajas y se marina en aceite, vinagre, etcétera.

Para chiles rellenos
Dejando el tallo y la parte superior intactos abra con mucho cuidado el chile y deseche las venas y las semillas. Cubra los chiles con agua caliente y déjelos remojar durante 15 minutos o hasta que estén carnosos y se hayan rehidratado. Quedan listos para rellenarlos con queso, picadillo, chorizo con papa, etcétera (véase la receta en la p. 118), capeados, fritos y servidos en salsa de jitomate de la manera usual.

Para salsas cocidas, moles, etcétera
Retire el tallo si lo tienen, abra los chiles por un lado y deseche las semillas y las venas. Aplánelos tanto como sea posible, luego use alguno de estos métodos.

MÉTODO 1:
Cúbralos con agua caliente y déjelos remojar hasta que estén carnosos, como 15 minutos.
Nota: El tiempo de remojo depende de lo viejos y secos que estén los chiles; 15 minutos está bien para chiles razonablemente flexibles. Escúrralos desechando el agua y póngalos en el vaso de la licuadora.

MÉTODO 2:
Ponga los chiles limpios en un sartén con agua caliente, déjelos hervir y continúe hirviéndolos como 5 minutos. Retírelos del fuego y déjelos remojar durante 5 minutos más, hasta que estén carnosos y completamente rehidratados.

MÉTODO 3:
Caliente un comal a fuego medio —no debe estar muy caliente porque los chiles se quemarán y amargarán la salsa—, oprima el chile sobre el comal, con el interior hacia abajo, aplanándolo tanto como sea posible. Manténgalo así durante 3 segundos, voltéelo y repítalo en el segundo lado o hasta que la pulpa interior se vuelva opaca, de color café tabaco —como 3 segundos (si el chile está algo húmedo, se ampollará, pero esa no es la señal). Retírelo, cúbralo con agua caliente y déjelo remojar durante 15 minutos.

MÉTODO 4:
Para hacer algunos moles los chiles secos deben freírse. Caliente suficiente manteca o aceite para cubrir el fondo del sartén. Cuando esté caliente —pero no ahumando, porque los chiles se quemarán— coloque los chiles en el aceite con el interior hacia abajo tan aplanado como sea posible. Fríalos durante 5 segundos oprimiéndolos bien dentro del aceite. Voltéelos y fría el otro lado durante el mismo tiempo o hasta que la pulpa interior esté opaca y de color café tabaco. Retírelos y cúbralos con agua. Agregue más aceite al sartén mientras continúa friéndolos.

MÉTODO 5:
Para pulverizar chiles anchos —lo cual se usa con frecuencia en el norte como condimento para el menudo, etcétera— coloque un comal sobre fuego lento, oprima los chiles tanto como sea posible sobre el comal y tuéstelos lentamente durante 2 minutos, sin quemarlos. Voltéelos y tueste el segundo lado durante 1 minuto o hasta que los chiles estén completamente deshidratados; al enfriarse deben estar crujientes. Rompa los chiles en pedazos y colóquelos en el vaso de la licuadora o molino para café y especias y muélalos hasta obtener un polvo fino. Para almacenarlos de la mejor manera colóquelos en un envase hermético.

Chile mulato

La planta del chile mulato es esencialmente la misma que la del poblano, pero con unos genes ligeramente diferentes que afectan el color y el sabor. Rara vez se usa en su estado fresco, dado que un agricultor puede obtener un precio más alto por su cosecha de mulatos secos que si están frescos, y alcanzan un costo más alto que muchos otros tipos de chiles secos. Aunque el tamaño varía considerablemente, uno promedio mide 12 cm de largo por 7 cm de ancho. Su color es café negruzco y la cáscara —de uno de primera calidad— puede ser algo más tersa que la del ancho. El sabor es dulzón, achocolatado, y puede variar de uno muy suave a otro bastante picante. Desafortunadamente muchos proveedores de chile, en especial a lo largo de la frontera, están mezclando anchos y mulatos y juran que son lo mismo. No lo son. Una prueba para distinguirlos se da en el apartado sobre el chile ancho. Es importante hacerlo porque, por ejemplo, un mole poblano que requiere cierta proporción de mulatos puede alterarse sustancialmente en apariencia y sabor si en su lugar se usan los anchos. Los mulatos se consiguen con facilidad en Estados Unidos.

Preparación
Véanse los métodos enumerados bajo chile ancho.

Chile pasilla

El chile pasilla es la chilaca seca, algunas veces se le llama "chile negro" y en Oaxaca "pasilla de México" para distinguirlo del chile pasilla de Oaxaca (véase p. 357). Tiene una superficie brillante, negra, arrugada, con crestas verticales y sabor pronunciado y varía de poco picoso a muy picoso. Uno promedio mide 15 cm de largo por 3 cm de ancho. El chile pasilla se utiliza en sopas, salsas de mesa y moles u otras salsas cocidas.

Preparación
Para muchos platillos se prepara en la misma forma que el chile ancho, y los métodos del 1 al 4 son aplicables. No obstante, hay tres maneras distintas de utilizarlo:

    1. Como adorno y condimento para sopa: si el chile tiene tallo, déjelo intacto. Limpie bien el chile con una servilleta húmeda. En un sartén pequeño, caliente 1/2 cm de aceite a fuego medio. Cuando esté bien caliente —pero sin ahumar, porque el chile se quemaría— coloque el chile entero y fríalo lentamente, volteándolo de vez en cuando, hasta que esté brillante y crujiente. Si no está perforado o roto, se inflará de manera impresionante, lo que no sólo lo hace verse bonito sino que facilita dorarlo parejo.

El arte de la cocina mexicana

Sirva los chiles pasilla fritos, ya sea enteros, sobre cada plato de sopa, o desmorónelos burdamente con semillas y venas y sírvalos por separado para poner sobre la sopa como un condimento.

2. Como una salsa de molcajete poco molida: si el chile tiene tallo, déjelo intacto como ayuda para voltearlo con más facilidad. Limpie bien el chile con una servilleta húmeda. Caliente el comal o parrilla a fuego medio —no debe estar demasiado caliente porque el chile se quemaría. Coloque el chile entero sobre él y tuéstelo, volteándolo de vez en cuando, de 5 a 7 minutos o hasta que esté crujiente por todos lados. Desmorónelos con semillas y venas, en un molcajete o vaso de la licuadora, muélalos brevemente junto con los otros ingredientes requeridos, para formar una pasta con textura.

3. Las venas como condimento: cuando una receta requiera que las venas y semillas sean retiradas, conserve las venas, tuéstelas en un comal sin engrasar hasta que tomen un fuerte color dorado, y desmorónelas sobre una sopa.

Chile guajillo

El chile guajillo (junto con el ancho) es el chile seco que más se usa en la cocina mexicana, probablemente porque siempre está disponible y es más económico que muchos otros. El chile guajillo tiene una cáscara tersa, dura, de un color rojo muy oscuro. Es largo, delgado y puntiagudo; uno de tamaño promedio mide 7 cm de largo y de 3 a 3 1/2 cm en su parte más ancha. Puede variar de algo picante a bastante picante y tiene un agradable sabor. En la región central del norte del país le llaman cascabel porque hace el sonido de una sonaja, parecido al que hace la cola de una víbora de cascabel. Pertenece a una familia de chiles que cuando están frescos a veces se les llama mirasol —erróneamente, en mi opinión, porque la mayoría de estos chiles cuelgan de la planta hacia abajo y no mirando al sol.

Aunque ocasionalmente el guajillo se utiliza para preparar una salsa de mesa, con más frecuencia se usa después de haber sido remojado y molido para extenderlo sobre la carne enchilada (p. 229), en salsas para enchiladas y en guisados espesos. No obstante, la salsa casi siempre tiene que ser colada porque la cáscara es gruesa y no se muele totalmente en la licuadora.

Preparación
Retire los tallos, abra los chiles y deseche las venas y semillas. Siga los métodos 1, 2 y 3 para preparar el chile ancho.

MÉTODO 4:
Cuando lo use como sustituto del chile negro de Oaxaca, tuéstelo sobre un comal, parrilla o directamente sobre el fuego, hasta que esté negro y crujiente. Enjuáguelo dos veces en agua fría para quitarle parte de lo amargo, y luego remójelo en agua caliente.

Chile puya

El puya o guajillo puya, como se le llama a menudo, es más delgado y picante que el guajillo, con un tamaño promedio de 10 cm de largo por 2 cm de ancho. Se limpia y prepara de la misma manera que el guajillo.

Chile de árbol

El chile de árbol no crece en un árbol como su nombre lo indica, sino en una planta alta. Madura de verde a un rojo brillante y retiene su reluciente color después de secarse. Es un chile largo, terso, esbelto, con un promedio de 7 cm de largo por 1 cm de grueso, y es muy, muy picante.

Aunque el chile de árbol se usa sobre todo en salsas de mesa, ocasionalmente se molerá con otros chiles con más pulpa, para hacer un guisado de carne, etcétera.

Preparación
MÉTODO 1:
Coloque intacto el chile entero con su tallo, si lo tiene, en un comal bastante caliente —pero no demasiado, porque el chile se quemará— y voltéelo mientras se tuesta hasta que tome un color café claro y esté crujiente. Desmorónelo sobre el vaso de la licuadora sin haberlo remojado y siga las instrucciones de la receta.

MÉTODO 2:
Caliente un poco de aceite en un sartén pequeño y fría los chiles hasta que estén ligeramente dorados, como 3 minutos. Retírelos, no los remoje, y muélalos siguiendo las instrucciones de la receta.

Chile cascabel

El chile cascabel tiene la forma de una pequeña sonaja, como su nombre lo sugiere. Tiene una cáscara tersa, dura, y un color café rojizo; uno de tamaño promedio mide como 3 cm de diámetro y 2 1/2 cm de largo. Este chile se aprecia mejor en una salsa cruda de mesa, aunque muy a menudo se le mezcla con jitomates o tomates verdes en la salsa de un platillo principal.

Preparación
MÉTODO 1:
Si tiene la forma de una esfera, y está liso, puede tostarse entero sobre un comal a fuego medio. Debe ser asado lentamente hasta que cruja —como 5 minutos— pero debe tenerse el cuidado de no dejarlo quemar, porque la salsa resultaría amarga. Desprenda el tallo, si lo tiene; abra el chile, y deseche las semillas y las venas, tueste las semillas (si la receta lo requiere) y desmorónelo dentro del vaso de la licuadora.

MÉTODO 2:
Si no tiene forma regular, desprenda el tallo, abra el chile y deseche las venas y semillas. Tuéstelo aplanándolo sobre un comal a fuego medio hasta que la pulpa interior se vuelva opaca y de color café tabaco. Para entonces debe estar crujiente. Desmorónelo dentro del vaso de la licuadora, sin remojarlo.

MÉTODO 3:
En el noroeste, con frecuencia, el chile cascabel solamente se remoja o hierve en agua hasta que su cáscara se empieza a ablandar, y luego se muele con jitomates o tomates verdes para hacer una salsa cocida. Sin embargo, hace falta el maravilloso sabor a nuez del chile tostado.

Chile seco del norte

A este chile también se le llama largo colorado y se usa exclusivamente en el norte de México, particularmente en Sonora. Es el chile seco Anaheim (o Magdalena en el otro lado de la frontera) y en Estados Unidos se vende con el nombre de *California chile pods*.

Su cáscara delgada se puede describir como de un intenso y bruñido color rojo cobrizo. La cáscara está fruncida alrededor de la base del tallo formando pliegues irregulares hasta la punta. Puede variar entre suave y medianamente picante.

El chile seco se remoja y muele para usarse en salsas para chilaquiles, enchiladas, carne con chile y otros platillos norteños. Cuando es pulverizado y utilizado en salsas, con frecuencia se espesa con harina ligeramente dorada.

Preparación
Retire los tallos, ábralos verticalmente y deseche las venas y semillas. Cubra el chile con agua hirviendo, salada, y déjelo hervir hasta que esté suave —como 10 minutos. Entonces escúrralo y siga las instrucciones de la receta.

El arte de la cocina mexicana

Chilacate

El chilacate se cultiva en el área de Jalisco y Colima, y seco se utiliza en la cocina de esa región. Es un chile de cáscara tersa, brillante, dura, de sabor dulzón que puede variar de suave a bastante picante. Su color puede describirse mejor como "pasa" (de acuerdo con la carta de colores en el *Webster's International Dictionary*) y uno de tamaño promedio mide 8 cm de largo por 5 cm en su parte más ancha. En Colima se intercambia con los anchos y guajillos en una proporción de dos por uno, respectivamente.

Cuando se remoja y muele, el chilacate se utiliza en enchiladas y otras salsas cocidas.

Preparación
Retire el tallo, si lo tiene, abra el chile de la base a la punta, deseche las semillas y las venas. Cúbralo con agua caliente y déjelo remojar durante 15 minutos. Escúrralo y muélalo o hiérvalo durante 15 minutos y déjelo remojar 5 minutos más. La cáscara gruesa, a diferencia de la del guajillo, se suaviza rápidamente y se muele bien.

Chile chipotle

El chile chipotle o chipocle meco es el chile jalapeño madurado, secado y ahumado, como lo indica su nombre náhuatl (*chil*, chile; *pectli*, ahumado). Es un chile duro, cuerudo y arrugado que da la apariencia de un viejo pedazo de tabaco, aunque realmente es de un color café oscuro, acentuado con crestas café dorado. Uno de tamaño promedio —dependiendo de la calidad de la cosecha— mide 7 cm de largo y 2 1/2 cm en su parte más ancha.

Los chipotles enlatados son un condimento muy popular, ya sea en un escabeche ligero o en una salsa de adobo. En esta forma pueden ser utilizados en la mayor parte de los platillos que requieran chiles chipotles. Los comunes —y ahumados— pueden ser utilizados en encurtidos (véase la receta en la p. 272) para dar sabor a sopas y pastas, o remojados y molidos con otros ingredientes para albóndigas, camarones o carne. Son muy picantes.

Preparación
El chile chipotle siempre se usa con las semillas y las venas intactas, pues estas son muy difíciles de quitar.

Para encurtidos, se hierven brevemente en agua o vinagre para ablandarlos antes de agregar los otros ingredientes. Para salsas (no de tipo enlatado) se tuestan ligeramente y remojan antes de ser molidos con otros ingredientes. El tiempo del remojo depende de lo secos que estén —de 15 a 20 minutos.

Chile mora

En partes de Veracruz y Puebla al chile mora se le llama chipocle o chipotle mora. Generalmente es más pequeño que un chipotle crecido, como de 5 cm de largo por 2 cm de ancho, y tiene un color amoratado como su nombre lo indica. Es extremadamente picante.

El chile mora se prepara y usa de la misma manera que los chipotles, y es favorecido por las empacadoras debido a que su tamaño es más conveniente.

Chile morita

El morita es un chile seco pequeño, ahumado, de forma triangular, con una cáscara tersa, brillante y de color mora. Uno promedio mide 3 cm de largo por 2 cm de ancho. Es muy picante y debe utilizarse con discreción. (Me parece que han estado ahumando serranos junto con moritas porque las últimas veces que he comprado, ha habido chiles de formas diversas.)

Preparación
Los chiles se tuestan ligeramente y se muelen con otros ingredientes o se remojan en agua hirviendo hasta que se suavizan, pero no se les quitan las venas y semillas.

Chile pasilla de Oaxaca

El chile pasilla de Oaxaca, chile mixe, es local y se utiliza solamente en las cocinas de Oaxaca y parte de Puebla. Para mí es uno de los chiles más interesantes y deliciosos, y todos los aficionados a la comida mexicana deben tener conocimiento de él (y si van a Oaxaca deben comprarlo y experimentar con él). En los mercados de Oaxaca, los mixes vienen en canastas grandes y en cada una se ponen chiles de diferentes tamaños. El precio varía según el tamaño y se da por ciento. Los más chiquitos son para salsa, los medianos para encurtir y los más grandes para rellenar.

Es el más arrugado de todos los chiles. Es ahumado y, por lo general, muy picante. Uno de tamaño promedio mide como 8 cm de largo por 3 cm de ancho, tiene una cáscara brillante de diferentes grados de color mora. Aunque el chile se rellena y capea como cualquier chile relleno, también se usa en salsas de mesa o cocidas. El sustituto más cercano sería el chile mora, aunque este es demasiado pequeño para rellenarse.

Preparación
Si el chile va a rellenarse, probablemente esté muy seco para abrirlo y limpiarlo, así es que póngalo sobre un comal no muy caliente y caliéntelo para hacerlo flexible; entonces ábralo con cuidado, conservando el tallo, si lo tiene, y deseche las venas y semillas. Cubra los chiles con agua caliente y hiérvalos durante 5 minutos. Si los chiles aún están picantes, cambie el agua y déjelos remojar como 10 minutos más. Luego rellénelos y fríalos de la manera usual.

Para salsas: tueste ligeramente el chile entero sobre un comal o directamente sobre la llama, o en cenizas todavía calientes (no se lavan las cenizas que se pegan al chile) volteándolo de manera que ambos lados queden parejos. Luego hágalo pedazos con venas y semillas y muélalo con los otros ingredientes para hacer una salsa de mesa o una salsa cocida.

Chilhuacle negro, rojo, amarillo

Los chilhuacles son únicos de Oaxaca; son chiles que están desapareciendo poco a poco y son demasiado caros para que los compre la gente de la localidad, quienes los están sustituyendo por los guajillos (asándolos para obtener el color correcto para el mole negro de Oaxaca, por ejemplo). Muchos de estos chiles son regordetes, algunos son puntiagudos pero la mayor parte son casi cuadrados; miden 5 cm de largo por 5 cm de ancho en promedio. La cáscara es mate, negra, amarilla o roja y muy dura; cuando se remojan tienen un fuerte sabor algo parecido a orozuz. Estos chiles, en su mayoría, se utilizan para hacer moles. No se consiguen en muchos lugares fuera de Oaxaca, pero el guajillo asado puede usarse como sustituto, aunque el resultado no es muy satisfactorio.

Preparación
Deseche las venas y semillas, tueste bien los chiles en un comal o parrilla sin quemarlos, enjuáguelos en agua fría, luego remójelos en agua caliente durante 20 minutos. También se pueden limpiar, enjuagar y freír; y pueden molerse sin haber sido remojados dependiendo de la receta.

El arte de la cocina mexicana

Chile piquín

El chile piquín, pequín, chiltepe (Puebla), chiltepín (Sonora) chile max (Yucatán), amashito (Tabasco): todos son chiles muy pequeños y muy picantes, de color verde oscuro cuando están frescos. Triangulares, redondos o cilíndricos, son generalmente encurtidos en vinagre, y frescos o secos se muelen como condimento. Normalmente no miden más de 1 cm de largo y 1/2 cm de ancho —los redondos miden como 1/2 cm de diámetro—; tienen cáscaras brillantes que van del naranja al rojo oscuro.

Chile seco yucateco

He incluido el chile seco de Yucatán porque es muy interesante e importante dentro de la cocina yucateca. De hecho es el chile verde de Yucatán en seco —pequeño, delgado, de color verde claro y con un sabor único. Cuando madura y se seca, adquiere un color naranja dorado y tiene una cáscara dura, brillante y transparente, con un tamaño promedio de 5 cm de largo por 2 cm de ancho. Es muy picante.

En Yucatán se pulveriza y se usa como condimento, pero tal vez lo más interesante de todo es que se quema hasta quedar negro y se muele con otras especias para formar una pasta que se utiliza como sazonadora del chilmole negro y del relleno negro.

Consejos útiles

Equipo para cocinar

Notas:
_____
_____
_____
_____
_____

»ELÉCTRICO«

Licuadora

Una buena licuadora resistente es absolutamente necesaria. Los vasos deben ser de vidrio, con los lados verticales si es posible, con aspas que puedan ser desprendidas para lavarlas con facilidad. De hecho, es práctico tener dos vasos y dos juegos de aspas, dado que algunas recetas requieren dos salsas.

Para moler muy bien —especialmente para las salsas preparadas con chiles secos— la licuadora es superior al procesador de alimentos, que sirve para obtener otro tipo de consistencias. Ya se puede comprar una trituradora, que se monta en el motor de la licuadora y que es muy útil para moler semillas.

Molino para café y especias

Es una maquinita indispensable para estas recetas; para moler nueces y especias enteras —especialmente las semillas de achiote—, semillas de ajonjolí, calabaza, etcétera.

Procesador de alimentos

Es útil para moler ciertos ingredientes y formar una pasta texturizada, como los cuajos para hacer queso fresco, frutas cocidas para ates, elote fresco para tamales, y para moler carne con una textura muy fina, etcétera.

Molino para granos

No es absolutamente necesario, pero es maravilloso si a usted le gusta empezar desde cero y muele su propio trigo y maíz seco para hacer harina para tamales.

Máquina para hacer helados

Un lujo que vale la pena para hacer variados e impresionantes postres. El Simac's II Gelataio es mi preferido.

Batidora

La batidora KitchenAid con accesorios es, para mi modo de ver, la mejor diseñada y más eficiente de todas. El molino para carne, el gancho para amasar y el colador son los aditamentos más útiles para estas recetas.

El arte de la cocina mexicana

Slow cooker o crock-pot

No es indispensable, pero le ahorrará el tiempo de estar observando la olla y evitará muchos frijoles quemados. Compre una con recubrimiento de cerámica y una tapadera de cristal (no de plástico) que es más eficiente.

»UTENSILIOS DE COCINA«

Cacerolas

Si no tiene una cocina tradicional con cazuelas y ollas de barro, los utensilios esmaltados y de hierro colado de Le Creuset son los más versátiles para cocinar arroz, guisados y moles. Por su calidad y espesor son los más eficientes (excepto los sartenes, que se queman con facilidad). Los más útiles son los de 25 y 28 cm de diámetro, y para pollos enteros, las cacerolas de 27 cm.

Sartenes para freír

Sartenes de tamaños variados son útiles para este tipo de cocina. Prefiero los de hierro colado de 15, 20 y 25 cm de diámetro. Los sartenes gruesos de 25 y 30 cm de diámetro, con tapadera, también son muy útiles.

Plancha

Una plancha de hierro forjado de 20 cm de diámetro puede ser usada como sustituto del comal para hacer tortillas (p. 22).

Utensilios para el horno

Moldes refractarios ovalados o redondos —con lados de por lo menos 5 cm de alto— son necesarios para varias recetas, incluyendo platillos de capas de tortilla o de tamales, pescados enteros con salsa, etcétera.

Olla de presión

Usada con discreción, una olla de presión ahorra tiempo en la cocina, especialmente para ingredientes como garbanzos, maíz para pozole, manitas de puerco —y frijoles *solamente en una emergencia* porque va en detrimento del sabor. Una con capacidad de 4 litros —u 8, según el número de comensales— tiene el tamaño más útil.

»UTENSILIOS VARIOS«

Tazas para medir

Las tazas de cristal para medir líquidos y las de acero inoxidable para sólidos son indispensables. Evite las que venden en formas elaboradas de plástico coloreado. Una taza de plástico transparente es inestimable para desengrasar el caldo.

Cuchillos

Cuchillos clásicos de chef, de buena calidad, de 30 a 35 cm de largo, un cuchillo para pelar y un afilador, son esenciales (a menos que utilice un cuchillo chino para cualquier tipo de corte). Aprenda a afilar sus cuchillos, si no pasa por la calle el ciclista afilador que es tan popular en México.

Rodillos

Además del rodillo grueso común, se necesita un rodillito delgado (véase la fotografía de la p. 293) de 30 cm de largo (por 2 cm de diámetro) para extender tortillas de harina, formar teleras, etcétera.

Regla

Una regla de 30 cm es útil para familiarizarse con los tamaños de ciertos antojitos, envolturas de hoja de plátano, etcétera.

Báscula

Es una dicha tener una báscula, más exacta y rápida que las tazas para medir, para usarla con ciertos ingredientes como la harina. Evite las básculas de resortes y las de diseños agradables pero difíciles de leer cuando sostienen un envase mal equilibrado, como las de marcas muy populares. Yo utilizo una de 2 kg Ade-Oken, hecha en México, que pesa con exactitud incluso la mínima cantidad de 10 g, y la puedo recomendar de todo corazón.

Cucharas

Cuando compre cucharas para medir, compre las comunes de metal (no las planas y brillantes hechas en Japón o las fantasiosas de plástico) ya que son más exactas. Las cucharas y palas de madera con fondos anchos son necesarias para revolver salsas espesas como moles. Además no rechinan cuando raspan la cacerola ni maltratan la superficie.

»UTENSILIOS TRADICIONALES DE LA COCINA MEXICANA«

Cazuelas y ollas de barro

Las cazuelas de color café oscuro y muy vidriadas (véase la ilustración de la p. 169) aún son utilizadas por las cocineras tradicionales o las del campo, quienes aseguran que la comida cocinada en ellas es superior a la cocinada en ollas de metal —y naturalmente yo estoy de acuerdo. Pueden usarse sobre fuego directo si está cocinando con gas, leña o carbón. Si tiene una estufa eléctrica, la cazuela debe estar separada por un anillo delgado de metal como el que se usa debajo de las cafeteras de cristal, y aún así, el calor debe ser bajo o mediano, nunca alto.

En mi opinión las ollas de barro de mejor calidad para guisar, vienen del pequeño pueblo de Metepec, en el Estado de México, a pocos kilómetros de Toluca. Si desea comprar una, primero déle un golpe seco; debe sonar como campana y no como un ruido sordo, lo que indicaría que tiene una grieta delgada como un cabello, casi invisible a la vista.

Antes de cocinar en una cazuela o en una olla, esta tiene que ser curada. Aunque cada cocinera tiene su propio método para curarlas, este es el que conocí durante mis días de aprendizaje. Llene la olla con agua fría y añada una o dos cabezas de ajo enteras, dependiendo del tamaño de la olla. Colóquela sobre un fuego lento y déjela hervir suavemente hasta que el agua se evapore —esto puede tomar varias horas. Lave la olla y, para estar absolutamente seguro de que le ha quitado todo ese sabor a barro crudo, repita la operación.

Las cazuelas se pueden usar para hacer el arroz mexicano, moles y otras salsas con carne y legumbres, etcétera. Yo utilizo las ollas para hacer morisqueta, caldo de pollo, caldo de carne y guisado, o para calentar leche o chocolate.

Advertencia: no es aconsejable almacenar comida durante la noche en estas ollas vidriadas o cocinar algo con una alta acidez; en ambos casos parte del plomo puede filtrarse del vidriado a la comida.

Molcajete y tejolote

Una de las piezas más antiguas de un equipo de cocina en el Nuevo Mundo, junto con el metate, es el molcajete, un mortero de basalto negro o gris con su moledor, o tejolote, hecho del mismo material (véase ilustración de la p. 257). Todavía ahora se utilizan mucho para hacer guacamole, para triturar especias enteras, para servir las salsas de mesa llamadas salsas de molcajete. Las salsas hechas en él tienen una textura y sabor superiores porque se extrae más sabor de los ingredientes que al picarlos finamente, lo que da una verdadera calidad auténtica a la salsa.

Un molcajete debe ser escogido con esmero. Debe ser pesado y no demasiado poroso. Muela brevemente con el tejolote; si la piedra parece ser suave y se forma una cantidad de polvo desmesurada, entonces pruebe otro. La prueba final es la de poner algo de agua en él. Si el agua se escurre —por lo general entre las patas— siga con el siguiente. El molcajete debe ser curado antes de usarse. Muela como 1/4 de taza de arroz seco en él; cuando se haya transformado en polvo grisáceo, enjuague el molcajete. Este proceso debe repetirse como 5 veces; cada vez el arroz debe tener un color más claro. Enjuáguelo y estará listo para usarse. Una o dos salsas resultarán un poco arenosas —no importa: significa que les ha agregado minerales naturales.

Para lavarlo tállelo con un cepillo, pero no use detergentes fuertemente perfumados ni polvos de jabón, porque dejarán un sabor artificial.

Metate y mano

El metate y su mano están hechos del mismo material que el molcajete, y las instrucciones para seleccionarlo, curarlo y lavarlo son las mismas. Sólo las cocineras tradicionales más valientes aún lo usan, porque es un trabajo que lastima la espalda y hace que duelan las rodillas al moler el maíz o los chiles y otros ingredientes para moles y pipianes.

Machacador de frijoles

Un machacador de madera es útil no sólo para machacar los frijoles refritos, sino también para presionar los ingredientes a través de un colador. Cualquier machacador de papas, plano o curvo, será suficiente, aunque los de rejilla de alambre planos no hacen un buen trabajo.

Comal

Este está descrito junto con el equipo que se necesita para hacer tortillas (p. 22).

Molino de maíz

Este está descrito e ilustrado en la p. 22.

Vaporera para tamales

Esta ha sido descrita en la sección de tamales (pp. 61 y 62).

Conversiones métricas

Notas:
___
___
___
___
___

Conversiones de cuartos de galón a litros

Cuartos de galón (qt)	Litros (l)
1 qt	1 l *
1 1/2 qt	1 1/2 l
2 qt	2 l
2 1/2 qt	2 1/2 l
3 qt	2 3/4 l
4 qt	3 3/4 l
5 qt	4 3/4 l
6 qt	5 1/2 l
7 qt	6 1/2 l
8 qt	7 1/2 l
9 qt	8 1/2 l
10 qt	9 1/2 l

* Aproximadamente. Para convertir cuartos de galón a litros, multiplique el número de cuartos por 0.95.

Conversiones de libras a gramos y kilogramos

Libras (lb)	Gramos (g); kilogramos (kg)
1 lb	450 g *
1 1/4 lb	565 g
1 1/2 lb	675 g
1 3/4 lb	800 g
2 lb	900 g
2 1/2 lb	1.250 g; 1 1/4 kg
3 lb	1.350 g
3 1/2 lb	1.500 g
4 lb	1.800 g
4 1/2 lb	2 kg
5 lb	2.25 kg
5 1/2 lb	2.50 kg
6 lb	2.75 kg
6 1/2 lb	3 kg
7 lb	3.25 kg
7 1/2 lb	3.50 kg
8 lb	3.75 kg
9 lb	4 kg
10 lb	4.50 kg

* Aproximadamente. Para convertir libras a kilos, multiplique el número de libras por 453.6.

Conversiones de onzas a gramos

Onzas (oz)	Gramos (g)
1 oz	30 g *
2 oz	60 g
3 oz	85 g
4 oz	115 g
5 oz	140 g
6 oz	180 g
7 oz	200 g
8 oz	225 g
9 oz	250 g
10 oz	285 g
11 oz	300 g
12 oz	340 g
13 oz	370 g
14 oz	400 g
15 oz	425 g
16 oz	450 g
20 oz	570 g
24 oz	680 g
28 oz	790 g
32 oz	900 g

* Aproximadamente. Para convertir onzas a gramos, multiplique el número de onzas por 28.35.

Conversiones de Fahrenheit a Celsio (centígrados)

Fahrenheit	Celsio; (centígrados) °C
170 °F	77 °C
180 °F	82 °C
190 °F	88 °C
200 °F	95 °C
225 °F	110 °C
250 °F	120 °C
300 °F	150 °C
325 °F	165 °C
350 °F	180 °C
375 °F	190 °C
400 °F	205 °C
425 °F	220 °C
450 °F	230 °C
475 °F	245 °C
500 °F	260 °C
525 °F	275 °C
550 °F	290 °C

* Aproximadamente. Para convertir Fahrenheit a centígrados, reste 32, multiplique por 5 y luego divida entre 9.

Bibliografía

Notas:
_____
_____
_____
_____
_____

Almazán, Ma. Teresa de la Rosa (coord.), *Gastronomía mexiquense*. Publicación del Gobierno del Estado de México, Toluca, México, 1987.
Bourchier, E.M. y José Roldán Parrodi, *Plants for Pot and Body*. Publicación privada, México, 1962.
——, *Herbs*. Publicación privada, México, 1961.
Cabrera, Luis, *Diccionario de aztequismos*. Ediciones Oasis, México, 1974.
Cossío y Soto, Guadalupe, *Cocina mexicana*. Publicación privada, Tulancingo, Hidalgo, 1901.
Díaz-Bolio, José, *La chaya, planta maravillosa, vol. I: Crónica etnobotánica*. Publicación del Gobierno de Quintana Roo, Mérida, 1974.
Diccionario de cocina, varios autores. Publicado por Mariano Galván Rivera, México, 1845.
Guzmán de Vázquez Colmenares, Ana María, *Tradiciones gastronómicas oaxaqueñas*, segunda edición. Publicación privada, Oaxaca, 1982.
Harris, Marvin, *Good to Eat*. Simon & Schuster, Nueva York, 1985.
Hernández, Ana María, *Libro social y familiar para la mujer obrera y campesina*. Impresión privada (Imprenta A. del Bosque), México, 1935.
Kennedy, Diana, *Las cocinas de México*. Harla, México, 1990.
——, *The Tortilla Book*. Harper & Row, Nueva York, 1975.
——, *Mexican Regional Cooking* [título original *Recipes from the Regional Cooks of Mexico*]. Harper & Row, Nueva York, 1978. Edición revisada, 1984.
——, *Nothing Fancy*. Dial Press, Nueva York, 1984. Edición revisada, North Point Press, 1989.
La cocinera poblana, vols. 1 y 2. Colección publicada por la Librería del Editor, Narciso Bassols, Puebla, 1877.
Lomelí, Arturo, *El chile y otros picantes*. Editorial Prometeo Libre, México, 1986.
Long-Solis, Janet, *Capsicum y cultura. La historia del chilli*. Fondo de Cultura Económica, México, 1986.
Martínez, Maximino, *Plantas útiles de la flora mexicana*. Ediciones Botas, México, 1959.
Novo, Salvador, *Cocina mexicana*. Editorial Porrúa, México, 1967.
Ramos Espinosa, Virginia, *Recetas para la buena mesa*. Editorial Jus, México, 1960.
Recetario de cocina de "La casa de la mujer tabasqueña". Ediciones del Gobierno de Tabasco, Villahermosa, 1963.
Sánchez García, Alfonso, *Toluca del chorizo. Apuntes gastronómicos*. Publicación del Gobierno del Estado de México, Toluca.
Santamaría, Francisco J., *Diccionario de mexicanismos*, segunda edición. Editorial Porrúa, México, 1972.
Toklas, Alice B., *Aromas and Flavours*. Michael Joseph, Londres, 1959.
Valdés-Villarreal, Familia, *Manuscrito de recetas*. Coahuila, 1910.
Vidal, Francisco, *Cocina tradicional de Chilapa*. Instituto Guerrerense de la Cultura, Chilpancingo, 1984.
Wolfert, Paula, *The Cooking of South West France*. Dial Press, Nueva York, 1983.

Descripción de algunas fotografías a color

PRIMERA SECCIÓN

— Un rincón de la cocina de Diana Kennedy
— El metate
— Las tortillas
— Pasos para hacer las corundas
— Técnica para preparar papadzules
— Sopa de flor de calabaza y crepas de cuitlacoche
— Uchepos con carne de puerco

SEGUNDA SECCIÓN

— Pollo en salsa de fresadilla y chipotle
— Pasos para limpiar el pulpo y sacar la tinta
— Camarones enchipotlados y pulpo en escabeche
— Proceso para limpiar el calamar
— Chichilo negro de Oaxaca
— Proceso para preparar panuchos
— Panuchos y tamales colados
— Huevos reales

TERCERA SECCIÓN
CHILES FRESCOS

1. Chile de agua (Oaxaca)
2. Chilaca
3. Chile habanero
4. Chile piquín
5. Chile serrano
6. Chile jalapeño
7. Chile de árbol
8. Chile güero
9. Chile perón
10. Chile poblano

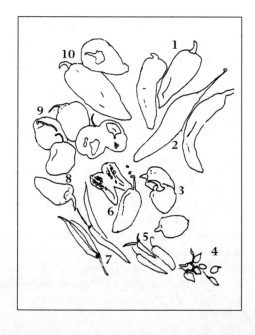

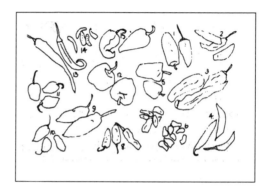

CHILES SECOS COMUNES

1. Pasilla
2. Guajillo
3. Pulla
4. Mulato
5. Chile catarina
6. Chile piquín
7. Morita
8. Mora
9. Chipotle
10. Cascabel
11. Chile de árbol
12. Ancho
13. Chilacate (Jalisco)

CHILES SECOS POCO CONOCIDOS

1. Taviche
2. Amarillo
3. Seco norteño
4. Chile de onza
5. Chilhuacle amarillo (Oaxaca)
6. Comapeño
7. Pico de pájaro (Hidalgo)
8. Costeño
9. Chile pasilla (Oaxaca)
10. Chile seco (Yucatán)
11. Chile seco (Hidalgo)
12. Chilhuacle negro (Oaxaca)
13. Chilcostle (Oaxaca)
14. Chiltepe (Oaxaca)
15. Chilhuacle rojo (Oaxaca)

El arte de la cocina mexicana

HOJAS AROMÁTICAS EMPLEADAS
EN LA COCINA REGIONAL

1. Hoja santa, hierba santa, acuyo, momo, tlanepa, etcétera, nombres según la región. *Piper aurium* (o *sp.*).
2. Merenjena (Mich.), tomate de palo (Chis.), tomate de la paz (Jalisco). *Cyphomandra betacea.*
3. Hoja de chaya. *Cnidoscolus chayamansa* o *C. sp.*
4. Anís del campo (Mich., Hidalgo, Edo. de México). *Tagetes micrantha.*
5. Vinagrera, lengua de vaca. *Rumex sp.*
6. Chepil (Oaxaca), *Crotolaria longirostrata.*
7. "Azafrán" (Oaxaca), pistilos de cártamo. *Carthamus tinctorius.*
7a. Hierba de conejo (Oaxaca). *Tridax coronopiifolio.*
8. Tequelite (Hidalgo), causasa (Sierra de Puebla), cilantro de monte (Sierra Juárez), etcétera, según la región. *Peperomia sp.*
9. Piojito (Oaxaca). *Galinsoga parviflora.*
10. Lima agria (Yuc., Guerrero). *Cirrus limetta.*
11. Alaches, violetas (Oaxaca). *Anoda cristata.*
12. Oreganón, orégano extranjero. *Plectranthus* (antes *Coleus*) *amboinicus.*

ALGUNAS CLASES DE VERDURAS Y HIERBAS

1. Jícama
2. Orégano
3. Chilacayote (para dulce)
4. Guía de calabacita
5. Romeritos
6. Chepiche
7. Papaloquelite
8. Huauzontle
9. Chilacayote (para guiso)
10. Flor de calabaza
11. Calabacita criolla
12. Calabacita de guía
13. Guajes
14. Quintonil
15. Verdolagas
16. Epazote
17. Hoja santa
18. Chayotes

INGREDIENTES Y ESPECIAS
PARA LA COMIDA MEXICANA

1. Ayocotes — 2. Nuez moscada — 3. "Flor de cacao", cacahuaxóchitl, seca, usada para tejate de Oaxaca. *Quararibea funebris* — 4. Orégano seco de Yucatán — 5. Pimienta gorda de Tabasco, etcétera. — 6. Pinoncillo, chota (S. de Puebla). *Jatropha curcas* (debe usarse bien tostado para eliminar las propiedades venenosas) — 7. Orégano seco — 8. Pepita de calabaza — 9. Semilla de cilantro — 10. Ramita de achiote — 11. Semillas de achiote — 12. Rajas de canela — 13. Orégano seco norteño — 14. Pepita de calabaza — 15. Pepita de calabaza pelada— 16. Pepita de calabaza pipiana o de Castilla — 17. Orégano seco — 18. Pepita de calabaza menuda o chinchilla —19. Clavos de olor — 20. Frijol blanco de Oaxaca — 21. Orégano seco de Oaxaca — 22. Semillas de cacao

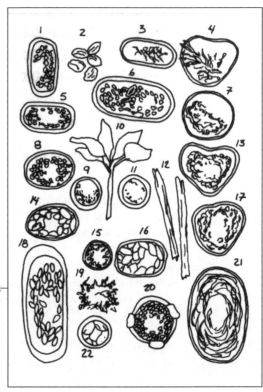

El arte de la cocina mexicana

Índice

Acelgas (guisadas) 128; (sopa de fideo y) 86; (sopa de macarrón y) 113; (tamales de) 72, 73
Antojitos (de masa de maíz) 44-56; (recetas a base de tortillas) 25-43
Aporreada de Huetamo, 234
Arroz (a la mexicana) 103; (blanco) 104; (con caldo de frijol) 108; (con lentejas) 110; (con zanahoria y chayote) 109; (Morisqueta) 106; (verde) 105; (Vitualla) 232
Asado de bodas, 200
Asiento (preparación) 212; (tortillas con) 39
Ate de guayaba, 308-309
Ayocotes, 54
Bacalao a la vizcaína, 153
Barbacoa de pollo, 190
Bistec (en chile pasilla) 235; (enchorizado) 236
Bolillos (amasado y método para formarlos) 280-282
Botana de jícama, 274
Budines (de cuitlacoche) 139; (de elote) 127; (de limón) 302
Burras, 293
Cacahuazintle (Menudo blanco sonorense) 94; (Pozole verde) 93; (preparación) 92
Calabacitas (guisadas) 126; (torta de) 126
Calamares (cómo limpiar) 154; (en su tinta) 155
Caldos (de camarón seco) 96; (de pollo) 84; (Menudo blanco sonorense) 94. *Véase sopas*
Camarón seco (frijol blanco con) 97; (Relleno de camarón para tamales costeños) 68; (Revoltijo en caldo de chile pasilla) 160; (Romeritos) 162; (tortitas de) 159; (tortitas de, en salsa de chilacate) 161. *Véase caldos*
Camotes, 133
Campeche (cocina regional) 166
Carnes (apache) 238; (asada a la tampiqueña) 220; (Carnita con chile) 233; (Carnitas caseras) 203; (de puerco cocida y deshebrada) 194; (enchilada) 229; (Machaca) 223-224
Cazón (pan de) 166; (relleno para panuchos) 56
Cazuelitas, 53
Cebollas (encurtidas para tatemado) 277; (en escabeche) 277; (métodos para preparar cebollas) 338-339
Cecina, 229
Centro de México, 30, 59, 81, 91, 95, 124, 128, 130, 134, 135, 137, 139, 140, 143, 144, 171, 211, 258, 259, 267, 272, 273
Ciudad de México, 30, 45, 58, 59, 133, 138, 220-222, 282, 286
Coachala, 186
Coahuila, 200
Cocada (básica) 304; (de piña) 305; (envinada) 308; (limones rellenos de) 306-307
Cocidos (michoacano) 226; (oaxaqueño) 225
Coco de agua, 304
Col. *Véase huevos*
Coliflor. *Véase tortitas*
Colima, 50, 106, 145, 197, 201, 262, 263, 277

Comal de barro, 19, 22
Conchas, 286-287
Corundas, 66, 67
Crema de flor de calabaza, 89
Cuitlacoche (budín de) 139;
    (cómo preparar) 136-137; (crepas de) 138; (guisado con jitomate) 137;
    (quesadillas de) 47; (sopa de) 91
Chalupas, 45-46
Chambarete de res en guajillo, 243
Chayote (al vapor) 123; (arroz con zanahoria y) 109; (guisados con jitomate) 124
Chicozapote. *Véase helados*
Chicharrón (ensalada de) 216; (en salsa de jitomate) 217; (en salsa verde) 216
Chichilo negro, 230
Chilaquiles (de Efigenia) 37; (de Tequila) 38; (michoacanos) 253
Chilayo, 197
Chileajo, 122
Chiles (anchos en escabeche) 270; (chipotles en vinagre) 272; (jalapeños en escabeche) 271;
    (Rajas con limón) 273; (Rajas estilo Loredo) 221; (rellenos) 116-120. *Véase salsas*
Chilmole, 209
Chiltomate, 260
Chirimoya. *Véase helados*
Chivichangas, 293
Chochoyotes (frijoles negros con) 147; (receta) 55
Chongos zamoranos, 298
Chorizo (de Huetamo) 206; (Huevos con chorizo y jitomate) 248; (preparación) 204-205;
    (relleno para antojitos de maíz) 47-49, 53; (relleno para burras) 293; (relleno para chiles) 118; (verde) 207
Dulce de zapote negro, 313
Durango, 200
Dzotobichay (receta) 72-73; (salsa para acompañar) 260
Elote (budín de) 127; (Tamales de elote y miel) 80
Enchiladas (de Santa Clara) 29; (placeras) 28; (verdes) 30, 221
Enfrijoladas, 40
Enjococadas, 31-33
Ensaladas (de chicharrón) 216; (de habas) 130-131; (de nopalitos) 142
Entomatadas, 41
Escabeches (cebollas) 277; (Chileajo) 122; (chiles anchos) 270; (Chiles chipotles en vinagre)
    272; (chiles jalapeños) 271; (hongos) 269; (manitas de puerco) 213; (ostiones) 165;
    (Pollo en escabeche rojo) 188; (pulpo) 157; (Sancocho de verdura) 121; (verduras) 120
Flor de calabaza (crema de) 89; (para rellenar quesadillas) 125; (preparación de) 125, (sopa de)
    91; (tamales de) 76-77
Frijol (antojitos de masa de maíz) 33, 39, 49, 52, 54, 55, 56: (arroz con caldo de) 108; (blanco
    con camarón seco) 97; (colados y fritos a la yucateca) 148; (charros estilo Loredo) 221; (de
    olla) 143; (guisados) 146; (negros a la oaxaqueña) 146; (negros con chochoyotes) 147;
    (puercos de Colima) 145; (puercos de Michoacán) 144; (refritos) 144; (relleno para burras)
    293; (sopa de fideo en) 87; (sopa de tortilla y frijol negro) 99, (tamales de) 70
Galletas marinas, 285
Garbanzos (cocidos) 148; (consejos prácticos) 337
Granada china. *Véase helados*
Guacamole, 267; (con tomate verde) 268
Guanajuato, 232
Guayaba (ate de) 308-309; (en almíbar) 311; (nieve de) 312
Guerrero, 93, 122, 229
Habas (antojitos de masa) 52, 54; (ensalada de) 130-131; (guisadas con huevo) 130; (sopa de) 95
Helados (de chicozapote) 315; (de chirimoya) 314; (de granada china) 316; (de mamey)
    315; (de mango) 317, (de zapote negro) 313

El arte de la cocina mexicana

Hidalgo, 52, 258, 265, 266
Higaditos en chipotle, 171
Hongos (al vapor) 134; (en escabeche) 269; (Tecomates con crema) 135. *Véase cuitlacoche*
Huevos (a la hacienda) 247; (al albañil) 250; (con chorizo y jitomate) 248; (Cuauhtémoc) 249; (en salsa) 246; (habas guisadas con) 130; (rancheros) 246-247; (reales) 299; (revueltos a la mexicana) 250; (revueltos con col) 251; (tortilla de huevo con hongos) 134; (tortitas de, con chile verde) 248-249
Jalisco, 26, 31, 34, 38, 106, 145, 161, 186, 198, 233, 237, 248, 251, 264, 265, 275, 284, 300, 301
Jícama (botana de) 274; (Pico de gallo) 275
Jitomate (cuitlacoche guisado con) 137; (salsa de) 260; (salsa de, norteña) 224; (salsa de, sierra de Puebla) 259
Lentejas (arroz con) 110; (en adobo) 149
Limones rellenos de cocada, 306
Lomitos de Valladolid, 196
Lomo adobado estilo Jalisco, 198, 284
Longaniza de Valladolid, Yucatán, 208
Macarrón (con jitomate) 112; (sopa de, y acelgas) 113
Machaca, 223; (carne machaca) 224; (con huevo) 224
Maíz (antojitos de masa de) 44-56; (preparación de las tortillas) 19-25; (recetas a base de tortillas) 25-43; (tamales) 57-81. *Véase cacahuazintle*
Mamey. *Véase helados*
Mango. *Véase helados*
Manitas de puerco en escabeche, 213
Manteca de cerdo, 212, 330
Membrillate, 310
Membrillo. *Véase Membrillate*
Menudo blanco sonorense, 94
Metate (metlapil), 22
Michoacán, 32, 33, 36-37, 66, 67, 73, 76, 78, 79, 80, 81, 85, 96, 98, 107, 113, 120, 121, 131, 132, 144, 152, 160, 162, 172, 176, 177, 185, 187, 189, 195, 202, 206, 213, 226, 228, 232, 234, 235, 238, 239, 252, 253, 254, 255, 259, 260, 261, 262, 274, 288, 298, 310, 330
Miel (repostería) 313; (tamales de elote y) 80
Minguichi, 254-255
Moles (Amarillo) 182; (Coloradito) 180-181; (Chichilo negro) 230; (negro oaxaqueño) 174; (Pollo en mole rojo sencillo) 176; (Pollo en mole verde) 177; (Puerco en mole rojo sencillo) 199; (Verde de Oaxaca) 179-180
Molotes, 47-48
Molotes oaxaqueños, 49
Molletes, 282-283
Morisqueta, 106; (con chorizo) 107; (con frijoles guisados) 146. *Véase salsa de chile pasilla de Michoacán*
Moronga (en salsa verde) 211; (mexiquense) 209-210; (tacos de) 211
Natillas de Vicki, 300
Nieve cremosa de guayaba, 312
Nixtamal, 20-27
Nopales, (al vapor) 140; 139; (asados) 140; (cocidos) 140; (en blanco) 141; (ensalada de) 142
Nuevo León, 53
Oaxaca, 19, 39, 41, 49, 55, 70, 90, 97, 108, 109, 147, 173, 174, 179-183, 212, 225, 230, 246, 261, 273, 288, 336
Olotero, 18
Ostiones en escabeche, 165
Pacholas, 237

Pan (bolillos) 280; (conchas) 286; (de muerto) 288; (Rosca de reyes) 290; (teleras) 283
Pan de cazón, 166
Panuchos, 56
Panza de res, 240; (en verde) 241; (guisada para tacos) 242
Papadzules, 42, 260
Papas (chirrionas) 133; (en antojitos de maíz) 35, 47-48, 53; (en burras) 293; (papas guisadas) 132; (tortitas de) 131
Pasta de cacahuate, 276
Pescado (Bacalao a la vizcaína) 153; (emperejilado) 152; (Pan de cazón) 166; (tamales de) 75; (zarandeado) 164
Picadillo (blanco para flautas) 35; (para chiles rellenos) 194
Pico de gallo, 275
Pierna de puerco estilo Apatzingán, 195
Pintos, 54-55; (salsas para servirlos) 259, 273
Piña (cocada de) 305; (torta de piña de los virreyes) 303
Pipián de Oaxaca, 90
Polkanes, 54
Pollo (Barbacoa de) 190; (caldo o consomé de) 84; (cómo derretir la grasa) 171; (cómo destripar y limpiar) 170; (Coachala) 186; (con orégano) 173; (deshebrado para tacos) 172; (en ciruela pasa) 187; (en cuñete) 185; (en escabeche rojo) 188, 322; (en salsa de fresadilla y chipotle) 184; (Higaditos en chipotle) 171; (moles) 162, 174, 176, 177, 179, 180, 182; (Rellena de) 189; (relleno de, para tamales colados) 65; (tacos de) 172
Pozole verde, 93
Puerco (Asado de bodas) 200; (Carnitas caseras) 203; (cocido y deshebrado) 194; (Chicharrón) 215-217; (Chilayo) 197; (embutidos) 204-208; (en mole rojo sencillo) 199; (Espinazo con albóndigas) 202; (Lomitos de Valladolid) 196; (Lomo adobado estilo Jalisco) 198; (Manitas de, en escabeche) 213; (manteca de) 212; (Moronga) 209-211; (Picadillo para chiles rellenos) 194; (Pierna de puerco estilo Apatzingán) 195; (Queso de) 214, (tacos de) 194; (Tatemado de Colima) 201; (tejamaniles con carne de) 136
Pulpo (cómo limpiar) 156; (en escabeche) 157
Quesadillas, 46-47; (otros rellenos) 125, 134
Queso (asado) 221; (cómo hacer queso fresco) 333; (cómo hacer queso panela) 334. *Véase requesón*
Queso de puerco, 214
Rajas (con limón) 273; (estilo Loredo) 221; (para rellenar flautas) 34-35
Raspadas, 26
Recados yucatecos, 320; (de toda clase) 321; (negro) 322; (rojo) 322; (rojo simple) 320-321
Rellena de pollo, 189
Requesón (cómo hacer requesón) 334; (revuelto a la mexicana) 252; (revuelto con salsa de jitomate) 252; (tacos de) 36
Res (Aporreada de Huetamo) 234; (asada a la tampiqueña) 220; (Bistec enchorizado) 236; (Bisteces en chile pasilla) 235; (Carne apache) 238; (Carne enchilada) 229; (Carne machaca, y machaca con huevo) 224; (Carnita con chile) 233; (Cocido oaxaqueño) 225; (cocido o caldo de res michoacano) 226; (Chambarete de res en guajillo) 243: 226; (Chichilo negro) 230; (La sábana) 222; (Machaca) 223; (Pacholas) 237; (Panza de res); 240; (Panza de res en verde) 241; (Panza guisada para tacos) 242; (Riñones en salsa de chile pasilla) 239; (Ropa vieja) 227; (Salpicón de res) 228; (Vitualla), 232. *Véase cecina*
Revoltijo en caldo de chile pasilla, 160
Riñones en salsa de chile pasilla, 239
Romeritos, 158, 162-163
Rosca de reyes, 290
Salpicón de res, 228 *Véase enchiladas placeras*
Salsas (arriera) 222; (de chile cascabel) 266; (de chile de árbol) 262; (de chile guajillo) 266; (de chile pasilla de Michoacán) 261; (de chile pasilla de Oaxaca) 261; (de jitomate [Michoacán]) 260; (de jitomate norteña) 224; (de jitomate, sierra de Puebla y Michoacán)

259; (de jitomate yucateca) 260; (de plaza) 265; (de suegra) 263; (de tomate verde cocida) 258; (de uña) 262; (mexicana) 267; (para barbacoa) 265; (para tortas ahogadas) 264; (ranchera) 259; (verde cruda) 258; (verde, en sopes colimenses) 51; (verde para Enjococadas II) 32-33; (verde, para tamales de pescado) 76; (*x-ni-pek*) 263

Sancocho de verdura, 121

Sinaloa, 164

Sonora, 94, 223, 292, 330

Sopas (de albóndigas) 88; (de bolitas) 85; (de cuitlacoche) 91; (de fideo en frijol) 87; (de fideo y acelgas) 86; (de flor de calabaza) 91; (de habas) 95; (de hongos) 134; (de espagueti con queso y crema) 111; (de macarrón y acelgas) 113; (de tortilla y frijol negro) 99; (de uchepos) 79; (Menudo blanco sonorense) 94; (seca de corundas) 67; (Pipián de Oaxaca) 90; (Pozole verde) 93; (Sopa tarasca) 98. *Véase cremas y caldos*

Sopes colimenses, 50

Sustituto de naranja agria, 340

Tacos (de hongos) 134; (de moronga) 211; (de pollo) 172; (de requesón) 36; (panza guisada para) 242

Tamales (canarios) 81; (colados) 63-65; (Corundas) 66-67; (costeños) 68; (de acelgas) 73-74; (de elote y miel) 80; (de flor de calabaza) 76-77; (de frijol) 70-71; (de pescado) 75; (Dzotobichay) 72; (envolturas) 59-61; (harina de maíz texturizada para tamales cernidos) 59; (masa refregada especialmente preparada para tamales) 57-58; (Uchepos) 78-80; (vaporeras) 61-63

Tamaulipas, 75, 330

Tatemado de Colima, 201. *Véase cebollas encurtidas para tatemado*

Tecomates con crema, 135

Tejamaniles con carne de puerco, 136

Teleras (preparación). *Véase tortas*

Tlacoyos, 52

Tomate verde. *Véase salsas*

Tompeate, 213 (*ilustración*), 214

Torta (ahogada) 264, 284; (de santuario) 284; (mexicana) 283

Torta de calabacita, 126

Torta de piña de los virreyes, 303

Tortillas (con asiento) 39; (de harina) 292-293; (de harina integral) 291; (de maíz y trigo) 27

Tortillas de maíz, 19; (equipo para) 21; (preparación del maíz y de la masa) 20; (recetas a base de tortillas) 25-43; (Sopa de tortilla y frijol negro) 99; (tortillas hechas a mano) 23; (tortillas hechas con masa preparada) 23; (tortillas hechas con Maseca) 24

Tortitas (de camarón en salsa de chilacate) 161; (de camarón seco) 159; (de coliflor) 128-129; (de huevo con chile verde) 248; (de papa) 131

Tostadas, 26; (de Apatzingán) 33

Totopos (fritos) 25; (salados y fritos) 25; (tostados) 26

Uchepos 78; (sopa de) 79-80. *Véase salsa de chile pasilla de Michoacán*

Verduras (en escabeche) 120-121; (sancocho de) 121

Vinagre de piña, 327

Vitualla, 232

Zanahoria, *Véase arroz con zanahoria y chayote*

Zapote negro (dulce de) 313; (helado de) 313